本书系北京市新闻出版研究中心2019年项目

"版权前沿案例研究"成果

版权前沿案例评析

（2018—2019）

蔡 玫 主编

Comments on Frontier Copyright Cases
（2018-2019）

人民出版社

前　言

　　版权法是伴随着传播技术的不断发展而产生和发展的。"版权是技术之子"的论断深刻地揭示了版权法的立法初因和频繁修订的根本动力。历史上，印刷技术的发展使得出版成为盈利颇丰的产业，在特许令状强制介入利益分配的实践失败之后，出版商们开始主张作者应为作品权利的起源，于是英国颁布了世界上第一部版权法《安娜女王法》，该法案废除了皇室向出版商颁发出版图书的特许令状的制度，承认作者对作品享有许可他人印制的权利。由此可以看出，版权法的诞生是技术与产业利益交织作用的结果，因而注定了当新的作品传播方式出现，从而引发作者、传播者和作品使用者之间的利益分配不均时，版权立法就要对此作出回应，通过修法来使各方利益达到相对的均衡。如果说互联网时代到来之前的版权立法还能勉强在平稳的技术与产业发展实践中保持立法的稳定性和循序渐进性，那么在互联网技术迅速普及发展的今天，作品创作与传播方式都经历着日新月异的变化，立法就再也不能在守成中被动地应对社会生活实践的发展，而要以常改常新的姿态来适应技术进步与产业发展的需要。

　　就现实来看，世界各国版权立法实践呈现出了两个重要的特点：一是多以包容性更强的概念使立法在应对现实发展方面更具前瞻性，如在作品类型的规定上采开放式而非封闭列举式，多以技术中立为原则规定了涵盖范围更广的传播权；二是为顺应互联网时代作品传播和保护方式的变化，多赋予了版权人对互联网环境下作品传播的控制权，并增加了对技术保护措施的相关规定。这种立法特点和趋势决定了版权法要在技术更新速度不断加快的当下保持对现实的容纳，就必须采用留白的技术来提高法律的灵活性与稳定性。这些因素共同决定了，在版权领域，司法实践在澄清法律用语的含义、检视现有立法之不足方面具有重要的作用。通过现实生活中鲜活的案例，我们能更切实地感受到冲突各方的利益诉求、法律对这种利益冲突调和的态度、法官在立法规定存在模糊时自由裁量的限度以及对某些行为规制存在缺漏时需要完善改进之处。从这些意义上来说，案例研究在版权法研习中具有重要的作用，一件典型案件中可以折射出规则适用、版权法基本理论、立法哲学基础与法律完善的动向等多种信息，是学者开展研究、实务界厘清规则和立法自省的宝贵素材，因此，案例研究在版权法的学习中一定是有生命力的，本课题组将最终成果成书的目的也在于延续这种重要研习方法的传承。

本书从2018—2019年审结的国内外具有较大影响和重要意义的版权相关案例中选取出了28件，并从规则适用和学理基础方面进行了深入的分析，尽可能在有限的数量范围内，全面反映过去一年中版权领域的典型、重大、疑难问题，供同仁参考和把握。总体来说，本书具有如下特点：第一，选取的案例具有典型代表性，反映司法实践中多发的典型纠纷样态和前沿动态。在全版权运营的时代，作品的利用程度更加纵深，一部文字作品可以被改编成为电视剧、网络游戏、动漫等，这就意味着，最初被改编的文字作品若存在侵权情形，后续的开发活动都会因为涉及侵权而存在风险。本书选取的案例即有反映全版权运作过程中著作权侵权具体认定的典型案例。同时，随着创作工业化元素的加强，作品的呈现方式早已从传统手书文字与绘画发展到了如今的计算机字体与实用美术作品等，这些客体能否被认定为作品，在现行《著作权法》中应如何为其提供保护等问题在司法实践中争议较大，本书选取的案例对此亦有涉及。第二，选取的案件全面反映了版权领域的热点问题。互联网技术的发展给版权制度带来的冲击是全方位的，从客体的认定到版权人控制的传播权范围再到网络平台在版权侵权中的责任认定问题，都是当下版权领域的热点，也是司法裁判的难点。本书选取的案例既包括反映行业关切的短视频性质认定的案件，也包括新型网络服务提供者如小程序服务提供者与云服务器租赁者在版权侵权中责任认定的案例。网络环境下作品的传播速度更快，这为侵权作品的大规模传播提供了技术条件，而互联网侵权的隐蔽性和即时性也为证据获取带来了困难，因此互联网平台版权秩序的规范一直是知识产权保护工作的关注重点。本书选取了网络视频平台治理的里程碑式案例，在该案中，行政机关对相对人的处罚数额之最曾引起社会的广泛关注。第三，选取的案件涵盖国内外版权司法保护的最新动态。我国版权立法的历史也可以说是与世界不断接入与融合的历史,在此过程中,国际条约与知识产权保护较为发达的国家的法律是我国的立法参照和蓝本,因此最终的制度设计以国际公约的最低保护要求为基准,呈现出了英美法系与大陆法系杂糅的特点。这种后发立法的优势在于没有过多的历史与体系负担,可以更灵活地借鉴域外成熟的做法和经验。以英美为代表的判例法国家,判决说理更为详细,可为我们解决本土所生的相似问题提供参照。因此,本书同时选取了数例域外版权领域典型的民事和刑事案件,这些案件对于我们认定版权领域的一些基本问题如改编、合理使用、销售侵权作品的定罪量刑具有重要的参考意义。第四,选取的案件同时反映了传统版权产业与现代版权产业的关切。互联网媒体急速发展的背后隐藏着诸多版权违法违规的风险因素,长期以来,互联网媒体违法转载传统报刊行业产出内容的现象屡禁不止,本书特别选取了现代快报诉今日头条的案件,以全面呈现互联网媒体在提供服务时应尽的版权注意义务和司法裁判中对传统媒体维权困难的倾斜保护。此外,本书还对反映图书出版过程中各主体应尽的注意义务的案件进行了收录分析,传统图书出版过程中参与主体众多,但也更为专业,在出版过程中应特别注意版权人的授权范围,避免侵权行为的发生。

本书最终以案例评析的形式,分为国内篇与国外篇,对民事、刑事、行政案件分类进行了评析。每篇分析从典型意义、裁判要旨、案情介绍、裁判理由和案件分析五个方面,针对案件争议焦点,从法院最终的判决结果和判决理由入手,梳理司法实践中对类案的认定和处理思路,并对有争议的问题进行基本理论和规则具体适用等多方面的论证研究,使得最终成果既具有实践意义,又具有理论高度,不仅可供实务界同仁借鉴参考,也可供学术界同仁作为研究素材。概括来说,本书民事、刑事与行政部分包括的主要内容如下:

一、在民事案件部分,兼取了网络环境下与传统出版行业中的版权侵权纠纷案件,如反映随着技术发展出现的新的表达形式可版权性认定的案件,包括"上海视畅诉广州欢网、重庆有线微信网页版权侵权纠纷案"中对网页的性质认定,"北大方正公司诉桂林周氏公司等侵害其他著作财产权纠纷案"中对计算机单字可版权性的认定,"《昆仑墟》诉《灵剑苍穹》版权侵权纠纷案"中对游戏画面的性质认定以及随着短视频平台的迅速发展而备受关注的"微播视界诉百度在线、百度网讯侵害作品信息网络传播权纠纷案"中对短视频性质的认定等；反映在深层链接性质认定不一的情况下，对版权技术保护措施认定的"腾讯公司诉真彩公司信息网络传播权侵权纠纷案"；反映新型网络服务提供者在版权侵权中注意义务界定的"刀豆公司诉百赞公司、腾讯公司信息网络传播权侵权案"和"乐动卓越公司诉阿里云公司侵害作品信息网络传播权纠纷案"；反映利用作品过程中各主体注意义务认定的案件，如"谢鑫诉懒人公司等信息传播权侵权案"中对有声书制作过程中授权链条上各主体注意义务和制作有声书须取得的著作权权项的认定，"叶肇鑫诉浦睿公司、湖南音像出版社等侵害著作权纠纷案"中对传统出版过程中各主体应尽的注意义务的认定；反映三网融合技术背景下信息网络传播权侵权认定的"未来电视诉银河公司、大象融媒等侵害信息网络传播权案"，以及反映版权领域基本问题的案件，如因在小说创作过程中剽窃而被众多作家联合起诉而引发纠纷的"沈文文诉周静《锦绣未央》侵犯著作权案"、对古籍点校成果可版权性进行认定的"李子成诉葛怀圣侵害著作权纠纷案"、涉及法人作品与特殊职务作品区分的"李惠卿诉陈文灿著作权权属、侵权纠纷案"以及实用艺术品在我国具体保护的"宁波巨扬公司诉宁波金瑞公司、宁海金昌厂等侵害著作权案"和网络媒体违法转载传统媒体作品侵权认定的"现代快报诉今日头条著作权侵权案"等。域外版权民事案件部分，选取了美国对转售数字音乐文件是否适用发行权用尽进行认定的"美国 Capitol Records 诉 ReDigi 版权侵权案"、使用改编作品制作邮票侵权的认定和赔偿数额计算的"美国自由女神像邮票版权侵权案"以及"Fox 公司诉 TVEyes 公司侵害新闻节目版权纠纷案"中使用新闻节目制作数据库是否构成合理使用的认定。

二、在刑事案件部分，选取了反映以虚拟货币收入来对犯罪数额进行认定的"巨石公司、黄某侵犯著作权案"，该案对利用电子商务支付平台数据确定犯罪情节具有指导意义。制作并销售带有知名动漫人物形象的产品而涉及刑事犯罪的情形在实践中也极为多发，在此部分选取了制作并销售知名动漫形象立体复制件涉罪的"李某某侵犯著作权案"，作为典型的涉外版权保护案件，该案对于树立我国尊重和保护知识产权的国际形象具有重要作用，并同时选取了制作并销售印有知名卡通动漫形象的商品涉罪的"陈某等人系列侵犯著作权案",通过该案的判决,对于区分共同犯罪中的主犯和从犯,如何在知识产权犯罪中确定罚金刑的数额等问题具有启示意义。此外,本部分还选取了"临摹"并销售陶瓷美术作品衍生品涉罪的"中艺首藏公司、胡某某等三人侵犯著作权案",本案对于界定临摹并销售美术作品的罪名认定具有参考价值。在域外刑事案件的选取中,主要选取了欧盟法院判决的"瑞典公诉机关诉 Imran Syed 侵犯版权案",该案主要涉及对发行权能否控制带有销售目的的存储行为的认定问题,另外还选取了"美国公诉机关诉 Clifford Eric Lundgren 侵犯版权案",该案主要涉及对制造并销售不含许可证的盗版软件的刑事责任认定问题。

三、在行政案件部分,选取了"快播公司诉深圳市场监管局版权行政处罚纠纷案",该案是全国罚款数额最大的互联网版权行政处罚纠纷案,最终的判决结果对于规范网络视频平台秩序具有重要影响,且本案涉及民事、刑事和行政多个部门法的适用,对于类案的处理具有较强的指导意义。此外,该部分还选取了利用 VR 客户端向公众提供 3D 盗版影视作品的"上海乐欢软件公司侵犯影视作品版权行政处罚案",该案中,行政机关利用技术手段固定证据并对相关违法情节进行认定的做法具有较强的示范意义。社交平台在为人们的沟通带来便利的同时,也成为版权侵权行为的高发区,此部分选取的利用微信公众号推送侵权电影链接而受到行政处罚的"无锡'紫薇影院'微信公众号侵犯影视作品版权行政处罚案",在认定非法经营额,确定行政处罚数额方面具有较强的参考价值。最后,该部分还选取了利用电商平台销售盗版音乐光盘受到行政处罚的"张家港'4·28'侵犯音乐作品版权行政处罚案",该案对于打击利用电商平台从事版权侵权行为,促进公众尊重版权意识的形成具有重要意义。

北京市版权局、北京市新闻出版研究中心为本课题成果成书并最终出版提供了大力支持,相关领导与负责人员也在课题开展的过程中提供了宝贵的意见和建议,在此表示衷心的感谢! 由于现实图景的复杂化,实务界与学界在现有版权法框架下解释不断涌现的新事物与新现象时产生了不同的观点,这些不同的洞见交织,带给了我们思辨的乐趣。本书中的观点亦仅代表课题组成员的一己之见,若存在疏漏讹传之处,还请各位同仁不吝赐教!

目 录

1

刑　事 ｜ XINGSHI

国 内 篇

GUONEI PIAN

民　事

MINSHI

短视频平台版权侵权责任认定：

微播视界诉百度在线、百度网讯侵害作品信息网络传播权纠纷案

| 典型意义 |

本案为北京互联网法院挂牌成立受理的第一起案件,也是我国首个短视频平台帮助用户维权的案件。短视频具有很强的文化特征和内容属性,融合了文字、图片、语音和视频等内容,该行业爆炸式发展的背后引发了大量关于短视频版权问题的讨论。短视频版权的保护问题不仅关乎各方利益调整的公平,还影响着产业发展的效率,因此合理划分短视频版权保护的界线十分重要。本案作为短视频版权纠纷案件的典型,针对短视频这一典型的具有互联网特色的作品,深入分析其独创性特征、作品类型归属以及新兴行业平台责任与技术应用等内容,明确视频的长短与创作性的判定没有必然联系以及短视频上的水印不属于著作权法中的技术措施等裁判要旨,对于短视频版权纠纷类案件具有借鉴意义。该案因此入选 2018 年最高人民法院十大知识产权案件和 2018 年度中国十大传媒法事例。

| 裁判要旨 |

一、视频的长短与创作性的判定没有必然联系,短视频版权保护的对象是短视频作品。短视频的时间长短并不是能否构成作品的决定要素,决定性的考量因素是短视频表达是否具有独创性和可复制性。对于本案"我想对你说"这种因时长较短导致创作空间有限的短视频,只要有"可识别的差异性",能体现制作者的个性化表达即可认定其有"创作性",创作高度不宜苛求。涉案视频虽然只有 13 秒,但是完整地体现了作者的个性化表达,具有可版权性,

构成以类似摄制电影的方法创作的作品（以下简称"类电作品"）。

二、著作权法意义上的技术措施是指用于防止、限制未经权利人许可浏览、欣赏作品、表演、录音录像制品的或者通过信息网络向公众提供作品、表演、录音录像制品的有效技术、装置或者部件，与纯技术意义上的"技术措施"的概念有所差异。具有阻止他人实施特定行为的技术性手段才构成著作权法中的技术措施，本案"我想对你说"短视频上的水印不能起到限制他人接触、利用作品的作用，不属于著作权法意义上的技术措施，更宜认定为权利管理信息。

三、《信息网络传播权保护条例》第二十二条即学理上所称的"避风港规则"，不符合"避风港规则"的，还应当根据《中华人民共和国侵权责任法》（以下简称《侵权责任法》）第三十六条判断网络服务提供者是否应当承担相应的侵权责任。根据《侵权责任法》第三十六条第二款、第三款之规定，网络服务提供者承担责任的前提有二：一是网络用户利用网络服务实施侵权行为，二是网络服务提供者对上述侵权行为的实施主观上具有过错。法院判定本案被告作为提供存储空间的网络服务提供者，且现有证据无法证明二被告对于被控侵权短视频是否侵权存在明知或应知的主观过错，二被告及时删除了被控侵权短视频，本院认定二被告的行为符合进入"避风港"的要件。

| 案情介绍 |

北京互联网法院（2018）京 0491 民初 1 号民事判决书
原告：北京微播视界科技有限公司（本文简称"微播视界"）
被告：百度在线网络技术（北京）有限公司（本文简称"百度在线"）
被告：百度网讯科技有限公司（本文简称"百度网讯"）

原告微播视界是抖音网及抖音短视频手机软件（本书简称"抖音平台"）的运营者。"黑脸 V"是抖音平台上知名的"大 V"①用户，谢某为"黑脸 V"的

---

① 通过抖音认证的"加 V"的用户，认证之后会有明显"V"标识，认证后的用户是排在搜索页最前面的，视频作品会优先进入抖音推荐池。

运营者,负责其在抖音平台上发布的短视频的创意设计、拍摄、后期制作。汶川大地震十周年之际,"黑脸 V"响应全国党媒信息公共平台(本文简称"党媒平台")和人民网的倡议,使用给定素材,制作并在抖音平台上发布"5·12,我想对你说"短视频(本文简称"我想对你说"短视频)。"我想对你说"短视频整体时长为 13 秒,播放页面显示有"5·12,我想对你说让我们把伤痛和灾难铭记,把感动和祝福传递。致敬重生,惜福感恩!"的文字,以及"抖音"和"ID:145651081"字样的水印。视频内容为一蒙面并穿黑色帽衫的男子站在天空灰暗、地面开裂、电线杆倾斜、楼宇残破的废墟中,用手势舞进行祈福,祈福后,镜头由近及远拉伸、地裂合拢、电线杆竖立、绿树成排、蓝天白云重现、表演者衣袖变红等画面变化,整个过程伴随音乐。根据法院勘验,抖音平台后台信息显示,"我想对你说"短视频的创建时间为 2018 年 5 月 12 日 19 时 21 分 32 秒,播放次数为 41023503 次,点赞量为 280.4 万。2018 年 5 月 29 日,谢某(授权方)向原告(被授权方)出具授权确认书,授权微播视界对"我想对你说"短视频在全球范围内享有独家排他的信息网络传播权及以原告名义进行独家维权的权利。

根据应用商店(Android 系统和 iOS 系统)登记信息显示,百度在线和百度网讯分别为伙拍小视频手机软件 Android 系统和 iOS 系统的开发者。伙拍小视频手机软件上传播了"我想对你说"短视频,该短视频播放页面上未显示抖音和用户 ID 号水印。微播视界认为,"我想对你说"短视频构成类电作品,上述传播行为和消除水印的行为,均是两被告所为,侵犯了微播视界的信息网络传播权。两被告辩称,"我想对你说"短视频不属于作品,另外,被控侵权短视频系用户上传,其履行了"通知—删除"义务,不构成侵权,不应承担责任。

经审理,北京互联网法院判决,"我想对你说"短视频构成类电作品,两被告作为提供信息存储空间的网络服务提供者,对于伙拍小视频手机软件用户提供被控侵权短视频的行为,不具有主观过错,在履行了"通知—删除"义务后,不构成侵权行为,不应承担相关责任,判令驳回微播视界的全部诉讼请求。宣判后,双方均服从判决。

| 裁判理由 |

一、"我想对你说"短视频具备可复制性和独创性要求，构成类电作品

《中华人民共和国著作权法实施条例》（以下简称《著作权法实施条例》）第二条规定："著作权法所称作品，是指文学、艺术和科学领域内具有独创性并能以某种有形形式复制的智力成果。"《著作权法实施条例》第四条规定，类电作品是指摄制在一定介质上，由一系列有伴音或者无伴音的画面组成，并且借助适当装置放映或者以其他方式传播的作品。本案中，"我想对你说"短视频符合"类电作品"的形式要件和"可复制性"要求，因此判定其是否构成类电作品，关键在于对其独创性方面的判定。

根据《最高人民法院关于审理著作权民事纠纷案件适用法律若干问题的解释》（以下简称《著作权纠纷解释》）第十五条规定："由不同作者就同一题材创作的作品，作品的表达系独立完成并且有创作性的，应当认定作者各自享有独立著作权。"根据上述规定，作品具有独创性，应当具备两个要件：是否由作者独立完成；是否具备"创作性"。本案中，党媒平台及人民网的示范视频和网络下载图片是原本没有任何关系的独立元素，"黑脸V"将上述元素结合制作出的"我想对你说"短视频，与前两者存在能够被客观识别的差异，主题相同并不影响"我想对你说"短视频是否系独立完成的认定。故，认定"我想对你说"短视频由制作者独立创作完成。

在判断"我想对你说"短视频是否具有"创作性"时，法院认为短视频具有创作门槛低、录影时间短、主题明确、社交性和互动性强、便于传播等特点，基于短视频的创作和传播有助于公众的多元化表达和文化的繁荣，故对于短视频是否符合创作性要求进行判断之时，对于创作高度不宜苛求，只要能体现出制作者的个性化表达，即可认定其有创作性。法院对如下因素进行考量：第一，视频的长短与创作性的判定没有必然联系。虽然视频时长过短，很难形成独创性表达，但有些视频即使不长，只要能较为完整地表达创作者的思想感情，这样的视频可以认定为作品。第二，在限定主题和素材的情况下，创作空

间受到限制,体现个体差异创造性的难度较高。该视频包含了制作者的智力劳动,编排、选择及呈现效果与其他视频完全不同,体现了创作性。第三,抖音平台上其他用户对该短视频的分享行为,可以作为该视频具有创作性的佐证。第四,短视频带给观众的精神享受和共鸣,是其具有创作性的具体体现。法院认定"我想对你说"短视频具备著作权法上的独创性要求。综上,"我想对你说"短视频具有可版权性,构成类电作品。

二、二被告对"我想对你说"短视频不构成侵权

在判定涉案短视频构成类电作品的前提下,法院认为判定两被告是否构成侵权的关键在于:二被告是提供了被控侵权短视频,构成直接侵权,抑或是仅提供了信息存储空间服务。若二被告仅提供了信息存储空间服务,作为网络服务提供者是否构成侵权?

(一)二被告仅提供信息存储空间服务,未提供被控侵权短视频

本案中,二被告在提供伙拍小视频手机软件服务时,对外公示了其用户协议,该协议显示伙拍小视频手机软件具有供用户发布信息的功能,并对用户上传内容不得侵害他人知识产权进行了告知,公布了联系方式,且其提交的后台记录载明被控侵权短视频上传者的用户名、注册 IP 地址、注册时间、上传 IP 地址、上传时间以及联系方式等信息,可以认定被控侵权短视频系案外人上传,二被告为信息存储空间服务提供者。因此,法院认定原告关于二被告直接提供作品,构成直接侵权的主张,不能成立。

(二)二被告在合理期限内履行"通知—删除"义务,不构成侵权

《信息网络传播权保护条例》第二十二条即学理上所称的"避风港规则",不符合"避风港规则"的,还应当根据《侵权责任法》第三十六条判断网络服务提供者是否应当承担相应的侵权责任。根据《侵权责任法》第三十六条第二款、第三款之规定,网络服务提供者承担责任的前提有二:一是网络用户利用网络服务实施侵权行为,二是网络服务提供者对上述侵权行为的实施主观上具有过错。

法院认为,现有证据无法证明二被告对于被控侵权短视频是否侵权存在明知或应知的主观过错,且二被告于 2018 年 9 月 7 日收到原告的纸质投诉函

后，于9月10日删除被控侵权短视频，考虑到虽然两个时间节点相差四天，但是其中含有周末两天，所以法院认为，二被告在收到有效投诉后，删除被控侵权短视频的行为在合理期限内。另外，由于原告无法提交相反证据推翻二被告提交的删除操作的后台记录，故法院认为，二被告在收到有效投诉后，在合理期限内删除被控侵权短视频的行为符合进入"避风港"的要件。在此情形下，无论伙拍小视频手机软件的涉案用户是否构成侵权，二被告作为网络服务提供者，均不构成侵权，不应承担责任。

三、涉案水印的性质并非著作权法上的技术措施

原告主张二被告删除了"我想对你说"短视频上的水印，破坏了其采取的技术措施，构成信息网络传播权侵权。法院认为，《信息网络传播权保护条例》第二十六条规定的技术措施的含义，是指用于防止、限制未经权利人许可浏览、欣赏作品、表演、录音录像制品的或者通过信息网络向公众提供作品、表演、录音录像制品的有效技术、装置或者部件。根据上述规定，技术措施分为接触控制措施和版权保护措施，是防止未经许可接触、利用作品的措施。著作权法意义上的"技术措施"与纯技术意义上的"技术措施"有所差异，只有阻止他人实施特定行为的技术性手段，才能实现著作权法的立法目的。本案中的水印显然不能实现著作权法意义上技术措施的功能。

另外，《信息网络传播权保护条例》第二十六条规定的权利管理电子信息的含义，是指说明作品及其作者、表演及其表演者、录音录像制品及其制作者的信息，作品、表演、录音录像制品权利人的信息和使用条件的信息，以及表示上述信息的数字或者代码。本案中的水印包含有"我想对你说"短视频的制作者用户ID号，表示了制作者的信息，更宜认定为权利管理信息。另，水印中标注的"抖音"字样，表示了传播者的信息。因涉案水印并非著作权法意义上的技术措施，消除水印的行为人亦非二被告，原告关于二被告因破坏技术措施，进而侵害其信息网络传播权的主张不能成立，法院不予支持。

| 案件分析 |

在移动终端普及和互联网技术发展的大背景下，短视频日益成为极具价值的版权内容资产，与短视频有关的版权争议也逐渐增多。争议的焦点主要围绕短视频的独创性如何体现？选择空间与时长在独创性认定中起到的作用？不同类别的短视频是否受到区别保护？本案作为短视频案件的典型，将围绕上述问题展开分析，并对短视频水印的法律属性，以及"通知—删除"规则的适用原则等问题进行探讨。

一、短视频独创性标准的认定

对于典型版权客体而言，在认定其是否构成作品的同时就可明确其法定作品类型，因此认定是否构成作品与判断其作品类型在审判实践中通常是同时进行的。随着信息网络技术的发展，在版权领域不断出现非法律规定的典型作品类型，由此引起作品认定与作品类型判断之间顺序关系的讨论。本案法院围绕原被告争议，指出"我想对你说"短视频显然符合"摄制在一定介质上，由一系列有伴音或者无伴音的画面组成，并且借助适当装置放映或者以其他方式传播"这些形式要件，因此主要对涉案短视频的独创性展开分析。作品认定是第一性问题，任何类型的作品，都属于作者的创作，都是作者思想情感的外在表现。不同类型作品在著作权法中的不同地位决定其获得的保护模式和力度，这是第二性的问题。如果认为只有对作品进行了单纯的类型化才能够对其赋予相应的保护，实际上混淆了第一性和第二性的关系。[①] 对于短视频这种非典型作品，对其作品属性的判定，逻辑上需要首先判定短视频是否属于作品，然后才是对其作品类型进行认定。

判定短视频是否具有可版权性，"可复制性"要件通常不具争议，"独创性"要件则是该类案件的关键。独创性是作品受著作权法保护的实质要件，是判断版权侵权行为的前提。[②] 对于独创性的判定标准，英国采取的是"投入

[①] 参见卢海君：《短视频的〈著作权法〉地位》，《中国出版》2019 年第 5 期。

[②] 参见赵锐：《作品独创性标准的反思与认知》，《知识产权》2011 年第 9 期。

技巧、劳动或判断"标准,法国采取的是"反映作者个性"标准,美国采取的是"少量创造性"①标准。② 根据《著作权纠纷解释》第十五条③规定,独创性的内涵包括"独立创作"和"创作性"两方面。"独立创作"是指作品从无到有是独立创作,或在他人作品的基础上进行再创作的作品。关于这一要件的认定,司法实践的把握比较统一。而对于"创作性"的认定,司法裁量空间较大,也是该类案件的主要争议问题。④

否定短视频作品地位的一项主要观点是短视频相对于电影作品、电视剧作品来说,时长不够长,本案被告也以此作为抗辩理由。本案明确,短视频版权保护的对象是短视频作品,视频的长短与创作性的判定没有必然联系。短视频的时间长短并不是能否构成作品的决定要素,决定性的考量因素是短视频表达是否具有独创性和可复制性。短视频的创作者可以在极短的时间内,配合表演、文字、声音、特效、场景等一个或多个元素完整表达其思想和情感,获得版权保护在理论上是没有障碍的。⑤ 本案就短视频的"创作性"明确提出了判断标准,将"可识别的差异性"作为"创作性"的认定标准。本案法官在总结审理思路的文章中提到,作品具有个性或是不同这一标准适宜作为作品的入门门槛。这里所指的个性、不同或者差异,不是思想、意图或是创作过程的差异,是作品的最终形态与现有或同时产生的表达相比,是否存在可以识别的差异。因此,二被告在本案中提到的思想、创作过程、拍摄手法和技术手段,均与独创性的认定无关。⑥ 这充分体现著作权法保护的是表达,而非创作思想本身这一基本原则。

---

① 在 1991 年,美国的 Feist 案中,美国法院认为作品必须在收集、协调、编排方面有"一点点的创造性",才能得到著作权法的保护。该案否认了之前美国一些法院遵循的"额头上的汗水"原则或"辛勤收集"原则,确定了"少量创造性"的标准。

② 参见孙昊亮:《媒体融合下新闻作品的著作权保护》,《法学评论》2018 年第 5 期。

③ 《最高人民法院关于审理著作权民事纠纷案件适用法律若干问题的解释》第十五条:由不同作者就同一题材创作的作品,作品的表达系独立完成并且有创作性的,应当认定作者各自享有独立著作权。

④ 参见唐先博、黄明健、李萍:《我国作品独创性认定的实证研究》,《贵州师范大学学报（社会科学版）》2017 年第 3 期。

⑤ 参见张璇:《短视频受不受著作权保护》,《经济参考报》2019 年 2 月 27 日。

⑥ 参见张雯、朱阁:《侵害短视频著作权案件的审理思路和主要问题——以"抖音短视频"诉"伙拍小视频"侵害作品信息网络传播权纠纷一案为例》,《法律适用》2019 年第 6 期。

另外,判决书中提到基于短视频的创作和传播有助于公众的多元化表达和文化的繁荣,故对于短视频是否符合创作性要求进行判断之时,对于创作高度不宜苛求。随着短视频行业不断纵深发展,过分苛求短视频这类新兴内容传播载体的创作性将不利于产业现实发展需求。在"快手公司诉华多公司"一案中,法院认为:"在短视频产业已渐成规模的当下,只要作品具有最低限度的创造性即可,法律规范应当对市场及其中的商业逻辑有所回应,不应为'作品'设限,人为提高作品构成要件的门槛。"①著作权法对智力创造性程度的要求,与专利法中要求具有实质性技术进步的标准不同。② 因此,将包括短视频作品在内的各种类型作品所要求的独创性程度认定为门槛式的最低要求,既有利于短视频行业的发展,对短视频版权保护的标准问题也具有积极意义。③

值得一提的是,本案将观众的精神享受、其他用户对于"我想对你说"的分享行为也作为判定是否具有创作性的考虑因素。本案法官认为,创作性既是事实判断,亦是价值判断,独创性的自由裁量受限于特定客体相关受众的认知,应尽量追求公众普遍认同的公共价值。本案判决书肯定了"我想对你说"短视频以公众乐于接受的形式弘扬了正能量,这与著作权法"鼓励有益于社会主义精神文明、物质文明建设的作品的创作和传播"立法宗旨相契合。④ 实践中短视频的艺术品位良莠不齐,公众观感享受、用户分享行为虽然并非"创作性"的法定判定因素,但从立法宗旨的角度出发将上述因素纳入考量也无可厚非。

二、短视频版权内容

著作权法中的作品类型依据作品的表现形式进行划定。从表现形式上看,本案中的"我想对你说"短视频符合我国著作权法上关于类电作品或是录

---

① 北京市海淀区人民法院民事判决书(2017)京 0108 民初 49079 号。
② 参见刘佳:《网络短视频的著作权保护问题初探》,《出版广角》2019 年第 3 期。
③ 参见丛立先:《论短视频作品的权属与利用》,《出版发行研究》2019 年第 4 期。
④ 参见张雯、朱阁:《侵害短视频著作权案件的审理思路和主要问题——以"抖音短视频"诉"伙拍小视频"侵害作品信息网络传播权纠纷一案为例》,《法律适用》2019 年第 6 期。

像制品的形式要件。前者属于作品，后者则是制品。短视频版权保护的权利内容与一般作品的权利内容并没有本质的区别，但短视频作品的版权权利内容与邻接权权利内容有所不同。版权人就短视频作品享有的权利内容，理论上可以涵盖著作权法规定的从人身权到财产权的所有权项。关于邻接权人享有的权利内容，我国自 1990 年颁布《著作权法》之日起就建立了邻接权制度，形成了表演者权、录音录像制作者权、广播组织权和出版者权"四权并立"的权利格局。① 司法实践中，短视频通常被认定为构成类电作品。本案中，根据被告的答辩意见，其认为"我想对你说"短视频不构成类电作品的关键理由是"我想对你说"短视频在素材选择、拍摄手法、拍摄技术上的选择处理很难构成"类电作品"的独创性高度。法院并未采信被告的答辩，认为不宜将这种因时长较短导致创作空间有限的短视频的"创作性"的标准定得太高，否则短视频行业中可能就没有作品只剩制品。

可见，本案法院对于作品和制品的区别标准是"创作性"的高低。事实上，作品与制品的区分仅是立法选择的产物。在有些立法例中，则不对作品与制品进行区别。② 短视频作品与短视频作品表演、短视频录像制品或短视频节目的核心区别，不应是独创性高低的区别，而应是著作权权利客体与传播者权权利客体的不同呈现。③ 笔者认为，相对于"独创性高低"的判定标准，采用"无独创性"标准界定制品更为合理。④ 例如，仅单纯拍摄社会活动或纯粹自然活动，如动物鸣叫、动物的日常活动等声音和画面形成的短视频不能体现作者的个性、表达作者的思想情感，因此不具备独创性，当然不能成为著作权法意义上的作品。⑤ 从所谓创作高度的角度对短视频进行类型化亦非明智之举，与其无谓"纠结"，不如对短视频作品提供一体化、扁平化的保护，为短视

---

① 参见王国柱：《邻接权客体判断标准论》，《法律科学（西北政法大学学报）》2018 年第 5 期。

② 美国版权法和英国版权法上没有"邻接权"这一概念和体系化的制度安排，但规定了对"录音作品""广播节目"等的保护。

③ 参见丛立先：《论短视频作品的权属与利用》，《出版发行研究》2019 年第 4 期。

④ 参见王国柱：《邻接权客体判断标准论》，《法律科学（西北政法大学学报）》2018 年第 5 期。

⑤ 参见赵莹：《移动短视频的著作权问题》，《青年记者》2019 年第 6 期。

频行业建构健康有序的竞争环境。①

三、短视频作品的权利归属判定

从版权人和邻接权人的角度看,短视频版权的归属主体可能包括两个方面:一方面是短视频作品的创作者或短视频内容的制作者,这是版权主体,具体包括原创作者或制作者、借鉴创意再创作的作者或制作者、演绎创作者或演绎制作者、汇编创作者或汇编制作者等主体形式;另一方面是短视频作品的传播者,也就是短视频作品传播过程中的邻接权主体,具体包括短视频作品的表演者、录音录像制作者或广播组织。② 邻接权主体因在作品传播中投入劳动成果而对其劳动成果享有的专有权利。而根据创作主体的不同,短视频通常可以分为 UGC③、PGC④、PUGC⑤ 三类。短视频作品的版权归属则应兼顾创作、权利约定和传播的具体情况。因此,判定短视频版权归属的关键在于两个问题:谁是短视频作品的创作主体或传播主体;创作主体与其他利益主体就该短视频作品有没有版权权属协议。⑥

本案中,"黑脸 V"运营者通过协议方式授权微播视界对"我想对你说"短视频在全球范围内享有独家排他的信息网络传播权及进行独家维权的权利。依据用户和短视频平台之间的协议,短视频平台获得某些权利,信息网络传播权是最常见的一种授权权利。另外,如果用户和短视频平台之间存在雇佣关系、委托关系,短视频平台也可以根据《著作权法》第十六条规定的特殊职务作品、第十七条规定的委托作品著作权归属,获得著作权。⑦

---

① 参见卢海君:《短视频的〈著作权法〉地位》,《中国出版》2019 年第 5 期。

② 参见丛立先:《论短视频作品的权属与利用》,《出版发行研究》2019 年第 4 期。

③ UGC 全称为 User Generated Content,是指用户自行生产内容,其平台主要有快手、火山小视频、美拍等。

④ PGC 全称为 Professional Generated Content,是指专业生产内容,一般由领域内较专业的人做视频,内容较权威,发布平台主要有西瓜视频、土豆视频等。

⑤ PUGC 全称为 Professional User Generated Content,即"专业用户生产内容"或"专家生产内容",指在移动音频行业中,将 UGC+PGC 相结合的内容生产模式。

⑥ 参见丛立先:《短视频著作权保护的核心问题》,《出版参考》2019 年第 3 期。

⑦ 参见刘佳:《网络短视频的著作权保护问题初探》,《出版广角》2019 年第 3 期。

四、短视频平台责任认定与注意义务

（一）内容提供行为与服务提供行为的判定

本案中，原告主张二被告提供被控侵权短视频，被告认为其仅提供信息存储空间服务。根据提供内容与服务的不同，通常可以将网络传播行为分为两种。一种是内容提供行为，即短视频平台利用自身的网络平台直接传播与分享短视频资源。这种情况下，短视频平台实施了内容提供行为，其本身就是作品的发布者和上传者。如果提供者未经权利人许可，且不构成《著作权法》规定的合理使用，也不符合其他免责条款的要件，提供行为则直接侵犯创作者的版权权利。短视频平台自身构成直接侵权主体，应承担直接侵权责任。另一种是网络服务提供行为，《信息网络传播权保护条例》第二十条至第二十三条依照所提供服务的种类，将网络服务提供商划分为网络自动接入、自动传输服务提供商，系统缓存服务提供商，信息存储服务提供商和网络搜索、链接服务提供商四类。如果短视频平台仅为用户提供上述网络服务，并未直接提供短视频作品，那么短视频软件在此种情况下具有网络服务提供者的身份。[①] 本案中，根据双方提供的证据，法院判定被告仅提供信息存储空间服务，并未直接提供涉案作品。

（二）"避风港规则"的适用

法院对内容提供行为和网络服务提供行为进行区别的目的是两者的免责事由不同。内容提供者依据《侵权责任法》第三章规定的免责事由免责，而网络服务提供者还具备"避风港规则"这项免责事由。最早系统规定避风港规则的是美国于1998年颁布的《千禧年数字版权法》（以下简称DMCA）。[②] 借鉴DMCA的经验，我国《侵权责任法》第三十六条、《信息网络传播权保护条例》第二十条至第二十三条和《最高人民法院关于审理侵害信息网络传播权民事纠纷案件适用法律若干问题的规定》第六条等从规范上确立了我国的避风港条款。概括来讲，在作品网络传播中适用"避风港规

---

① 参见孟丽君：《短视频软件著作权侵权问题研究》，《法制与社会》2019年第1期。
② 参见王迁：《〈信息网络传播权保护条例〉中"避风港"规则的效力》，《法学》2010年第6期。

则"应同时具备下列要件：第一，主体要件，作品网络传播中"避风港规则"在主体上仅适用提供传输、储存空间或者搜索服务、链接服务的网络服务商；第二，主观要件，作品网络传播中"避风港规则"在主观上仅适用于网络服务中间商对作品网络传播中的侵权事实不具有主观过错的情形；第三，协助救济要件，接到"通知"后有效履行删除义务。[①] 本案中，两被告以"避风港规则"为抗辩理由并最终获得胜诉。法院认为被告提供的是信息存储空间服务，且对平台注册用户提供被控侵权短视频的行为，不具有主观过错，在履行了"通知—删除"的义务后，符合"避风港规则"的适用条件，不构成侵权行为。

（三）"避风港规则"滥用的思考

信息网络传播背景下，以"通知—删除"规则为核心的"避风港规则"成为各类聚合网站和分享网站的"安全港"。也有不少学者担忧，"避风港规则"已演变成某些网站承担侵权赔偿责任的挡箭牌——"先侵权、等通知；不通知、不负责；你通知、我删除、我免责"。[②] 本案判决书中也提到，对于"通知—删除"规则的适用，应本着诚实信用原则，最大化地发挥规则的善意。作为平台服务的提供者，仅依赖"避风港规则"是不够的，应通过更加积极有效的管理履行平台义务。本案中，虽然未经许可搬运涉案短视频的侵权行为是被告平台用户的行为，两被告并未参与其中，且在收到通知后及时删除侵权视频，但其中是否存在滥用"避风港规则"的嫌疑无从而知。很多短视频平台名义上只提供空间服务，未制作内容，但在未收到侵权通知的情况下，授权用户"使用"网络上的作品，实际上是在为网站吸引用户点击量并获取利益。在被告知侵权后，再利用"避风港规则"履行删除义务，避免侵权。

"避风港规则"在限制网络平台责任方面起到了重要作用，但是在实施过程中仍然存在被"异化"的可能性。防止"避风港规则"被滥用的有效手段之

---

① 参见蔡维力：《网络服务中间商滥用避风港规则的认定——以百度公司与50位作家著作权侵权纠纷为例》，《知识产权》2010年第6期。
② 蔡长春：《被滥用的"避风港原则"》，https://www.legalweekly.cn/fzzg/2139.html，最后访问时间：2019年8月21日。

一是合理设定平台注意义务，在"避风港规则"中体现为主观过错的判定问题。在"剑网2018"专项行动中，相关行政管理部门要求网络短视频平台建立三审三查版权审核制度。① 中国网络视听节目服务协会发布《网络短视频平台管理规范》及《网络短视频内容审核标准细则》，从机构把关和内容审核两个层面为规范短视频传播秩序提供了依据。平台注意义务还需要与技术发展现状相匹配，当技术发展到一定阶段，采用特定技术措施能够实现过滤侵权信息、降低侵权风险，平台应负有相应注意义务，不可再机械利用"通知—删除"规则获得免责。②

五、水印技术应用的法律属性

本案明确了短视频上水印的法律属性，法院经审理认为，涉案水印并非原告主张的著作权法上的"技术措施"，即并不是防止未经许可接触、利用作品的措施，更宜认定为权利管理信息。为顺应数字技术发展，1996年世界知识产权组织主持缔结的《世界知识产权组织版权条约》（以下简称WCT）和《世界知识产权组织表演和录音制品条约》（以下简称WPPT）对技术措施和权利管理信息进行了规定。③ 我国现行《著作权法》第四十八条第六项和第七项规定了违反技术措施和权利管理电子信息两项制度的民事侵权责任、行政及刑事责任。④ 之所以在以保护专有权利为基本立法思路的《著作权法》中作此规定，主要是为了解决数字时代作品低成本、高质量和无限制的复制、传播行为对作品权利人专有权利控制造成极大威胁的问题，通过赋予权利人在作品传播前的前置性保护权利，避免出现短时间内侵权复制件广泛大量传播造成事

---

① 参见国家版权局：《短视频平台版权整改取得阶段性成效，下架作品57万部》，http://www.ncac.gov.cn/chinacopyright/contents/518/388297.html，最后访问时间：2019年9月17日。

② 参见郝明英：《网络短视频平台的著作权侵权责任认定》，《山东科技大学学报（社会科学版）》2019年第4期。

③ 见WCT第11条和第12条；WPPT第18条。

④ 《著作权法》第四十八条："……（六）未经著作权人或者与著作权有关的权利人许可，故意避开或者破坏权利人为其作品、录音录像制品等采取的保护著作权或者与著作权有关的权利的技术措施的，法律、行政法规另有规定的除外；（七）未经著作权人或者与著作权有关的权利人许可，故意删除或者改变作品、录音录像制品等的权利管理电子信息的，法律、行政法规另有规定的除外。……"

后救济难以弥补不良影响的结果。①

　　从法律性质上，技术措施是一种版权保护的私力救济手段。② 著作权法意义上的"技术措施"与大众日常生活的"技术措施"有所区别，破坏行为所招致的法律责任也有所不同。本案原告主张被告存在破坏原告相关技术措施的故意，此行为亦构成对原告信息网络传播权的侵犯。本案中的水印，不是阻止他人实施特定行为的技术性手段，不能实现阻止接触、利用短视频的功能，从而法院并未支持原告的该项诉求。信息权利管理信息本身没有技术功能，仅是一种能够识别有关作品或其他受保护的客体、权利人、权利归属和使用条件等内容的信息。③ 法院认定，本案中的水印包含有"我想对你说"短视频的制作者用户 ID 号，表示了制作者的信息，更宜认定为权利管理信息。根据《著作权法》规定，破坏权利管理信息同样需要承担责任。权利人有权同时选择依据《著作权法》第四十八条第六项和第七项，以及著作权专有权提起诉讼。值得注意的是，并非所有的水印都具有同一性质，水印应用的法律属性应该依据这项技术在具体案件中的使用方式，进行个案考量。

（作者：丛立先　起海霞）

---

① 参见曹丽萍：《侵害著作权案件中保护技术措施的理解》，https://www.sohu.com/a/200261737_99895431，最后访问时间：2019 年 9 月 23 日。

② 参见姚鹤徽、王太平：《著作权技术保护措施之批判、反思与正确定位》，《知识产权》2009 年第 6 期。

③ 参见王迁：《版权法对技术措施的保护与规制研究》，中国人民大学出版社 2018 年版，第13 页。

移动端网页的可版权性认定：

上海视畅诉广州欢网、重庆有线微信网页版权侵权纠纷案

| 典型意义 |

对于网页的版权保护，司法实践中一直存在着争议。电脑端网页在以往的案件中多被作为汇编作品给予著作权法保护。随着移动互联网时代的到来，基于手机终端开发网页已经成为大趋势，而微信公众号这类手机终端网页能否成为著作权法保护的客体，以及如何对权利人的权利和公众利益进行平衡等问题仍待研究。本案对上述问题进行了积极的思考，法院判决微信公众号平台的开发需要遵循腾讯公司制定的基本规则，因此微信公众号的页面设计在要素的选择、结构的安排、栏目的功能以及菜单的名称上会受到限制，个体的创作空间有限，其表达方式通常不具有独创性，通常不被认定为受著作权法保护的作品。在移动端成为网络时代流量主流，微信公众号用户群体庞大的背景下，该案件的判决结果对于我国司法实践处理类似案件具有重要的借鉴意义，并入选 2018 年重庆法院知识产权司法保护典型案例。

| 裁判要旨 |

一、从立法目的来说，我国《著作权法》第一条规定该法的立法目的是为"促进社会主义文化和科学事业的发展与繁荣"，该立法目的反映在作品上，就产生了作品在客观表现形式上至少应与已有的作品存在些许程度的差异要求。

二、我国《著作权法》保护的是具有独创性的表达，并不保护思想。且在思想的表达方式唯一或者有限的情况下，该表达方式也不受著作权法保护。

对于涉案单个菜单而言，其名称均为单词或词组，是对该菜单功能的高度浓缩介绍，因其思想与表达重合，故单个菜单栏不具有独创性。

三、汇编作品，不以其汇编材料或者数据内容本身构成作品为前提，汇编人对汇编内容的选择和编排体例上体现了其所作的取舍、选择、安排及设计，构成独特表达，应当认定其具有独创性而受《著作权法》的保护。

四、当汇编人作出的选择为行业通行方式或由功能决定，则不具备独创性而不受著作权法保护。涉案微信公众号页面中包含的菜单栏、子菜单的设置均受限于腾讯公司对微信公众平台的基本设定，其子页面中的构成要素均为行业的通用元素，因而其对内容的取舍及选择并未体现"创造性"。同时，微信公众号页面均在手机屏幕中显示，页面设计布局的空间有限，在此种情形下，如对页面构成要素的简单排列组合予以著作权法保护，使其被少数人独占，会对手机界面设计的发展造成障碍，进而违背《著作权法》促进文化和科学事业发展与繁荣的立法目的。

｜案情介绍｜

（2017）渝 0102 民初 17495 号

（2018）渝 01 民终 470 号

上诉人（一审原告）：上海视畅信息科技有限公司（本文简称"上海视畅"）

被上诉人（一审被告）：广州欢网科技有限公司（本文简称"广州欢网"）

被上诉人（一审被告）：重庆有线电视网络有限公司（本文简称"重庆有线"）

原告上海视畅是一家经营互联网视频聚合、智能 EPG①、智能推荐引擎和多屏互动、微信电视等业务的互联网公司。被告广州欢网与原告的经营范围相类似。2015 年 12 月 7 日，被告重庆有线针对智能 EPG 系统建设与数据提供发布招标，并制作招标文件《智能 EPG 项目招标技术规范》，其中，"九、其他技术要求"中载有：9. 免费赠送微信电视开发，依托微信公开发放平台，以

---

① EPG 全称为 Electronic Program Guide，即电子节目指南。

新建"来点微电视"微信公众服务号为载体，采用 HTML5 技术，实现手机遥控器、智能 EPG、语音搜索、多屏切换、内容分享等应用场景，打造"以微信为入口，连通线上线下"的媒体新平台，为用户提供"手机操控、多屏观看"的新体验。上海视畅与广州欢网均参与投标，广州欢网最终中标。2016 年 2 月 29 日，重庆有线公司与广州欢网公司签订《智能 EPG 项目建设合同》，对"聚合互联网视频""手机端门户建设""直播内容手机端播放""推屏视频内容""遥控器开发"等内容进行约定。根据双方协商，广州欢网将其开发的微信公众号"来点微电视"供重庆有线运营使用。

根据法院查明的事实显示，《微信公众平台开发者文档》在首页"微信公众平台开发概述"中陈述"微信公众平台是运营者通过公众号为微信用户提供资讯和服务的平台"，在"自定义菜单创建接口"中陈述"自定义菜单最多包括 3 个一级菜单，每个一级菜单最多包含 5 个二级菜单"。搜索广州欢网开办的微信公众号"来点微电视"，该公众号首页底端有三个菜单栏，自左向右依次为"微电视""功能"和"来点中心"。其中"来点中心"的子菜单又显示为"我的服务""绑定信息""使用帮助"和"意见反馈"；"功能"的子菜单显示为"搜索""遥控器"和"图片推屏"。点击"搜索"，该公众号推送一条信息，内容为"您好，请在聊天对话框中输入搜索关键字如：片名、主演、导演、类型或者片名首字母，即可搜索影片。同时支持微信语音搜索影片。"点击"意见反馈"，微信公众号进入标题为"意见反馈"的页面，内容分为反馈类型；联系方式；意见反馈三项。点击"微电视"进入标题为"来点微电视"页面，导航栏自左向右依次为"推荐""直播""点播""我的"及搜索键，点击"推荐"，页面自上而下依次显示为：一个影视作品的图片及名称，"大家在看""最新榜""热播榜""收藏榜"四个栏目，每个栏目下并排显示三个影视作品的图片及名称。点击"直播"，下又分为"央视""卫视""本地"和"其他"栏目，每个栏目下显示对应的频道并显示该频道的标识（LOGO）及当前播放的节目名称。点击"点播"，页面自上而下依次显示为："电影""电视剧""动画""欧美""日韩"等栏目，每个栏目下并排显示一个影视作品的图片及名称。

微信公众号"看客影视"的账号主体为原告上海视畅。该公众号首页底端的三个菜单栏自左向右依次为"功能""微电视"和"看客中心"。三个菜单栏项下又有多个子菜单栏。其中"功能"的子菜单显示为"云相册""遥控器"和"全网搜索"；"看客中心"的子菜单显示为"平台帮助""意见反馈""APP下载"和"扫一扫"；点击"搜索"，该公众号推送一条信息，内容为"您好,请在聊天对话框中输入搜索关键字如：片名、主演、导演、类型或者片名首字母,即可搜索影片。同时支持微信语音搜索影片。"点击"意见反馈",微信公众号进入标题为"意见反馈"的页面,内容分为反馈类型；联系方式；意见反馈三项。点击"微电视"进入标题为"看客影视"页面,导航栏自左向右依次为"推荐""直播""分类""我的"及搜索键,点击"推荐",页面自上而下依次显示为：一个影视作品的图片及名称,"当前热播""电影""电视剧""动漫""综艺""纪录片"等栏目,每个栏目下并排显示三个影视作品的图片及名称。点击"直播",下又分为"央视""卫视""地方台""电视剧""综艺"和"新闻"栏目,其中,"央视"栏目下显示对应的央视频道并显示该频道的LOGO及当前播放的节目名称。

原告上海视畅主张其开办的微信公众号"看客影视"的界面设计、网页架构和点击"搜索"子菜单栏出现的关于"功能"的文字说明是具有独创性的表达,属于著作权法保护的作品,而广州欢网中标的由重庆有线发标的关于"智能EPG"的"来点微电视"微信端界面抄袭了上海视畅的上述作品,在整体视觉效果、布局架构、菜单设置都是与上海视畅作品基本相同,广州欢网公司和重庆有线公司侵犯了其版权,遂提起诉讼。一审法院判决驳回上海视畅的诉讼请求。上海视畅不服该判决,提起上诉,二审法院维持原判。

| 裁判理由 |

一、原告微信公众号"看客影视"单个菜单、菜单排列布局不具有可版权性

法院认为：一方面,单个菜单是根据功能的需要而设定的,其名称均为单词或词组,是对该菜单功能的高度浓缩介绍,因其思想与表达重合,故单个菜单栏不具有独创性；另一方面,由于手机端屏幕不同于电脑端屏幕,其可供布局的空间有限,故腾讯公司对每级菜单的数量均进行了限制,在每级菜单数量

有限的前提下，将多个菜单进行排列组合也仅仅是一种简单的罗列，不能体现设计者独特的思想，不具有独创性。故原告上海视畅无权主张单个菜单以及多个菜单排列布局获得著作权法保护。

二、原告微信公众号"看客影视"关于"功能"的文字说明不构成作品

关于点击"搜索"后"看客影视"公众号推送的文字内容"您好，请在聊天对话框中输入搜索关键字如：片名、主演、导演、类型或者片名首字母，即可搜索影片。同时支持微信语音搜索影片"的消息能否构成文字作品。一审法院认为，该消息在于提醒公众搜索影片的方式，包括输入主演、导演等关键字或者语音搜索。该消息仅两句话，共58个字，且该消息仅是对搜索方式的罗列，表达方式有限，不具有独创性，不能构成文字作品，不受著作权法保护。

三、页面及子页面不构成汇编作品

关于"看客影视"页面及其子页面能否构成作品，一审法院认为判断上述页面能否构成作品在于判断该页面的构成要素的选择、编排是否具有独创性。本案中，首页导航栏自左向右依次为"推荐""直播""分类""我的"及搜索键，点击"推荐"，页面自上而下依次显示为：一个影视作品的图片及名称，"当前热播""电影""电视剧""动漫""综艺""纪录片"等栏目，每个栏目下并排显示三个影视作品的图片及名称。点击"直播"，下又分为"央视""卫视""地方台""电视剧""综艺"和"新闻"栏目，其中，"央视"栏目下显示对应的央视频道并显示该频道的LOGO及当前播放的节目名称。

关于上述页面构成要素的选择是否具有独创性，一审法院认为，在三网融合的背景下，电视除了直播功能外还有点播功能。按照"电影""电视剧""动漫""综艺""纪录片"等对点播内容进行分类介绍属于通用的分类标准。按照"央视""卫视""地方台"等对直播内容进行分类亦属于通常分类标准。故上海视畅对上述页面构成要素的选择均具有普遍通用性，不具有独创性。关于上述页面构成要素的编排是否具有独创性，一审法院认为，由于手机端屏幕的局限性，手机端视频网站内容自上而下显示均为一张大图，剩下的并排两张或

三张小图,故在手机端页面空间布局有限的情况下,上述设计较为简单,不具有独创性。

关于点击"意见反馈"后微信公众号进入标题为"意见反馈"的页面能否构成作品。一审法院认为,该页面内容分为反馈类型、联系方式、意见反馈三项,该页面构成要素有限,其选择、编排仅仅是一种简单的排列组合,不能体现设计者独特的思想,也不具有独创性。综上,上海视畅主张的上述页面也不能获得著作权法的保护。

案件分析

我国最早关于网页版权侵权诉讼的案件可以追溯到1999年的"瑞得集团公司诉东方信息服务有限公司案"①,此案是我国网络版权案件中首例网页版权侵权纠纷案,涉及电脑端网页纠纷,本案则属于手机移动端网页版权保护问题。在移动端成为网络时代流量主流,微信公众号用户群体庞大的背景下,基于手机终端开发的微信公众号网页是否构成著作权法上的作品,构成何种作品类型等仍是值得探讨的问题。

一、微信公众号网页的可版权性分析

我国现行《著作权法》仅对"作品"进行类型化规定,关于作品的概念则见于《著作权法实施条例》中。我国立法上对作品类型和作品定义进行衔接式规定,在司法实践中导致对作品类型开放性的认知误解。然而,不论是版权领域最为重要的《伯尔尼公约》,还是各典型国家的版权法,列举规定作品类型时都强调这是一种典型性列举,而版权法律保护的是"文学、科学和艺术领域内的一切成果,而不论其表现形式或方式如何"。因此,在我国《著作权法》第三次修改进程中,有意见建议将第三条第九项明确规定为"其他文学、艺术和科学领域内具有独创性并能以有形形式复制的智力成果"。② 由此可见,只要"网页"符合作品的构成要件——独创性和可复制性,即可认定为作品。关于

---

① 见北京市第一中级人民法院民事判决书(1999)一中知终字第64号。

② 丛立先:《〈著作权法〉修订亟待解决四大问题》,《中国新闻出版广电报》2019年5月30日。

网页的可复制性通常不具争议性,本部分重点探讨微信公众号网页的独创性判定问题。

在网页中,文本与图像是构成一个网页中两个最基本的元素,其他可感知的信息还包括 FLASH 动画、声音、视频、表格、交互式表单等,隐藏的信息包括注释、脚本、样式信息、元数据与语义的元信息、字符集信息、文件类型描述等。① 对网页的著作权法保护,实际上涉及对网页的构成元素、网页作为一个整体以及与网页相对应的源程序的保护。网页的表现形式在立法上没有统一的标准和规定,但是通常可划分为三部分:第一,网页内容,包括通过客户端看到的网页上的文字、图像、音乐、动画和其他材料;第二,网页界面,又称为网页的版式设计,与网页内容不同,网页版式设计是指网页的结构布局,栏目式样和分类,模块排列,色彩分配字体大小等方面的设计;②第三,网页源程序。③本案中,原告上海视畅主张其对界面设计、网页架构和关于"功能"的一句话文字说明是具有独创性的表达,享有版权。一审法院详细对原告微信公众号的单个菜单、多个菜单设置编排、功能描述文字、页面及子页面是否构成我国著作权法意义上的作品进行了判定。其中单个菜单、多个菜单设置编排可以划分为网页版式设计,点击"搜索"后出现的功能性描述文字则属于网页内容,页面及其子页面中既包括网页版式设计也包括网页内容。而网页代码作为计算机程序,可以单独获得版权保护。④ 由于本案当事人并未对网页源程序侵权问题提出诉求,因此本文不对该问题进行讨论。而对于点击"搜索"后出现的功能性描述是否构成文字作品的认定,鉴于法院在判决中已经对该问题进行了详细说明,本文也不再赘述。

二审法院对于一审法院认定涉案"看客影视"的页面设计、网页架构及关于"功能"的文字说明不构成作品的判决予以认同,并对涉案微信公众号网页是否构成汇编作品进行判定。由相关网页案例可以看出,法院在认定一个

---

① 参见周春慧、杨华权:《3B 大战中涉及的网页著作权分析》,《电子知识产权》2012 年第 11 期。

② 参见闫春光:《网页版式设计能否受到著作权法保护》,《电子知识产权》2003 年第 2 期。

③ 参见朱玛:《浅析网页的著作权保护》,《鸡西大学学报》2005 年第 4 期。

④ 参见高亚静:《网页著作权保护研究》,《湖北第二师范学院学报》2017 年第 12 期。

"网页"是否构成作品时，主要从网页的构成要素以及对要素的编排、选择等是否具有独创性两个层面来考察。① 一审法院判决原告公众号"看客影视"网页是否构成作品也采用了相同的审理思路，首先对单个菜单、单个页面是否构成作品进行判定，再从多个菜单设置编排、多层页面组合编排是否构成作品进行分析。以涉案网页菜单为例，法院认为单个菜单是根据功能需要而设定的，且其名称均为单词或词组，是对该菜单功能的高度浓缩介绍，因其思想与表达重合，故单个菜单栏不具有独创性。对于多个菜单的编排而言，法院则区别传统电脑端网页与本案微信公众号网页，指出由于手机端屏幕可供布局的空间有限，故腾讯公司对每级菜单的数量均进行了限制，在每级菜单数量有限的前提下，对多个菜单进行排列组合也仅仅是一种简单的罗列，不能体现设计者独特的思想，因此不具有独创性。

二、微信公众号网页的作品类型判定

虽然可版权性认定和作品类型判定两者之间是第一层面和第二层面的关系，但是法院通常将两个问题融为一体进行讨论。由于一审法院并未提及"汇编作品"的认定问题，根据上海视畅的上诉请求，二审法院重点对原告公众号"看客影视"页面及其子页面能否构成汇编作品这一问题进行审理，一并对其可版权性和作品类型进行判定。二审法院认为，根据《著作权法》第十四条的规定，判定是否构成著作权法意义上的汇编作品，不以其汇编材料或者数据内容本身构成作品为前提，只要汇编人对汇编内容的选择和编排体例上体现了其所作的取舍、选择、安排及设计，构成独特表达，就属于受著作权法保护的汇编作品。本案中，法院认为涉案"看客影视"的页面及子页面包含的菜单栏、子菜单的设置均受限于腾讯公司对微信公众平台的基本设定，其子页面中的构成要素均为行业的通用元素，其对内容的取舍及选择并未体现其创造性，因而不构成汇编作品。

---

① 参见北京埃顿酒店服务有限公司与重庆李隆记控股有限公司著作权权属、侵权纠纷案，重庆市第一中级人民法院民事判决书(2012)渝一中法民初字第00856号；成都天久安全技术咨询有限公司、成都致宁安全技术咨询有限公司著作权权属、侵权纠纷一案，四川省成都市中级人民法院民事判决书(2018)川01民终6961号。

在我国已经颁布和实施的法律条文与规章制度中，没有明确对网页作品和网页版权权利内容进行说明和解释的条文。我国司法实践中对网页的作品归类，有的法院主张将网页认定为汇编作品；有的法院主张将网页认定为《著作权法》第三条项下的"法律、行政法规规定的其他作品"；还有的法院认为网页本身不构成作品，但如果作为统一市场的竞争者仿照他人网页并造成消费者混淆的可以根据《反不正当竞争法》对其进行规制。① 有鉴于此，有学者建议在我国《著作权法》中将"网页"作为独立的作品类型进行保护。② 笔者认为这种选择无异于饮鸩止渴。随着信息网络技术的不断发展，类似网页的新生事物将层出不穷，如果但凡因为新事物的"新"特征，就在《著作权法》中新创一种作品类型，那么修改法律会不胜其烦，也会造成理论体系的混乱、法律的不安定以及对法律可预见性价值的损害。③

当出现新事物时，在现行法律体系内对新事物进行分析、寻找法律依据是首选。④ 从网页的本质来看，网页制作人通过搜集一些本身没有交集且分散的文字、图画等作品和非作品的材料信息，按照特定的构思将这些材料信息技术性外加艺术性地整合一起，在互联网上以数字化的形式固定下来。从网页的形成过程来看其完全符合汇编作品的形式要件和构成特征。⑤ 关于汇编作品的定义，世界知识产权组织《版权条约》第五条沿用了 TRIPS 第十条第二款的规定："数据库或其他资料的汇编，无论采用何种形式，只要由于其内容的选择或编排构成智力创作，其本身即受到保护。"我国《著作权法》第十四条将汇编作品定义为对内容的选择或者编排体现独创性的作品。根据汇编作品的定义，不难得出网页具备汇编作品的性质，因而将具有独创性的网页归入汇编作品加以保护是具有合理性的。将网页纳入"汇编作品"进行保护，将避免再创造新作品类型名目的麻烦，并具有维护法律安定性的积极意义。

---

① 参见毕文轩：《网页著作权法保护的困境与突围》，《南海法学》2017 年第 2 期。

② 参见蒋汉昌：《网络著作权保护制度的不足与完善》，《哈尔滨师范大学社会科学学报》2017 年第 6 期。

③ 参见高亚静：《网页著作权保护研究》，《湖北第二师范学院学报》2017 年第 12 期。

④ 参见高鹏友：《网页构成著作权法上作品的认定标准研究——兼论〈著作权法〉送审稿第五条》，《中国版权》2016 年第 2 期。

⑤ 参见高亚静：《网页著作权保护研究》，《湖北第二师范学院学报》2017 年第 12 期。

汇编作品给予网页的是整体保护，是对汇编人对汇编作品独创性整理成果的保护。制作精美、引人注目的网页，因其编排、体例的安排与众不同可能为网站经营者带来一定的经济利益，创造性劳动理应受到法律的保护。[①] 将具有独创性的网页归入汇编作品给予保护，并不妨碍对网页的组成部分，诸如视频、图片、文字等作品单独给予著作权法保护。[②] 因此，本案法院首先对涉案网页的单个组成部分是否构成作品进行认定，再对整个网页是否构成独特表达进行分析。法院得出的结论是原告微信公众号"看客影视"页面中包含的菜单栏、子菜单的设置均受限于腾讯公司对微信公众平台的基本设定以及手机屏幕空间的有限性，页面设计布局的空间有限，因而法院认定涉案微信公众号"看客影视"网页的组成部分和整体选择及编排都不具有独创性，不属于著作权法保护的对象。

三、"有限表达"或"公有领域"抗辩

本案中，被告重庆有线在一审中答辩称"本案内容体现在微信上，由于微信客户端内容表达方式有限，即使有一定的相似，也不能认定侵权"。关于该项抗辩，一审法院给予支持，指出两涉案微信公众号功能相似，用户需求亦相似，且上述公众号均是围绕用户需求并在腾讯公司对微信公众号的基本设定前提下进行设计的，这必然导致两个微信公众号的内容具有一定的相似性。上海视畅不能禁止他人在设计公众号时使用属于公有领域的表达。二审法院进一步对重庆有线提出的"有限表达"抗辩进行了说明，指出原告微信公众号"看客影视"页面中的构成要素均为行业的通用元素，其对内容的取舍及选择为行业通行方式或由功能决定的，并未体现其创造性，因此判定被上诉人广州欢网开发和重庆有线公司使用"来点微电视"微信端的行为并不构成侵权。

无论是重庆有线提出的"有限表达"抗辩，还是法院认定的"公有领域"或"行业通用功能"，其本质都是著作权法上对"思想和表达"的划分，著作权法保护的是具有独创性的表达，并不保护思想。且在思想的表达方式唯一或者

---

① 参见徐骏：《网页整体作为汇编作品保护探析——从一起互联网典型案例析公司网页的法律保护》，《出版广角》2019 年第 2 期。

② 参见谭玉：《论网页著作权法保护》，《产业导刊》2012 年第 10 期。

有限的情况下，即出现"思想"与"表达"的重叠，即使某一个创作者最先使用这种表达，也不能限制其他创作者使用同种表达，否则将出现某种"思想"只能归属某一个人的现象。著作权法的立法目的也是为了鼓励作品创作、促进文化的繁荣，而非让作者垄断作品。当行为人作出的选择为行业通行方式或由功能决定的，那么行为人的这种选择就具有"有限性"。如果对这种"有限表达"给予著作权法保护，则会导致其被少数人独占。在此种情况下，"有限表达"则落入公有领域范畴。如果出现不可避免地使用与其他网页相同的创作选择的情形，网页创作者可以采用"有限表达"或"公有领域"的抗辩获得免责。

早在 1999 年的北京创联通信网络有限公司诉北京汇盟国际商务咨询有限公司案，法院就确立了由行业标准所决定的因素应当被界定为不可保护的思想，应属于公共领域的裁判主旨。① 著作权法应当坚持在鼓励智力创造和保障信息自由之间寻找一种和谐的平衡。为了达到这种平衡，著作权法一方面规定了作者和其他权利人对作品享有一系列专有权，另一方面又规定了"思想表达"划分等信息自由和公共利益的保护伞。因此，当著作权法向网络空间的新兴客体进行扩展的时候，应当给予"思想表达"划分等制度至少同等的重视。而在某种思想的表达方式有限时，为了充分实现网络效应，促进市场竞争，应当将行业标准界定为不受保护的思想，以便于广泛的模仿和采用。② 本案法院的判决明确移动端网页开发中的行业标准属于公共领域的表达，不允许任何人进行垄断。

在各种"网页"纠纷案件中，原告除了寻求著作权法上的救济，通常还会一并提起不正当竞争诉讼保护。无论是在传统电脑端网页，还是微信公众号这类移动端网页的法律保护中，对于不能依据《著作权法》获得保护的，也可再依据《反不正当竞争法》的相关规定提出诉求。③ 对于能否获得著作权法上

---

① 见北京市海淀区人民法院民事判决书（1999）海知初字 112 号。

② 参见刘家瑞：《互联网网页版权保护范围的法经济学分析——谈"思想表达"划分与网络效应的关系》，《学术论坛》2006 年第 6 期。

③ 参见徐骏：《网页整体作为汇编作品保护探析——从一起互联网典型案例析公司网页的法律保护》，《出版广角》2019 年第 2 期。

关于作品的保护,应当根据著作权法的规定对涉案网页是否具有可复制性、独创性进行认定。至于涉案行为是否构成不正当竞争,《反不正当竞争法》在2017年修订时,其第六条明确将网页作为商业标识予以规定,判断涉案行为是否属于不正当竞争行为的关键在于涉案行为是否损害了经营者的合法权益以及市场竞争秩序。①

（作者：丛立先　起海霞）

---

① 见上海市徐汇区人民法院民事判决书(2016)沪0104民初8918号。

网络游戏的版权权项问题：

《昆仑墟》诉《灵剑苍穹》版权侵权纠纷案

| 典型意义 |

　　本案中，法院对于游戏版权争议中的许多热点、难点问题，诸如挂机类游戏的版权性质及其归属、游戏实质性相似问题的判断、体现游戏规则的表达的版权保护、游戏的复制权与信息网络传播权的外延等，都作出了准确的阐释与逻辑周延的论证，案件结论可靠，对于解决游戏相关的版权争议案件具有积极的作用。在判决中，法院对于涉案游戏是否属于类电作品、原告是否有权主张侵权、被告是否可能接触原告作品、被诉侵权游戏是否对原告游戏构成实质性相似等争议焦点逐一作出了论证，并支持了原告的主张；但并未支持被告的行为侵犯了原告的复制权和信息网络传播权。这也对相关当事人及游戏版权相关法律从业者有所警示，其应当在此类案件中提出适当的诉讼请求；此外，司法机关在处理版权侵权民事案件时，时常强制当事人在提起诉讼时明确选择其受到侵犯的具体版权权项，司法机关的这一做法无疑加重了权利人的诉讼负担，本案也说明这一做法之合理性值得质疑。

| 裁判要旨 |

　　一、对于影像画面采取挂机方式，按照预先设定的程序以"自动寻路"方式展现，不需玩家介入和操作的游戏，若其由游戏引擎系统自动调用资源库的素材在终端设备上呈现出带有伴音的连续影像画面，且游戏由作者独立完成，与他人通过连续影像画面表达的游戏作品没有实质相似性，也不属于公有领域司空见惯的表达，则这类游戏整体画面能够作为电影作品和以类似摄制电影的方法创作的作品获得版权保护。

　　二、如果各种游戏规则与游戏情节相互结合，形成一系列经过整合、编排后的游戏规则与游戏资源库中的元素相结合而表现出来的内容，那么这些体现游戏规则的表达并非作为思想的游戏规则本身，它们能够获得版权保护。

三、对于连续的影像的实质性相似之判断，不仅需要考察单个的画面，也需要进行整体认定和综合判断；然而，即便原被告的游戏画面在整体情节设计、故事脉络、游戏过程等整体观感上构成实质性相似，若被告在利用原告游戏基本表达的基础上进行了新的创作，体现了一定的独创性，则被告游戏并非原告游戏的复制品，被告行为并不构成对于原告复制权的侵犯，进而被告通过信息网络传播被诉游戏也不构成对于原告信息网络传播权的侵犯。

｜案情介绍｜

（2018）粤 0192 民初 1 号

原告：上海菲狐网络科技有限公司（本文简称"菲狐公司"）

被告：广州柏际网络科技有限公司（以下简称"柏际公司"）

被告：霍尔果斯侠之谷信息科技有限公司（本文简称"霍尔果斯侠之谷公司"）

被告：深圳侠之谷科技有限公司（本文简称"深圳侠之谷公司"）

《昆仑墟》是由菲狐公司研发的一款仙侠题材角色扮演类游戏。原告菲狐公司先后获得证书号为软著登字第 1442544 号的计算机软件著作权登记证书，软件名称为昆仑墟手机游戏软件，版权人为原告菲狐公司，开发完成日期为 2016 年 5 月 15 日，登记号为 2016SR263927；国家新闻出版广电总局出具审批文号为新广出审〔2017〕1771 号的《关于同意出版运营国产移动网络游戏〈昆仑墟〉的批复》；《昆仑墟》游戏中 18 幅美术作品的作品登记证书等文件。

在游戏运营过程中，菲狐公司认为霍尔果斯侠之谷公司、深圳侠之谷公司、柏际公司联合运营的《永恒仙尊——经典梦幻修仙游戏》《灵剑苍穹——热血仙侠动作手游》《青云灵剑诀》《青云飞仙诀——梦幻情缘仙侠手游》《青云飞仙诀——全民仙侠动作手游》等五款游戏在角色及技能、场景画面、UI 界面、道具等多方面与《昆仑墟》前 81 级游戏整体画面及其中包含的 82 幅美术作品基本一致，导致广大消费者产生混淆，分流了原告大量的游戏用户，侵占了原告市场份额，遂以侵犯其享有的版权为由诉至广州互联网法院。诉讼中，原告明确其请求保护的作品为：一是由《昆仑墟》游戏的前81级整体画面构成的作品属于类电作品或受著作权法保护的其他作品；二是82幅美术作品，分别为24幅角色及技能美术作品、4幅场景美术作品、47幅UI界面（用户界面）美术作品以及7幅道具美术作品。原告明确被告侵犯其作品的权利为复制权和信息网络传播权。

法院经审理查明，认定了如下事实：

一、《昆仑墟》游戏与被诉五款游戏的前81级游戏画面的异同

《昆仑墟》游戏与被诉五款游戏的前81级游戏画面相同或相似之处包括：第一，原被告前81级游戏的任务框架及所对应的级别、主线任务每一级别的推进过程、人物关系基本一致；第二，前81级游戏的主线任务中均出现五个场景，且场景的转换所对应的级别均相同；第三，游戏中人物所对应技能的解锁级别均相同；第四，数值系统基本一致；第五，主角获得装备、坐骑以及羽翼的相应级别基本一致；第六，原被告游戏前81级画面中挑战经验副本的画面相似。

而《昆仑墟》游戏与被诉五款游戏的前81级游戏画面有较大差异之处为：第一，原被告游戏中的角色名称、技能名称、NPC人物名称、场景名称等均不同。第二，原被告游戏的故事背景和对话内容不同。第三，角色形象、技能效果、场景设计和UI界面等方面存在差异。

二、原告主张的82幅美术作品与被诉五款游戏相应的游戏画面截图比较

第一，角色及技能。首先，被诉五款游戏中的角色与《昆仑墟》游戏中的人身比例、服装、发饰、姿势等方面均有较大差异。其次，被诉五款游戏中的相关技能图标与《昆仑墟》游戏中的相关技能图标的图案均有较大差异。最后，关于技能效果。被诉五款游戏中有6项技能的释放效果与《昆仑墟》游戏中的相关色彩、图案、形状均相似；其余8个技能效果在图案、形状方面有较大的差异。

第二，场景。原告菲狐公司仅将运行被诉五款游戏公证视频中的部分截

图中所呈现的局部场景作为比对对象，三被告亦未向法院提交其游戏场景的全景图，因此，对于《昆仑墟》游戏中的场景福泽镇、时节岭、听风谷只能进行局部的比对。法院认定：首先，对于场景听风谷与被诉五款游戏的场景连云镇，原告仅提交了该场景中的两个小场景画面。其一，悬崖边的莲花池状圆台，两者在花纹、形状、周边景物均有较大差异；其二，有水晶柱的圆形平地，两者在色彩、形状、圆台中的花纹、圆台边的水晶柱均相似。其次，对于场景福泽镇与被诉五款游戏的场景灵阙空，原告仅提交了该场景中的屋门前、木船的局部画面。屋门前的装饰、台阶、空地上花纹均有较大的差异；木船所在水中呈现的角度相似，但木船上的布局、装饰、花纹均有较大的差异。再次，对于场景时节岭与被诉五款游戏中的场景落霞岭，原告仅提交了该场景中的水中小木船及周边场景、悬崖下的熔岩圆台、摆设了灯笼的木平台画面。水中小木船所呈现的角度相似、船边的蟾蜍石像基本一致、蟾蜍后的祥云花纹等岸边石块的摆设相似，只是被诉五款游戏中的船边有一棵树；悬崖下的熔岩圆台所坐落的位置相似、熔岩效果相似、圆台中央的花纹相似；木平台上均摆设了基本一致的灯笼、木平台前方的水中的石块、隔水相望的木平台的布局均一致。最后，对于场景戏雪山庄与被诉五款游戏中的场景冰封雪域，两者在色调、层次、景物等方面均相似。

三、UI 界面

被诉五款游戏中的"仙翼、每日跑环任务、日环任务、除魔任务完成、恭喜达成成就、随从、觉醒预告、神力觉醒、攻击法宝、在先奖励、等级礼包、离线经验、主线副本、组队副本、升级秘境、帮派争霸1—3、胜者为王、赚铜钱、VIP1、VIP2、七日投资、等级投资、充值、每日累充1—4、成长变强、境界、变强、外观、我的队伍1—2、强化、宝石、每日首充、开服活动、战骑、升阶1—2"共43个UI界面与《昆仑墟》游戏中的"羽翼、每日跑环任务、日环任务、除魔任务完成、恭喜达成成就、伙伴、觉醒预告、神力觉醒、攻击圣物、在线奖励、等级礼包、离线经验、主线副本、组队副本、练级谷、群雄争霸1—3、胜者为王、日进斗金、VIP1、VIP2、七日投资、等级投资、充值、每日累充1—4、商城、战阶、变强、外观、我的队伍1—2、强化、宝石、每日首充、开服活动、坐骑、进阶1—2"的设计布局均相似,构成实质性相似;其余的 5 个 UI 界面设计布局均有较大差异。

四、游戏道具

被诉五款游戏中的"底座、绝版神装兵器、炫彩魔尊翼、天魔喋血翼、琉光玄翼、邪焰魔蛟龙"共 6 个道具与《昆仑墟》游戏中的"底座、绝版神装兵器、幻彩神翼、百鸟朝凤、武者玄翼、紫龙"的颜色、线条和造型等有较大差异;但两者的"灯笼"道具的造型、颜色和线条等基本相同。

| 裁判理由 |

法院认为,本案有以下七个争议焦点,并分别对其进行了分析:第一,原告主张的《昆仑墟》游戏的前 81 级整体画面是否构成作品,如构成作品,属于何种作品? 第二,原告是否享有其所主张作品的版权? 第三,三被告是否存在接触原告作品的可能? 第四,被诉侵权的五款游戏的整体画面是否与原告主张享有权利的前 81 级游戏整体画面构成实质性相似? 第五,被诉侵权的五款游戏的相应画面是否与原告主张享有权利的 82 幅美术作品构成实质性相似? 第六,三被告是否侵犯了原告作品的复制权和信息网络传播权? 第七,若构成前述侵权,三被告应承担何种民事责任?

一、关于原告《昆仑墟》游戏的前 81 级整体画面的属性

《昆仑墟》作为一款角色扮演类游戏,核心部分为游戏引擎及游戏资源数据库,前者是由指令序列组成的计算机软件程序,后者包括图片、音频、视频和文字等游戏素材。当玩家开启操作时,游戏引擎应玩家请求或自动按照其软件的功能设计调用上述素材,在屏幕终端呈现出影像、文字等组合而成并带有伴音的连续画面。原告主张的《昆仑墟》游戏的前 81 级整体画面是由公证机构登入游戏后采取挂机方式,由游戏引擎系统自动调用资源库的素材在终端设备上呈现出的带有伴音的连续影像画面。该画面满足作品的构成条件:第一,属于文学、艺术和科学领域内思想或者情感的表达。尽管《保护文学和艺术作品伯尔尼公约》(以下简称《伯尔尼公约》)和《著作权法》均未对"文学、艺术和科学领域"加以限定和解释,但根据目的解释可知,这一限定的意义在

于区分产品功能的专利法保护和思想或者情感表达的版权法保护。通过带有伴音的连续影像、文字表现的游戏画面，显然属于文学、艺术和科学领域内思想或者情感的表达。第二，具有独创性。原告《昆仑墟》游戏影像画面采取挂机方式，按照预先设定的程序以"自动寻路"方式展现，不需玩家介入和操作，具有一定的故事情节、相应的人物形象、场景、台词等，与他人通过连续影像画面表达的游戏作品没有实质相似性，也不属于公有领域司空见惯的表达，具有独创性。第三，具有可复制性。游戏画面可以通过多种途径予以保存，如摄制、截屏、打印等，具备有形复制的属性。第四，尽管原告菲狐公司主张受版权保护的《昆仑墟》游戏画面只是前81级画面，但这并不影响该81级游戏画面构成作品的判断，作品表现篇幅、时间的长短与作品独创性的判断并无必然的关系，更何况本案原告请求保护的游戏影像画面已经达到81级。因此，《昆仑墟》游戏前81级影像画面符合作品构成要件，属于受版权保护的范畴。

《著作权法》第三条先列举了八种法定作品类型，同时规定了一个兜底条款：法律、行政法规规定的其他作品。游戏影像画面没有明确列举在八种法定作品类型中，当如何界分？法院认为，关于作品的分类，主要考虑了作品的表现形式和作品的传播利用方式两个因素。作品的表现形式不同，传播利用方式不同，作者的经济利益受到的影响也不同，版权的内容也因此而有所不同。如果所有种类的作品都有完全相同的表现形式和传播利用方式，就没有对作品进行分类的必要性。同时，作品的法定分类虽然与某些特定的传播技术相关，但它通常以技术中立为原则，能够延伸到以不同传播技术创作出来的相同表达形式。对科学技术发展进程中利用新的传播技术创作出来的作品，仍然应当充分考量作品的表现形式和可以传播利用的方式并依据这两项因素进行归类。如果其与现有某种法定作品类型的表现形式、传播利用方式大致相同，则选择合适的法定作品类型予以保护比较恰当，毕竟立法中确定的作品类型是长期以来文艺理论与创作实践的总结，既根据其表现形式和使用方式确定了相应的版权内容，也明确了权利归属认定原则和侵权比对原则，具有适用法律便捷及减轻司法解释负担的优势。

根据《著作权法实施条例》第四条第（十一）项"电影作品和以类似摄制电影的方法创作的作品，是指摄制在一定介质上，由一系列有伴音或者无伴音的画面组成,并且借助适当装置放映或者以其他方式传播的作品"的规定,结合采取挂机方式所形成的游戏影像画面的特点,应当认定原告菲狐公司主张的《昆仑墟》游戏前81级画面为类电作品。第一,从创作过程来看,游戏的创作过程综合了策划、美术、界面、程序、音频等多种手段,与电影摄制中综合编剧、导演、摄影、作词、作曲等进行创作类似。第二,从表现形式上看,游戏影像画面具有连续性,包含影像、文字等多种内容,并且有伴音或者无伴音,借助电脑或手机等进行传播,具有和电影作品相似的表现形式。第三,从作品内容来看,《昆仑墟》游戏人物在游戏场景中不断展开游戏剧情,具有一定的故事情节和人物关系,游戏动态影像画面集美工、灯光、音效、情节于一体,较为复杂,类似电影的复合表达,具有独创性。第四,从作品的传播利用方式来看,采用挂机形式的角色扮演类游戏影像画面,无需玩家操作,不用人机互动。《昆仑墟》游戏不管是用三个主角的哪个角色进入游戏,游戏进程和游戏画面都基本相似,内容具有相对固定性,其传播利用方式与电影作品相似。第五,从创作手段来看,网络游戏的画面虽然不是通过摄制方法固定在一定介质上,但是,是否通过摄制方法固定于一定介质上并不是判断是否构成电影或类电影作品的必要条件。版权法保护电影作品的目的不是保护创作的方法,而是保护创作的结果,即连续动态的影像画面。《伯尔尼公约》第二条第(1)项将类电影作品描述为以类似电影的方法表现的作品,强调的亦是表现形式而非创作方法。因此,通过非摄制的方式创作出来的游戏影像画面亦可以构成类电影作品。

综上,法院支持了原告菲狐公司关于《昆仑墟》游戏前81级画面为类电影作品的主张。

二、关于原告是否享有《昆仑墟》游戏前81级影像画面的版权

本案中,三被告抗辩原告菲狐公司不享有《昆仑墟》游戏前81级影像画面的版权的理由有两点:其一,《昆仑墟》游戏系抄袭在先作品,缺乏最低限度的创作性;其二,即使《昆仑墟》游戏具有独创性,原告菲狐公司所提交的证据也不足以证明其有版权。

（一）关于《昆仑墟》游戏的独创性

法院在判断《昆仑墟》游戏影像画面是否构成作品时,已对其独创性进行

了论述,在此进一步评析。独创性是作品受版权保护的实质性条件。一般认为,独创性的判断由两部分组成:(1)作品是由作者独立完成,而不是剽窃或篡改他人作品的产物。(2)作品还须体现作者的创造性,即作品表达的形成过程中有作者的取舍、选择、安排和设计。创造性条件不同于独立完成条件。后者是指作者是否复制了已有作品,以及在多大范围之内予以复制,它更多属于事实的判断;而创作性则是价值判断的概念,更多被视为法律问题。

从理论上讲,任何一件作品的完成,不可能完全脱离前人的作品。独立完成并不要求作品必须要具备新颖性。一般来说,创作性不等于作品的审美价值或艺术价值;不等于不同于作者的高超技能。经法院查明,《昆仑墟》游戏前 81 级画面中的技能效果"控鹤擒龙"、场景"戏雪山庄"、道具"武者玄翼""灯笼"以及"羽翼""超值首充"等 27 个 UI 界面与在先游戏构成实质性相似,但剔除这些在先游戏已使用过的影像画面,《昆仑墟》游戏中的其他角色及技能、场景、道具和 UI 界面以及游戏的任务主线、人物关系、情节推进等方面仍体现出了有针对性地选择、编辑和安排,付出了创造性智力劳动,具有独创性,整体上属于有别于其他在先游戏作品而独立存在的新作品。三被告均抗辩《昆仑墟》游戏前 81 级画面没有一个完整的故事情节,场景、人物、道具彼此之间没有有机的、内在的逻辑联系,人物对话相互割离、没有关联,无法体现创作者对于情节的取舍、选择、安排和设计,总体难以体现作者完整的思想感情和审美价值,不具有作品所应当符合的创作性的特征,该理由不成立,法院不予采纳。

(二)关于《昆仑墟》游戏的版权人

《著作权法》第十一条第四款规定:"如无相反证明,在作品上署名的公民、法人或者其他组织为作者。"第十五条第一款规定:"电影作品和以类似摄制电影的方法创作的作品的著作权由制片者享有,但编剧、导演、摄影、作词、作曲等作者享有署名权,并有权按照与制片者签订的合同获得报酬。"对于何为制片者,我国在《著作权法》和《著作权法实施条例》中没有界定。《伯尔尼公约》规定电影作品制作人是为制作该作品而首先采取行动并承担财务责任的人。《电影艺术词典(修订版)》指出制片人是商业化制片体系中的影片制作管理的总负责人。

角色扮演类游戏的创作主要由策划、美术、界面、程序、音频、运营等六部分人员构成。策划负责游戏内的所有设计，包括玩法、数值、关卡等；美术负责游戏内的美术资源，包括原画、模型、动画、特效等；界面负责游戏内的所有 UI 界面和交互方式；程序负责游戏内前后端的程序逻辑和代码；音频负责游戏内所有音频资源，包括音乐、语音、音效；运营负责游戏内的运营策略、活动和商业化模式等。制片者则是动员和组织上述人员设计完成游戏并提供资金的游戏开发商。原告菲狐公司作为游戏开发商，以自己的名称进行了计算机软件版权登记和美术作品登记，并在文化部进行了国产网络游戏备案，尽管《关于同意出版运营国产移动网络游戏〈昆仑墟〉的批复》上所列明的运营单位是上海日游网络科技有限公司，但该公司在获得批复后就将该游戏全权授权给原告菲狐公司。根据《最高人民法院关于审理著作权民事纠纷案件适用法律若干问题的解释》第七条"当事人提供的涉及版权的底稿、原件、合法出版物、版权登记证书、认证机构出具的证明、取得权利的合同等，可以作为证据。在作品或者制品上署名的自然人、法人或者其他组织视为版权、与版权有关权益的权利人，但有相反证明的除外"的规定，在三被告无相反证据足以推翻的情形下，法院认定《昆仑墟》游戏前 81 级画面形成的类电影作品之版权为原告菲狐公司所享有。

三、关于三被告是否存在接触原告《昆仑墟》游戏的可能性

在进行计算机软件版权登记时，原告菲狐公司注明《昆仑墟》游戏开发完成日期为 2016 年 5 月 15 日，首次发表日期为未发表。《昆仑墟》游戏获得文化部备案的批文时间为 2017 年 7 月 13 日，根据文化部《网络游戏管理暂行办法》第十三条"国产网络游戏运营之日起 30 日内应当按规定向国务院文化行政部门履行备案手续"的规定，结合文化部备案时所列明的其中三家运营单位的授权时间为 2017 年 6 月 1 日，以及原告提交的分成结算函上载明的结算时间，法院认定《昆仑墟》游戏的上线运营时间为 2017 年 6 月 1 日。

关于《青云灵剑诀》等被诉五款游戏，原被告双方均未提交《计算机软件著作权登记证书》或申请版号、办理备案等证明版权权属的证据，但三被告陈述被诉侵权五款游戏都来源于《醉美人》游戏，并且提交了《〈醉美人〉中国大

陆地区联合运营合作协议》以及《关于正版〈醉美人〉手机游戏联合运营的说明》等证据佐证。原告虽对此有异议，但根据《最高人民法院关于适用〈中华人民共和国民事诉讼法〉若干问题的解释》第一百零五条"人民法院应当按照法定程序，全面、客观地审核证据，依照法律规定，运用逻辑推理和日常生活经验法则，对证据有无证明力和证明力大小进行判断，并公开判断的理由和结果"的规定，法院认为如被告柏际公司运营的涉案五款游戏与被告深圳侠之谷公司及霍尔果斯侠之谷公司无关，则该两被告没有理由不对参与本案诉讼提出异议，而且原告菲狐公司也没有相反证据证明除了《醉美人》外，三被告之间还有其他游戏的合作，故法院认定涉案被诉五款游戏与《醉美人》实质为同一款游戏。

《计算机软件著作权登记证书》显示《侠之谷醉美人游戏软件［简称:醉美人］V1.0》的开发完成日期是 2017 年 5 月 5 日，首次发表日期是 2017 年 5 月 10 日。《醉美人》游戏获得文化部备案的批文时间为 2018 年 1 月 15 日，文化部备案时列明其中六家运营单位的授权开始时间为 2018 年 1 月 1 日，法院认定《醉美人》游戏的上线运营时间为 2018 年 1 月 1 日。

三被告抗辩《醉美人》游戏的首次发表日期为 2017 年 5 月 10 日，早于原告菲狐公司《昆仑墟》游戏的上线时间，而且原告菲狐公司主张权利的 81 级游戏画面在 2018 年 4 月 27 日才形成，《醉美人》游戏属于独立创作完成，没有接触《昆仑墟》游戏的可能性。法院认为，涉案游戏是一个集计算机程序、美术、音乐和文字等为一体的综合性作品，由多岗位并行工作共同开发，计算机程序只是其中一部分，而且一般属于最先完成部分。在游戏上线前，需要向国家新闻出版广电总局进行版号申请并测试。根据《出版管理条例》《网络出版服务管理规定》《关于移动游戏出版服务管理的通知》的要求，申请版号时需要提交游戏文字及图片全部脚本和游戏演示光盘（包含游戏登录过程、主要技能展示、游戏场景及人物动作展示等信息）等。原告菲狐公司在 2017 年 2 月 22 日通过上海日游网络科技有限公司取得版号获得游戏运营权，说明其在此日期前已完成了《昆仑墟》游戏的整体设计。《醉美人》游戏的首次发表日期虽然略早于《昆仑墟》游戏的上线时间，但三被告未提交证据证明《醉美人》游戏整体设计完成时间亦早于《昆仑墟》游戏。事实上，《醉美人》游戏的上线时间为 2018 年 1 月 1 日,晚于《昆仑墟》游戏的上线时间,有接触《昆仑墟》游戏的可能性。

对于原告菲狐公司使用上线近一年后的公证游戏视频主张权利,三被告提出异议,认为游戏运行中的迭代更新会使游戏发生实质性变化,原告菲狐公司没有证据证明首次上线游戏与公证游戏视频画面一致。法院认为,无论《昆仑墟》游戏还是《醉美人》游戏,在上线后都会进行不断迭代完善,修复漏洞(Bug)、提升功能、增加新的游戏素材,因此美术形象、职业技能、活动玩法规则都存在变化的可能,但基于游戏风格的稳定性,游戏主题、游戏类型、核心玩法等通常不变。由于是在线更新,游戏的初始版本会被更新后的版本覆盖,游戏版权人在发现侵权时,以当时最新迭代后的版本所形成的画面来主张权利符合常理。不过,对于 2018 年 4 月 27 日迭代后的版本与 2017 年 6 月 1 日上线时的版本之间的关系,作为游戏开发商,原告菲狐公司理应对游戏从研发到上线再到迭代的各环节中产生的数据、文字和美术素材等资料全面记录与保存,并作为证据举证。然而,原告菲狐公司没有提交相应证据,为判断两个版本的根本一致性增加了审理的难度,是否就因此而须承担举证不能的责任?法院认为,对于一款在线运行近一年并且依然活跃的游戏,在网络上会存在大量宣传和讨论该游戏的文章、图片和视频等,若有重大变化,网络上会有相关资料反映,因此三被告亦有能力进行反证。在三被告没有提交其他相反证据证明《昆仑墟》游戏上线后进行过实质性的改变时,根据民事案件高度盖然性的标准,可以认定原告菲狐公司公证时的版本与初始上线时的版本未发生实质性变化。因此,关于三被告在开发《醉美人》游戏时没有接触《昆仑墟》游戏可能性的抗辩,法院不予采信。

四、关于被诉侵权的五款游戏的整体影像画面是否与原告主张享有权利的前 81 级游戏整体影像画面构成实质性相似

《昆仑墟》游戏的前 81 级画面构成类电影作品。一般而言,电影作品的影像画面是通过导演对剧本改编和重新设计,选择布置场景,对演员从神情、动作到语言进行指导,由摄像师根据导演的要求拍摄后,再使用软、硬件工具对剪辑、编排录影和加入蒙太奇等特技效果等后期制作形成的。电影画面的呈现顺序一般是由剧本、脚本或者导演的分镜头所决定,取决于编辑或者导演的独创。而角色扮演类游戏的挂机画面是游戏引擎自动调用游戏资源库中的文字、音乐、图片、音频、视频等多种元素形成的有机、连续、动态的组合。游戏策划类似于导演和编剧,策划文档就类似于电影的剧本或脚本。游戏资源库类似电影中的演员、道具、布景、剧本和音乐等。与传统的类电影作品不同,游戏挂机所形成的画面是由程序自动演绎,但这种自动演绎的游戏画面的呈现内容和呈现顺序都是由策划文档或其他类似文件决定,通过游戏引擎按开发者预设的各种参数和流程演绎,直接表达了开发者对于游戏的安排,类似电影中的摄影师根据导演的安排拍出相应画面。因此,基于与电影作品的类似,对原被告游戏影像画面可以采取类似电影作品的比对方法。

本案中,《昆仑墟》游戏与《青云灵剑诀》等被诉五款游戏有显著的不同,具有不同名字不同形象的游戏主角在不同的故事背景和场景之下,使用不同的技能,通过与不同的非玩家角色(NPC)人物的不同对话完成不同的任务。就好比电影中不同的演员说着不同的对白在不同的场景下演绎着不同的故事。这种不同表现在影像画面上,就会给观众在视觉和听觉上带来明显的差异。但是,连续的影像不仅需要考察单个的画面,也需要进行整体认定和综合判断。虽然作品是由各种原始素材以及表现手段等构成,但作品的整体并不等于其组成元素的简单累加,人物特征、人物关系、与之相适应的情节的演进,以及每一个画面呈现的先后顺序,为有机结合的整体。两部电影是否构成实质性相似,从一般受众的角度,需要在思想的表达上进行全面分析,判断受众在欣赏体验在后作品时,是否存在与在先作品相同或近似的感受。这种感受不独体现在视觉和听觉上,也反映在心理以及实际的体验上。即使两部电影的影像画面有较大区别,但是故事发生的逻辑、人物出场顺序及其相互关系、由具体事件的发展进程所构成的情节等都相同或相似,则带给受众的观感体验也会相同或相似。如果两部电影中的这些相同或近似的情节、结构和故事推进过程等的设计能反映出创作者独特的选择、判断和取舍,构成了版权法意义上的表达,则可判断两者在整体观感上构成实质性相似。同样的,对于角色扮演类游戏通过挂机形成的画面,如果带给普通观察者相同或相近的欣赏体验的感受,也可能构成整体观感上的实质性相似,当然前提是需要存在实质性相似的表达。

自动挂机游戏中，游戏引擎调用游戏素材时必须遵循一定的游戏规则，方能构成有机整体的连续画面。版权只保护表达而不保护思想，游戏规则的本质是思想，版权法并不保护单一的游戏规则。但在一个完全虚构的游戏环境中，无论是游戏的世界观、价值体系或者是游戏中的人物、故事情节、行动规则、游戏中的奖罚结果等游戏内容完全由游戏设计者决定，存在着巨大的可以被感知其独特情感和风格、能被区分特定作品的创作空间，如果各种游戏规则与游戏情节相互结合，推动游戏的故事情节不断发展，表现出了特定的人物关系、任务主线、场景转换顺序和游戏效果等，情节足够丰富细致，有完整的个性化表达，那么这种足够具体的人物设置、任务主线、情节结构和游戏效果等有机结合形成的整体，符合版权法上的表达时，就应该予以保护。这时所保护的就不是游戏规则本身，而是一系列游戏规则经过整合、编排后与游戏资源库的元素相结合所表现出来的内容。如果被诉侵权作品中包含这些相同或相似的内容，且达到一定数量、比例，足以使普通观察者感知到来源于特定作品时，可以认定两部作品构成实质性相似。

为了进行更直观和全面的比对，法院对《昆仑墟》和《青云灵剑诀》等被诉五款游戏的前81级画面进行了详尽的描述和比对，查明两者之间前81级游戏的任务框架及所对应的级别、主线任务每一级别的推进过程、人物关系基本一致；主线任务中五个场景的转换所对应的级别相同；游戏中人物所对应技能的解锁级别均相同；主线任务中，主角与NPC人物互动后所需完成的任务目标数值基本一致，主角每提升一级别所获得的铜钱数值均相同；主角获得装备、坐骑以及羽翼的相应级别基本一致。由此可见，两款游戏的每一级内容的设置路径、主角行动和成长的脉络、主角与NPC人物之间的关系等基本一致。在角色类游戏有很大创作空间的前提下，《青云灵剑诀》等被诉五款游戏不但在部分UI界面、角色技能效果图、道具和场景上与《昆仑墟》游戏相似，而且运用了和《昆仑墟》游戏几近相同的游戏规则，采取了基本一致的整合和编排方式，形成了高度相似的表达，即使在不同的故事背景和场景下使用了不同的人物形象及角色技能等，仍然会给人带来相似的体验，构成整体观感上的实质性相似。当然，对于游戏规则的有机结合形成的具体表达的保护应当慎重，必须是相同或者具有高度相似性时，才可认定为构成实质性相似，否则会使一些游戏规则被垄断而不利于新的创作。

五、关于被诉侵权的五款游戏的相应画面是否与原告主张享有权利的82幅美术作品构成实质性相似

原告菲狐公司主张的82幅截图均来源于《昆仑墟》游戏画面，由于法院已认定《昆仑墟》游戏画面整体构成类电影作品，原告再行主张构成整体的部分元素为美术作品，属于重复主张，法院不予处理。

六、关于三被告是否侵犯了原告作品的复制权和信息网络传播权

（一）关于复制权

《著作权法》第十条第一款第五项规定："复制权，即以印刷、复印、拓印、录音、录像、翻录、翻拍等方式将作品制作一份或者多份的权利。"复制可以在作品原件的基础上产生成千上万份复制品，正是这些复制品使得作品能够广泛地传播和利用，其本质属性是通过各种方式非创作性地再现作品。

本案中，《青云灵剑诀》等被诉五款游戏在前81级的画面与《昆仑墟》游戏在整体观感上构成实质性相似，但故事背景、人物形象、剧情文字、技能和场景名称等设计均与《昆仑墟》游戏不同，在利用《昆仑墟》游戏基本表达的基础上进行了新的创作，体现了一定的独创性，两者之间的差异使普通观察者可从外观上识别原被告游戏之间的区别，不会直接混淆为同一款游戏。因此，被诉五款游戏并不是游戏《昆仑墟》复制权所保护的复制品，不构成对原告菲狐公司复制权的侵犯。

（二）关于信息网络传播权

《著作权法》第十条第一款第十二项规定："信息网络传播权，即以有线或者无线方式向公众提供作品，使公众可以在其个人选定的时间和地点获得作品的权利。"本案中，被告方将与原告作品构成整体观感上实质性相似的游戏在网络上传播，并使公众可以在其个人选定的时间和地点获得被诉五款游戏，但由于信息网络传播是将作品以数字格式存储在介质上，再将这个数字文件上传到服务器，在服务器上生成一个新的复制件，使用户可以在选定的时间和

地点获得作品,实质上也是一个复制品的传播过程。而本案被诉五款游戏并非是《昆仑墟》游戏作品的复制品,由于并不涉及《昆仑墟》游戏复制品的信息网络传播权,因此公众在其个人选定的时间和地点所获得的被诉五款游戏,不构成对原告菲狐公司信息网络传播权的侵犯。

七、关于三被告是否应承担相应民事责任

综上,原告菲狐公司关于三被告侵害其作品的复制权和信息网络传播权的主张,法院不予支持。至于被诉五款游戏与原告《昆仑墟》游戏前81级画面构成的整体观感上的实质性相似,是否构成对原告作品其他权利的侵犯,由于原告菲狐公司在本案中并未提出相关的诉讼请求,法院不予处理。原告菲狐公司若认为构成对其作品其他权利的侵犯,可另行主张。

由于原告菲狐公司在本案中针对三被告主张的民事责任均是基于侵犯了其作品的复制权和信息网络传播权,而三被告并没有侵犯原告菲狐公司作品的该两项权利,故原告要求三被告承担民事责任的诉讼请求无法律依据,法院不予支持。

综上所述,依照《中华人民共和国著作权法》第二条第一款、第十条、第十一条第四款、第十五条,《中华人民共和国著作权法实施条例》第二条、第四条第(十一)项,《中华人民共和国民事诉讼法》第六十四条,《最高人民法院关于适用〈中华人民共和国民事诉讼法〉的解释》第一百零五条的规定,法院判决:驳回原告上海菲狐网络科技有限公司的全部诉讼请求。

| 案件分析 |

电子游戏是一种具有综合性的信息传递样态,而游戏画面是其中具有可视化的内容,能够为游戏用户、游戏直播观看者等所直接感知。由于电子游戏画面的版权属性及其归属尚不确定,产生的后续争议也愈发复杂,近年来有关游戏整体画面、游戏直播画面的纠纷屡屡发生,我国理论界与司法实务界对于游戏版权问题的认识也一直在发展之中。本案中,法院对于游戏版权问题的判断更具有综合性,对于游戏中不同要素的考察更为全面具体,这在一定程度上也能够反映出司法实务对于游戏版权问题的处理已经逐步形成一定的体

系,处理相关案件的能力大大增强。本案法院遵循版权侵权纠纷的一般裁判逻辑,在对双方当事人提交的证据进行查明的前提下,首先对于涉案游戏的版权及其权利归属进行了较为合理的判断,再结合原告的诉讼请求,依据"接触+实质性相似"原则判断被告的行为是否对原告享有版权的作品构成复制权侵权,再判断其行为是否构成信息网络传播权侵权,判断逻辑从整体而言较为完整;不过,本案在判断类电作品与美术作品的关系问题上尚且存在一定的缺憾,使用"普通观察者测试法"判断诉争作品之间是否构成实质性相似的合理性也有待更为深入的论证。

一、关于《昆仑墟》游戏的前 81 级整体画面的属性及其版权归属

(一)电子游戏:游戏引擎和游戏资源数据库

电子游戏是一种综合性表现形式①。任何电子游戏的核心内容均可分为两部分:游戏引擎(由指令序列所组成的计算机程序)与各种素材片段组成的游戏资源库。② 通过游戏引擎,游戏资源库内的美术、文字、音乐等元素将会被即时整合,在用户完成相应操作时被调取,从而在终端显示器上形成游戏画面,目前一般将这类画面称作"游戏整体画面"③。在游戏这一信息载体中,作为游戏引擎的计算机程序与由游戏资源库中的各种素材组合形成的游戏整体画面具有不同的版权性质,且二者的保护可以并行不悖。前者同一般的计算机程序并无二致,若具有独创性则可以作为文字作品加以保护;后者依据不同游戏的具体表达方式可能产生不同的性质,但对其是否具有独创性的判断仍然应当基于呈现于电脑荧幕上的视听内容,④而与游戏计算机程序本身的版权属性没有直接关联。

本案中,法院首先明确了游戏引擎及游戏资源数据库应当二分,二者的版权性质及相关的版权问题应当分别判断,这是值得肯定的。同时,法院对本案

---

① 参见刘乾:《电子游戏规则的知识产权保护路径》,《中国娱乐法评论》2019 年第 1 期。

② 参见崔国斌:《认真对待游戏著作权》,《知识产权》2016 年第 2 期。

③ 见上海壮游信息科技有限公司诉广州硕星信息科技有限公司案,上海市浦东新区人民法院民事判决书(2015)浦民三(知)初字第 529 号等。

④ 例如应以"线条、轮廓、颜色的运用"等符号作为判断美术作品中独创性的考察对象。参见吴汉东:《知识产权基本问题研究(分论)》,中国人民大学出版社 2009 年版,第 33 页。

争议对象,即涉案游戏整体画面进行了合理的定性,指出"当玩家开启操作时,游戏引擎应玩家请求或自动按照其软件的功能设计调用上述素材,在屏幕终端呈现出影像、文字等组合而成并带有伴音的连续画面。原告主张的《昆仑墟》游戏的前81级整体画面是由公证机构登入游戏后采取挂机方式,由游戏引擎系统自动调用资源库的素材在终端设备上呈现出的带有伴音的连续影像画面。"总的来说,本案合理区分了游戏引擎与游戏资源数据库(及由其组成的游戏整体画面)的版权性质,并对本案的争议对象进行了合理的定性,明确了本案的争议对象是相应的在屏幕终端呈现出影像、文字等组合而成并带有伴音的连续画面,即目前学界与司法实务界一般所称的游戏整体画面。

(二)游戏整体画面的组成:游戏预设内容和用户生成内容

在电子游戏运行的过程中,任何游戏的整体画面总是由用户参与内容[①]和游戏预设内容两方面构成。游戏过程中呈现的整体画面并非游戏资源库中素材的简单再现,而是这些素材动态组合后的内容,其中一方面包括由游戏引擎自主调用的部分,另一方面则是玩家参与游戏的行为所生成的内容。依据玩家的交互性操作是否会对游戏整体画面产生影响,可以将游戏整体画面的组成成分划分为两部分。第一部分是游戏中的预设画面,即游戏制作者通过游戏引擎与游戏资源库的协作预设了部分内容,这些内容不会随着玩家之后的参与而发生实质性的改变,它们往往蕴含着游戏开发者的独创性创作,应当成为判断游戏本身可否受到版权法保护以及其版权归属的核心内容,这些内容可能有美术设计、静态画面、动态画面、音乐、多媒体等多种表现形式,其能否构成作品、构成何种作品及相应版权的权利归属都需要视不同游戏的具体情况而定。第二部分是因玩家的交互性操作而生成的具有独创性的内容,因为用户的参与行为会不断改变游戏画面的内容,用户选择或添加的内容与游戏程序自动选择的内容组合在一起,最终成为用户端临时呈现的内容,也即在游玩过程中的游戏整体画面,其中,某些视听表达的呈现并非来源于游戏创作者的预设,而往往是玩家将游戏中的预设内容作为改编的原本或创作的工具

---

① 这里的"用户参与"仅仅指游戏用户以玩家身份参与到游戏正常运行的过程中,而不包括用户对于游戏程序代码的改做、编辑等。

进行改编或创作而产生的、体现了玩家独创性创作的内容,因此这部分画面的版权属性与游戏预设的画面不尽相同,其版权的权属也不相同,往往需要依据游戏的具体类型与玩家的具体行为加以判断。① 可以看出,这两类画面具有不同的版权性质,其涉及的版权问题也存在区别,因此游戏整体画面的版权属性依据游戏类型以及具体运作模式的不同而有所区别,理应结合个案中游戏种类与游戏要素的具体特征,分步逐一认定。

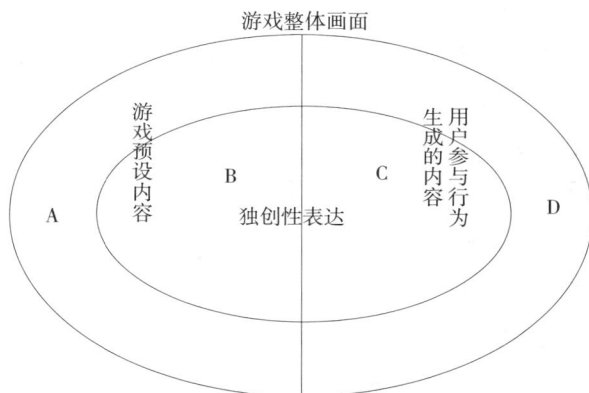

图 1　游戏整体画面的构成

　　如图 1 所示,A 代表游戏预设内容中诸如单纯思想内容、公有领域表达、借鉴其他作品的表达等不具独创性的部分,B 代表游戏预设内容中具有独创性的表达,A 与 B 共同构成游戏预设内容;C 代表用户参与行为生成的内容中不具独创性的部分,B 代表用户参与行为生成的内容中具有独创性的表达,C 与 D 共同构成游戏预设内容;A、B、C、D 共同构成了游戏整体画面,其中 B 与 C 共同构成了游戏整体画面可版权性的基础。对于游戏预设内容中具有独创性的表达部分,游戏的创作者或约定的版权人等应当享有完全的版权,只是其构成何种类型的作品仍然需要依据不同游戏的具体表达形式进行判断;而对于用户参与行为生成的内容,其中既包括诸如点选选项之类不具独创性的简

---

　　① 例如在《我的世界》(Minecraft)这类沙盒游戏中,玩家可以在一个随机生成的 3D 世界内,以带材质贴图的立方体为基础进行游戏,进行自由度极高的各类建造活动,这其中玩家便会利用游戏预设内容"立方体"进行了大量具有独创性的创作。

単行为,也不乏具有独创性的表达,其与相同或不同游戏中、具有或不具有独创性的游戏预设内容结合,构成游戏整体画面的一部分,进而影响游戏整体画面的版权属性及其归属①。而前些年,我国司法实践在处理游戏画面问题时鲜少对此进行明确的区分和全面的分析。例如在"奇迹 MU 案"②中,二审法院在论述游戏整体性画面的构成时,仅提及"等级设置、地图名称以及地图、场景图的图案设计、职业角色设置及技能设计、武器、装备的造型设计等",无涉用户参与游戏时生成的内容,实质上只判定了游戏预设内容的独创性,而非针对其提出的"游戏整体画面"这一概念;而在"斗鱼案"③中,法院虽然使用了"比赛画面不属于版权法规定的作品"的表述,但其实际上只是在判定因选手的操作而形成的画面,是否构成了一个不同于游戏中所含类电作品的新作品④,即游戏运行中的游戏整体画面是否构成区别于游戏预设画面的新作品,借此判定对这一画面的利用行为(如直播、转播等行为)的性质,而并未就游戏预设内容是否享有版权进行判断。

(三)游戏预设内容的可版权性判断

不难看出,如何抽象出游戏预设画面应当是判定游戏本身的版权属性及其权利归属的基础性问题。但是,相较于较为直观地反映在游戏运行过程中的游戏整体画面,游戏预设内容的范围似乎相对模糊。具体而言,游戏画面中的游戏预设内容应当看作游戏画面中有别于用户生成内容的一个抽象概念,指的仅仅是那些在游戏引擎的驱动下,不因不同用户的不同操作而改变的所有游戏素材所构成的概括性画面。这一画面由各种游戏地图、场景、角色等元素共同组成,是脱离用户操作而始终存在于游戏中的。一方面,游戏画面中包含用户对于游戏背景或界面的设置或选择,用户对于游戏进程的操纵,用户添加的表达性内容(文字、图片、声音)等;另一方面,实际上,虽然用户的互动参

---

① 由于本案中,用户的操作行为较为简单,后文将论述其不具有独创性,因此本文暂不展开谈论具有独创性的用户生成内容如何对游戏整体画面的著作权属性及其归属产生影响。

② 见上海壮游信息科技有限公司诉广州硕星信息科技有限公司案,上海市浦东新区人民法院民事判决书(2015)浦民三(知)初字第 529 号。

③ 见上海耀宇文化传媒有限公司诉广州斗鱼网络科技有限公司案,上海市浦东新区人民法院民事判决书(2015)浦民三(知)初字第 191 号。

④ 参见王迁:《电子游戏直播的著作权问题研究》,《电子知识产权》2016 年第 2 期。

与导致不同用户游戏过程的画面有一些差别，但是这些画面之间总是有实质部分的场景、人物形象、演出情节等是相同的，且重复出现。如美国法院所言，无论用户如何操作，不同用户操作的游戏画面之间依然有实质不变的部分①。虽然随着游戏技术的发展，20 世纪 80 年代美国提出的"重复画面"（Repeated Sequences）标准②已经难以用来直接判定电子游戏受版权法保护的范围，但这一标准的产生从侧面说明了游戏画面中"游戏预设内容"的存在，即当相同或不同用户将游戏进行到同一阶段、触发同一事件或下达相同指令时，那些重复出现在不同用户面前、可从用户操作中独立分离出来的画面。

　　而对于游戏预设内容可版权性的考察，仍然应当遵循判断一般作品可版权性的原则。首先，由于我国并不要求受《著作权法》保护的作品具备固定性要件，在符合其他条件的情况下，作品只要"能以有形形式复制"③即可。由于游戏预设内容属于游戏整体画面的一部分，其能够通过屏幕录制等方式复制，应当满足这一条件。其次，由于"独创性"不是指思想的独创性，也不要求表达的新颖性，而是要求此作品不是对彼作品的抄袭而是作者独立创作的，在划定了游戏画面中的游戏预设内容的范围以后，只需排除其中不具独创性的部分足矣，具体而言包括依据"合并原则（Doctrine of Merger）"④和"场景原则（Scenes a Faire）"⑤应当被排除在版权保护范围外的公知素材⑥、来源于其他

---

① Williams Elecs.,Inc.v.Artic Int'l,Inc.,685 F.2d 870,874（1982）.

② See Sten Electronics,Inc v.Kaufman,669 F.2d 852(2nd Cir.1982).

③ 见《著作权法实施条例》（2013）第二条："著作权法所称作品，是指文学、艺术和科学领域内具有独创性并能以某种有形形式复制的智力成果。"

④ 当思想观念与表达密不可分的时候，或者说当某种思想观念只有一种或有限的几种表述时，则著作权法不仅不保护思想观念，也不保护表达。因为在这种情况下，他人为了表述同样的思想观念，只能使用第一个人使用过的表述，或者只能使用与第一个人使用过的表述基本相似的表述，如果在此时保护思想的唯一或有限的表述方式，则等于在事实上保护了该思想。（参见 Baker v.Seldon,101 U.S.99,104(1879)；李明德：《美国知识产权法》，法律出版社 2003 年版，第 139 页）

⑤ 该原则是指在处理某一类戏剧、小说主题时，实际上不可避免而必须采用某些事件、角色、布局或布景，虽该事件、角色、布局或布景的表达与他人雷同，但因为系处理该特定主题不可或缺或至少是标准的处理方式，故其表达方法不构成著作权侵权。（See Ets-Hokin v. Skyy Spirits, Inc., 225 F.3d 1068（9th Cir.2000）；罗明通：《著作权法论(II)》（第七版），群彦图书股份有限公司 2009 年版，第 384 页）

⑥ Hoehling v.Universal City Studios,Inc.,618F.2d 972(2d Cir.1980).

作品角色描绘的复制或改编内容等不具备独创性的内容。因此，不可否认某些游戏或游戏要素可能因缺乏独创性而仅具有创作工具的性质。最后，在肯认可版权性的情况下，对于游戏预设内容具体构成何种类型作品，不应给予较为固定的标准，而应当依据不同游戏和不同游戏要素展示的具体情况加以判别。

（四）本案中的游戏预设内容及其版权属性

首先，原告的诉讼请求以及法院的判决实际上已抽象出了争议游戏的预设内容。本案的争议对象为"《昆仑墟》游戏的前81级整体画面"和"游戏中的82幅美术作品"，根据原被告所提交的证据及法院审理查明后认定的事实，这一游戏整体画面中缺乏具备独创性的用户生成内容，因为"原告《昆仑墟》游戏影像画面采取挂机方式，按照预先设定的程序以'自动寻路'方式展现，不需玩家介入和操作"，即其版权问题无涉玩家的独创性创作，因此在本案中，可以较为容易且明确地认定《昆仑墟》游戏的前81级整体画面中的可版权性内容以及游戏中的82幅画面全部属于本游戏的预设内容；而且，由于本案争议对象无涉用户生成内容，将不会涉及类似游戏直播问题中如何评价用户的参与行为对游戏画面的版权性质与归属产生的影响之争议①。

其次，法院认定《昆仑墟》游戏的前81级整体画面具有可版权性，这一认定较为准确。根据法院查明，"原告主张的《昆仑墟》游戏的前81级整体画面是由公证机构登入游戏后采取挂机方式，由游戏引擎系统自动调用资源库的素材在终端设备上呈现出的带有伴音的连续影像画面。"针对这一画面，第一，法院认定其属于文学、艺术和科学领域内思想或者情感的表达，虽然未从图形与声音如何构成表达这一更深层次的问题予以进一步阐明，但法院结合国际公约指出"这一限定的意义在于区分产品功能的专利法保护和思想或者情感表达的版权法保护"已较为准确。第二，法院认定其具有独创性，采取的表述为"与他人通过连续影像画面表达的游戏作品没有实质相似性，也不属于公有领域司空见惯的表达"，以及"（1）作品是由作者独立完成，而不是剽窃或篡改他人作品的产物。（2）作品还须体现作者的创造性，即作品表达的形

---

① 参见王迁：《电子游戏直播的著作权问题研究》，《电子知识产权》2016年第2期。

成过程中有作者的取舍、选择、安排和设计。"这反映出法院在面对作品类型并不明确的新式作品时，认定独创性的过程并非以新颖性或创造性为标准，而是排除在版权保护范围外的公知素材和来源于其他作品角色描绘的复制或改编内容等不具备独创性的内容后，划定由游戏制作者创作的内容，这一认定方式十分准确。第三，法院认定其具有可复制性，"游戏画面可以通过多种途径予以保存，如摄制、截屏、打印等，具备有形复制的属性"，这一认定也很准确。第四，法院对作品的量进行了界定，认为"尽管原告菲狐公司主张受版权保护的《昆仑墟》游戏画面只是前 81 级画面，但这并不影响该 81 级游戏画面构成作品的判断；作品表现篇幅、时间的长短与作品独创性的判断并无必然的关系，更何况本案原告请求保护的游戏影像画面已经达到 81 级"，这一问题虽然并不是判定作品可版权性的必需要件，法院对此也予以了阐明，但在此予以说明能够较为清楚地对被告的抗辩进行回应。总体来说，法院在争议对象可版权性的认定上论证逻辑较为完备，结论可靠。

最后，法院认定《昆仑墟》游戏的前 81 级整体画面构成电影作品和以类似摄制电影的方法创作的作品，这一认定同样较为准确。对于如何理解作品类型在版权法律体系中的意义，法院指出应当考虑"作品的表现形式和作品的传播利用方式两个因素"，"作品的表现形式不同，传播利用方式不同，作者的经济利益受到的影响也不同，版权的内容也因此而有所不同"，"作品的法定分类虽然与某些特定的传播技术相关，但它通常以技术中立为原则，能够延伸到以不同传播技术创作出来的相同表达形式。对科学技术发展进程中利用新的传播技术创作出来的作品，仍然应当充分考量作品的表现形式和可以传播利用的方式，并依据这两项因素进行归类"。以上表述简洁清晰地阐明了作品类型在版权法中的法理意义，其并非是法理用于限制版权保护的机制，而是起到针对具有不同表现形式和传播利用方式的作品所具备的不同性质，划定如何合理地对在其上设置的相关版权进行利益衡量、简化版权纠纷问题解决路径等的作用。虽然在本案中基于争议游戏的特性能够将其划归为法定的作品类型，但这一认识能够正确考量作品类型的法理意义及其对市场与经济带来的影响，这对于解决诸如电子游戏画面、直播等具备新型表现形式和传播利用方式的智力创作成果的版权问题有着基础性的作用，具有重要的意义。

具体而言,本案法院通过如下几步明确《昆仑墟》游戏的前81级整体画面能够构成电影作品和以类似摄制电影的方法创作的作品。第一,法院考量了游戏的创作过程,认为"游戏的创作过程综合了策划、美术、界面、程序、音频等多种手段,与电影摄制中综合编剧、导演、摄影、作词、作曲等进行创作类似。"第二,从表现形式上看,"游戏影像画面具有连续性,包含影像、文字等多种内容,并且有伴音或者无伴音,借助电脑或手机等进行传播,具有和电影作品相似的表现形式。"第三,从作品内容来看,"《昆仑墟》游戏人物在游戏场景中不断展开游戏剧情,具有一定的故事情节和人物关系,游戏动态影像画面集美工、灯光、音效、情节于一体,较为复杂,类似电影的复合表达,具有独创性。"第四,从作品的传播利用方式来看,"采用挂机形式的角色扮演类游戏影像画面,无需玩家操作,不用人机互动,内容具有相对固定性,其传播利用方式与电影作品相似。"第五,从创作手段来看,法院结合《伯尔尼公约》第二条第(1)项对于电影作品的陈述,认为其指的是以类似电影的方法表现的作品,强调的是表现形式而非创作方法,从而指出"网络游戏的画面虽然不是通过摄制方法固定在一定介质上,但是,是否通过摄制方法固定于一定介质上并不是判断是否构成电影或类电影作品的必要条件","通过非摄制的方式创作出来的游戏影像画面亦可以构成类电影作品。"综合来看,法院对于争议对象构成电影作品和以类似摄制电影的方法创作的作品的论证非常全面,从创作过程、表现形式、作品内容、传播利用方式和创作手段五个层面进行了综合性的考量,逻辑较为严密,尤其是对于其中争议已久的"以摄制方式固定于一定介质"之上这一现行《著作权法》中有关作品创作手段且已在学界产生很大争议的描述进行了论证,①结合伯尔尼公约的文义解释以及基于作品类型这一制度之法理功能的目的解释,认定其并非判断作品是否属于电影作品和以类似摄制电影的方法创作的作品的必要条件,论证简洁清晰。综合来说,法院将《昆仑墟》游戏的前81级整体画面构成电影作品和以类似摄制电影的方法创作的作品,相关论述过程逻辑周延,论证较为充分正确。

---

① 参见王迁:《"电影作品"的重新定义及其著作杖归属与行使规则的完善》,《法学》2008年第4期。

不过,针对原告提出的来源于《昆仑墟》游戏画面的 82 幅截图,法院认为其已认定《昆仑墟》游戏画面整体构成类电影作品,原告再行主张构成整体的部分元素为美术作品,属于重复主张,法院不予处理,这一判断虽然不会影响判决的最终结果,但在论证上略有瑕疵。因为对于类电影作品等由美术作品、音乐作品、文字作品等多种作品综合而成的特殊作品,其独创性不仅体现在动态画面与伴音的编排这一使不同素材进行组合的创作之上,同样还体现于各个能够单独构成作品的素材本身,例如可以构成文字作品的剧本、可以构成美术作品的单独画面、可以构成音乐作品的音乐等。① 对于类电影作品整体提供版权保护,不代表其中作为组成成分的具有独创性的表达不可单独作为作品进行保护。而且,他人同样可以仅仅侵犯相关美术作品或音乐作品的版权,例如剽窃单幅画面、抄袭背景音乐等,这类行为无涉对于类电影作品整体的版权侵权,仅仅是对于其中具有独创性的、可单独作为作品保护的部分构成要素的侵权。不过,根据本案查明的事实,被告游戏中并无与原告游戏某一静止画面构成实质性相似的静止画面,因此法院的此项疏漏并不会影响判决的结果。

此外,在权利归属问题上,法院也合理援引了法条,并结合国际条约等文件试图对法条中指代不明确的"制片人"之概念进行法律解释,结合原被告提交的证据,结合相关授权链,最终认定《昆仑墟》游戏前 81 级画面形成的类电影作品之版权为原告菲狐公司所享有,这一判断清晰准确。

二、本案被告的行为及其法律后果:复制还是改编

与处理一般版权侵权案件的思路相同,法院在判定涉案游戏画面《昆仑墟》游戏前 81 级画面构成类电影作品且版权由原告享有之后,针对被告的行为是否侵权进行了判定,采用"接触+实质性相似"的标准判定被告是否侵犯原告对于本案争议客体的复制权。

在"接触"问题上,法院根据原被告双方提交的证据,首先认定涉案被诉五款游戏与《醉美人》实质为同一款游戏;其次,认定《醉美人》游戏的首次发

---

① 参见陈绍玲:《电影作品中"可以单独使用的作品"之研究》,《河北法学》2011 年第 6 期。

表日期虽然略早于《昆仑墟》游戏的上线时间，但三被告未提交证据证明《醉美人》游戏整体设计完成时间亦早于《昆仑墟》游戏，且事实上《醉美人》游戏的上线时间为 2018 年 1 月 1 日，晚于《昆仑墟》游戏的上线时间，三被告有接触《昆仑墟》游戏的可能性；最后，由于网络游戏是在线更新，游戏的初始版本会被更新后的版本覆盖，游戏版权人在发现侵权时，以当时最新迭代后的版本所形成的画面来主张权利符合常理，根据民事案件高度盖然性的标准，可以认定原告菲狐公司公证时的版本与初始上线时的版本未发生实质性变化。综合以上几点，法院认为三被告在开发《醉美人》游戏时有接触《昆仑墟》游戏的可能性。

而关于"实质性相似"的认定，法院提出由于已经认定本案争议客体构成类电影作品，基于涉案游戏画面与电影作品的类似，对原被告游戏影像画面可以采取类似电影作品的比对方法。法院指出，本案中，《昆仑墟》游戏与《青云灵剑诀》等被诉五款游戏在游戏主角形象、故事背景和场景、NPC 人物、任务系统等方面有显著的不同，但是"连续的影像不仅需要考察单个的画面，也需要进行整体认定和综合判断。虽然作品是由各种原始素材以及表现手段等构成，但作品的整体并不等于其组成元素的简单累加，人物特征、人物关系、与之相适应的情节的演进，以及每一个画面呈现的先后顺序，为有机结合的整体。"因此，与电影作品中情节、故事逻辑、人物关系等共同构成的表达内容相类似，"对于角色扮演类游戏通过挂机形成的画面，如果带给普通观察者相同或相近的欣赏体验的感受，也可能构成整体观感上的实质性相似。"法院同时还在此阐述了游戏规则与体现游戏规则的表达之间的差别，指出如果各种游戏规则与游戏情节相互结合，形成一系列经过整合、编排后与游戏资源库的元素相结合所表现出来的内容，那么这些体现游戏规则的表达并非作为思想的游戏规则本身，它们是能够获得版权法的保护的。这一判定十分准确，因为对于形成动态画面的电子游戏，玩家往往并非对某个静止形象存在任何有关抄袭的认知，而是其依据游戏规则进行各种行动，并表达在游戏画面上——这种对于游戏规则的表达，才是玩家对于许多游戏的"熟悉感"来源。①

---

① 参见刘乾：《电子游戏规则的知识产权保护路径》，《中国娱乐法评论》2019 年第 1 期。

在这样的认知基础上,法院对《昆仑墟》和《青云灵剑诀》等被诉五款游戏的前81级画面进行了详尽的描述和比对,最终认定《青云灵剑诀》等被诉五款游戏在前81级的画面与《昆仑墟》游戏在整体观感上构成实质性相似,但故事背景、人物形象、剧情文字、技能和场景名称等设计均与《昆仑墟》游戏不同,在利用《昆仑墟》游戏基本表达的基础上进行了新的创作,体现了一定的独创性,两者之间的差异使普通观察者可从外观上识别原被告游戏之间的区别,不会直接混淆为同一款游戏,因此被告的行为不构成对于原告复制权的侵犯;此外,根据《著作权法》对于信息网络传播权的定义,法院认定该项权利实质控制的是传播复制品的行为,而本案被诉五款游戏并非是《昆仑墟》游戏作品的复制品,因此公众在其个人选定的时间和地点所获得的被诉五款游戏,不构成对原告菲狐公司信息网络传播权的侵犯。因此,由于原告诉讼请求中明确提出的主张是被告侵犯了其享有版权的涉案游戏画面的复制权和信息网络传播权,因此法院判令驳回原告的诉讼请求,并在判决书中指出对于被告的行为是否构成对原告作品其他权利的侵犯,原告可另行主张。

从结果上看,法院的判断较为准确,虽然原告享有对于《昆仑墟》游戏前81级画面形成的类电影作品之版权,但被告的行为并非单纯的复制与未经许可通过信息网络传播侵权复制品的行为,无涉对于原告复制权与信息网络传播权的侵犯。但是,或许是基于原告诉讼请求的限制,法院在论证过程中虽然已有所论证,尚未明确就"实质性相似"问题与复制行为和改编行为之关系进行阐述。根据其措辞,法院已经明确将被告之行为定性为利用原告享有版权的独创性表达,但在此之上进行了具有独创性的新创作,这实际上表面其认定被告的行为系改编行为而非复制行为。虽然复制行为与改编行为都涉及对于原作中独创性表达的利用,且这种利用在未经原作者许可之情形下均涉及版权侵权,但二者的重要区别在于是否添加了新的独创性表达,[①]这也将影响行为产生的法律后果与对应产物的性质;基于这样的性质,"接触+实质性相似"标准也不可简单笼统地应用于判定对于作品的利用行为是否涉及原作者的改编权,而需要在认定"接触+实质性相似"之余是判定其行为是否创设了新的

---

① 参见梁志文:《论演绎权的保护范围》,《中国法学》2015年第5期。

独创性表达。本案中,法院对此问题其实已经作出了最终的认定,只是限于原告的诉讼请求之范围,并未明文提出被告的行为实际上可能构成对原告改编权的侵犯。

但值得一提的是,在司法实践中,法院往往在处理类似的版权侵权案件中,要求当事人明确提出其何种版权权项受到侵犯才予以立案,这一做法也是导致对著作权法不甚熟悉的当事人在选择诉讼请求时可能出现错误的原因之一。从本案的判决结果也可以看出,这一做法之合理性值得质疑。因此,司法机关应当考量是否应当在版权案件中,原告仅需以版权受到侵犯为诉讼请求即可立案,而具体对于被诉行为是否侵犯某种具体版权权项的定性由法院根据认定事实作出进一步的法律判断,这也符合我国目前减轻当事人立案负担与难度的相关导向。

综合来看,法院对于本案的判决较为完成清晰、论证逻辑较为严谨可靠,对于许多游戏版权问题中的争议问题都给出了较为准确的立场与分析,案件判决结果准确,且其中对于许多问题的论证具有启发性和较高的参考价值,值得肯定。而从当事人的角度来看,本案原告对于诉讼请求的错误选择是法院驳回其诉讼请求的重要原因,因此本案对于关注游戏版权的法律从业者和审理相关案件的法院也具有很好的指引作用。

（作者：丛立先　刘乾）

小说作品剽窃行为认定：

沈文文诉周静《锦绣未央》侵犯著作权案

| 典型意义 |

本案中被改编为影视剧、同名手游的小说《锦绣未央》被 12 名作家联合起诉侵权,其剽窃规模之大、参与协助维权的主体之多引起了社会的广泛关注。网络文学小说一直是版权侵权的多发区,而在利益驱使之下提供作品的网站、购买作品的影视资源开发方有时会选择迎合市场,忽略可能存在的版权侵权问题,在有版权侵权迹象时仍对作品进行后续改编和再利用,这就会进一步扩大对原创作者的损害,也会加剧剽窃者的侥幸心理。本案最终的侵权判定不仅对我们划清借鉴和剽窃的界限有重要意义,且再一次声明了《著作权法》对剽窃的态度,通过使侵权人承担《著作权法》中的责任,对于警示潜在侵权者、树立尊重原创的文学创作之风具有重要的作用。

| 裁判要旨 |

一、语句是情节的基础。刻画人物或者描述情节的语句,如果能够体现出作者的个性化选择,则构成受《著作权法》保护的表达。体现作者独特比喻的句子是作者基于个性化的视角进行的文学意义上的表现,当然可以作为作品。在以大量日常表达的组合作为作品情节的情况下,如果句子的组合在整体上能体现作者的独创性,未经许可对这些句子组合的使用仍构成侵权。

二、情节作为表现人物活动及事件发展的过程,也属于表达的范畴。即使两作品使用的语句并不相同,但在人物设置—人物关系—细节对比—情节过程安排等方面一致,则构成情节相似。本案中,滤除不同部分之后,最终展现的人物关系、故事的衔接方面具有一致性,故被诉侵权作品在情节设计上与在先作品构成实质性相似,未经许可使用应承担侵权责任。虽然情节相比于具体的语句,属于较为抽象的部分,但仍未脱离表达的范畴,依然受到《著作权法》的保护。

案情介绍

（2017）京 0105 民初 932 号

原告:沈文文

被告:周静

原告沈文文以"追月逐花"为笔名创作了小说《身历六帝宠不衰》,该作品由百花文艺出版社于 2009 年 7 月 1 日出版。周静于 2012 年以"秦简"为笔名创作了小说《庶女有毒》,发布在"潇湘书院"网站上,后改名为《锦绣未央》。2016 年 10 月 26 日登录该网站,仍可在线阅读该小说。小说正文共有 294 节,其中的 76 节及之后的章节需要付费后才能阅读。登录"QQ 阅读"网站,经搜索后付费也可在线阅读该小说。2017 年 3 月 30 日,分别登录"天意文学网""棉花糖小说网""求书网""八零电子书网",均可阅读或下载小说《锦绣未央》。2013 年 7 月,小说《锦绣未央（1、2、3）》由江苏文艺出版社出版,作者为秦简,字数 750 千字,定价 75 元。同年 12 月,小说《锦绣未央（4、5、6）》由江苏文艺出版社出版,作者秦简,字数 780 千字,定价 75 元。上述图书在当当网等网络书店有售。

沈文文认为周静在《锦绣未央》一书中未经许可剽窃了其创作的《身历六帝宠不衰》中的 580 句语句和 2 处情节,侵犯了其享有的复制权、发行权和信息网络传播权,当当网对图书《锦绣未央》进行了销售,因此诉至法院。

除了沈文文,起诉周静创作的《锦绣未央》著作权侵权的还有 11 位作家,本案为联合诉讼中首个宣判的案件。最终法院认定周静构成侵权,应于判决生效之日停止侵权、赔偿原告经济损失 12 万元及合理开支 16500 元。其余 11 案随后也进行了宣判,11 位原告均获得了胜诉判决,包括温瑞安在内的 11 位作家共获赔偿 60.4 万元。

裁判理由

一、文学创作是一种独立的智力创作过程,从遣词造句到修辞手法,从细节描写到情节设计，不同作者所创作的作品不可能存在雷同。语句是由字、词或短语构成，用以阐述作者的思想，是文学作品表达的基石。成语典故、常见的修辞手法、语法句式及日常用语属于公共领域，在后创作的作品中包含这些内容并不会侵犯在先作品的著作权。

二、对于相同或相似语句的侵权判定，不应将句子或短语、字词割裂对比，应结合文字的相似程度、数量，考虑上下文的衔接，将被诉侵权的语句进行整体认定和综合判断。本案中，沈文文指称侵权的 580 句语句部分，可归为 127 处，其中的 116 处语句存在相同或实质性相似。具体分为三种情况：一是均使用了独特的比喻或形容的具体表达。二是均采用相同或类似的细节描写来刻画人物或事物。三是采用大量常用语言的相似组合。单独的日常用语不构成著作权保护的表达，但若对这些常见表达的组合体现了作者的独特构思，则这些表达的组合也受《著作权法》保护。《锦绣未央》一书中 116 处被指称侵权的语句属于对原告作品中上述表达的使用，构成语句的侵权。

三、情节指的是作品中表现人物活动及由此产生的事件发展过程，由一系列展示人物性格、人物关系的具体事件构成。在某些情况下，即使两作品使用的语句不同，但在抽出不相同的部分后，人物设置——人物关系——细节对比——情节过程安排等方面存在一致，则属于情节相同或相似，同样构成著作权侵权。本案中《锦绣未央》采用了《身历六帝宠不衰》中独创性的背景设置、出场安排、矛盾冲突和具体的情节设计，构成对《身历六帝宠不衰》中表达的使用，因此构成侵权。

| 案件分析 |

我国网络文学产业在经历着快速发展的同时，版权侵权问题也日益成为影响产业发展的关键问题。网络环境下，作品传播的成本降低、速度加快，一部契合市场的文学作品获得的收益也是可观的。而随着大 IP 理念的形成，文学作品若被后续开发为影视作品、游戏，则作者将会获得更多来自市场的回馈。但频频出现的网络文学版权纠纷也为行业治理敲响了警钟，本案即涉及网络文学作品创作的侵权问题。在本案中，被诉侵权网络文学作品《锦绣未央》不仅在文学网站上有登载，且被改编为同名电视剧后获得了较高的收视率,但从反剽窃志愿者提供的证据来看,该小说系剽窃 200 余部在先作品而来。①

网络小说的特点之一就是篇幅较长,根据中国音像与数字出版协会发布的《2018 年中国网络文学发展报告》显示,2018 年网络文学作品平均篇幅为65.8 万字,②本案被指侵权的小说《锦绣未央》在"潇湘书院"网站的作品信息中显示的字数为 270 万字,而最终由出版社分两部出版的书籍中,字数也分别达到了 75 万字和 78 万字。而其剽窃的作品也较为分散,根据志愿者整理的证据,《锦绣未央》涉剽窃的作品多达 200 余部,这就决定了网络小说剽窃的维权难点在于:(1)证据的收集确定困难,要从长篇巨幅中将与原作语句、情节存在相同或相似之处寻找出来耗时费力。(2)剽窃规模大且分散,单个作者维权效果不显著。以本案为例,虽然被告对单部小说的剽窃字数多达 3 万字,但与最终侵权作品的文字数量相比,比例仍然过低。(3)资本与社会舆论掺杂其中,加剧维权困难。本案中被指侵权小说《锦绣未央》后被改编成为电视剧,在资本的介入下,作者的正常维权会受到更多的干预。某些从错误的价值导向出发形成的言论也会给作者带来心理上的压力,如在庄羽诉郭敬明一案中,虽然法院最终认定了郭敬明剽窃的事实,但被告一直拒绝执行赔礼道歉,庄羽最终向法院申请强制执行。③ 且多年来郭敬明的粉丝一直诋毁庄羽,给正常维权的原创作者带来了很多困扰。基于上述原因,网络小说剽窃中,多数被剽窃者会选择沉默,而这无疑会进一步助长不尊重原创,通过大规模"洗稿"来快速产出"作品"的不正之风。

最终选择以诉讼来维护自己权利的作家有 12 位,本案是系列案件中首个宣判的案件,后 11 位作家也都获得了胜诉判决。本案因为涉剽窃的作品数量

---

① 据央视新闻报道,周静涉嫌抄袭的作品可能多达 200 余部,多者达十几万字,少则几行字。http://tv.cctv.com/2017/02/06/VIDEOq0c3a9AMGJEa0uZPru170206.shtml,最后访问时间:2019 年 8 月 12 日。

② 参见人民网对中国音像与数字出版协会于 2019 年 8 月 9 日发布的《2018 年中国网络文学发展报告》的报道,http://culture.people.com.cn/n1/2019/0810/c429145-31287235.html,最后访问时间:2019 年 8 月 16 日。

③ 参见中国法院网讯,郭京霞:《郭敬明拒不道歉 庄羽申请强制执行》,https://www.chinacourt.org/article/detail/2006/06/id/209605.shtml,最后访问时间:2019 年 8 月 16 日。

多、规模大,历时两年才审理完毕。本案的证据固定依靠的是志愿者,诉讼费与律师费通过编剧众筹而来,社会各主体的参与是本案维权得以正常进行的关键,这也反映出了网络小说剽窃维权的困难与艰辛。最终法院的判决显示出了对著作权侵权行为绝不姑息的态度,对清整网络文学的创作风气、用法律手段维护原创作者的正当权益都起到了重要的作用。而法院最终认定侵权的理由也给我们界定思想与表达、借鉴与剽窃带来了启发。

一、思想与表达的区分

著作权保护的是表达而不是抽象的思想。将抽象的思想留在公有领域,是后续创作得以正常进行的基础。相对于表达来说,思想是有限的。如表现"祖国壮丽河山"这一主题,可以通过诗作、拍摄影视作品、绘画、创作音乐文字作品来表现,这些具体的表达都可作为《著作权法》中保护的作品,但是这些作品之上抽象出来的思想主题是不能得到著作权法保护的。将思想留在公众可自由使用的公有领域,是保证创作自由、促进创作繁荣的必然要求。因此,思想与表达的界分实质上就是判断客体属于不受保护的公有领域还是著作权法保护的范围。虽然思想与表达之间存有模糊之处,①但对于不受保护的思想的判断还是存在共识的。

(一)对思想的判定

版权法中"思想"的范围比较广泛,指的是"想法、概念、原则、客观事实、创意、发明与发现、程序、工艺和方法等",②不仅存在于作者头脑中抽象的观念、构思属于版权中的"思想",历史事实、发明与发现、生产产品的方法或工艺、操作步骤等都属于思想的范畴。版权只保护思想的外在表现形式,如文字作品、美术作品、摄影作品等。

除此之外,当一种思想只有一种或者有限的几种表达时,为了保护公众的表达自由,版权法将这些表达也排除在保护范围之外。该原则被称为是"合并原则",③即思想与表达在有限表达的情况下发生了混同,虽然思想可以被

---

① See Herbert Rosenthal Jewelry Corp.v.Kalpakian,446 F.2d 738,170 USPQ 557.

② 李明德:《美国知识产权法》(第二版),法律出版社 2014 年版,第 232 页。

③ 参见卢海君:《版权客体论》,知识产权出版社 2014 年版,第 42 页。

以公众所共知的符号表现出来，但任何人对该思想用特定的符号进行表达，只能用一种或有限的几种方式，如果授予这些表达以版权保护，无疑同时保护了被版权法排除在外的思想，因此，当思想与表达发生混同时，这种表达不受保护。除了合并原则，当某种表达被认为是表现某一主题所不可缺少的元素时，该表达也不受版权法的保护，这被称为"场景原则"。如在涉及纽约警察的影视作品中经常出现汽车追逐的镜头等。有学者认为，场景原则是合并原则的一种，只不过场景原则集中体现于小说、戏剧和文学作品中。① 在"合并原则"与"场景原则"中，某种表达或因与思想混同，或是作为体现主题、反映特定时代所不可或缺的场景片段而被排除在版权法的保护范围，以保证公众具有充足的自由创作空间。

在本案中，法院在对受版权法保护的表达进行分析时，也指出，文学创作不是无源之水，需要对前人的表达进行某种程度的借鉴。不同作品中使用的相同的成语典故、常见的修辞手法、语法句式及日常一般用语等内容往往属于公有领域的范围，不能被作者垄断。典故属于事实的范畴，日常一般用语因常常发生思想与表达的混同而不受版权法保护，将这些表达排除出受保护的范围符合版权法的基本原理。

（二）文学作品中思想的界定

文学作品的要素包括人物形象、人物关系、事件以及事件的发展等。例如，小说往往就是围绕特定人物，按一定的顺序对角色之间发生的事件进行叙述。依据思想表达二分法，作品中抽象的思想不能受到保护，但对人物的具体描写、对事件发展过程的具体叙述以及对特定事件的详细描述则属于表达的范畴，未经许可使用就会构成侵权。一般来说，一部文学作品，在题目之下有章节，章节之中又包含着诸多具体的故事情节，具体的故事情节是对事件或人物的具体描绘，这部分构成表达的概率较大，但是在层层向上抽象的过程中，具体的情节被提炼成主题时，就会越来越偏离表达的范畴而更容易被认定为思想。例如在"琼瑶诉于正案"中，二审法院在对被告作品中某一情节的描写是否与原作构成实质性相似时即指出，"如果该情节概括到了'偷龙转凤'这

---

① 参见卢海君：《版权客体论》，知识产权出版社2014年版，第42页。

一标题时，显然已经属于思想，如果概括到了'福晋无子，侧房施压，为保地位偷龙转凤'，此时仍然属于思想的范畴，但如果对该情节的描写包含了起因、经过、结果、时间、地点、人物等足够具体的描写时，则属于著作权法保护的表达……"①在思想与表达的两极上进行判断是较为容易的，但在某些情况下，思想与表达的界限是模糊的，具体表达抽象到什么层面进入思想的领域是不清晰的。

文学作品中，题材、体裁和主题一般属于思想的范畴，②作品的题材属于思想的范围是没有争议的，如历史题材、穿越题材等，题材上一致属于常见现象。体裁指的是作品的类型，如诗歌、散文等。主题即是对作品内容的最上层抽象层次的概括，如《孔雀东南飞》以爱情悲剧为主题，相同主题的作品还包括《梁山伯与祝英台》以及《罗密欧与朱丽叶》，主题相同属于抽象的思想层面的相同，是版权法排除保护的对象。

二、实质性相似的判断

复制的数量在原作中所占的比例在侵权判定中意义不大，其价值更多体现在赔偿数额的认定上。只要与他人作品中的独创性表达构成实质性相似，无论是对原作某些语句的使用，还是大段叙述的使用，都构成版权侵权。有时虽然使用的数量不多，却构成原作中的实质性内容，当然也构成对原作者版权的侵犯，本案中，被告周静在侵权作品的创作中，不仅使用了原告作品中的某些语句，也对某些情节进行了利用。逐字逐句的剽窃在现实中并不常见，更多的是将人物名称、故事发生的背景以及事件顺序打乱，进行改头换面的剽窃，这也为判断是否构成实质性相似带来了困难。文学创作允许借鉴，但借鉴需要有度，不能构成对表达的直接利用。关于如何判定前后两作品构成实质性相似，司法实践中形成了不同的判定方法。

（一）抽象测试法

抽象测试法是汉德法官在 1931 年的"尼克斯诉环球电影公司案"中提出

---

① 见北京市高级人民法院民事判决书(2015)高民(知)终字第 1039 号。

② 参见吴汉东：《试论"实质性相似+接触"的侵权认定规则》，《法学》2015 年第 8 期。

的比较两部作品是否相同的方法。① 依据该方法,在判断两部作品是否"实质性相似"时,要先将思想滤除,对剩下的表达部分进行对比,若具体的表达构成相似,则在后作品侵权。在该案中,原告的作品是一部舞台剧,而被告的作品是一部电影。两作品情节上都包括两个家庭敌视,而两个家庭的子女却彼此相恋,后两个家庭因为某种原因重归于好,获得了圆满的结局。汉德法官首先分离了不受版权保护的思想,然后对具体的情节进行对比,发现两作品在对两个家庭产生隔阂的原因以及最终促成两家和好的事件的安排方面并不相同,仅在抽象的思想层面构成近似,因此认为被告不构成侵权。虽然在该案中汉德法官提出的抽象测试法对于区分思想与表达、判定作品构成实质性相似具有很大的启发意义,但对于关键的问题,即如何分离抽象的思想和表达,汉德法官没有给出结论,美国各巡回法院也未达成共识。②

在抽象过滤法上发展而来的抽象—过滤—分析法进一步提出了判定两作品是否构成实质性相似的步骤,③即首先滤除不受版权法保护的思想,然后排除不受版权法保护的表达,最后就可版权的内容进行对比。我国法院在进行版权侵权判定时也多使用到这一方法。

（二）整体感觉法

整体感觉法是美国第九巡回上诉法院在"罗斯贺卡案"中提出的。④ 在该案中,罗斯设计的贺卡比较简单,由美术作品及日常的问候语等构成。联合卡片公司生产的贺卡与罗斯的设计相似,但联合公司认为其生产的贺卡与罗斯相同的部分处于公共领域,不构成侵权。法院认为,认定是否构成实质性相似,要将所有要素作为一个整体进行判断,包括文本与文本、文本与图片之间的排列组合,并在此基础上认定联合公司生产的贺卡与原告的贺卡在整体感觉上构成相似,最终判定侵权成立。整体感觉法在一定程度上克服了抽象—过滤—分析法的弊端。在抽象—过滤—分析法下,需要首先将思想及不受版权法保护的部分剔除,就版权保护的表达进行对比。而有的作品虽然是对处

---

① Nichols v. Universal Pictures Corp., 45 F.2d 119,120(2d Cir.1930).
② 参见宋海燕:《娱乐法》(第二版),商务印书馆 2018 年版,第 27 页。
③ See Comput. Assocs. Int'l v. Altai, 982 F.2d 693,696(2d Cir.1992).
④ See Roth Greeting Cards v. United Card Co., 429 F.2d 1106,1107(9th Cir.1970).

于公共领域的材料的组合编排,但在汇编过程中也体现了独创性,最终形成了具有独创性的表达,如果依据抽象—过滤—分析法,将这些元素排除之后,对比对象就不复存在了,而这就会不当地缩小版权保护的范围。

本案中,法院在认定被告作品《锦绣未央》中使用的语句是否与原告作品实质性相似时也指出,"某些单独的句子孤立来看属于文学作品的常用表达,但若这些句子的结合如果能从整体上体现作者的独特构思,则其结合仍具有独创性",①虽然原告在描写主人公在乡下寄养期间遭到他人议论嘲笑的场景时,用惯用的对白组合来表现众人对主人公的怀疑与轻视,但这些惯用对话的组合构成故事的具体情节,是作者叙事展开的手段,因此属于表达。若依抽象—过滤—分析法,在进行实质性相似的对比时,首先要将这些处于公有领域的表达排除在外,此时就会得出不侵权的结论,而这显然是不合理的。

三、剽窃的认定

本案法院最终认定周静创作的小说《锦绣未央》与原告的小说存在 116 处语句及 2 处情节上的相同或实质性相似,因此构成对原告著作权的侵犯。并结合被告使用的语句的数量、剽窃的主观状态、出版时间、侵权后果等因素,判决被告停止侵权,赔偿原告损失 12 万元及合理开支 16500 元。剽窃行为涉及对多种著作权项的侵犯,厘清这些具体的权项,确定侵权行为在《著作权法》中的评价,全面维护原创作者的权益是本案的关键问题。

(一)剽窃侵犯的著作权具体权项

剽窃行为是将他人的创作成果据为己有,以原创作者身份对外自居的行为,因此剽窃行为割裂了原创作者与作品之间的联系,会使公众对表达的来源产生误认,因此剽窃行为首先会构成对原创作者署名权的侵犯。而剽窃一般还伴有其他利用作品的行为,因此对于侵犯的具体著作财产权权项,要根据利用的方式具体确定。如以在网络上向公众提供的形式使用的,还同时构成对原创作者的信息网络传播权的侵犯;以出版图书的方式使用的,会同时侵犯到复制权与发行权;如果是美术作品等,将剽窃的作品进行展览,还有可能侵犯到原作

①　见北京市朝阳区人民法院民事判决书(2017)京 0105 民初 932 号。

者的展览权等。因此，对具体的著作财产权项的侵犯，要结合具体的使用方式来确定。本案中，被告周静将侵权作品在网络文学网站上提供并且通过出版社出版发行，因此构成对原告的复制权、发行权与信息网络传播权的侵犯。

本案中，原告沈文文在诉讼中没有提出被告的行为构成对其著作人身权的侵犯，但是剽窃行为首先涉及的就是著作人身权中的署名权，权利人在维权时应避免对该项重要的人身权利的忽略。本案法院最终认为原告在诉讼中仅主张著作权中的财产权而非人身权，故没有支持其赔礼道歉的诉讼请求，该做法存有不妥，下文将展开详细分析。

（二）"接触+实质性相似"在侵权中的运用

根据独创性理论，两个不同主体分别创作出了相同的作品，也满足独立创作的要求，因而可分别获得版权法的保护。但在版权侵权判定中，法院却常常适用"接触+实质性相似"的规则或者直接以两作品相同或构成实质性相似为由判定被告构成版权侵权。这似乎就意味着，在法官先验的认知中，是不存在两主体有创作出相同或相似的作品的可能的。著作权侵权判定中的"接触+实质性相似"规则是美国法院在司法审判实践中发展而来的。[1] 原告主张被告构成侵权，不需要提供被告实施了剽窃行为的证据，只要证明两作品相同或者构成实质性相似，且被告有机会接触原告的作品即可。但这一证明规则在之后的案件中曾发生过摇摆。1984年，美国第七巡回上诉法院在案件的审理中指出，即使两作品之间构成实质性相似，原告也必须证明被告接触了自己的作品。[2] 法院认为，如果仅以两作品之间构成实质性相似就认为存在侵权行为，则会排除分别独立创作的可能。要求原告提供被告实施了剽窃行为的证据十分困难，除了被告自认，原告几乎不存在掌握证据的可能。因此，该观点没有得到其他法院的支持，司法实践中，"接触+实质性相似"仍然是判定是否够成剽窃的主要方法。

虽然存在两主体分别创作出相同或实质性相似的作品的可能，但从概率与经验的角度看，该事件发生的可能性极低，尤其是个性化选择空间较大时，

---

① Arnstein v.Porter,154 F.2d 464,468(2d Cir.1946).

② Selle v.Gibb,741 F.2d 896,898(7th Cir.1984).

这种巧合发生的可能性更是微乎其微。因此,在权利人举出证据证明两作品相似,且被告有机会接触到自己的作品时就完成了举证责任,被告若主张自己没有接触过作品,则应举证证明。将这种小概率事件发生的证明责任施加给被告是合理的,如果像美国第七巡回上诉法院那样,要求原告举证证明被告接触了作品,则会使很多权利受侵害的版权人无法通过诉讼维护自己的权利,版权法赋予的保护将会形同虚设。

一般情况下,证明被告有机会接触作品的证据就是在先作品已经发表。本案中,沈文文的作品发表在先,被告周静有接触的可能,加之两作品之间存在实质性相似,故认定存在侵权是没有问题的。

四、本案最终侵权责任的承担

本案中被诉作者周静剽窃的规模大,侵权作品在后续出版发行、影视资源、同名手游的开发中获利可观,因此,多有人质疑,与周静通过剽窃原告作品的获益而言,本案的赔偿数额偏低,不能有效弥补被侵权作者的损失。① 但版权侵权赔偿数额的认定,要结合当事人的举证情况和其他因素综合考虑,确定合适的金额,以"填平损失"为首要原则,因版权侵权就将被告"罚的倾家荡产"会造成对被告的苛责和另一种非正义。

(一)本案版权侵权赔偿数额的认定

本案中,法院最终判决被告周静赔偿原告沈文文经济损失 12 万元及合理开支 16500 元,对有证据证明的合理开支予以全额支持。《著作权法》规定的版权侵权赔偿数额的认定方式是能确定权利人实际损失的,按照权利人的实际损失赔偿,不能确定实际损失的,可以将侵权人的违法所得作为赔偿认定依据。在实际损失与违法所得均不能确定的情况下,依法定赔偿在 50 万元以下确定赔偿数额。② 本案中,原告沈文文没有举证证明自己因被告的剽窃行为

① 参见《锦绣未央被判抄袭,收入上亿仅罚几十万,作者:侵权容易维权难》,https://new.qq.com/omn/20190509/20190509A090YX.html,最后访问时间:2019 年 9 月 29 日。

② 《著作权法》第四十九条:"侵犯著作权或者与著作权有关的权利的,侵权人应当按照权利人的实际损失给予赔偿;实际损失难以计算的,可以按照侵权人的违法所得给予赔偿。赔偿数额还应当包括权利人为制止侵权行为所支付的合理开支。权利人的实际损失或者侵权人的违法所得不能确定的,由人民法院根据侵权行为的情节,判决给予五十万元以下的赔偿。"

所遭受的损失，其要求被告周静提供违法获利证据，并以此作为损失计算的依据。但被告周静拒绝向法院提交任何获利证据，因此法院最终依法定赔偿作为确定损失的依据。本案的情况反映了著作权损害赔偿计算的难点问题：原告往往无法举证证明自己的实际损失，因作品的无形性，他人利用并不妨碍版权人自己的使用，甚至在有的情况下，在后未经许可的改编等行为还会促进消费者对在先作品的购买，因此，实践中版权人很难成功举证实际损失。而被告的违法获利的确定存在同样的问题，因证据掌握在被告手中，存在获取困难等现实难题。本案中，被告剽窃的作品数量众多，内容分散，即使可以确定侵权获利，单部被侵权作品在最终获益中的贡献度也很难确定，即原告很难举证证明被告剽窃源于自己的部分与最终获益之间的因果关系。基于这些原因，法定赔偿在司法实践中的适用率畸高。据中南财经政法大学知识产权研究中心对 2008—2013 年间全国各级法院审理的 4768 件知识产权侵权案例的统计显示，在版权领域，采用法定赔偿的比例占到了 78.54%。[1]

在适用法定赔偿确定赔偿数额时应考虑的因素方面，最高人民法院在相关解释中释明了应当考虑的因素有作品类型、合理使用费、侵权行为和后果等。[2] 本案中，法院在考虑被告未经许可使用的数量、被告明显故意的主观意图以及侵权作品在网站付费阅读、改编成电视剧、游戏过程中获益巨大的情节后，判决被告赔偿原告经济损失 12 万元。周静剽窃沈文文作品的文字数量近 3 万字，按法院的判赔标准折合约为 4000 元/千字，与一般的文字侵权判赔数额相比，已处于较高水平，[3] 法院已经在司法裁判一般标准的基础上对原告进行了倾斜保护。我国现行《著作权法》中没有规定惩罚性赔偿，在《著作权法》第三次修改过程中公布的草案文本显示拟引入惩罚性赔偿，如果将来通过的

---

① 参见中南财经政法大学知识产权研究中心《知识产权侵权损害赔偿案例实证研究报告》。

② 《最高人民法院关于审理著作权民事纠纷案件适用法律若干问题的解释》（法释〔2002〕31 号）第二十五条第一、二款："权利人的实际损失或者侵权人的违法所得无法确定的，人民法院根据当事人的请求或者依职权适用著作权法第四十八条第二款的规定确定赔偿数额。人民法院在确定赔偿数额时，应当考虑作品类型、合理使用费、侵权行为性质、后果等情节综合确定。"

③ 有调查对 2014 年 1 月 1 日至 2016 年 10 月 1 日的 132 份涉及文字作品信息网络传播权纠纷的判决书进行了研究，发现个案中，赔偿最高的为 1500 元/千字。详见罗向京：《文字作品信息网络传播权侵权赔偿调查》，《中国版权》2017 年第 1 期。

修改文本的条文设计得当,对于严重的侵权行为或许可以适用惩罚性赔偿,对严重的侵权行为起到警示作用。

(二)本案赔礼道歉责任承担方式的适用

剽窃是主观恶意较大的版权侵权行为。如上文所述,剽窃是将他人独创性的表达据为己有的行为,对外显示自己是相关表达的作者,因此首先侵犯的是著作权人的署名权。对这种侵犯著作人身权的行为,可以适用赔礼道歉等责任承担方式。在本案中,沈文文在诉讼请求中提出被告侵犯了其复制权、发行权和信息网络传播权,没有提及著作人身权利,法院据此认为,原告"在本案中仅主张著作权中的财产权而非著作人身权",故没有支持原告要求被告赔礼道歉的诉讼请求。① 法院在本案中对当事人诉讼请求的机械化处理是存在问题的。《著作权法》是高度专业化的法律,其中复杂的权利类型设计并不能为一般公众准确掌握并在诉讼中没有缺漏地一一举出,对于本领域的专家来说,某一行为究竟应该被哪一权利类型所涵摄还时常产生争议,②要求一般公众在诉讼时作出准确区分,否则便以当事人没有主张为由不予支持是对当事人的苛求,而当事人在法院作出判决后意识到自己在列举的具体著作权项有遗漏之后,若希望追究有关主体责任则需要另行起诉,不仅给当事人徒加讼累,也是对司法资源的一种浪费。适当的做法是,只要当事人以著作权侵权为由起诉,法院就应结合案情全面分析侵权行为侵犯的具体著作权项,充分保障当事人的利益。本案中,原告在起诉时已经提出了要求被告赔礼道歉的主张,即使其没有在侵犯的具体权项中列出署名权等著作人身权,法院也应该基于原告著作人身权受损害的事实支持原告的请求。法院在此的处理方法有失妥当。

(作者:丛立先　张媛媛)

---

① 见北京市朝阳区人民法院民事判决书(2017)京 0105 民初 932 号。

② 如网络实时转播究竟由广播权控制还是兜底权利控制存在很大争议。

传播作品中的破坏技术保护措施认定：

腾讯公司诉真彩公司信息网络传播权侵权纠纷案

| 典型意义 |

在以破坏技术措施为手段设置深层链接而起的侵权纠纷中，权利人较少直接以破坏技术措施为由单独提起诉讼，但以信息网络传播权侵权为由主张侵权人责任还面临着法律解释和司法审判理解不一造成的维权困境。本案正确利用证据规则，在认定权利人采取有效技术保护措施的基础上，通过作品在被告提供的平台的播放状态最终认定被告实施了破坏技术措施的行为。同时本案也澄清了，破坏技术保护措施与侵犯信息网络传播权是两个独立的行为，应对其分别进行认定。本案对于正确认定保护措施，全面保护权利人的利益具有典型和重要的意义。

| 裁判要旨 |

破坏技术保护措施的举证责任遵循诉讼法中的"谁主张谁举证"原则。原告通过当庭展示、出具鉴定意见、说明等方式证明自己采取了技术保护措施的，就已完成了证明责任，被告欲证明构成合理使用、技术措施无效等事由，须举出证据，否则应承担破坏技术保护措施的法律责任。破坏技术保护措施并不必然侵犯信息网络传播权，两行为需要分别进行认定。破坏技术保护措施的行为没有导致将作品置于公开的服务器中的后果时，就不会侵犯到信息网络传播权。提供深层链接的行为不构成对信息网络传播权的侵犯，在被链接的网站提供的内容来源合法的情况下，提供链接的网站不构成对直接侵权行为的帮助，不成立共同侵权。

| 案情介绍 |

（2017）沪 0110 民初 21339 号

（2018）沪 73 民终 319 号

原告、二审被上诉人：深圳市腾讯计算机系统有限公司（本文简称"腾讯公司"）

被告、二审上诉人：上海真彩多媒体有限公司（本文简称"真彩公司"）

腾讯公司拥有《北京爱情故事》的独占信息网络传播权，并同时拥有独占维权和转授权的权利。腾讯公司通过"腾讯视频"网站、电脑客户端、移动客户端向公众提供视频播放服务，并通过设置片前广告、暂停广告等方式获利。腾讯视频为了防止其视频内容在未被授权的情况下播放，设定了视频播放地址的鉴真密钥 ckey 和视频播放密钥 vkey 值，用来识别播放的视频是否经过其授权，若没有 ckey、vkey 值或该值不正确，均无法播放相应的视频。这两类密钥无法通过显见的链接地址获得。

真彩公司开发的"千寻影视"视频软件中提供了《北京爱情故事》的播放服务，该视频在播放时画面右上角带有"腾讯视频"的水印，但播放这些视频时没有片前、暂停广告。腾讯公司认为真彩公司开发的"千寻影视"网络视频软件破坏了腾讯公司视频播放地址的加密保护措施，通过设置深层链接使得用户在不访问腾讯视频网站的情况下直接观看涉案电视剧的行为，侵害了腾讯公司就涉案电视剧享有的信息网络传播权，减少了腾讯公司通过随片广告获得的收益，构成不正当竞争，遂诉至法院。一审法院认定真彩公司的行为构成对技术措施的破坏。真彩公司不服提起上诉。

| 裁判理由 |

一审法院认为，在破坏技术保护措施行为的认定上，根据腾讯公司提交的证据，可以证明腾讯公司对涉案作品的播放地址进行了加密，并通过密钥鉴真获取视频密钥的技术措施保护该视频剧集的播放地址，以防止未经许可接触视频。此足以证明腾讯公司针对涉案视频采取了技术保护措施。真彩公司辩称其播放的视频可能来源于优酷网站，根据公证书的显示，虽然涉案视频播放时会跳转至优酷视频页面,但随后均跳转至腾讯视频,且播放的视频画面中亦有腾讯视频的水印,故可认定真彩公司播放的视频链接于腾讯公司。真彩公司无法向法院证明其采取了何种手段绕开了腾讯公司的加密措施直接通过其提供的软件进行涉案电视剧的播放,应承担破坏技术保护措施的法律后果。该行为已得到《著作权法》的评价,故不能再以《反不正当竞争法》寻求额外的保护。

二审法院在真彩公司的行为是否侵犯版权人的信息网络传播权的认定上指出,虽然真彩公司提供的软件可以进行涉案作品的播放,但由于涉案影片在播放中显示了腾讯网相应页面的地址,且腾讯网上确实存在涉案影片,从以上事实中可以得出腾讯公司实施了将涉案作品上传至网络中的行为,真彩公司提供的仅仅是链接服务,并未侵犯到原告的信息网络传播权。关于真彩公司提供链接行为的性质认定上,二审法院认为,破坏技术措施的行为与侵犯信息网络传播权属于不同性质的行为,即使真彩公司通过破坏技术措施的方式设置链接,也不能得出该行为必然侵犯信息网络传播权。在真彩公司未实施将涉案作品置于向公众开放的服务器中的行为的情况下,其虽实施了破坏技术措施的行为,但不构成对信息网络传播权的侵犯。本案中,被链接的腾讯网提供的视频已合法取得授权,在此情况下,真彩公司提供链接的行为不可能构成共同侵权。

| 案件分析 |

随着版权权利人以及被许可人对自身权利保护意识的提高,在向公众提供作品时采取技术保护措施已经成为一种较为普遍的做法。通过这种事前的预防手段,不仅可以避免作品的传播失去控制,也可以获得《著作权法》对技术保护措施的额外保护。在这种情况下,许多提供深层链接的聚合类网站,往往要先采取破坏技术措施的手段,来找出作品的绝对地址,然后进行链接。在深层链接的性质争议较大的情况下,以破坏技术保护措施为由向有关主体主张责任,可以达到与以著作权直接侵权为由提起诉讼相同的救济效果。本案中法院即通过举证质证,最终以破坏技术保护措施为由判决被告承担了相应的责任,为类似纠纷的解决提供了积极有益的实践尝试。

一、"深层链接"性质的认定

（一）信息网络传播权的不同标准之争

本案中，真彩公司在"千寻影视"软件中提供了腾讯公司享有独占信息网络传播权的影视作品的链接，在视频播放的过程中，用户不必离开千寻影视的界面，不必访问腾讯公司的相关页面即可实现对视频的观看，这种链接即为"深层链接"，其性质界定在学术界与实务中产生了很大的争议。普通的链接，用户在点击之后，网页就会跳转至被链网站的首页，完整呈现网站内容。但在深层链接之下，用户可不经被链网站的首页访问次级网页，或者不必脱离设链的网页直接进行作品的欣赏、下载。与深层链接有交叉的是"加框链接"和"埋设链接"。在加框链接下，设链网站可将不同网页上的部分内容在自己的网页中进行展示。埋设链接是指，一旦用户进入设链网页之后，无需点击网页就会自动展示被链内容。① 本文将普通链接之外的链接统称为深层链接。从外观上看，作品似乎存在于设置链接的网站中，与被链接的网站向用户展示、提供作品的下载并无不同。

深层链接究竟是否属于信息网络传播权控制的范围问题存在较大的争议，学者与司法实务人员从技术与行为、利益与价值的衡量等不同角度提出了诸多标准，归结起来主要有"服务器标准""用户感知标准""实质替代标准""法律标准"等。服务器标准是美国在 Perfect10 诉谷歌（Google）案中确立的标准。② 该案中，被告谷歌在搜索引擎服务中提供了原告享有权利的图片的缩略图，在用户点击缩略图之后，图片可以在谷歌的网页上直接呈现。谷歌在本案中对来自第三方网站中的图片设置了加框链接，法院认为，谷歌仅提供了涉案作品的链接，作品的传输等过程并不由其控制，因此仅提供深层链接的行为并不会构成直接侵权。本案中采取的服务器标准对美国聚合类链接性质的认定产生了很大影响。而在该案中未被法院采纳的用户感知标准，即以用户对作品传播主体的认知来判定责任承担主体的观点，在我国也

---

① 参见王迁：《论提供"深层链接"行为的法律定性及其规制》，《法学》2016 年第 10 期。
② See Perfect10 v.Google,Inc.,416 F.Supp.2d 828（C.D.Cal.2006）.

多被学者提及。实质替代标准是我国司法实践中有采用实例的标准。在"腾讯诉易联伟达案"中，一审法院认为，被告通过在其开发的 APP 上提供原告作品的深层链接，使公众不离开设链网页即可观看相关节目，客观上代替了原网站，起到了向公众传播作品的作用，因此构成对信息网络传播权的侵犯。① 法律标准认为，信息网络传播权规制的是将作品置于信息网络中的行为，仅将已经置于网络中的作品再传播不属于信息网络传播权控制的范围。有学者认为司法解释已经对此作出了规定，判定是否构成信息网络传播侵权应以该标准进行。②

（二）法律及司法解释层面对深层链接的定性

互联网的价值即在于互联互通，通过网页与网页、网页与其中的内容的互联，公众可以快速有效地寻找到自己需要的信息，一般网上发布内容者并不会反对对自己提供的内容进行设链，以扩大内容的传播渠道及影响力。但将这种"共通"逻辑投向商业领域时，便出现了问题。以视频内容网站为例，在过去很长一段时间内，该行业的经营模式都为"免费播放+广告收费"。网站购买正版片源向公众提供在线免费播放服务，并通过在播放页面投放广告收费的方式实现盈利，因此，网站的用户越多，播放量越高，就会吸引更多的广告投放，播放页面成为流量和利益的载体。深层链接使得视频的播放不需要离开设链网站，此时原本属于被链接网站的利益就会导流至设链网站。有的设链网站还提供了去广告服务，此时被链接网站对用户的吸引力就会下降，设链网站不必付出购买内容的成本就可形成对被链网站的替代。在我国互联网产业发展的初期，上传的内容多未经许可，此时即使认为设链行为不属于信息网络传播权控制的行为，也可以通过追究设置深层链接者间接侵权责任的方式，使其承担一定的责任。在我国互联网秩序已得到很大的改善的今天，主流内容网站上的资源一般都是通过获得许

---

① 见海淀区人民法院民事判决书 2015 年海民（知）初字第 40920 号。石必胜即持此种观点。认为设链网站替代了原网站通过向公众传播作品获得的利益，为了使利益归属于提供作品方，应禁止替代性链接的设置行为。详见石必胜：《数字网络知识产权司法保护》，知识产权出版社 2016 年版，第 171—172 页。

② 参见孔祥俊：《网络著作权保护法律理念与裁判方法》，中国法制出版社 2015 年版，第 68 页。

可授权传播的,深层链接所指向的对象一般也是这些获得授权传播的内容,此时间接侵权就因没有直接侵权行为的存在而失去了适用的基础,提供正版资源的网站就希望通过对深层链接行为的独立评价,确定设置链接行为的非法性来追究有关主体的责任。

依用户感知标准,只要用户认为作品是由设置深层链接的网站提供的,其就应负未经许可提供作品的责任。在该标准之下,一部分提供深层链接者可以被追究责任,但只要设链者采取措施,通过显著标识等方法消除公众误认时,其就不会被追究责任,在该标准之下,设链者很容易规避责任。另外,该标准是主观标准,①即使链接提供者标注了来源,由于公众注意能力的差异,产生了误认,也会使链接提供者承担责任,有时这种责任的承担是不公平的。依实质替代标准,设定深层链接的网页代替了原网站提供内容和获得收益,根据收益者担责的原理,设定链接者应当为其行为给被链网站带来的损失承担责任。该标准确实能够追究深层链接提供者的责任,统筹了设链行为的成本和收益,②但该标准以结果为导向,以价值判断和收益的正当回归为逻辑起点,未从信息网络传播权规制的行为特征出发进行分析。版权具体权项关注的是以何种方式传播了作品,对不当获利的矫正不必通过将其纳入某一具体的著作权项实现,反不正当竞争法、民法都可实现该功能。

我国《著作权法》规定的信息网络传播权为"有线或者无线方式向公众提供作品,使公众可以在其个人选定的时间和地点获得作品的权利",③因此,深层链接是否构成对信息网络传播权的侵犯,关键在于其是否属于法律规定的"提供"行为。我国关于信息网络传播权的规定来自于 WCT 第 8 条"向公众提供权",在关于 WCT 的"基础提案"在对"向公众传播权"进行说明时,即指出,构成向公众提供作品的行为是提供作品的"初始行为(the initial act of making the work available),而不是单纯提供服务器空间、通讯连接或为信号的

---

① 参见王迁:《网络环境中的著作权保护研究》,法律出版社 2011 年版,第 338 页。
② 参见马晓明:《网络视频深度链接侵权定性再探讨》,《中国版权》2015 年第 4 期。
③ 《著作权法》第十条第一款第(十二)项。

传输或路由提供便利的行为"，①该解释对我们理解我国信息网络传播权中的提供有重要影响。基于网络互联互通的特性，一般来说，为了使信息的获取和展示更为高效，除了作品传播者采用机器可识别的语言禁止链接以外，链接应该是被允许的。因此，信息网络传播权规制的是将作品在网络上向公众提供这一种状态。② 最高人民法院在相关规定中也对信息网络传播权规制的行为特点进行了解释，即信息网络传播权控制的是未经权利人许可通过网络"提供"作品的行为，③但是何为提供还存在不同理解，将作品上传至服务器的行为当然属于提供行为，但将他人上传至网络空间的作品通过设置深层链接，在自己网站上展示的行为是否属于提供还存有争议。从司法解释的规定来看，其似乎也并未否定这种行为属于"提供"行为，只是特别强调了将作品上传至服务器、设置共享文件等初始传播行为属于"提供"行为。

二、通过规制破坏技术措施行为可缓解被链接网站的维权困境

虽然相关司法解释对何为信息网络传播权要求的提供行为进行了释明，但司法实践中关于深层链接是否属于信息网络传播行为的认识还存在不一致之处。如在腾讯公司针对千杉公司就涉案电视剧《北京爱情故事》以破坏技术措施的方法设置深层链接的行为提起的诉讼中，④两审法院均认为，千杉公

---

① 转引自王迁：《网络环境中的著作权保护研究》，法律出版社 2011 年版，第 341 页。WIPO, Basic Proposal for the Substantive Provisions of the Treaty on Certain Questions Concerning the Protection of Literary and Artistic Works to be considered by the Diplomatic Conference（1996）, prepared by the Chairman of the committees of Experts on a Possible Protocol to the Berne Convention and on a Possible Instrument for the Protection of the Rights of Performers and Producers of Phonograms, para.10.10.

② 参见孔祥俊：《网络著作权保护法律理念与裁判方法》，中国法制出版社 2015 年版，第68 页。

③ 《关于审理侵害信息网络传播权民事纠纷案件适用法律若干问题的规定》第三条：网络用户、网络服务提供者未经许可，通过信息网络提供权利人享有信息网络传播权的作品、表演、录音录像制品，除法律、行政法规另有规定外，人民法院应当认定其构成侵害信息网络传播权行为。通过上传到网络服务器、设置共享文件或者利用文件分享软件等方式，将作品、表演、录音录像制品置于信息网络中，使公众能够在个人选定的时间和地点以下载、浏览或者其他方式获得的，人民法院应当认定其实施了前款规定的提供行为。

④ 见广东省深圳市南山区人民法院民事判决书（2016）粤 0305 民初 3636 号；广东省深圳市中级人民法院民事判决书（2018）粤 03 民终 8807 号。案情与本案基本一致。

司通过深层链接提供作品的行为，客观上使公众在其软件上欣赏到了作品，使作品的传播范围超出了权利人的控制，构成对信息网络传播权的侵犯。这就意味着，深层链接是否会被认定为是对信息网络传播权的侵犯，不同法院得出的结论可能不同。且在正版化程度较高的今天，深层链接指向的多为经授权传播的作品，这就使得认定设链者构成间接侵权的基础不复存在。但商业现实是，权利人在许可作品通过网络传播时，一般都会要求被许可人采取防止作品被设置链接等技术措施。① 被许可人为了防止因链接带来的利益流失，也会主动采取技术措施来防止他人的设链行为。在本案中，腾讯公司作为涉案影视作品的被许可人，就采取了措施防止视频被识别和设置链接，此时，设链者要针对特定作品设置链接，就必须先破解著作权人或相关权利人采取的技术措施，寻找到该作品的绝对地址，然后设置深层链接。② 这样一来，破解技术保护措施就成了设置深层链接的前置手段。此时，针对深度链接行为就可以破坏技术保护措施为由请求司法裁决，而不必因法院对信息网络传播权的认识不同而面对着不确定的保护状况。

（一）以破坏技术保护措施为由请求保护的优点

我国《著作权法》为技术保护措施提供了较高的保护水平。技术保护措施可分为两类，一类为接触控制措施，一类为版权保护措施。接触控制措施的目的在于防止未经许可对作品及相关信息的接触行为，如针对网上浏览相关内容进行身份验证、密码登录等。该行为并不以直接侵权行为的存在为前提，因为我国《著作权法》并没有赋予著作权人一项禁止他人接触作品的权利，为接触行为采取的技术措施提供保护，属于对权利人保护的扩张。虽然破解该类技术措施并不会侵犯到具体的著作权项，但为这种技术措施提供保护，可以有效应对网络环境下作品或其他信息传播的失控性，有效保护著作权人和相关权利人的利益。而版权保护措施，则是针对具体著作权项采取的防止复制、传播等措施。我国《著作权法》对这两种技术措施都提供保护，对两类技术措

---

① 如在"腾讯诉易联伟达案"中，腾讯在许可乐视播放涉案电视剧时，要采取措施防止链接。（见北京知识产权法院民事判决书（2016）京 73 民终 143 号）
② 参见王迁：《认定聚合行为性质的正确思路：评腾讯诉真彩案》，《中国版权》2019 年第2 期。

施的直接规避和提供规避措施的行为,相关权利人都可以提出保护请求。①

以破坏技术保护措施为由请求保护有两个重要的优点:一是与著作权具体权项受侵犯为由提起诉讼相比,对主体资格的要求更为宽松。一般认为,在著作权侵权中,独占被许可人可以以自己名义提起诉讼,排他被许可人可在权利人不起诉的情况下提起诉讼,而普通被许可人要在权利人授权的情况下才能提起诉讼。但针对破坏技术保护措施的行为,即使是普通被许可人,在其采取的保护作品和相关信息的措施被破坏后,依然具有独立的诉讼主体资格。二是以技术保护措施追究行为人的责任,可以达到与侵犯具体著作权项相同的效果。我国《著作权法》在设计破坏技术保护措施的责任时,不仅规定了相关的民事责任,还规定了损害公共利益时的行政责任。从最终的法律规制效果来看,以破坏技术保护措施与侵犯著作权为由主张责任的效果相差不大。

(二)破坏技术措施行为的认定及举证

虽然主流的网站一般都会采取技术保护措施来防止链接或者对网站上作品进行传播,但针对设置深层链接的行为,通常不会单独以破坏技术措施为由起诉。原因在于网站一般不会事先就某部作品采取了技术保护措施留存全面的证据,且即使网站进行了留存,也会被质疑仅在证据保全时采取了技术措施,证据的有效性会遭到质疑。② 因此,有法官建议探索建立举证责任转移的规则来对破坏技术保护措施的行为进行认定,即推定大型网站一般都对其内容采取了保护措施,由被告对技术措施不存在、无效或其他抗辩事由进行举证。③ 虽然这种推定符合一般现实,但并不符合诉讼法上的举证规则。其实只要正确地利用证据规则,就可以在案件中查明事实,对是否存在对技术保护措施的破坏行为进行认定。

审理该案的法官认为,认定破坏技术保护措施行为可以从三个方面进行考虑。第一是原告采取了技术措施;第二是被告绕过技术措施设置链接传播

---

① 见《著作权法》第四十八条第(六)项。

② 参见冯刚:《涉及深度链接的侵害信息网络传播权纠纷问题研究》,《知识产权》2016 年第 8 期。

③ 参见冯刚:《涉及深度链接的侵害信息网络传播权纠纷问题研究》,《知识产权》2016 年第 8 期。

了作品;第三是被告未对其如何绕过相关技术措施进行合理解释。① 这就启示我们,在破坏技术措施行为的证明上,首先要由原告举证证明自己采取了技术措施和被告存在侵权行为。一般可以通过鉴定、现场演示或请有关技术人员到场说明的方式证明技术措施的存在。如现场演示普通用户通过搜索引擎无法发现涉案作品的绝对地址,或者由相关领域的技术人员对采取的技术措施原理、作用进行说明等。本案原告腾讯公司即通过鉴定的方式证明了其针对涉案视频采取了防止内容未经授权播放的有效技术措施。在侵权行为存在的证明上,通过证明在采取技术措施的情况下,被告网站可以展示涉案作品,或者如本案原告通过公证证明的,在被告网站播放视频时没有片前、暂停广告,此时即可认为被告采取了破坏技术保护措施的行为。如果被告认为原告没有采取技术保护措施,或者采取的措施无效以及具有合理使用和其他抗辩事由,就要举出证据加以证明。在本案中,原告在通过司法鉴定证明自己对涉案视频播放链接采取了加密措施并通过公证证明在被告提供的软件上可以对带有腾讯视频水印的视频进行播放,且没有出现在原网站播放时随片展示的广告,此即可以认定被告采取了破坏技术措施的行为。而本案被告没有对自己采取何种手段绕开技术保护措施进行说明,故应承担破坏技术保护措施的法律后果。

三、破坏技术措施与侵犯信息网络传播权须分别认定

破坏技术保护措施的范围较为广泛,其是独立于侵犯具体著作权项的一种对法益的侵犯行为,不以存在直接的版权侵权行为为前提。比如版权人并不享有对作品接触的控制权,但仍可以针对破坏接触控制措施的行为请求保护,其具有独立的法益保护价值和请求权基础。而信息网络传播权控制的是将作品在公众可自由获取的网络环境中提供的行为,属于版权人专有权利控制的范围,两者并不具有必然的联系。本案二审法院也指出:"破坏技术措施的行为与侵犯信息网络传播权的行为是两类不同性质的侵权行为,即使上诉人通过破坏技术措施的方式设置链接,也不能必然得出该行为侵犯了信息网

---

① 参见杨馥宇:《破坏技术措施设置深层链接行为的性质》,《人民司法》2019 年第 14 期。

络传播权。"

技术措施既包括接触控制措施，也包括版权保护措施。版权保护措施又可分为防止未经许可的复制和未经许可的传播控制措施。① 破坏技术措施的行为并不必然涉及对具体著作权项的侵犯，如为防止对作品的接触和临时复制而采取的技术措施而言，虽然接触与临时复制不会侵犯著作权，但破坏对此采取的保护措施却会引发相应的法律责任。同样地，破坏技术措施与侵犯信息网络传播权并无必然联系，是否落入信息网络传播权控制的范围取决于作品提供行为与法律规定的行为特征的相符性。当以破坏技术保护措施为手段，将作品置于公众可自由获取的网络空间时，该行为就可能既构成对技术保护措施的破坏，又构成对信息网络传播权的侵犯。如权利人针对某一作品采取了技术保护措施，使其存在于不能为公众自由获得的私人网盘中，有人采取破解技术获得了作品并将其置于公众可自由获取的状态，此时破坏技术措施的行为也同时构成对信息网络传播权的侵犯。

因此，破坏技术措施的行为与具体著作权权项的侵害行为之间并不存在必然联系，两者须分别进行评价和判断。运用正确的证据规则，就可以利用对技术措施的保护来化解深层链接中权利人利益保护面临的一些困境。

（作者：丛立先　张媛媛）

---

① 参见王迁:《版权法对技术措施的保护与规制研究》,中国人民大学出版社 2018 年版,第22—32 页。

三网融合下信息网络传播权侵权认定：

未来电视诉银河公司、大象融媒等侵害信息网络传播权案

| 典型意义 |

三网融合背景下,传统的广播电视业务正接受着互联网电视业务(OTT)和网络协议电视(IPTV)带来的挑战。而 IPTV 与 OTT 属于不同的业务领域,权利人在对作品进行授权传播时,也会区分不同的业务类型分别授权。然而 OTT 与 IPTV 的侵权表现形式上存有重合,虽然由于政策因素,OTT 目前不得开展广播电视直播业务,但其在技术上可以实现该功能,且目前 OTT 侵权中多有违规开展直播业务的行为存在。从最终的侵权表现形式上,很难对二者作出区分,本案法院通过对未经许可提供节目的平台服务提供者之间的合同、相关政策对开展 OTT/IPTV 业务的要求以及服务平台上的显名信息等要素综合考量,最终认定被告开展的是 OTT 业务活动,落入原告通过授权获得的权利范围内,应承担相应的侵权责任。本案对于正确认定 OTT/IPTV 的服务性质和服务表现形式,判断原告是否具有诉的利益具有重要意义。

| 裁判要旨 |

一、在涉案的以连续画面为表现形式的客体的性质认定上,法院认为对舞台表演进行录制而形成的节目,在素材的选择、拍摄和编排方面,进行个性化选择的空间不足。该类节目的独创性并未达到以类似摄制电影的方法创作的作品所要求的创作高度,因此应作为录像制品进行保护。

二、互联网电视与 IPTV 在技术上都可以实现节目的直播,国家出于行政监管的需要暂时禁止互联网电视广播电视节目的功能并不代表互联网电视相

关的运营主体不可以实现对电视节目的直播。侵权行为的确定要从行为的表现形式和效果出发进行。本案中被告开展的宽带电视业务究竟属于互联网电视业务还是 IP 电视业务，要从业务的开展的具体模式和相关的政策法规对两类业务的要求入手进行分析，不应简单认为直播功能是 IPTV 业务与互联网电视业务的区别。

三、提供传输服务的网络服务提供者在信息网络传播权中免责的前提是其对侵权行为的发生不存在过错。本案中河南移动公司虽然是提供传输服务的主体，但其以积极的行为为侵权行为的发生提供了设施和条件，对业务涉及的内容有清楚的认识并从侵权行为中获得利益，因此不具备免责的条件，应当与本案其他被告承担共同侵权责任。

案情介绍

（2017）津 0116 民初 1592 号

原告：未来电视有限公司（本文简称"未来电视"）

被告：银河互联网电视有限公司（本文简称"银河公司"）

被告：河南大象融媒体集团有限公司（本文简称"大象融媒"）

被告：中国移动通信集团河南有限公司（本文简称"河南移动"）

被告：浪潮软件集团有限公司（本文简称"浪潮软件"）

中央电视台是涉案节目《综艺盛典：这箱有礼特别节目》的制作者。中央电视台于 2009 年 4 月出具授权书，将其享有的著作权及相关权通过信息网络向公众传播、广播、提供的权利授权央视国际网络公司独家行使，并有权以自己的名义维权。未来电视经央视国际网络公司的授权，取得了央视国际享有的通过互联网电视（OTT）向公众传播、广播（包括但不限于实时传播或延时传播）、提供的权利，并有权以自己的名义针对授权范围内的侵权行为进行维权。而运营 IPTV 业务的权利由爱上传媒取得。被告银河公司是一家互联网电视运营公司，开展相关的互联网电视集成平台和内容服务平台的开发管理业务。被告大象融媒是河南省新闻出版广电局的下属单位，负责河南省的 IPTV 集成播控平台的建设管理。

互联网电视业务（OTT）与网络协议电视（IPTV）属于不同的业务领域。

OTT 中的内容来源于互联网,通过宽带设备,以电视机、电脑等终端,为用户提供视频的点播等服务。而 IPTV 集成播控平台是由中央电视台和地方电视台共同建设的,提供的视频内容来自广播电视机构,通过专网传输至用户端,因此节目内容是可控的。在 OTT 技术进行市场应用的初期,节目来源无法管控,因此国家广播电影电视总局在 2011 年制定了《持有互联网电视牌照机构运营管理要求》,要求 OTT 集成平台在"功能上以支持视频点播和图文信息为主,暂不得开放广播电视直播类服务的技术接口"。且互联网内容服务平台只能接入到广电总局批准设立的互联网电视集成平台,即持有牌照方,从而实现了对 OTT 业务的内容管控。

被告河南移动通过与大象融媒、银河公司分别签订内容提供合同,合作开展"魔百和"高清电视业务。河南移动通过与大象融媒签订合作协议,约定河南移动在业务中负责传输系统的建设运营、机顶盒终端的招标采购、业务推广等,银河公司负责在"魔百和"业务中提供节目源和本地新闻、音频聚合等,提供不少于 7 天的回看,在充分听取河南移动意见的基础上,共同选定牌照方。并保证自身提供内容的合法性。在河南移动与银河公司签订的合同中,河南移动的义务是负责系统平台的维护,对互联网电视业务进行宣传推广。银河公司的义务则主要是保证具有互联网电视业务集成和内容服务牌照,保证提供内容的合法性,负责集成播控平台点播内容的编辑、制作、播放、监看等工作,在设计的电子节目制作指南上显示河南移动的标识等。

2016 年 2 月 16 日,央视国际网络公司的代理人通过使用浪潮网络电视机顶盒连接电视,利用"魔百和"服务,发现可以对涉案节目《综艺盛典:这箱有礼特别节目》进行回看。相关程序经过了公证。未来电视遂以其享有的信息网络传播权受侵犯为由,向法院提起了诉讼,要求四被告停止侵权。法院经审理认为,银河公司、河南移动和大象融媒以合作分工的方式,通过"魔百和"业务平台向公众提供作品的在线播放,构成信息网络传播权的共同侵权,被告提供的涉案节目已停止播放,故三被告连带赔偿原告经济损失 10000 元。浪潮公司作为机顶盒的生产商,没有证据证明其参与了侵权行为的实施,因此不承担责任。

| 裁判理由 |

一、在关于被诉侵权行为是否落入原告主张的权利范围的认定上，法院认为，被告主张其提供的"直播+回看"属于IPTV业务，未落入原告取得的OTT范围内的信息网络传播权的主张是不成立的。原国家广播电视总局要求OTT不得提供广播电视的直播，是出于政策对OTT的功能控制，并不意味着OTT从技术上无法实现对节目的直播。综合"魔百和"提供的业务内容以及相关政策法规，其提供的并不是IPTV业务，而是OTT业务，理由如下：（1）在河南移动与银河公司、大象融媒签订的协议中，均没有开展IPTV的意思表示。（2）国家广电总局在2017年曾确认中国移动未取得IPTV传输资质，银河公司与大象融媒对此表示知晓。根据有关规定，各省级IPTV平台在未与央视总平台对接前，不得擅自提供信号，爱上传媒也曾函告大象融媒其未与IPTV总台对接，因此不能证明涉案节目是通过IPTV的方式传送的。（3）开展IPTV业务要求对外使用统一品牌，在电子节目目录页面显示"中国广电IPTV"呼号。而"魔百和"业务平台上始终未显示该呼号，只显示了中国移动、银河公司和大象融媒的标识。因此，虽然被告主张其提供的是"直播+回看"，但仍不能认定属于IPTV业务，应属于OTT业务，因此落入了原告未来电视取得的权利范围内。

二、涉案节目《综艺盛典：这箱有礼特别节目》属于对舞台表演的录制，在节目制作过程中，在素材的选择、拍摄、编排方面，制作人员进行创作的空间有限，未能达到类似摄制电影的方法创作的作品的高度，因此应认定为是录像制品。

三、通过公证证据显示，所有对直播的回看均来自大象融媒的服务器，大象融媒未经许可的提供行为构成侵权。河南移动通过提供传输系统、业务推广和牌照方的推荐，与大象融媒共同开展"魔百和"业务。银河公司负责平台节目源的编辑制作监看等工作，由此可知，涉案节目的提供是由三被告各自分工，共同完成提供行为，共同从提供行为中获益，因此应对侵权行为负连带责任。浪潮公司作为机顶盒生产商，没有证据证明其参与实施侵权行为，因此不承担责任。

| 案件分析 |

本案原告从央视国际网络公司取得的是通过互联网电视(OTT)向公众传播、广播、提供的权利,实践中,OTT 与 IPTV 是不同的业务领域,需要分别从权利人处取得传播许可,因此,判定被告开展的业务活动是否属于原告获得授权的范围影响到原告诉的利益的确定。被告虽然主张其提供的是"直播+回看"的服务,但根据原告方的取证,在被告提供的播放平台上可以对原告享有权利的节目进行回看。

一、本案中被告行为的性质认定

(一)被告开展的业务属于互联网电视业务

互联网电视业务,又称 OTT,是指"以公共互联网为传输介质,通过经批准的集成播控平台向绑定特定编号的电视一体机或机顶盒提供相关内容及其他增值业务的可管可控行为。"[1]网络协议电视,又称 IPTV,也是用宽带网络作为传输信息的系统,将广播节目通过宽带上的网际协议向用户传递数字电视服务。[2] 从能够实现的技术效果上来看,两者并没有差异,都可通过宽带向用户传输视频等内容,但在我国,由于行政监管的需要,OTT 可以开展的业务目前还限于以"视频点播和图文信息为主",[3]不得提供对电视节目的直播。但能否对电视节目进行直播并不是两者的技术差别,只是行政监管的结果。实践中大量存在 OTT 未经许可转播电视节目而引发的纠纷。

但 OTT 与 IPTV 在内容来源和业务开展模式上还是存在一些差别的。在其刚刚兴起时,由于 OTT 盒子具备直播功能,用户购买这样的盒子之后,不用交额外的有线电视费用,就可以观看电视节目的直播。[4] 且 OTT 上的资源来自于互联网,互联网上的内容都可以通过安装网络机顶盒或者直接通过互联

---

[1]　蒋力、邓竹祥:《IPTV 与 OTT TV 业务的发展现状及趋势》,《电信科学》2013 年第 4 期。

[2]　参见杨建祥、向农、付光涛、叶永沛:《OTT VS IPTV 兼谈电视的发展趋势》,《广播电视信息》2012 年第 3 期。

[3]　见《持有互联网电视牌照机构运营管理要求》,广办发网字〔2011〕181 号。

[4]　参见杨丽君:《OTT TV、IPTV 与传统有线数字电视之间的博弈》,《东南传播》2016 年第 2 期。

网电视获得。在这种情况下，各种盗版非法内容可以通过 OTT 盒子实现更为广泛的传播，为监管带来了很大的困难。于是，国家广电局在 2011 年便通过颁布《持有互联网电视牌照机构运营管理要求》，明确 OTT 暂不得开展电视节目直播业务，且内容只能从经批准的互联网电视内容服务平台获得，以此来实现对内容的有效管控，而这也使得 IPTV 的最大优势在于可以对电视节目进行直播。即便如此，OTT 上提供的资源相对还是较为丰富的，除了内容牌照商提供的资源以外，视频网站上的资源也可以通过 OTT 获得。而 IPTV 的内容主要来自于电视台提供的电视节目。从业务开展的模式上来说，OTT 的投资更少，通过生产网络电视机顶盒的方式并与内容牌照商的合作即可开展。而 IPTV 需要建设专用网络，由中央电视台进行集成播控总平台的建设，各省分平台将总台传输的节目信号与本省内容服务平台的信号集结后，接入本省的 IPTV 传输系统。各省在没有建成符合要求的分平台与总平台对接之前，不得擅自提供信号。① 且 IPTV 在对外开展业务的过程中需要使用统一的标志，开展业务活动时需要遵循统一的规范标准。这就为我们在通过技术无法区分 OTT/IPTV 服务时，从外在形式上对二者作出区分提供了根据。

本案中，虽然被告主张其提供的服务可以实现"直播+回看"的功能，但如上文所述，是否可以对电视节目直播并不是 OTT 和 IPTV 在技术上的差异，只是基于行政监管的需要对 OTT 功能作出的限制，OTT 服务提供商完全有可能违反行政监管的要求对电视节目进行直播。另外，根据法院查明的事实，河南联通在 2015 年就与爱上传媒、大象融媒完成了河南省内的 IPTV 平台建设，并在同年 2 月推出了 IPTV 的服务，②河南移动并不是河南省 IPTV 播控平台的电信运营商，其提供的并不是 IPTV 业务。最后，正如法院在判决理由中指出的，IPTV 业务开展时需要使用统一的品牌，本案被告河南移动提供的"魔百和"服务页面上，自始至终没有出现过统一的标识"中国广电 IPTV"。因此，被告实际上是在其提供的 OTT 服务中未经许可对原告享有权利的视频提供了回看，若如其所称，其在服务中还提供了对电视节目的直播，则其不仅侵犯

---

① 见广电总局〔2010〕344 号、广发〔2012〕第 43 号、新广电发〔2015〕97 号等文件。

② 见天津市滨海新区人民法院民事判决书(2017)津 0116 民初 1592 号。

了权利人的私权,也违反了部门规章的规定。

(二)"回看"侵犯的是信息网络传播权

本案中,被告河南移动与大象融媒签订的合同中,要求大象融媒提供7天的回看服务。关于回看的性质问题,曾经在IPTV提供的回看节目侵权案中产生过争议,但从回看本身可以实现的按需点播的特质来看,其满足信息网络传播权中对接收内容的时间和地点的个性化选择要件,应属于信息网络传播权控制的范围。

信息网络传播权与传统广播权最大的不同在于其改变了公众被动接受内容的方式。广播传播的特点在于其是线性传播,信号单向不可逆转地向接收者发送,接收者没有选择的余地。在广播时代,公众只能按照电台或者电视台固定的节目表被动地在特定的时间段接收特定的节目,一旦错过该特定时间段,便失去了欣赏内容的机会。信息网络环境下,公众对接收作品或其他信息的时间具有了选择的自由,只要作品或其他信息在服务器上处于可以为公众获取的状态,公众就可以自己选择接收作品的时间。我国信息网络传播权的规定来源于WCT第8条的后半段,世界知识产权组织在WCT基础提案中也指出,交互式的按需传播行为属于该条规制的范围。①

虽然立法中对信息网络传播权的表述为"使公众可以在其个人选定的时间和地点获得作品的权利",但此并非意味着提供作品的行为要满足使任何人在任何时间都可以获取的效果,才属于信息网络传播权控制的行为。如若作此要求,恐怕只有存储作品或其他信息的服务器处于永远工作的状态,且能够使世界上任何能够接触到网络的人获得,才属于信息网络传播权规制的范围,而这显然是不可能存在的情况,对信息网络传播权作此理解将会使该权利的存在变得没有意义。因此,信息网络传播权只是要求对内容的获取不再被动地取决于提供方,具有了对内容获取时间和地点上的灵活性。时间上的灵

---

① Basic Proposal for the Substantive Provisions of the Treaty on Certain Questions Concerning the Protection of Literary and Artistic Works to be Considered by the Diplomatic Conference, Prepared by the Chairman of the Committees of Experts on a Possible Protocol to the Berne Convention and on a Possible Instrument for the Protection of the Rights of Performers and Producers of Phonograms, Notes on Article 10, para 10.11.

活性可以表现在一段时间内,作品处于可自由获取的状态,如本案中的 7 天内回看,在该段时间内,接受 OTT 服务者可以对接收节目的时间进行个性化的选择。地点上的灵活性,有学者认为只要存在两个可选择的终端,就可认为满足了对地点的灵活性要求,其意在强调作品不必局限于唯一的获取渠道。①因此,本案中的 7 天内回看属于对节目的信息网络提供行为。本案中未来电视从央视国际网络公司处取得了对电视节目通过 OTT 向公众传播、广播和提供的权利,对广播又特别作出了"包括但不限于实时传播或延时传播"的说明,严格来说,合同中的约定并不是严格意义上《著作权法》规定的权利种类,较之于法律意义上的信息网络传播权和广播权来说,合同中的约定的权利范围都更为广泛,因此,被告通过 OTT 对作品进行信息网络传播的行为落入原告通过合同取得的权利范围之内。

（三）三网融合下广播权与信息网络传播权的界限日益模糊

值得注意的是,本案中,未来电视从央视国际网络公司取得的是通过 OTT 向"公众传播、广播（包括但不限于实时传播或延时传播）、提供的权利",②从《著作权法》来看,其规定的十二项确定的权利种类中,并没有向公众传播权,广播权也不包括延时传播,至于双方在合同中约定的"提供",范围就更广泛了。双方作出如此宽泛的约定的原因,大概是出于克服我国广播权与信息网络传播权技术主义立法路径下对某些传播行为规制不足的因素考虑。

我国《著作权法》中的广播权的规定来自于《伯尔尼公约》,其规制的传播方式是无线广播,对无线广播的转播或有线传播,以及通过扩音器或其他传送符号、声音或图像的类似工具向公众传播广播的作品的权利。根据《罗马公约》对转播的定义,其是指"一个广播组织的广播被另一个广播组织同步转播"。③权威著作《国际版权与邻接权:伯尔尼公约及公约以外的新发展》也认为,"通过电缆传输的节目源于广播,但传送的时间与广播不是同时的,这

---

① 参见[德]约格·莱因伯特、西尔克·冯·莱温斯基:《WIPO因特网条约评注》,万勇译,中国人民大学出版社 2008 年版,第 148 页。
② 见天津市滨海新区人民法院民事判决书(2017)津 0116 民初 1592 号。
③ 《罗马公约》第 3 条第 c 款。

些行为属于公开表演权的范畴……"。① 因此,我国《著作权法》中规定的广播权的特点是:(1)属于点对面的传播,初始传播必须无线广播;(2)非互动性,即接收方没有启动接收程序的自由,只能被动接收信号。

我国信息网络传播权的规定来自于 WCT 第 8 条。《伯尔尼公约》制定之时,传播技术尚局限在无线广播和有线传播上,这种被动单向的传输方式不能规制互联网时代信息的交互式传播,为了解决这一不足,世界知识产权组织在WCT 第 8 条规定了"向公众传播权",以"伞形"和技术中立的立法技术,将所有的传播方式纳入权利人可以控制的范围之内。第 8 条规定,"……文学和艺术作品的作者应享有专有权,以授权将其作品以有线或无线方式向公众传播,包括将其作品向公众提供,使公众中的成员在其个人选定的时间和地点获得这些作品"。从该条的规定来看,向公众传播权的范围不仅限于交互式的网络传输,该种传播方式只是向公众传播权规制的一种情况,而我国在规定信息网络传播权时,仅仅对后半部分"使公众中的成员在个人选定的时间和地点获得这些作品"作为权利控制的传播方式进行了规定,因此,相比于 WCT的向公众传播权来说,范围就狭窄许多,其控制的传播具有点对点按需传播、信息获取过程由接收方决定启动的特点。

但随着电信网、广播电视网和互联网技术的渐趋融合,出现了一些广播权与信息网络传播权都不能有效控制的传播方式。如广播权控制的是无线广播、无线或有线的转播,但三网融合之下,互联网也可以对无线信号进行转播,对这种行为如何规制就成了问题。再如网络定时播放,虽然其与传统的广播实现的被动接收的效果相同,但其初始传播并不是无线广播,且不具有信息网络传播权要求的交互式特征,因而无法归入任何类型化的权利控制的传播行为中去,同样的问题在网络直播中也存在。虽然《著作权法》中规定了"应当由著作权人享有的其他权利",但毕竟其缺乏明确和可预见性,故本案当事人在签订合同时,对授权范围的描述都非《著作权法》意义上的权利类型,而是使用了"向公众传播权"等范围更宽泛的术语。

---

① ［澳］山姆·里基森、［美］简·金斯伯格:《国际版权与邻接权:伯尔尼公约及公约以外的新发展》,中国人民大学出版社 2016 年版,第 652 页。

二、本案中电视节目性质的认定

法院在认定涉案节目的性质时,认为,《综艺盛典:这箱有礼特别节目》是对舞台表演的录制,导演、摄像对素材、拍摄等能够作出的个性化选择有限,其所体现的独创性尚未达到以类似摄制电影的方法创作的作品的高度,因此应当认定为是录像制品。

对于以连续画面为形式的表达,我国《著作权法》规定了电影和以类似摄制电影的方法创作的作品以及录像制品,且两者受到的保护是不同的,电影以及类似摄制电影的方法创作的作品,享有著作权法规定的十二项财产性权利和兜底条款带来的保护,而录像制品的制作者只享有复制、发行、出租和信息网络传播等有限的权利。关于两者的区分,法律和相关的行政法规都没有提供可操作的标准,《著作权法实施条例》对二者的定义是,电影和以类似摄制电影的方法创作的作品,是"摄制在一定的介质上,由一系列有伴音或无伴音的画面组成……",而对录像制品的定义为:"电影作品和以类似摄制电影的方法创作的作品以外的任何有伴音或者无伴音的连续相关形象、图像的录制品",因此,仅从定义上还无法得出二者的差别。司法实践及学理上存在的一种具有代表性的观点是二者的区别在于独创性的高低。虽然该观点的形成没有法律规范的支撑,但有比较法上的先例可循。如德国就在其《著作权法》中规定了电影作品和活动图像,后者被作为邻接权的客体受到保护。德国学者雷炳德在谈及二者的区别时也指出,电影作品必须表现出某种精神的内容,对体育运动、社会事件、歌剧等的拍摄不能作为电影作品受到保护。[①] 我国著作权立法体例遵循了大陆法系国家著作人身权与著作财产权二分的做法,因此,多有人认为大陆法系国家依独创性高低对二者进行区分的做法值得我国借鉴。应当看到的是,虽然我国在著作权立法中选择了传统大陆法系国家的做法,保护著作人身权,但在具体的权利设计方面,与大陆法系国家并不存在严格的对应关系。例如,虽然大陆法系的典型代表德国与法国要求作品必须具有一定的创作高度,反映出作者精神方面的特质,某些独创性较低的表达被置

---

① 参见［德］雷炳德:《著作权法》,张恩民译,法律出版社 2005 年版,第 153—154 页。

于邻接权中进行保护,但大陆法系国家邻接权的种类远较我国丰富。在这种
情况下,认为我国作品独创性的高度标准应以大陆法系国家为参照,在我国邻
接权种类有限的情况下,会使很多表达得不到保护。此外,德国虽然区分了电
影作品与活动图像,但这种区分仅具有逻辑上的意义,实际保护效果并不存在
差异,因为德国著作权法规定了对电影作品的保护准用于活动图像。① 以近
年来争议较大的体育赛事节目为例,在德国即使被认为是活动图像,受到的保
护也与作品无实质差异,但在我国,若某一连续画面被认定为是录像制品,则
无法有效控制网络直播等行为。因此,在我国电影及类电影作品与录像制品
的区分上,大陆法系国家的做法并不适合作参照。

作品具有独创性就应该受到保护,独创性高低仅在侵权数额的判定中有
意义,在一般的文字作品、美术作品中,未见有因其独创性较低就不认为是作
品的观点出现,但在以连续画面为形式的表达上,却出现了以独创性高低作为
判定标准的争议。独创性本来就难以把握,再依高低为标准对电影及类电影
作品和录像制品进行区分,则不仅会为司法实践的具体操作增加困难,且会使
很多创作高度处于模糊地带的表达不能得到有效保护。因此,连续画面只要
在情节的设计、素材的选择和最终画面的选择编排上体现了个性化的选择,就
应当认定为属于电影及类电影作品。

在本案中,法院认为涉案节目属于对舞台表演的录制,独创性不足,但同
样是对舞台表演的录制,北京知识产权法院就认为,春节联欢晚会的录制,不
是对表演的机械拍摄,是经中央电视台对春晚现场画面进行取舍、编排、插入
字幕后形成的连续画面,较录像制品具有更高的独创性特征,应当作为类电影
作品进行保护。② 应当看到的是,虽然涉案节目是对现场表演的拍摄,但在节
目的选择、安排上有独创性成分于其中,至少可作为汇编作品受到保护。且涉
案节目的制作并非是架设摄像机对准舞台以固定角度的机械拍摄而来,最终
节目的呈现综合了角度的切换、场景的选择和画面的选择编辑,具有独创性,

---

① 德国《著作权法》第 95 条:本法第 88 条、第 89 条第 4 款、第 90 条、第 93 条和第 94 条准
用于不能作为电影著作保护的连续画面或连续音像。详见《十二国著作权法》翻译组译:《十二
国著作权法》,清华大学出版社 2011 年版,第 178 页。

② 见北京知识产权法院民事判决书(2017)京 73 民终 840 号。

应作为类电影作品进行保护。如本案法院将涉案节目认定为录像制品带来的一个无法避免的后果是，录像制品制作者在我国不能控制网络直播行为，如本案被告通过 OTT 直播涉案节目，此时录音制品制作者就无法依《著作权法》主张权利。

三、本案各被告应承担的侵权责任认定

本案中，传播侵权节目的平台"魔百和"业务是由河南移动、银河公司和大象融媒合作共同提供的，三者都在播放平台的首页标示了各自的标志。河南移动在本案中负责传输系统的构建、运营和推广，并分别与内容提供商大象融媒、银河公司签订协议，约定二者为平台提供相关的视频资源。三者虽然没有共同磋商签订协议，但从合同的约定以及分工来看，其是存在合作关系的。

（一）本案中传输服务提供者的行为不中立

本案被告河南移动作为网络传输服务提供商，其以自己仅提供网络传输服务为由要求免责，但从本案证据所证明的事实来看，其并非仅提供了中立的网络传输服务，在整个"魔百和"业务的开展过程中，其居于主导地位，应对自己行为尽合理审查义务避免侵权的发生。

传输服务提供者所提供的传输服务与电话运营商没有实质区别，[①]因其不具备对传输的内容进行审查和判断的技术能力，因此在侵权行为中，若网络服务提供者仅是根据服务对象的指令被动地进行信息的传输，没有对传输的内容进行改变或选择，也没有使服务对象以外的其他人获得，是不承担责任的，我国《信息网络传播权保护条例》[②]和美国《千禧年数字版权法》[③]中都有相应的规定。因此，单纯被动地提供传输服务是不被认定为侵权的。

但本案中河南移动提供传输服务的行为并不中立。其在平台业务的开展中居于主导地位，在与大象融媒签订的协议中，约定合作期间大象融媒在充分听取河南移动的意见后，由河南移动负责牌照方的推荐。河南移动作为平台的负责人之一，应知悉平台开展的业务和内容。本案中河南移动已不仅仅是

---

① 参见王迁:《网络环境中的著作权保护研究》，法律出版社 2011 年版，第 171 页。
② 《信息网络传播权保护条例》第二十条。
③ 17 USC 512(a).

被动提供传输服务的网络传输服务提供商了，其是以提供传输网络的方式参与到内容的提供活动中，因此应为侵权行为负责。

（二）三被告存在共同侵权行为

在本案中，河南移动以提供传输服务、采购机顶盒等硬件设施的方式参与到业务的开展中。不仅如此，河南移动还负责内容服务提供商的选定，在其与大象融媒签订的合同中，约定大象融媒在充分听取其意见后，由河南移动负责牌照商的推荐，银河公司便是河南移动选择的互联网电视内容牌照商。大象融媒在业务开展中的分工是提供本地节目源，与牌照方共同对平台内容进行审核。银河公司作为牌照方，负责互联网电视集成播控平台上点播音视频节目源的组织、编辑、制作、播放、监看等工作。三被告以不同的分工对平台进行运营并从中获利，虽然从节目的播放地址看，涉案节目是由大象融媒提供的，但该提供行为的实现离不开银河公司和河南移动的参与，因此三者构成共同侵权，应对侵权行为负连带责任。浪潮软件公司作为机顶盒的提供者，没有证据证明其参与了侵权行为，故不构成侵权。

（作者：丛立先　张媛媛）

网络媒体转载传统媒体作品的侵权认定：

现代快报诉今日头条著作权侵权案

| 典型意义 |

本案是传统媒体维权的里程碑式事件。新闻采编过程需要报社投入大量的人力与物力，但未经许可进行网络转载却几乎不需要花费任何成本。面对网络侵权的即时性与泛化的特点，传统媒体在取证与维权上面临着诸多困境，这对新闻产出行业的保护是十分不利的。法院最终没有支持今日头条仅提供链接服务的主张，判定今日头条未经现代快报许可在运营的客户端上提供作品的行为构成对现代快报享有著作权的作品的侵犯，最终判决赔偿经济损失10万元和合理开支10100元，创下了单篇新闻作品赔偿数额的新高，体现了对传统媒体在网络时代维权困难的关注和倾斜保护。另外本案对于区分时事新闻和新闻作品、确定新闻聚合平台的合理注意义务、明晰信息网络传播权中的举证责任问题也具有十分重要的意义，通过本案，我们得以再次对传统媒体在信息网络时代的权利保护问题进行审视与思考。

| 裁判要旨 |

一、时事新闻不受著作权法保护，但新闻作品属作品范畴。二者的区分是内容是否包含独创性的智力劳动。时事新闻仅包含对客观事实的描述，以平铺直叙的方法介绍时间、地点、人物。但当对事实的报道中增加了报道者自身的感悟、观点，或者利用某些文学艺术手法进行了个性化的创作时，便不再属于单纯的事实消息，而属于作品的范畴。涉案6篇文章均不属于对新闻事件的简单报道，而是作者的独创性智力成果，因而构成作品。

二、原告提供了证据证明被告提供了作品，被告以自己仅提供链接服务为由主张不承担责任的，应当提供证据证明。本案中现代快报提供了证据证明今日头条客户端上存在涉案作品，但字节跳动公司未能提供证据证明用户在阅读作品时存在跳转或链接至第三方网站的情况，因此其仅提供链接的主张不能成立。

三、在新闻聚合平台与他人签订设链协议时，应采取措施保证设链内容在约定的范围内，否则便具有注意义务上的过错。聚合平台可通过设置关键词等方式将不属于合同约定的可设链内容进行筛选甄别，否则就难以认定其尽到了合理的审查义务。

｜案情介绍｜

（2015）锡知民初字第00219号

（2018）苏民终588号

原告、二审被上诉人：江苏现代快报传媒有限公司（本文简称"现代快报公司"）

原告、二审被上诉人：江苏现代快报传媒有限公司无锡分公司（本文简称"现代快报无锡分公司"）

被告、二审上诉人：北京字节跳动科技有限公司（本文简称"字节跳动科技公司"）

被告：北京字节跳动网络技术有限公司（本文简称"字节跳动网络公司"）

本案中，原告主张权利的6篇新闻作品系现代快报聘用的记者在完成工作任务，进行新闻采编的过程中创作的作品。创作涉案作品的作者都与报社约定除署名权以外，作品著作权归现代快报公司、现代快报无锡分公司共同享有。由字节跳动网络公司开发、字节跳动科技公司运营的"今日头条"客户端上可以获取原告主张权利的6篇作品。因此，现代快报公司、现代快报无锡分公司将字节跳动网络公司、字节跳动科技公司诉至法院，要求其承担侵权责任。

原告提供的公证证据显示，在今日头条客户端获取作品的页面上，涉案《打工妹……》一文左上角显示了《成都商报》，文章末尾显示有"相关链接成都商报头条号订阅"字样，文章首页首段后标明了"现代快报记者薛晟"。《为能多见见孙子……》一文左上角标注了"中国江苏网"字样，同样在文章首段后标注了来源于现代快报并注明了作者。《九旬老太……》一文左上角显示了"汉网"字样,文章首段标注了作者姓名。《仪仗队……》一文标题下面注明了来源于现代快报。《煤气泄漏……》一文左上角标明了"手机新浪网"字样,文章首页首段之后标明了文章来源和作者。《女子民政局……》一文左上角显示有"东方网"字样。经核对,涉案六篇文章中的三篇除了标题字词有所改变外,内容一致。

字节跳动科技公司为了证明侵权不成立,主张《打工妹……》《九旬老太……》两篇文章系由用户上传,其他四篇文章从合作方获得授权链接而来。从字节跳动科技公司提供的公证证据显示的情况来看,进入今日头条的媒体后台管理系统,可查证成都商报为独立的媒体账号,《打工妹……》一文的链接指向成都商报客户端。《九旬老太……》一文也由独立的媒体账号"汉网"提供。因此法院认定这两篇文章系由其他用户上传,今日头条仅提供了存储空间。《为能多见见孙子……》在中国江苏网可以获得,字节跳动科技公司与中江网签订了合作协议,约定中江网对中国江苏网的内容享有信息网络传播权,授权字节跳动科技公司以链接形式转载该内容。《仪仗队……》一文在新浪网可以获得,字节跳动科技公司曾与新浪网有过设链协议,但没有证据证明合作关系仍然存在。字节跳动科技公司主张《煤气泄漏……》一文自新浪网链接,但未提供证据。《女子民政局……》一文在东方网中可以获得,2014年9月26日字节跳动科技公司与东方网签订了《著作权使用许可合同》,约定东方网许可字节跳动科技公司使用东方网自有版权的图文及视频信息。另外,字节跳动科技公司提交的公证书还显示,《打工妹……》《为能多见见孙子……》《仪仗队……》《女子民政局……》四篇文章可通过新华网获得,字节跳动科技公司通过供稿服务协议获得了根据自身编辑需要在新华网网页进行摘编的权利。一审庭审中,现代快报公司、现代快报无锡分公司出具说明,证明其未授权江苏网、中青网、东方网刊载现代快报的文章。

一审未支持字节跳动科技公司称自己仅对涉案文章提供链接的主张,综合考虑今日头条的影响力、传播范围及主观过错等因素,判决其赔偿现代快报公司、现代快报无锡分公司经济损失10万元,合理费用10100元。字节跳动科技公司不服提起上诉,二审法院维持了原判。

| 裁判理由 |

一、时事新闻是指通过大众传播媒介传播的单纯事实消息,对新闻事件的简短描述因不满足独创性的要求故不构成作品。涉案六篇文章虽然是对客观事实的描述,但其文字表达中不仅包含单纯事实情况,还含有以文艺创作手法创作的新闻评论,该表达属于作者的独创性智力劳动,并非《著作权法》不予保护的时事新闻。字节跳动科技公司主张涉案文章不受《著作权法》保护,并无法律依据,因此不予支持。

二、证据显示,《打工妹……》《九旬老太……》两篇文章在今日头条客户端显示时,标注了上传用户的名称,结合今日头条提供的证据,可以证明两篇文章分别由成都商报和汉网用户上传,今日头条作为网络服务提供者仅为其提供了网络存储空间,且尽到了合理审查义务,不具有过错,因此不应承担侵权责任。

三、对于《为能多见见孙子……》等四篇文章,字节跳动科技公司主张其仅提供了链接服务,法院认为,现有证据不足以证明字节跳动科技公司仅提供了链接服务。首先,虽然字节跳动科技公司提交的 9395 号公证书中有该四篇文章的后台信息,但后台信息显示的 URL 地址并无与之对应的今日头条客户端页面显示信息予以佐证,即后台信息仅是字节跳动科技公司的单方陈述内容,并无相应证据证明。其次,字节跳动公司现有举证只能证明其与第三方网站存在以链接方式进行作品传播的协议,并不能进一步证明其对涉案 4 篇文章确实仅提供链接服务,而未将涉案文章复制进其服务器中。最后,缺乏证据证明用户在今日头条阅读涉案作品时存在跳转或链接到第三方网站的情形。因此,对其仅提供链接的主张不予支持。

即使认为字节跳动科技公司确实仅提供了链接服务,本案证据证明其也存在过错,因而不能免责。本案中,现代快报主张权利的四篇文章(除了提供信息存储空间之外的四篇)并未授权江苏网、中青网、东方网刊登,则今日头条对这些未经许可传播的作品进行设链,只有在不存在过错的情况下,才可以免责。《为能多见见孙子……》及《女子民政局……》分别由中国江苏网和东方网提供,字节跳动科技公司与两家达成了就其自有版权内容进行设链转载的协议。但字节跳动科技公司并未要求两家网站提供任何拥有合法信息网络传播权所涉权利人的清单列表，而是笼统地在合同中要求网站承担知识产权瑕疵担保责任。且在《为能多见见孙子……》一文中，文章标注了"现代快报记者薛晟通讯员苟连静"，左上角却显示的是"中国江苏网"字样，这种明显的差异应引起今日头条的注意，采取关键词等方式对其进行筛选，但字节跳动科技公司并没有证据证明其尽到了合理注意义务，因此存在过错。字节跳动科技公司主张《仪仗队……》《煤气泄漏……》是通过新浪网合法授权链接而来，但没有证据证明两者之间的设链合作协议继续有效，故对该主张不予支持。被告还主张涉案文章通过签订供稿协议的新华网而来，但本案证据显示，涉案文章并非来源于新华网，对该主张法院也不予采纳。

在赔偿主体的确定上，头条网的 ICP 备案主体是字节跳动科技公司，且其在本案中亦明确自己是头条网及客户端的经营者和开发者，因此，虽然安卓应用系统下开发者的信息为字节跳动网络公司，但并不能据此认定字节跳动网络公司属于法律意义上的网络服务提供者，不应为侵权行为承担责任。

|案件分析|

传统媒体在形成新闻的过程中进行采访、组织人员撰写、发布等方面投入了巨大的人力和物力，而转载作品却不需要付出这些额外的劳动，因此要对新闻创作进行保护，才能确保有充足的内容产出。纸媒时代的转载侵权具有一定的延时性，由于报刊印刷及装订运输都需要时间，即使未经许可转载了原发布者的文章，也因时效的缘故无法对在先发行作品的先发市场形成实质替代。但网络下的转载侵权不同，因为互联网传播的即时性和无界性，纸媒传播的作品一经刊载，他人就可通过互联网同时进行传播。长期以来，我国著作权侵权判定的赔偿数额并不是很高，传统媒体针对这些分散的侵权行为采取公证保全、维权所花费的成本时常不能通过诉讼得到有效弥补，这在无形中也挫伤了内容产出行业的维权的积极性。本案中，法院在认定今日头条未经许可提供现代快报享有著作权的作品的基础上，判决今日头条运营者对涉案四篇文章的使用赔偿原告 10 万元，创下了我国文字作品判赔数额的新高。① 法院的判决对于遏制互联网上层出不穷的违法转载、确定网络服务提供商在使用作品、提供服务时的合理注意义务有着重要的示范意义。

一、时事新闻与新闻作品的区分

本案中，字节跳动公司主张自己行为不构成侵权的一个理由便是其认为除了《九旬老太……》一文外，其余的作品都较为短小，仅以平叙的手法对事件进行了记载，且刊登在新闻栏目中，故应属于《著作权法》排除保护的"时事新闻"。时事新闻与新闻作品之间有较大的区别，因此对涉案新闻报道的不同定性将会对判决结果产生截然不同的影响。

（一）时事新闻指单纯的事实消息

我国《著作权法》在规定排除保护的客体时，特别提及了"时事新闻"，②这在很大程度上给人造成误解，即认为对新闻报道的结果都应当排除在《著作权法》保护范围之外，对这一问题的把握需要从法律作此规定的原因层面进行分析。有学者在论及不保护时事新闻的原因时指出，消息具有时效性，需要广泛传播周知。③ 从字面含义来理解，时事新闻的确包含有近期发生的社会事件之意，从社会公众知情权的角度出发，应促进其快速传播。但时事新闻的种类很多，涉及政治、经济、娱乐等方面，公众并非对所有新闻都有知晓的必要，因为其是"崭新的"就将其排除在《著作权法》保护之外的理由并不充足。且公众不仅对新闻有知晓的必要，对任何科学文化知识都有了解的必要性，但未见《著作权法》将科学或文学作品排除在保护范围之外。由于我国著作权立法参照了国际条约，且国际条约的规定也是我国应当提供的最低保护水平，因此国际公约对理解我国法律规定具有借鉴意义。《伯尔尼公约》第 2 条第 8项规定，公约提供的保护不适用于日常新闻或纯报刊消息性质的社会新闻。《伯尔尼公约指南》也对该条进行了说明，即不提供保护是因为其不满足作品

---

① 参见郑晓红：《正确适用报刊转载法定许可，助力媒体融合发展》，《出版广角》2019 年第 6 期。

② 《著作权法》第五条。

③ 参见曲三强主编：《现代著作权法》，北京大学出版社 2011 年版，第 63 页。

的构成要件。由此可以看出，时事新闻不受保护并没有特殊的理由，主要是缺乏独创性。时事新闻作为对社会事件的记载，当其构成过于简单，而与思想发生混同时，就不再受《著作权法》保护。比如对事件的报道只包括了时间、地点、人物等简单的叙述，任何人对该事件基本情况进行介绍都不可避免地采用相同的表达，此时，这种一句话新闻就会因"合并原则"而被排除保护。除此之外，当对新闻事件的报道加入了自己的观点、使用了某些修辞手法时，就成了作者的个性化表达而应作为作品受到保护。《著作权法实施条例》也澄清了《著作权法》中所称的时事新闻，仅指单纯的事实消息。故只有当对事实的报道没有增添任何个人元素，仅就一般事件的构成要素如时间、地点、人物等进行客观叙述的情况下，才会落入"单纯的事实消息"的范畴。

时事新闻是否包含摄影图片，曾经产生过争议。在"金报诉北方国联案"[①]中，法院认为原告主张权利的照片是以图片形式表现发言人的形象、身份、现场情况等，属于《著作权法》中的时事新闻。上文已经分析，时事新闻不受保护的原因是其属于单纯的事实消息，思想与表达发生了混同因而不可作为作品受到保护，如果在表达形成的过程中具有个性化选择的空间，那么其就属于作品而不是不受保护的事实了。拍摄照片的过程中，拍摄者可以对拍摄角度、光线、明暗等作出一系列选择，此时所摄照片就不会因思想与表达发生混同而属于事实消息的范畴。[②] 还有观点认为，时事新闻包含对时效的要求，因此，对于旧闻或小新闻不必限制其著作权，以防止限制范围过大。[③] 该观点认为时事新闻应仅限于新近发生的重大事件，但如上文所述，时事新闻不受保护的原因在于思想与表达发生了混同，而不关乎事件社会影响的大小和新旧程度。否则就会出现一种奇怪的现象，即在事件刚发生时报道构成时事新闻，经过一段时间后报道却成了可版权的作品，这显然是违背逻辑的。

（二）涉案新闻属新闻作品

虽然时事新闻不构成作品因而不能受到《著作权法》保护，但在新闻产生

---

① 北京市海淀区人民法院民事判决书（2009）海民初字第 13593 号。
② 参见卢海君：《著作权法中不受保护的"时事新闻"》，《政法论坛》2014 年第 6 期。
③ 参见蒋强：《著作权侵权案件中时事新闻的认定——新闻报道著作权侵权纠纷案评析》，《科技与法律》2011 年第 3 期。

过程中,相关媒体也投入了发现事实、传播事实的劳动,他人以不正当手段进行使用的,有关主体可以《反不正当竞争法》为由主张权益。因此,即使在使用他人提供的时事新闻时,也应注意遵守行业规范和法律要求,为他人报道的新闻事实注明出处。不受《著作权法》保护不等于其没有价值,通过注明来源,使可能产生的收益正当地归属于采编形成新闻者,是符合商业道德的。最高人民法院于 2002 年发布的《关于审理著作权民事纠纷案件适用法律若干问题的解释》第十六条规定了,传播报道他人采编的时事新闻,应当注明出处。

本案中最终形成的新闻报道,是在客观事实的基础上,运用文艺创作的手法形成的评论,是以事实为素材,增加了作者的个性化表达,因此已经不再属于单纯的事实消息,而应构成受《著作权法》保护的作品了,时事新闻与新闻作品不属于同一概念,后者因具有个性化表达的空间而属于作品的范畴。

二、信息网络传播权侵权判定

今日头条作为新闻聚合服务提供商,同时也提供信息存储空间。用户可以开通头条号在平台上传作品。网络服务提供商提供的服务具有多样性,其应该承担何种责任,要结合其在具体侵权行为中提供的服务类型进行确定。

（一）信息存储空间服务者的归责原则

根据字节跳动科技公司提供的证据,涉案文章中的两篇《打工妹……》《九旬老太……》分别由成都商报和汉网用户上传,而现代快报公司声明其未将涉案作品授权其他网站使用,也未许可他人转授权使用,因此,成都商报和汉网用户在本案中直接将现代快报享有著作权的作品在网上提供的行为构成对现代快报公司的信息网络传播权直接侵权。而字节跳动科技公司在本案中,不属于内容服务提供者,仅为侵权作品提供了信息存储空间,因此属于网络服务提供者,在其对侵权行为的发生具有过错的情况下,对侵权行为承担责任。内容服务提供者与网络服务提供者、直接侵权与间接侵权的划分是确定服务提供商侵权的归责原则、免责事由的重要分野。内容服务提供商向用户提供内容,如果内容侵犯了版权人的权利,则该内容提供商承担的是直接侵权责任,除了构成法定许可及合理使用之外,并无特殊的免责事由。但为网络用户提供存储空间、搜索链接服务的网络服务提供者,自身并不提供作品,对服务器中的海量内容也不可能进行一一审查，在发生侵权行为时，如果网络服务提供者主观上存在明知或应知，则其提供的网络服务就对侵权行为的发生在客观上提供了帮助，此时就需要承担帮助侵权的责任。

《信息网络传播权保护条例》第二十二条规定了存储空间服务提供者不承担责任的情形，即在明确标识存储空间是为服务对象提供的，并提供联系方式、未改变提供的作品、不知道也没有合理的理由应当知道上传的作品侵权、未从侵权作品中获利以及接到权利人侵权通知后及时删除作品的，不承担赔偿责任。本案中，《打工妹……》《九旬老太……》两篇文章在今日头条客户端显示时，页面上都注明了上传的用户名称，本案中原告也没有提供证据证明被告对侵权行为存在明知或应知，且也没有证据证明今日头条从该特定作品的传播中获得了利益或对作品内容进行了改变。因此，应认为今日头条对用户未经许可的上传行为不具有过错，不应承担间接侵权责任。

（二）信息网络传播权侵权的举证责任

对于除了上述两篇作品之外的其余四篇新闻作品，今日头条主张其仅提供链接服务。但与一般的链接，用户要浏览作品，必须点击链接跳转到原始网页不同，在今日头条的客户端页面上，用户直接就可以浏览作品，且没有显示被链网站的网址。一般的链接并不被认定为侵权，唯在深层链接是否构成信息网络传播，学界与实务界对服务器标准、实质替代标准、法律标准各执一词。美国判例中提及的用户感知标准，在我国学者的相关论述中也多有出现，但对于该标准的不合理性的认识是较为一致的。即以用户的认知作为判断作品提供主体的标准，是一种主观标准，存在判定主体不确定，认定结果受主观因素影响较大等弊端。我国相关司法解释规定了通过信息网络提供作品属于对信息网络传播权的侵权。从司法解释规定的"提供"标准来看，其包括的行为类型比将作品上传至网络的初始行为要宽泛。①

---

① 《最高人民法院关于审理侵害信息网络传播权民事纠纷案件适用法律若干问题的规定》第三条：网络用户、网络服务提供者未经许可，通过信息网络提供权利人享有信息网络传播权的作品、表演、录音录像制品，除法律、行政法规另有规定外，人民法院应当认定其构成侵害信息网络传播权行为。通过上传到网络服务器、设置共享文件或者利用文件分享软件等方式，将作品、表演、录音录像制品置于信息网络中，使公众能够在个人选定的时间和地点以下载、浏览或者其他方式获得的，人民法院应当认定其实施了前款规定的提供行为。

虽然将用户感知标准作为认定信息网络传播权侵权的标准不合适,但将其改造作为信息网络传播权侵权的举证规则,却是符合双方证据提供能力和利益平衡的有效举措,即在信息网络传播权侵权举证过程当中,由认为权利受到侵犯的原告举证证明在被告的网站上可以获得相关作品,若被告以自己仅提供了链接为由进行抗辩的,则要举出相关证据加以证明。被告采取了何种技术措施使作品可以在自己控制的网页上展示,自身最为清楚,因此由被告举证具有可行性和便利性。最高人民法院于 2012 年发布的《关于审理侵害信息网络传播权民事纠纷案件适用法律若干问题的规定》第六条规定了信息网络传播权的举证责任,即原告举证证明被告提供了涉案作品,网络服务提供者主张其仅提供网络服务的,应当举证证明。① 在本案中,现代快报公司通过公证证明了在今日头条网站上可以获得涉案作品,今日头条虽然以其仅提供链接为由主张不承担责任,但其提供的证据都没有成功证明其主张,故法院根据举证责任规则认定其提供了作品。

三、网络转载应遵循的规则

《著作权法》中规定了报刊转载的法定许可,即在满足(1)作品已经发表;(2)著作权人没有作出不得转载、摘编的声明;(3)按规定向著作权人付酬的条件下,可以不经著作权人许可,报刊之间可以相互刊登其他报刊上已经登载的作品。② 而在互联网时代,转载摘编的阵地发生了转移,大量的转载都发生在互联网媒体上。而关于网络媒体的转载是否适用法定许可,司法实践中存在反复,学界争议也较大。

(一)网络转载不适用法定许可

一般来说,对于作品的使用都应经过著作权人的许可,但有时出于作品使用效率的考虑,法律规定了法定许可以降低磋商所要花费的成本。在作品的

---

① 《最高人民法院关于审理侵害信息网络传播权民事纠纷案件适用法律若干问题的规定》第六条:"原告有初步证据证明网络服务提供者提供了相关作品、表演、录音录像制品,但网络服务提供者能够证明其仅提供网络服务,且无过错的,人民法院不应认定为构成侵权。"

② 《著作权法》第三十三条第二款:"作品刊登后,除著作权人声明不得转载、摘编的外,其他报刊可以转载或者作为文摘、资料刊登,但应当按照规定向著作权人支付报酬。"

使用上,广播电台、电视台以及报刊享有使用作品的法定许可。① 然而互联网
媒体的广泛涌现,使得作品的传播效率进一步提高。从提高作品传播效率、便
利公众获取作品的角度看,互联网媒体比传统媒体更胜一筹,赋予传统媒体以
法定许可的特权,似乎没有理由对互联网媒体进行区别对待。立法与司法解
释对于这一问题也存在着反复。2000 年实施的《最高人民法院关于审理涉及
计算机网络著作权纠纷案件适用法律若干问题的解释》(现已失效)中,曾经
承认了对于报刊或者网络上存在的作品,除了著作权人声明不得使用的以外,
网站可以通过法定许可进行转载。但 2001 年修改的《著作权法》并没有将转
载的主体扩及网络媒体,仍将报刊作为法定许可适用的主体。2004 年最高人
民法院在司法解释中又将法定许可的主体扩大到网络媒体,②2006 年 7 月实
施的《信息网络传播权保护条例》又否定了司法解释的立场。2006 年 11 月,
最高人民法院审判委员会通过会议作出了删除司法解释中法定许可适用于网
络转载的规定。③ 由此,立法与司法解释的观点与态度走向统一,即法定许可
不适用于互联网转载。

（二）网络转载应遵循的规则

从我国目前法律与司法解释的规定来看,网络转载需遵循的规则是"先
授权,后使用"。④ 国家版权局在 2015 年发布的《关于规范网络转载版权秩序
的通知》中,也特别强调了网络媒体转载他人作品,必须经过著作权人许可并

---

① 《著作权法》第四十三条:"广播电台、电视台播放他人未发表的作品,应当取得著作
人许可,并支付报酬。广播电台、电视台播放他人已发表的作品,可以不经著作权人许可,但应当
支付报酬。"
② 见《最高人民法院关于审理涉及计算机网络著作权纠纷案件适用法律若干问题的解
释》(法释〔2004〕1 号,已失效)第三条。
③ 见最高人民法院关于修改《最高人民法院关于审理涉及计算机网络著作权纠纷案件适
用法律若干问题的解释》的决定(二)(法释〔2006〕11 号),根据《中华人民共和国著作权法》第五
十八条的规定及《信息网络传播权保护条例》的规定,最高人民法院审判委员会第 1406 次会议
决定对《最高人民法院关于审理涉及计算机网络著作权纠纷案件适用法律若干问题的解释》作
如下修改:删去《最高人民法院关于审理涉及计算机网络著作权纠纷案件适用法律若干问题的
解释》第三条。
④ 参见王国柱:《媒体融合背景下网络转载的版权规则——解读国家版权局〈关于规范网
络转载版权秩序的通知〉》,《出版发行研究》2015 年第 8 期。

支付报酬。① 因此,互联网转载报刊登载的作品、互联网媒体之间相互转载必须遵循先授权、后使用的规则。

虽然从功能来看,网络媒体与传统媒体并无区别,但是,网络媒体与传统媒体复制和传播存在较大差别,②且两者对作品传播的控制能力以及对作者信息的掌握情况是不同的。在报刊转载时适用法定许可,至少还可以通过确定著作权人来支付相应的报酬。但若在网络转载中适用法定许可,无法回避的一个现实是,网上作品来源不易确定,大量未经许可的上传行为,使得即使网络媒体有意依规定进行付酬,有时也难以确定真正的版权人。且在现有法定许可付酬机制不完善的情况下,传统报刊之间的转载付酬尚未有效落实,在这种情况下,将法定许可扩大适用至网络环境,会使著作权人利益得不到有效保障。③

也有学者提出,从新闻传播的角度考虑,全媒体时代应对互联网媒体转载新闻作品适用法定许可,但为了保护首发媒体的权利,应增加"延迟转载"的规定。④ 即对于新闻类的作品,在首次发表后的 24 小时内,其他媒体不得转载,之后就可依法定许可进行使用。此虽能在一定程度上减轻网络转载对传统媒体带来的冲击,但仍属于学理探讨的范围,现阶段,网络转载作品仍应遵循先授权许可的规定。为了克服个别许可谈判带来的交易成本问题,传统媒体与互联网媒体之间可以建立合作机制,如本案中的今日头条那样,与版权人签订设链合作协议。但在作品使用过程中应规范管理,通过探索建立授权作品信息库等方式,确保使用的作品有合法的来源。该倡议在国家版权局《关于规范网络转载版权秩序的通知》中也有所体现。⑤

四、本案赔偿数额的认定

本案中,现代快报公司未举证证明自己的损失,且其要求适用法定赔偿确

---

① 见《关于规范网络转载版权秩序的通知》(国版办发〔2015〕3 号)第一条、第二条。

② 参见翟真:《职务新闻作品网络转载制度的构建》,《中国出版》2018 年第 2 期。

③ 丛立先:《转载摘编法定许可制度的困境与出路》,《法学》2010 年第 1 期。

④ 参见郑艳馨、孙昊亮:《全媒体时代"报刊转载"法定许可制度的完善》,《青年记者》2015 年第 31 期。

⑤ 见《关于规范网络转载版权秩序的通知》(国版办发〔2015〕3 号)第七条、第八条。

定赔偿数额，因此，法院最终利用法定赔偿的损失计算方法确定了今日头条的赔偿数额。在确定赔偿数额时，一审法院指出，网络服务提供者提供的技术为信息传播带来了便利，应对技术的发展持肯定与鼓励的态度，但这一切都建立在充分保护著作权人的利益之上，考虑到今日头条的影响力、传播范围和主观过错等因素，最终判决被告今日头条向原告赔偿损失 10 万元和合理费用10100 元，二审法院予以了维持。四篇违法转载的文章最终获赔 10 万元，平均每篇获赔 2.5 万元，创单篇新闻作品获赔数额之最，被业界称为是"有划时代的意义"。① 司法及学术界人士也认为，该案判赔数额之高，体现了对原创的坚决保护和对侵权严厉打击的态度。② 传统媒体在互联网时代受到的冲击是有目共睹的，新闻采编需要较高的成本，在赔偿数额较低的情况下，违法转载的低成本将无法起到对侵权人的震慑作用，不能从根本上促成规范转载秩序的形成，本案所开的高赔偿标准之先河，可能会对今后司法审判实践认定相关侵权行为产生借鉴作用，毕竟已有先例存在，在后者不必背负过多的司法创新负担。

回归我国著作权侵权赔偿数额确定的基本原理与一般标准，赔偿数额的确定要以弥补权利人的损失为首要原则，在损失无法确定时，可依侵权人的违法所得为标准进行确定，二者皆无法得出时，可将法定赔偿作为损失计算方法。本案被违法转载的都为篇幅有限的新闻作品，相比于以往判决中所采用的赔偿标准来说，本案单篇平均赔偿数额不仅具有填平损失的效果，更有惩罚性赔偿的意味，是对赔偿标准的拔高。我国现行《著作权法》没有规定惩罚性赔偿，司法审判实践对此采用也持审慎态度，故本案在一般侵权赔偿数额的确定方面参考意义有限。尽管著作权侵权赔偿数额的精确计算在实践中还存在障碍，但还是应坚持传统侵权法中的填平损失原则，在作出力度较大的突破性判决时，应有充分的理由。合理的赔偿数额的确定，不仅对于权利人来说是正

---

① 参见《中国报协向最高法呈送〈关于将现代快报诉今日头条一案作为指导性案例的建议〉》，http://zgbx.people.com.cn/n1/2019/0129/c415415-30596825.html，最后访问时间：2019 年9 月 20 日。

② 参见《现代快报诉"今日头条侵权案"成知识产权峰会焦点》，http://www.xdkb.net/index/article/2018-10/19/content_1120128.htm，最后访问时间：2019 年 9 月 20 日。

义的体现,于侵权人而言也通过承担与行为相适应的责任实现了公平正义。本案的最终判决显示了对从事原创内容产出工作的传统媒体的支持,鼓励了其在互联网时代针对丛生的侵权行为开展维权,但对于赔偿数额的确定应科学合理,既不能因为精确计算的困难而放弃对权利人损失的充分弥补,也不能过分强调对权利人的高水平保护而使判决赔偿数额与正常标准相去甚远,毕竟,利益平衡是版权立法与司法实践共同的追求。

（作者：丛立先　张媛媛）

社交平台小程序版权侵权责任边界划分：

刀豆公司诉百赞公司、腾讯公司信息网络传播权侵权案

| 典型意义 |

随着技术的发展，新型网络服务不断涌现，本案中的微信小程序接入服务即是其中之一。微信小程序通过为程序开发者提供移动页面接入的技术服务，使小程序开发者提供的服务可以在微信客户端获得，扩展了服务的提供路径。但微信小程序接入服务不属于《信息网络传播权保护条例》中规定的传输、搜索链接、缓存、存储空间服务提供者中的任何一类。在这种情况下，小程序开发者提供的作品侵权，提供基础服务的小程序服务提供者腾讯公司是否应依《侵权责任法》第三十六条针对所有网络服务提供者规定的"通知—移除"规则采取措施呢？本案明确了《侵权责任法》第三十六条规定的通知—移除规则不适用于基础性网络服务提供者，腾讯公司的小程序接入服务仅是为小程序开发者提供了与用户交互信息的通道，不具有对存在于程序开发者端的侵权内容进行定位审查的能力，因此对其不适用"通知—移除"规则。

| 裁判要旨 |

虽然《侵权责任法》第三十六条规定了网络服务提供者在接到侵权通知后应采取删除、屏蔽、断开链接等必要措施，但该规定并非适用于所有的网络服务提供者。在《信息网络传播权保护条例》将承担删除、屏蔽、断开链接的主体限于存储空间与搜索、链接服务提供者的情况下，《侵权责任法》第三十六条的"通知—移除"规则的适用主体应作目的性限缩，与《信息网络传播权保护条例》保持一致。对传输、缓存等基础服务提供者来说，其不参与信息的

处理、不直接接触传输的信息内容、仅为作为整体的信息数据提供传输或其他服务，因此对特定的侵权内容没有发现的能力和机会。故对于基础性网络服务提供者来说不适用"通知—移除"规则。通知—移除的对象是具体的侵权内容或指向侵权内容的链接，而非整个服务，在信息网络传播权侵权中要求断开包括侵权内容在内的网络服务整体超出了合理措施的范围。

｜案情介绍｜

（2018）浙 0192 民初 7184 号

原告：杭州刀豆网络科技有限公司（本文简称"刀豆公司"）

被告：长沙百赞网络科技有限公司（本文简称"百赞公司"）

被告：深圳市腾讯计算机系统有限公司（本文简称"腾讯公司"）

刀豆公司通过合同取得了作品《武志红的心理学课》的复制权、发行权和信息网络传播权，并被授权针对中国境内的信息网络传播权侵权等行为以自己的名义进行维权。在合同有效期内，刀豆公司发现"在线听阅""咯咯呜""回播"三个微信小程序中均有"武志红心理学"收听栏目，点击播放音频，经对比发现与刀豆公司享有权利的作品内容一致。百赞公司系"在线听阅""咯咯呜""回播"三个小程序的开发运营人及所有人。

法院在确定微信小程序提供的服务性质时，认定小程序展现给用户的是一组基于移动端的网页页面，技术原理总体包括"架构"和"接入"两方面。（1）架构：小程序开发者可使用腾讯公司微信小程序提供的框架、组件、接口等完成小程序页面的搭建。小程序提供的仅是页面开发技术方案，使开发出来的小程序能接入微信，不必安装专门的 APP。（2）接入：小程序开发者通过小程序提供的链接服务直接向用户提供其页面和内容。小程序开发者需要自己配置好域名，小程序在此起到的作用只是接受用户的指令与向开发者服务器发送用户的请求，最终的内容还是存在于小程序开发者的服务器中，小程序开发者的服务器在接到用户发送的请求指令后向用户返回服务器上存储的内容。法院认为小程序是开发者独立运营的一组框架网页架构，只通过指定域名与开发者服务器通信，开发者通过小程序直接向用户提供数据和服务，因此，腾讯公司为开发者提供的是架构与接入的基础性服务，性质类似于《信息网络传播权保护条例》中的自动接入、自动传输服务。最终,法院认定基于小程序接入服务的技术原理,腾讯公司没有能力对存在于程序开发者服务器中的内容采取措施,不应对本案的侵权行为承担责任。

｜裁判理由｜

一、本案中的作品以音频形式存在,是对武志红讲授内容的录制。虽然武志红在讲授时利用了大纲,但内容是由其经过独立构思充实、现场讲授而来的,因此,音频内容属于口头作品。刀豆公司从有权主体处获得了相关的权利及独立维权的权利,授权链条完整、合法,因此属于本案的适格原告。

二、百赞公司在其运营的微信小程序上提供了涉案作品,虽辩称其仅提供了链接行为,但根据本案证据来看,小程序用户在点击播放按钮时,页面并未发生跳转,百赞公司没有举出证据证明其仅为涉案侵权作品提供了链接,因此,应承担信息网络传播权侵权的责任。

三、在腾讯公司是否应当对本案侵权行为承担帮助侵权责任的问题上,法院认为,腾讯公司提供的小程序接入服务类似于传统的接入或传输服务,其没有对侵权内容进行定位清除的能力,在对侵权内容传播不存在过错的情况下,不应当承担帮助侵权的责任。相对于信息存储空间服务、搜索或链接服务提供者来说,自动传输等基础性网络服务只是被动地根据指令处理信息,本身并不主动参与信息的处理;并不直接接触服务对象提供的信息,不具备审核、干预信息内容的能力和条件;处理的客体是作为整体的信息数据而非具体的信息项目内容,因此,基础性网络服务提供者没有能力准确地对侵权内容进行定位清除。《信息网络传播权保护条例》中规定通知—移除的适用主体是信息存储空间与搜索链接服务提供者的原因即在于其能够对侵权内容进行判断和采取措施,而基础性网络服务并不具备该能力。因此,《侵权责任法》中针对所有网络服务提供者规定的概括的"通知—移除"应在此作目的性限缩,使其主体与《信息网络传播权保护条例》规定的主体保持一致,即限于存储空间和搜索链接服务的提供者。

四、对于刀豆公司要求腾讯公司下架小程序的主张,法院认为,小程序接入服务类似于自动接入、自动传输服务,不适用通知—移除规则。且在通知—

移除规则中,删除的是具体的侵权内容或指向侵权内容的链接。在信息网络传播权侵权行为发生时,要求对整个小程序下架并不是法律规定"必要措施"所追求的"定位清除"效果。因此对刀豆公司要求腾讯公司下架小程序的主张没有予以支持。法院同时明确,虽然腾讯公司作为基础性网络服务提供者不适用"通知—移除"规则,但并非没有任何法定义务,根据《网络安全法》的规定,其在涉及国家安全等刑事犯罪时负有协助执法义务,对于色情、恐怖、赌博等明显违法信息应进行主动审查,发现法律、行政法规禁止发布或者传输的信息的,应采取技术上可行的必要措施立即停止传输该信息。

| 案件分析 |

小程序作为一种新的网络服务类型,不属于《信息网络传播权保护条例》规定的传统网络服务提供者之任何一种。在小程序开发者提供的内容涉及版权侵权时,权利人能否向提供小程序接入服务的腾讯公司发出侵权通知,要求其采取相应的移除措施呢? 此涉及对小程序在法律中的性质认定,对"通知—移除"规则具体适用的理解和《侵权责任法》第三十六条的解释问题。这些问题通过本案得到了集中充分的体现。

一、版权法中的直接侵权与间接侵权之分

在版权侵权责任中,确定侵权行为属于直接侵权还是间接侵权是选择适用归责原则的基础。虽然我国《著作权法》与《侵权责任法》中均没有关于直接侵权与间接侵权的划分,但它却是学理上的一种重要的划分方法,[1]其他国家在审判实践中也依此来确定行为人应当承担的责任。我国司法实践中对版权侵权采无过错原则,未经许可实施了受权利人专有权控制范围内的行为,无论行为人主观上是否存在过错,都应当对版权侵权行为承担责任。直接实施侵权行为者当然需要承担版权侵权责任。对于帮助或教唆他人实施版权侵权行为者来说,其本身并没有实施版权侵权行为,仅为他人实施侵权行为提供了工具、场所,或者引起了他人实施侵权行为的意图,但其毕竟为侵权行为的发

---

① 参见李明德、许超:《著作权法》,法律出版社 2003 年版,第 223 页。

生提供了物理或心理上的作用力,因此应该对侵权行为的发生承担责任。直接侵权行为人对最终侵权行为的发生起决定性作用,但在很多情况下,为侵权行为提供帮助者的行为是无意识或者其并不知道这种帮助会被作侵权之用,使其承担无过错责任明显不合适。例如承租百货大楼某一商铺者以市场价销售印刷精良的盗版书籍,从未有人发现其出售书籍是盗版的,商场的管理者对此也毫不知情,在这种情况下,要求商场管理者对承租人销售盗版书籍的行为承担帮助侵权的责任显然就过于苛刻了。因此,对于没有直接实施侵权行为,但有引诱、教唆、帮助行为之人,在具有过错的情况下,应承担相应的间接侵权责任。有学者根据其他国家的立法及判例,将间接侵权概括为:没有实施"直接侵权",但故意引诱他人实施直接侵权,或者在明知或应知他人即将或者正在实施直接侵权时为其提供实质性的帮助,以及在特定情况下"直接侵权"的准备和扩大其后果的行为。[1] 对直接侵权来说,适用的是无过错原则,但认定间接侵权成立须以侵权人具有过错为前提。[2]

在网络环境下,直接侵权与间接侵权的划分对网络服务提供者的责任确定来说具有重要的意义。一般来说,无论是接入服务提供者,还是缓存服务、搜索链接服务和存储空间服务提供者,其提供的都是为作品传输提供通道或者存储空间以及网络搜寻的便利化服务,而不涉及直接将作品上传到网络中。且面对网络上海量存储的作品,网络服务提供者不可能通过审查发现明显侵权作品的存在,因此网络服务提供者不负事前审查义务是各国的通行做法。在网络版权侵权中,首先需要确定的是该服务商提供的是内容还是服务,如果其实施的是未经许可传播作品的行为,则在确定责任时就无须考虑其主观状态。如果该服务提供者仅是为作品传播便利而提供了物理设施或定位服务,则必须在其具有过错的情况下才对侵权行为承担责任。如果不加区分,一概认为在网络服务提供者管理的网站上出现了侵权作品,网络服务者就应当承担责任,则无异于直接否定了互联网产业存在的可能性。因此,网络服务提供者版权侵权责任的一般认定思路是区分其是内容服务商还是单纯的服务提供

---

① 参见王迁:《网络环境中的著作权保护研究》,法律出版社 2011 年版,第 146 页。

② 参见孔祥俊:《网络著作权保护法律理念与裁判方法》,中国法制出版社 2015 年版,第 139 页。

者,进而确定其是否构成直接侵权或间接侵权。如今同一网络服务提供者提供的服务日趋多样化,如同一视频网站,既为用户提供自己获得授权的影视作品,也为用户上传视频提供存储空间,这就需要在具体的侵权行为中,结合证据利用举证规则确定作品是由用户上传还是由服务商自行提供。在本案中,腾讯公司提供的小程序接入服务本身不涉及内容的提供,小程序只是提供了一种移动页面接入服务,帮助开发者利用一份代码实现双平台运行的效果,与作品等内容相关的数据都存储在程序开发者的服务器中,作品也是通过原网站提供的。因此,腾讯公司提供的小程序接入服务类似于传统意义上的接入服务提供商所提供的服务,若令其对本案中的侵权行为负责,必须具有主观上的过错。

二、通知—移除规则的适用

通知—移除规则指的是网络服务提供者在接到权利人的侵权通知后,移除作品就不承担侵权责任的一整套规则。[①] 该规则适用的前提是网络服务提供者事先并不知道侵权行为的存在。在互联网发展的早期,美国法院在认定网络服务者的责任时,并不区分其是内容提供者还是单纯的服务提供者,一概以直接侵权的要件对行为进行认定,这种做法为美国互联网产业的发展带来了严重的问题。[②] 后美国在 1998 年的《千禧年数字版权法》(本文简称DMCA)中,为传输、缓存、定位及存储服务提供者规定了免责条款。[③] 我国在制定《信息网络传播权保护条例》时,借鉴美国的"避风港"规则,针对不同的网络服务提供者规定了在满足一定条件下不承担责任的情形,其中就包括"通知—移除"规则。那么,小程序接入服务提供者腾讯公司在接到侵权通知时是否应及时采取措施删除侵权作品或断开与侵权作品的链接呢?

(一)仅针对搜索链接、信息存储空间服务提供者

网络环境下的版权侵权行为具有匿名性、去中心化的特点,在侵权中往往

---

① 参见孔祥俊:《网络著作权保护法律理念与裁判方法》,中国法制出版社 2015 年版,第109 页。

② See Playboy Enters.v.Frena,839 F.Supp.1552.

③ 17 U.S.C. § 512.

无法确定作品的传播者。因此，通过向网络服务提供者提交通知，使网络服务提供者采取一定的措施阻止侵权作品的传播最具有效率，且最具有经济性。但并不是所有的网络服务提供者都有对侵权内容进行识别定位的能力。在四类典型的网络服务提供者中，传输服务提供者起着提供传输通道的作用，其并不接触传输的具体内容，也无法将侵权内容从海量的传输信息中剥离，因此，无论是 DMCA 还是我国的《信息网络传播权保护条例》，都没有关于传输服务提供者在接到权利人的侵权通知后将作品删除、屏蔽、断开链接即可免责的规定。同样，系统缓存是为了提高用户访问速度而作出的技术安排，系统缓存服务提供者在接触与控制侵权内容方面存在与传输服务提供者相同的困境。但搜索链接与信息存储空间服务提供者通过权利人提交的侵权通知中所包含的链接，可以实现对被指称侵权内容的定位，进一步决定是否采取措施。正如有学者所指出的，接入、传输和缓存三类服务都是基础网络服务和技术实现方案，并不针对特定的用户或具体的内容，虽然可以通过停止服务来阻止侵权，但却没有搜索链接与存储服务商那样对侵权内容进行"精确打击"的能力。①因此，我国《著作权法实施条例》并没有规定接入、传输以及缓存服务提供者在接到通知后将作品删除、屏蔽、断开链接即可以免责，应是考虑到了这些服务的技术特点。本案中，腾讯公司在其微信程序上提供的小程序接入服务类似于《信息网络传播权保护条例》中规定的接入服务提供者，其没有能力接触、控制所传输的内容，如果要采取措施阻止侵权内容的传播，就只能关闭对程序开发者的接口，而这并不是通知—移除所追求的一般效果。

（二）《信息网络传播权保护条例》与《侵权责任法》第三十六条的关系问题

通知—移除规则的原初目的是为网络环境下版权侵权中各方主体设计一套行为规则，我国在将其引进时也限于信息网络传播权侵权行为，但于2009年颁布的《侵权责任法》在第三十六条中将通知—移除规则扩大适用至整个网络侵权领域，规定网络用户利用网络服务实施侵权行为的，权利人有权通知

---

① 参见司晓：《网络服务提供者知识产权注意义务的设定》，《法律科学（西北政法大学学报）》2018 年第 1 期。

网络服务提供者采取删除、屏蔽、断开链接等必要措施。这就与《信息网络传播权保护条例》中的通知—移除规则只适用于搜索链接和存储服务提供者的规定形成了鲜明的对比。本案中腾讯公司提供的服务并不属于《信息网络传播权保护条例》中具体规定的网络服务类型，那么其是否应依据《侵权责任法》第三十六条第二款的规定在接到通知后采取删除等措施呢？

通知—移除规则在我国的扩大化适用产生了很多问题，在网络环境下，不区分网络服务提供者的服务类型与被侵权的客体种类一概适用通知—移除规则会产生诸多不合理的后果。首先，不是所有类型的网络服务提供者都有能力发现特定的侵权内容并采取清除措施，即使是作为我国通知—移除规则发端的《信息网络传播权保护条例》中，也只针对搜索链接与存储服务提供者规定了接到通知后移除的免责条件。其次，通知—移除规则的内容并不是由接到通知后将侵权内容移除这一单一的制度构成，而是在考虑被通知者与通知者的利益之后作出了一系列的平衡设计。如《信息网络传播权保护条例》中就规定了网络服务提供者的转通知义务、被通知者的反通知制度，网络服务提供者接到反通知后的恢复制度与错误通知的责任等。① 因此，在版权侵权中，若权利人向网络服务提供者发送的侵权通知有误，被通知者还有机会以发送反通知的方式要求恢复作品，但在《侵权责任法》的原则性规定中，配套措施的缺乏使得错误通知很难及时通过反通知等进行补救，且缺乏对错误通知的责任规定也会对滥发通知提供制度上的激励。最后，网络服务提供商并不是对所有的侵权通知事项都具有审查判断的能力，例如专利侵权判定专业难度大、商业秘密由于其隐蔽性而难以识别、名誉侵权真假难辨等，②要求网络服务提供者仅凭一纸通知就对侵权行为存在与否作出判断进而采取措施是不合理的。因此，《侵权责任法》对所有网络服务提供者"通知—移除"的原则性规定在具体适用时需要解释，不能简单地认为所有网络服务提供者在接到任何通知后都应该采取删除、屏蔽、断开链接等措施。《侵权责任法》参与起草者也提到，关于通知—移除规则，《信息网络传

① 《信息网络传播权保护条例》第十四至第十七条、第二十三至第二十四条。
② 参见吴汉东：《论网络服务提供者的著作权侵权责任》，《中国法学》2011年第2期。

播权保护条例》有更细致的规定,在通知的形式、内容、程序上可参照条例中的规定进行。① 因此,虽然《信息网络传播权保护条例》制定的时间较早,且位阶较《侵权责任法》低,但在信息网络传播权侵权上,还是应适用条例的规定。只有在条例规定无法涵盖新类型的网络服务提供者时,才可寻求更上位的《侵权责任法》。本案的情况即是如此。但基于对腾讯公司提供的技术服务的特征分析,其并不具有对侵权内容进行接触、定位、清除的能力,即使适用《侵权责任法》第三十六条,也不能认为腾讯公司在接到通知后应采取删除、屏蔽等措施。

（三）通知—移除规则的适用条件

通过前述分析可以发现在《侵权责任法》的规定下,不加区别地对所有网络服务提供者适用通知—删除规则并不合理。那么,认定某一网络服务商在接到通知后采取清除措施应当考虑的因素有哪些呢？首先,网络服务提供者应当知道该侵权行为的存在,事前知道当然应该主动采取措施,如小程序上线需要审核,若该小程序从名称上看便可知是为传播侵权作品而开发的,腾讯公司当然应该采取措施。但多数情况下,侵权内容则是被隐匿在海量的信息中,需要权利人的通知来引起网络服务者对侵权信息存在的注意,进而使采取措施成为可能。因此,通知—移除适用的考量因素之一就是网络服务提供者知道侵权行为的存在。通常权利人的合格通知可作为认定网络服务提供者知道的证据。第二个应当考量的因素是能快速地对侵权行为存在与否作出判断。版权法中通过规定通知应包含的内容,可以使网络服务提供者根据权利人的作品名称、权利证明,通过权利人提供的链接地址快速定位,与被指侵权作品进行比对从而判断侵权行为是否存在。如电影作品著作权人通过向存储服务提供商发送合格的通知后,网络服务提供商根据链接查找到被指侵权的作品,通过上传用户的信息等,一般就可判断出作品是否经过授权许可传播。再如录音制品制作者向搜索链接服务提供者发送合格通知后,网络服务提供者根据权利信息和指向侵权内容的链接,经审查后发现,上传的录音制品系由用户

---

① 参见王胜明主编:《中华人民共和国侵权责任法释义》,法律出版社 2010 年版,第192 页。

自行翻唱录制的,并非是权利人主张由其录制的制品,则可以认定不存在侵权行为,不需要断开链接。但将该考量因素适用于专利侵权判定时就会出现问题。由于网络服务提供商一般不接触实物,仅凭权利人的通知,还很难对复杂专业的专利权范围作出判断,加之我国专利无效宣告率较高,使网络服务提供者在无法判断是否存在侵权行为的情况下一律采取删除、屏蔽等措施并不合理,实践中,法院一般也不认为网络服务提供者在接到专利侵权通知后未采取删除措施违反了注意义务。最后还应考虑的因素是网络服务提供者是否有能力对侵权内容采取删除、屏蔽、断开链接的措施。将这些因素代入对小程序接入服务的考量中,即使权利人举证证明程序开发者提供了侵权内容,腾讯公司通过权利人提供的方法可以到程序开发者的网页中接触到作品并进行侵权比对,但也没有能力在自己控制的平台上对侵权内容采取措施。因此,对腾讯公司提供的小程序接入服务不适用通知—移除规则。

三、必要措施的灵活解释

通知—删除规则不适用于小程序服务提供者,是否就意味着该类服务提供者就不受《侵权责任法》第三十六条第二款的约束——通过宣称自己没有对侵权内容的识别与处理能力而逍遥于法律之外呢？虽然《侵权责任法》在设计通知—移除规则时没有区分服务提供者的类型,但其也没有将网络服务提供者接到通知后应采取的措施限于删除、屏蔽、断开链接,而是规定了宽泛意义上的"必要措施",[①]因此,虽然小程序服务提供者没有适用"通知—移除"规则的基础,但其仍应采取"必要措施"来达到法律的要求。

（一）不宜轻易采取整体下架等措施

美国 DMCA 规定了所有网络服务提供者享受"避风港"保护的前提条件是:(1)网络服务提供者采取措施终止对反复侵权人提供的服务;(2)不干涉权利人采取的识别或保护作品的技术措施。[②] 虽然我国并没有类似的规定,

---

① 《侵权责任法》第三十六条第二款:"网络用户利用网络服务实施侵权行为的,被侵权人有权通知网络服务提供者采取删除、屏蔽、断开链接等必要措施。网络服务提供者接到通知后未及时采取必要措施的,对损害的扩大部分与该网络用户承担连带责任。"

② 17 U.S.C. § 512(i).

但从网络版权治理以及保护权利人的角度来看，当某一用户利用服务提供者提供的服务反复实施侵权行为时，就可判断其存在的侵权概率较大，即使网络服务提供者没有对具体侵权内容进行定位清除的能力，此时整体断开对该用户提供的服务也不为过。但前提必须是用户利用网络服务反复实施侵权行为，达到了使网络服务提供者怀疑该用户专门从事侵权行为的程度。具体到本案，若某一小程序开发者长期被举报提供的作品侵权，经通知后仍未改正，此时腾讯公司就可以整体断开对该小程序提供的接入服务。

但若网络用户并没有反复实施侵权行为，仅是偶发地提供了侵权作品，经通知后采取了措施，此时就不应因其偶发的侵权行为而整个地断开对其提供的接入、传输服务。在本案中，被指提供侵权的小程序开发者并没有反复实施侵权行为，且其提供的网页上也存在着合法的作品，因此不宜轻易地断开对其提供的接入服务。通知—移除的是特定的侵权作品或侵权作品的链接，而不是整个 APP、网页等。因此，在采取整体断开接入、传输服务或下架 APP 等措施时应慎重，采取措施应符合比例原则，过于严厉的惩罚措施会阻断新业态的发展，不利于互联网新事物的成长。①

（二）根据情况可将转通知视为必要措施

对于本案法院最终将《侵权责任法》中规定的网络服务提供者作"目的性限缩解释"，与《信息网络传播权保护条例》中通知—移除的适用主体即搜索链接、存储空间服务提供者保持一致的做法，有学者表达了不同的意见。② 当某一网络服务提供者提供的服务不属于《信息网络传播权保护条例》中规定的类型，或者不是针对作品或相关权客体的侵权时，要求网络服务提供者采取措施就只能依据《侵权责任法》的规定。《侵权责任法》在规定网络服务提供

---

① 参见丛立先：《判决结果避免了对小程序平台处理矫枉过正》，《中国新闻出版广电报》2019 年 3 月 7 日。

② 参见易健雄：《从"首例微信小程序案"看〈侵权责任法〉第 36 条的适用》，《中国版权》2019 年第 3 期。作者认为，法律适用者不应轻易认为法律存在漏洞，《侵权责任法》未对网络服务的主体作限定并不是法律漏洞。从《信息网络传播权保护条例》与《侵权责任法》制定的先后与效力层级上看，除了条例专门有规定外，应优先适用《侵权责任法》。而法院将《侵权责任法》第三十六条第二款适用的主体进行限缩与条例保持一致，难谓符合立法目的。本案可以通过适当解释《侵权责任法》中的必要措施来认定小程序服务提供者尽到了合理义务。

者接到侵权通知后应采取的措施时，并未局限在删除、屏蔽、断开链接这几类，而使用了"必要措施"的措辞。这就为通过解释"必要措施"来认定网络服务提供者是否在接到侵权通知后采取合理措施留下了空间。

本案中，小程序接入服务提供者并无能力对侵权内容进行识别和定位，因此在接到通知后没有删除侵权作品也不能认定其存在过错。但作为信息传达的中枢，其也并不是不需要采取任何措施，至少应将侵权通知及时地转送给被指称侵权的程序开发者，使其尽快知晓提供的信息存在侵权的风险并与投诉者协商解决。其作为中间人的地位在转送信息方面具有便利性，若其采取了转送通知的措施，可认为其已经采取了"必要措施"，就不必为侵权行为承担责任了。通过将转送通知解释进"必要措施"中，认定网络服务提供者尽到了合理注意义务在司法实践中已有采用，如"嘉易烤诉天猫"案中，法院认为电商平台对专利侵权没有判断能力，在接到权利人的专利侵权投诉后将通知转送给平台中的商家，就可认为采取了《侵权责任法》第三十六条第二款要求的"必要措施"。[①] 因此，服务商设立受理程序具有独立价值和正当性。[②]

（三）提供信息可以认为是采取了必要措施

在网络版权侵权中，上传侵权作品的多是未经身份验证的网络用户，侵权行为发生后确定侵权者十分困难，制止侵权行为、防止损害扩大的最简便的方法便是通知网络服务提供商，使其采取技术措施来阻止侵权作品的传播，故要求对侵权内容有定位清除能力的网络服务提供者在接到通知后对作品等内容的传播采取措施是合理的。但不同类型的平台监管能力不同，如入驻天猫电商平台的卖家需要提供身份、营业信息供平台核查验证，本案中小程序的开发者信息也需要在程序页面进行显示。对于没有定位清除能力的网络服务提供者来说，尽合理注意义务确保通过平台提供服务者的信息真实准确，使侵权行为发生后权利人可以通过这些信息确定侵权者，从而有效维护自己的权利，也可认为网络服务提供者采取了"必要措施"。

在网络版权侵权中，当某一类型的网络服务提供者不能为《信息网络传

---

① 见浙江省高级人民法院民事判决书（2015）浙知终字第186号。

② 参见刘文杰：《"通知删除"规定、必要措施与网络责任避风港》，《电子知识产权》2019年第4期。

播权保护条例》所涵盖时,应适用《侵权责任法》第三十六条第二款的规定,但不宜认为接到通知后网络服务提供者采取的措施只限于删除、屏蔽、断开链接等,是否应采取删除措施应视网络服务提供者对侵权的识别判断能力及处理能力而定。在网络服务提供者不具有对侵权内容进行判断处理能力的情况下,可通过灵活解释"必要措施"来判定网络服务提供者在侵权行为的扩大中是否具有过错,通过对网络服务提供者合理注意义务的确定来保证新技术产业的正常发展。

（作者：丛立先　张媛媛）

制作有声读物过程中的版权注意义务：

谢鑫诉懒人公司等信息网络传播权侵权案

| 典型意义 |

本案对于有声读物制作过程中需要获得的版权授权的具体权项、转授权过程中需要尽到的审查注意义务的明确具有重要意义。有声读物消费在我国文化消费中所占的比重越来越高，用户规模也越来越大。但行业对制作有声读物应取得的著作权权项的认识还存在着很多误区，如多有观点认为制作有声读物属于对原作品的改编和表演，相应的授权合同设计也存在着混乱之处。本案明确了制作有声读物不属于对作品的改编而是复制，将其在网上提供的行为属于对作品信息网络传播权的行使。在多层转授权过程中，前手未尽合理的审查义务，将自身并不存在的权利授予他人行使的，要与最终侵权人承担连带责任。

| 裁判要旨 |

一、在原作基础上创作出的改编作品，需要在保留原作表达的基础上增加新的创作成分。对原作品进行朗读并没有改变原作的内容，朗读行为不属于对作品的改编行为，最终形成的音频制品是原作品的复制件。

二、对于通过合同取得的作品利用形式的确定，需要结合合同的约定来具体确定当事人之间的意思表示。本案中原告虽然在授权许可协议中写明将作品的信息网络传播权授予他人行使，但根据合同具体条款可以确定该利用形式仅限于以制作电子图书的方式利用，制作电子图书与制作音频属于不同的使用方式，分属于不同的市场，因此以制作有声读物的方式将作品通过信息网络传播不在原告授权范围之内。

三、在作品层层转授权许可中，各方需要尽审慎注意义务确保权源的正当和有效。在对上游授权链条进行审查时,仅对扫描件进行查看并不足以证明尽到合理审查义务,由此导致行为超出授权范围时,就可认定存在过错。将自己并不享有的权利授权给后手,而后手又未尽合理审查注意义务最终导致侵权行为发生的,转授权中的各方应当与直接侵权人承担连带责任。

| 案情介绍 |

（2016）浙 8601 民初 354 号

（2017）浙 01 民终 5386 号

原告、二审上诉人:谢鑫

被告、二审被上诉人:深圳市懒人在线科技有限公司（本文简称"懒人公司"）

被告、二审被上诉人:杭州创策科技有限公司（本文简称"创策公司"）

被告、二审被上诉人:杭州思变科技有限公司（本文简称"思变公司"）

被告、二审被上诉人:北京朝花夕拾文化发展有限公司（本文简称"朝花夕拾公司"）

谢鑫是涉案作品《72 变小女生》的作者,2013 年 7 月 27 日谢鑫与创策公司签订《数字出版协议》,约定在合同有效期间内,创策公司享有将涉案作品制作成电子图书通过通信网络和互联网等信息网络进行出版、发行、复制的权利;专有的信息网络传播权及转授权的权利;不违反国家法律法规的非纸质方式使用的权利;对授权内容进行改编和汇编的权利等。

2014 年 4 月 24 日,创策公司与思变公司签订协议,将涉案作品在中国境内的表演权、改编权独家授予思变公司行使,双方进一步明确约定,此处的"表演权和改编权"仅指将文字作品改编并录制成有声读物。此外,思变公司有权将作品制作成音频格式供公众在网站、手机网页和客户端有偿点播或下载,有权自行或许可他人行使音频格式作品的信息网络传播权。

2015 年 1 月 15 日,思变公司与朝花夕拾公司签订合同,约定思变公司在合同有效期间内将作品的信息网络传播权通过朝花夕拾公司转授权给懒人公司,供懒人公司在其运营的"懒人听书"平台 PC 端及移动客户端使用。2015 年 1 月 16 日,朝花夕拾公司与懒人公司签订了合同,对与作品使用的相关事宜进行了约定,并要求朝花夕拾公司保证作品具有正当的知识产权权源。

后"懒人听书"平台提供了涉案作品的音频内容。谢鑫认为自己对外授权行使的作品信息网络传播权不包括以有声读物形式对作品的传播,遂以创策公司、思变公司、朝花夕拾公司和懒人公司为被告,诉至法院。一审法院认为懒人公司的行为构成直接侵权,创策公司超出许可范围进行转授权、后手思变公司、朝花夕拾公司未尽到对授权范围的合理审查义务,导致了侵权行为的发生,因此应当与懒人公司承担连带责任,并以转授权中作品的许可使用费为参照,依法定赔偿判决被告支付原告经济损失及合理费用开支6100元。谢鑫认为赔偿数额偏低,应以《使用文字作品支付报酬办法》所确定的基本稿酬标准确定赔偿数额为由,提起上诉。

| 裁判理由 |

一、对涉案作品制作有声读物通过网络平台提供的行为不涉及对作品的改编,侵犯的是作者的信息网络传播权。对作品的改编应以改变作品、形成新的表达为前提。涉案作品在被制作成有声读物时,内容并未发生改变,朗读行为也不属于创作行为,没有为作品增添新的创作内容,因此不属于对原作品的演绎,没有形成改编作品。最终形成的音频属于对原作的复制,将其上传至网络音频平台上的行为侵犯了原告的信息网络传播权。

二、关于将涉案作品制作成录音制品进行网络传播的行为是否属于被告通过合同取得的信息网络传播权范围的确定上,法院认为,从合同内容上来看,虽然协议标题为"数字出版协议",但第一条便明确约定对涉案作品的利用形式为制作电子图书,进行非纸质方式的利用,谢鑫向创策公司出具的授权书也载明授权范围为"制作、复制和销售电子出版物的权利",而没有涉及制作录音制品进行信息网络传播的内容。因此,从合同的约定来看,双方之间真实的意思表示是将涉案作品以电子图书或电子出版物的方式进行数字出版。有声读物为录音制品,与文字作品相比,两者针对的受众群体可能在身体状况、认知能力、学习习惯上存在着明显的区别,不同的受众群体意味着分别独立的市场,也意味着作品存在多重市场价值。故取得以文字形式进行信息网络传播权的授权,并不代表其可以通过制作音频的方式向公众通过网络提供作品。

三、作为作品的最终利用方，应确保所获取的授权有效后方可使用。本案中的懒人公司作为作品的最终使用者，在对上游授权链条进行审查时，仅查看了作为图片形式存在的扫描件，未对授权原件进行审查，或向作者以及上游授权方进行核实，从而导致对授权内容和授权链条完整性的误认，没有尽到合理的审查义务。朝花夕拾公司与思变公司在对授权文件进行审查时存在同样的过错，而创策公司将自己并未享有之权利授权他人行使，最终导致侵权行为的发生。懒人公司作为直接侵权人，其前手在转授权中存在的过错导致了侵权的最终发生，因此，所有前手应与懒人公司一起承担连带责任。

四、赔偿数额的确定，应考虑涉案作品的类型、独创性程度、侵权情节、规模等事实，主张依《使用文字作品支付报酬办法》确定赔偿数额并无依据，因此，一审法院确定的赔偿数额合理，二审法院予以维持。

▎案件分析▎

随着作品表现和传播方式的改变，将文字作品制作成有声读物也逐渐成为一种常见的作品利用方式，在此过程中，涉及著作权人、邻接权人、有声读物运营商等多方主体的权利义务。[①] 实践中如何准确界定制作有声读物及在网络平台传播涉及的版权权项，并对合同内容作出合理设计还存在一些认识误区，因此，有必要对以该种方式利用作品的行为在著作权中的定性进行分析，减少纠纷的发生。

一、制作有声读物在网络平台传播的行为定性

（一）制作有声读物无涉改编权

有声读物的制作，一般要经历"文字作品—朗读—配音—处理"的过程，与最初的文字作品相比，有声读物的制作经历了作品表现形式的转换，但这种转换是否意味着最终制作的音频构成了对原作的改编，从而形成了改编作品呢？在诉讼过程中，创策公司即主张本案中的有声读物是对原作品进行改编

[①]　参见冷协凡：《有声读物著作权保护探究》，硕士学位论文，华南理工大学，2017 年。

之后形成的新作品。在创策公司与思变公司签订的合同中特别声明,创策公司将文字作品改编并录制成录音制品的"表演权和改编权"授予给思变公司。这种认识的误区在于,没有正确认识复制行为与改编行为、著作权与邻接权的区分。

我国《著作权法》对改编权的定义为"改变作品,创作出具有独创性的新作品的权利",一般认为,改编作品是在保留原作基本表达的基础上创作出的新作品。[①] 因此,改编作品的特点是:(1)保留了原作的基本表达;(2)具有与原作不同的创作成分。具体而言,在后的改编作品必须包含了在先作品的核心部分或者基本内容,[②]并在此基础上增加了改编者的独创性成分。如果对在先作品的利用并非对主要内容或实质性部分的利用,仅仅是个别段落、语句的使用,则属于复制行为,而不涉及改编行为。如《美国版权法》就在立法中列举了改编作品的九种方式,包括改写、拍摄电影等,[③]Samuelson 教授将其大致归结为三类:(1)对在先作品的缩写或节略;(2)翻译和艺术重现;(3)将作品从一种表现形式转换为另一种。[④] 可见构成对作品的改编,必须要有在后改编者加入的独创性成分于其中。

有声读物的制作涉及朗读者对文字作品的朗读,在我国《著作权法》区分著作权与邻接权的立法体例下,对作品进行朗读不可能构成作品,朗读者可作为表演者享有表演者权。虽然不同的人朗读,其语速、语调以及基于对作品理解差异带给听众的感觉不同,但这种不同都没有达到改变作品内容的程度,听众只是借助于音频感知了原作的内容。不可否认,一些有声读物的制作还加入了一些背景音乐或音效,但这些音乐或音效的作用只在于增强听众的画面感和代入感,没有增加超出原作的独创性表达,如果这些音乐构成作品,则可单独主张权利。正如有观点所指出的,改编的后果是原作与改编的成分融为了一体,两者不可分割才可谓是改编作品,如为作品插图,包含了插图的作品

---

① 参见郑成思:《版权法(上)》,中国人民大学出版社 2009 年版,第 182 页。

② 参见张玲玲、张传磊:《改编权相关问题及其侵权判定方法》,《知识产权》2015 年第8 期。

③ 17 U.S.C. § 101, § 106(2).

④ See Pamela Samuelson, "The Quest for a Sound Conception of Copyright's Derivative Work Right", *The Georgetown Law Journal*, 101(6), 2013, pp.1505–1564.

就不能被认定是改编作品，插图与文字作品属于不同的作品，插图作者可以单独主张权利。① 本案中，思变公司在诉讼中也确认，有声读物由其制作，且在制作过程中没有改变原作内容。因此，涉案有声读物不具备改编作品的特征，不属于对原作的改编。

（二）传播行为与表演权无关

对涉案文字作品的朗读属于对作品的表演，但进行这种表演是否落入表演权的范围内，需要取得文字作品著作权人许可呢？创策公司与思变公司签订的合同中就约定，将利用文字作品制作有声读物的"表演权"和"改编权"授予思变公司，一审法院也认为，"利用文字作品制作录音制品不受改编权控制，而应受表演权、复制权之控制"。表演权控制的是对作品的公开表演，如利用作品举办演唱会、在歌厅等地方进行的表演属于表演权控制的范畴，在私人空间或者只有特定人的场合表演作品则不属于表演权控制的范围。如个人在家庭聚会上朗诵诗歌、演唱歌曲等，这种仅针对特定人或者自娱自乐性质的表演对著作权人的利益影响有限，且更多涉及个人行为自由和私人生活安宁、接触作品以获取知识和丰富文化生活的宪法性权利，赋予著作权人对这种作品利用方式的控制给社会带来的损害及维权成本将远超过为权利人带来的收益，因此，在特定人中对作品的表演不属于表演权的控制范围。我国《著作权法》也规定，表演权控制的是公开表演作品的行为。在有声读物制作的过程中，朗读者朗读作品时会选择在专业的录音棚或者其他密闭安静的空间内进行，②以保证录音效果，不涉及公开场合的表演，因此，这种对作品的朗读并不会侵犯到著作权人的表演权。

我国《著作权法》中表演权的规定来自于《伯尔尼公约》，不仅包括现场表演，也包括"以各自手段公开播送作品的表演"③，但我国规定的表演权控制的范围小于《伯尔尼公约》。《伯尔尼公约》规定，戏剧、音乐戏剧作品和音乐作

---

① 参见张书青：《"有声读物"涉著作权若干问题浅析》，《法律适用（司法案例）》2018 年第 22 期。

② 参见潘乐：《有声书出版过程中文学作品作者著作权出版许可范围的探讨》，《贵州广播电视大学学报》2019 年第 2 期。

③ 《著作权法》第十条第一款第（九）项："表演权，即公开表演作品，以及用各种手段公开播送作品的表演的权利。"

品的作者享有以下权利：(1)授权公开表演其作品，包括用各种手段和方式公开表演；(2)授权用各种手段向公众传播其作品的表演。① 由此可见，《伯尔尼公约》中的表演权规制三种利用行为：(1)对作品的现场公开表演；(2)作品的机械表演；(3)以任何手段向公众传播作品的表演。由于公约对广播权有专门的规定，此处的"任何手段"不包括广播。无论是作品的现场表演还是机械表演，针对的都是在现场的观众的传播，即观众只能到表演的现场或播放设备所在地观看演出，因此这种传播行为又被称之为"在公众传播权"，而公约中的"以各种手段向公众传播作品的表演"实质上是向公众传播权，即向不在现场的观众传播对作品的表演。② 我国《著作权法》中规定的表演权控制两类行为，即"公开表演作品"和"以各种手段公开播送表演的作品"，立法者关于我国表演权控制的第二类行为"以各种手段公开播送作品的表演"的解释是其属于机械表演，是指借助录音机、录像机等技术设备将表演公开传播，即以机械的方式传播作品的表演。③ 可见我国对表演权的规定在范围上并没有《伯尔尼公约》那么广，其仅包括"在公众传播权"，并没有以技术中立的方式规定更为宽泛的"向公众传播权"，因此，在我国就无法通过解释将作品在网上进行传播的行为解释进表演权涵盖的范围中。

（三）应属信息网络传播权控制范围

如上文所述，由于我国的表演权控制的范围并没有《伯尔尼公约》宽泛，其仅对现场表演和机械表演作出了规定，因此，对于作品现场表演的远端传输，就需要依靠广播权和信息网络传播权来控制。广播权与信息网络传播权的一个重要的区别即在于广播权控制的是线性的单向传输，而信息网络传播权控制的是交互式的按需传播，个人可以按照自己选定的时间和地点启动作

① 《伯尔尼公约》第十一条。

② 参见[澳]山姆·里基森、[美]简·金斯伯格：《国际版权与邻接权：伯尔尼公约及公约以外的新发展》，郭寿康、刘波林等译，中国人民大学出版社2016年版，第624—625页。作者认为《伯尔尼公约》对用"各种手段或方式"公开表演或朗诵作出单独规定，令其与"用各种手段向公众传播"表演或朗诵具有不同含义。由于"向公众传播"这一用语在其他条文中与诸如"通过有线"等用语连在一起，因此可以合理地认为，"向公众传播权具有以下隐含含义：其中的公众不在传播起源地，公开表演或公开朗诵则是指向表演所在地的公众传播"。

③ 参见胡康生主编：《中华人民共和国著作权法释义》，法律出版社2002年版，第49—50页。

品的传输过程,不必再被动地按照广播电台、电视台的节目安排在特定时间获取内容。本案中,懒人公司通过在其运营的平台"懒人听书"上提供涉案有声读物,公众可以按自己选择的时间,随时从平台获取音频资源,此属于作品的交互式传播,未经许可实施该行为侵犯了著作权人的信息网络传播权。

另外值得注意的是,本案中谢鑫与创策公司在通过合同约定数字出版事宜时,对创策公司的授权事项中作出了允许创策公司在合同期间内"将作品制作成电子图书通过通信网络和互联网等信息网络复制……出版、发行……"的安排。此处双方约定的出版与发行,也并非《著作权法》意义上的出版与发行。一般认为,出版对应的具体的著作权权项为复制权和发行权,发行在《著作权法》中是有特定含义的,其是指"以出售或者赠与方式向公众提供作品的原件或者复制件的权利",构成发行必须要有承载着作品的载体转移行为,网络环境中的作品传输行为不满足发行权控制的行为要件。因为在网络环境中,用户从服务器中下载作品并不会导致作品的载体(服务器)发生转移,因此双方在合同中约定的通过信息网络"出版、发行"电子图书的行为并不是著作权中发行权控制的范畴,更合理的设计方案是在合同中约定信息网络传播权。

在本案一审庭审过程中,谢鑫确认其仅主张信息网络传播权。司法实践中,多有要求原告明确在诉讼中具体主张的著作权项的做法存在,但法院的该做法是值得商榷的。由于《著作权法》的专业性与复杂性,对于具体行为受哪一权利类型控制,在专业人士之间尚经常产生分歧,要求一般公众在诉讼时准确作出界定,否则便以"当事人没有提出该主张"为由,不进行决断的做法是不正确的。原告以著作权侵权为由进行起诉,法院就应当对具体侵犯的著作权项作出分析处理,而不宜将确定具体侵犯著作权项的义务施加给当事人。

二、本案被告通过授权获得的信息网络传播权的范围界定

本案中,被告将制作成有声读物的作品在网络中传播的行为属于信息网络传播行为,而谢鑫与创策公司签订的合同中也约定了将"所涉图书中所有内容的信息网络传播权"授予创策公司行使,此处的信息网络传播权是否涵盖以制作有声读物的形式向公众传播作品就成了案件争议的焦点。

（一）信息网络传播权存在多种市场利用方式

信息网络传播权作为一项单独的权利在实践中的利用方式却是多种多样的，以不同的形式、利用不同渠道对作品进行信息网络传播，往往要分别向著作权人获得许可，而不能认为通过取得概括的"信息网络传播权"，就可以将作品进行任何形式的交互式传播，对具体使用方式、范围的确定，往往还需要结合合同其他条文、目的等进行。如本案中的文字作品，既可以通过制作电子书的形式进行网络传播，也可以制作成有声读物以音频方式进行传播。影视作品，既可以通过计算机终端、手机等移动设备终端进行传播，也可以通过OTT 和 IPTV 进行传播。虽然同属于信息网络传播行为，但利用不同的渠道进行提供在实践中往往需要分别获得许可，在合同中明确约定传播的方式。而且以不同形式、不同渠道对作品的传播直接影响到许可使用费收取标准的确定。因此，本案中，确定被告通过合同取得的信息网络传播权的范围，是认定其制作有声读物在网上传播是否具有权利来源的关键。

（二）合同约定的信息网络传播权范围的界定

从合同中的约定来看，谢鑫与创策公司签订的《数字出版协议》的第一条便明确了作品的利用方式是"制作成电子图书通过非纸质方式使用的独家权利"。按照合同解释的方法，①合同条款的确定，应先从合同使用语句的通常含义出发。一般来讲，电子图书指的是书籍的电子格式，其仍以阅读为接收作品的方式，只是与一般的纸质书籍相比，在载体、获得方式方面不同而已。按照对电子书的一般理解，有声读物不属于电子书的范围。因此，法院根据合同的具体条款认定被告取得的信息网络传播权并不包括以制作有声读物的方式进行信息网络传播是正确的。另外，从法院认定的事实来看，朝花夕拾、懒人公司提交的谢鑫署名的《授权书》复印件中，载明谢鑫将有声读物的改编权授予创策公司，但其证据均为复印件，又无其他证据可以佐证，真实性存疑。从被告提交的复制件中刻意突出"有声读物改编权"的做法来看，其恰恰可以反映出合同的授权范围并不包含制作有声读物的权利，而是被告事后伪造证据

---

① 《中华人民共和国合同法》第一百二十五条第一款："当事人对合同条款的理解有争议的，应当按照合同所使用的词句、合同的有关条款、合同的目的、交易习惯以及诚实信用原则，确定该条款的真实意思。"

以证明自己享有相关权利。

在本案中，法院也正确地指出，电子书的消费与有声读物的消费属于两种不同的消费方式，两者针对的受众可能在身体状况、认知能力和学习习惯上存在区别，而不同的受众即意味着不同的市场，针对不同市场对作品进行利用的收益应归著作权人。本案中，没有证据表明创策公司取得了以录音形式对作品进行传播的权利，仅仅依靠其获得的制作电子出版物的权利是不能为其制作录音制品的正当性提供权利来源的，并因此认定创策公司的行为超出了授权许可的范围界限。

三、本案各被告在侵权行为中的责任认定

本案涉及超出许可范围的多层转授权中，各授权方与最终实施侵权行为人的侵权认定问题。本案涉及的授权链条为：谢鑫—创策公司—思变公司—朝花夕拾公司—懒人公司。创策公司超出自身获得的授权范围，将制作有声读物的权利授予思变公司，思变公司制作了涉案有声读物并许可朝花夕拾公司利用，指定使用主体为懒人公司，懒人公司最终将涉案有声读物在其经营的平台上提供，使公众可以在自己选定的时间和地点获取。

懒人公司作为最终实施侵权行为者，其需为自己的直接侵权行为承担责任，未直接实施侵权行为者，如果构成对直接侵权行为的帮助、教唆，同样也需要承担责任。英国《版权法》第 16 条规定了未经版权人同意，许可他人实施受版权人专有权利控制范围内的行为构成侵权。① 我国知识产权专门法中并没有许可侵权的规定，但利用《侵权责任法》的一般原理也可以对本案中被告行为与最终侵权行为的关系进行认定。本案中，创策公司明知自己不具有将涉案文字作品制作成有声读物进行传播的权利，而将该权利授予给了思变公司，思变公司在对授权方的权利来源和范围进行审查时没有尽审慎审查的义务，对其前手获得的授权范围进行审查，轻信创策公司具有相应的权利来源而进行了后续的许可。在该授权环节中，创策公司具有故意，而思变公司具有过失。思变公司的后手朝花夕拾公司在对上游合同授权链条进行审查时，也仅

---

① See Copyright,Designs and Patents Act 1988:Section 16(2).

仅是查看了以图片形式存在的授权文件的扫描件,难谓尽到了合理的注意义务。正如法院在判决理由中阐明的,"朝花夕拾公司既未对上游授权文件进行审查,亦未向作者及上游授权方核实授权情况",没有尽到应有的审查义务确保授权链条上的权利是完整、连贯的,因此存在过错。而相同的过错在懒人公司对合同进行审查时也存在。客观上,懒人公司的前手将自己并未获得的权利进行层层转授权;主观上,懒人公司的前手在转授权时,对授权超范围或存在故意,或存在过失,最终导致懒人公司轻信自己实施之行为有授权基础并实施了侵权行为。因此,在本案中,所有前手的行为对最终侵权行为的发生都提供了帮助,如果没有前手的授权,懒人公司就不会基于自己具有权源基础的自信而将涉案有声读物在网上传播,认为授权环节中的所有前手与懒人公司构成共同侵权,判决其承担连带责任是合理的。

此外,谢鑫在上诉请求中主张一审判决赔偿数额偏低,应以《使用文字作品支付报酬办法》规定的标准为参照确定赔偿数额。但该办法中规定的付酬标准并不是强制性的,除了法定许可和当事人未约定支付标准的情况外,是否参照标准,由权利人和使用人确定。且该办法还规定了数字或网络环境下使用文字作品,使用者"可以"参照办法的付酬标准和方式,而非必须适用该标准。因此,谢鑫主张以办法中的规定为标准确定赔偿数额的请求并无法律或法规层面的依据。二审法院也认为一审法院在判决中考量的因素并无不当、数额合理,并驳回上诉,维持了原判。①

（作者：丛立先　张媛媛）

---

① 　见 2014 年 11 月 1 日实行的《使用文字作品支付报酬办法》第十四条:在数字或者网络环境下使用文字作品,除合同另有约定外,使用者可以参照本办法规定的付酬标准和付酬方式付酬。

古籍点校成果的可版权性问题：

李子成诉葛怀圣侵害著作权纠纷案

| 典型意义 |

我国传统文化源远流长，对于卷帙浩繁的古典书籍文献，古籍点校是最为常见的整理方式，绝大部分人也只能通过点校本对古典文化进行阅读品鉴。但一直以来，古籍点校成果的法律性质及保护方式颇有争议，司法判例不一。有的法院认为，古籍点校成果构成作品，受版权法保护；①有的法院认为，古籍点校成果不构成作品也不应予以保护；②也有法院认为，古籍点校成果虽不构成作品但属于民事权益应予以保护。③ 本案中，最高人民法院则明确了该争议在司法实践中的处理方式，认为古籍点校成果构成作品，受版权法保护，为之后此类案件的审理提供借鉴。同时，本案的审判结果也在一定程度上肯定了古籍点校工作者的工作成果，有利于我国古籍点校行业的健康发展、古代书籍文献的传播及传统文化的传承，对维护我国文化的完整性和纵深性具有重要意义。

| 裁判要旨 |

一、对民国版《寿光县志》的点校需要点校者具备一定的知识素养并进行调查研究，点校过程属于智力劳动，点校本属于智力劳动成果；点校者根据自己的理解对《寿光县志》进行句读、分段，客观上形成了一种特殊形式的表达；点校本的表达方式并非唯一或极为有限，点校者在对古籍进行句读、分段的过

---

① 见北京市第一中级人民法院民事判决书(2012)一中民终字第 14243 号。
② 见上海市高级人民法院民事判决书(2014)沪高民三(知)终字第 10 号。
③ 见北京市第二中级人民法院民事判决书(2011)二中民终字第 12056 号。

程中存在一定的选择空间,存在形成不同表达的可能。综上,民国版《寿光县志》点校本构成版权法意义上的作品。

二、民国版《寿光县志》点校本至少有 85% 的内容凝聚了原被告双方的创造性劳动,双方对民国版《寿光县志》点校本共同享有版权。被告葛怀圣未经原告李子成许可单独将其发表的行为,构成版权侵权。

| 案情介绍 |

（2011）潍知初字第 186 号

（2014）鲁民三终字第 340 号

（2016）最高法民再 175 号

一审原告、二审被上诉人、再审被申请人：李子成

一审被告、二审上诉人、再审申请人：葛怀圣

2008 年 9 月 18 日,葛怀圣与李子成协商共同点校民国版《寿光县志》一书,此后,双方开始合作点校。2009 年 6 月,第一稿全部打印排版完成。2009 年七八月,形成第二稿。2009 年 10 月,形成第三稿,也即李子成印刷成册的《寿光县志》校注本上、下册。此后,双方发生分歧,终止合作。该印刷成册的《寿光县志》校注本上、下册上标明,顾问：……葛怀圣,主编：李子成,该第三稿并未正式出版。其中葛怀圣点校了该第三稿中卷十二《人物志》中的两册,卷十三《金石志》,卷十四《艺文志》,卷十五《大事记》,卷十六《杂记》《附录》全部,其余部分由李子成点校。

2010 年 7 月 16 日,李子成给葛怀圣发电子邮件,称《寿光县志》清样（第四稿）已基本完稿,与葛怀圣商量印刷《寿光县志》的有关事宜,如定价、是否合作署名、费用承担及修改等问题。葛怀圣于 7 月 19 日去李子成处取回第四稿继续进行校对,因书中点校、注释部分错误仍然很多,双方对于有关文义的理解等问题各持己见,尤其对于是否多加注释的问题形成不了统一意见,发生严重分歧,双方于 2010 年 9 月 27 日再次终止合作。

2011 年 1 月 23 日,李子成在其博客上发布消息称,民国版《寿光县志》（简体字、校注本）已正式成书,并向古籍爱好者提供。葛怀圣在第四稿的基础上,又点校了第五、六、七稿,最终于 2011 年 4 月 29 日由中国诗词楹联出版

社正式出版民国版《寿光县志》点校本,该书标明,点校:葛怀圣,校审:孙仲春、李永吉,印数:1000 册,定价:450 元。

李子成认为,其民国版《寿光县志》校注本与葛怀圣出版的民国版《寿光县志》点校本就点校部分而言,相同之处有 95%,不同之处有 5%;葛怀圣出版民国版《寿光县志》点校本的行为侵害其署名权和发行权,遂诉至法院。

一审法院认为,对古籍进行整理、点校之后的点校本构成版权法意义上的作品。葛怀圣在出版的民国版《寿光县志》点校本第一页上仅标明点校人为葛怀圣,也即将与李子成合作创作的作品当作自己单独创作的作品发表,侵害了合作作者李子成的署名权与发行权,判决被告葛怀圣于判决生效后十日内赔偿李子成经济损失及合理费用共计 6 万元;被告葛怀圣于判决生效之日起一个月内向李子成赔礼道歉,并在《寿光日报》上刊登声明,以表明李子成是涉案民国版《寿光县志》点校本的共同点校人。

被告葛怀圣不服一审法院作出的判决,以民国版《寿光县志》点校本不构成版权法意义上的作品等为由提出上诉。二审法院经审理,作出了驳回上诉、维持原判的判决。被告葛怀圣仍不服,以民国版《寿光县志》点校本以复原古文原意为目的,不具有独创性,不构成版权法意义上的作品为由向最高人民法院提出再审申请。最高人民法院再审后,作出了维持二审判决的决定。

| 裁判理由 |

一审法院认为:古籍点校是指点校人在古籍版本的基础上,依据专业知识、文字规则、标点规范及其他版本或史料对相关古籍进行划分段落、加注标点、选择用字并拟定校勘记的过程,通常会受点校人知识水平、文学功底、价值观、人生观、世界观等多方面因素影响而有所不同,这种不同是点校人独创性思维的体现。民国版《寿光县志》虽然属于公有领域的作品,但对其进行整理、点校之后的点校本凝聚了点校人对点校内容的创造性劳动,构成版权法意义上的演绎作品。《中华人民共和国著作权法》第十三条规定,两人以上合作创作的作品,著作权由合作作者共同享有。本案中,李子成、葛怀圣对双方共同点校民国版《寿光县志》的事实均不否认,且葛怀圣当庭承认双方合作校注的第三稿(民国版《寿光县志》校注本)与正式出版的民国版《寿光县志》点校本相比，有85%的相同之处。因此，就点校的内容来讲，至少有85%的部分凝聚了双方的创造性劳动，双方对民国版《寿光县志》点校本共同享有版权。而葛怀圣在出版的民国版《寿光县志》点校本第一页上仅标明点校人为葛怀圣，将与李子成合作创作的作品当作自己单独创作的作品发表，侵犯了合作作者李子成的署名权与发行权。由于李子成无证据证明自己的损失，也无证据证明葛怀圣的违法所得，因此法院只能根据涉案作品的类型、侵权行为的性质、后果等因素以及李子成为制止侵权行为所支出的合理开支情况，酌定赔偿数额为6万元。

二审法院认为：虽然古籍点校以还原古籍原意为宗旨，但由于古籍点校通常会受点校人知识水平、文学功底、表达习惯等多方面因素的影响，就同一古籍，不同的点校人会创作出不同的点校成果，所以，古籍点校凝聚了点校人的创造性劳动，古籍点校成果具有独创性，构成版权法意义上的作品。并且，由于我国古代文献资料极为丰富，绝大部分人只能通过点校版本阅读，如果不给予保护，将对我国古籍点校行业的健康发展、古籍作品的传播及传统文化的传承造成不利的影响。所以，古籍点校成果应受到版权法的保护。本案中，葛怀圣对民国版《寿光县志》点校本系其与李子成合作创作没有异议，所以，涉案作品的版权应归二人共同享有。涉案作品在葛怀圣出版之前从未发表，而葛怀圣出版涉案作品时未将李子成列为共同点校人，其行为侵害了李子成对涉案作品享有的署名权和发行权，一审判决并无不当。

最高人民法院认为：涉案民国版《寿光县志》点校本构成版权法意义上的作品，理由有三：（1）涉案民国版《寿光县志》点校本属于智力劳动成果，需要点校者具备一定的历史、人文、文学等素养，且需要投入人力物力进行调查研究，该点校过程属于智力劳动；（2）尽管古籍点校的目的是探寻原意，但点校者依据其理解对古籍进行句读、分段等，客观上形成了一种特殊形式的表达，加入了点校者对古籍的理解，因此涉案民国版《寿光县志》点校本构成对客观事实的表达，点校行为可被视为具有独创性思维的表达；（3）针对同一文本，不同点校者的理解不会完全一致，不同点校者的认知水平、史学功底、专业技巧、点校经验及其对点校素材的历史背景、相关事件等的认识存在差别，最终的点校成果与原本贴近的关联度也有差异，而且点校行为受点校人多种主观因素的影响,不可避免地会融入点校者的个性选择,因此对民国版《寿光县志》点校的表达方式并非唯一或极为有限。本案中,涉案点校本至少有85%的部分应由李子成、葛怀圣共同享有版权,而葛怀圣未经李子成许可,单独将其发表,构成侵害李子成版权的行为。

| 案件分析 |

本案裁决思路较为清晰,三个法院的审理均首先分析古籍点校成果是否可构成作品、是否受版权法保护这一问题,接着再分析被告葛怀圣的行为是否属于侵权行为。而被告葛怀圣提出上诉、申请再审的主要争议点也在于对古籍点校成果可版权性的质疑。实际上,学界与实务界关于古籍点校成果法律性质的认定并未形成统一结论。而最高人民法院通过本案的审理至少在司法实践上对这一问题进行了解答,为之后此类案件的审理提供指导。

一、古籍点校概念

古籍整理工作从汉代刘向开始一直延续至今,主要是指通过句读、校勘、注释、辑佚、考证辨伪、影印、汇编等方式对古籍进行加工整理,[①]以便人们对古典文化的阅读品鉴,促进中华文化的传承。古籍点校则是古籍整理的形式之一。

本案所涉及的民国版《寿光县志》分为校注本(即原告李子成打算出版的)和点校本(即被告葛怀圣已经出版的)两个版本。原被告双方一致认为,点校指对古籍中的繁体字改成简化字并加标点、分段落,以及改正文字的错误,而校注则是点校和注释的结合,是在点校的基础上对古籍中难懂的部分予以注释。法院对此表示认同。

二、古籍点校成果的法律性质

本案最大的争议点在于民国版《寿光县志》点校本是否可受版权法保护,

---

① 参见曹亦冰:《从中国大陆当代古籍整理的现状看其类别、方式方法及走向》,《古籍整理研究学刊》2005年第1期。

也即对古籍进行句读、改正错误文字之后的成果是否具有可版权性。只有在民国版《寿光县志》点校本受版权法保护的情况下,原告才可对其主张版权。而学者法官们对这一问题的观点并不一致。

对古籍点校成果可版权性持否定观点者认为,古籍点校的目的在于复原古文原意,古籍点校成果或属于事实,或属于点校者思想观点(其所理解的古籍含义)的有限表达方式,不构成作品;①古籍点校成果虽然凝聚了点校者的大量心血,属于智力成果,但这种"额头流汗"劳动并不能满足最低限度的智力创造性的要求,不具有独创性;②古籍点校成果也不属于《著作权法》第十二条规定的演绎作品,因为构成演绎作品的前提必须是产生了新作品,而点校成果并非作品;③若对古籍点校成果加以保护,可能导致在先点校者对市场的垄断,不利于古籍的传播与文化的传承。④

对古籍点校成果可版权性持肯定观点者认为,古籍点校必然会受到点校者个人专业知识、文学功底、点校水平等的影响,也会因考证方法、所了解的历史背景的不同而有所区别,古籍点校过程并非"额头流汗"意义下简单的劳动投入,而是在文本上注入了新的生命力,点校成果因融入了点校者的个性选择而具有创造性,可构成作品;⑤古籍点校复原古文原意的意图并不能否认其可版权性,这种将作者意图作为判断作品独创性标准的方法脱离了传统的版权法规则,混淆了独创性标准与保护范围标准,不应采纳;⑥对古籍点校成果给

---

① See A.A.Hoehling v.Universal City Studios,618 F.2d 972,at 974(2nd Cir,1980).(本案涉及揭露历史事实的可版权性问题,与古籍点校的可版权性有异曲同工之妙)参见王迁:《知识产权法教程》(第五版),中国人民大学出版社 2016 年版,第 61—62 页;袁博:《论古文点校智力成果可版权性的证伪》,《中国版权》2013 年第 5 期;上海市高级人民法院民事判决书(2014)沪高民三(知)终字第 10 号。

② 参见袁博:《论古文点校智力成果可版权性的证伪》,《中国版权》2013 年第 5 期;王迁:《古文点校著作权问题研究——兼评"中华书局诉国学网案"等近期案例》,《华东政法大学学报》2013 年第 3 期。

③ 见北京市朝阳区人民法院民事判决书(2011)朝民初字第 17229 号、北京市第二中级人民法院民事判决书(2011)二中民终字第 12056 号。

④ 参见徐卓斌:《古籍点校成果的保护路径》,《中国版权》2014 年第 5 期。

⑤ See Qimron v. Shanks, C. A. 2790/93, 2811/93, English edition translated by Michael Birnhack,https://m.tau.ac.il/law/members/birnhack/DSStransaltion.pdf(last visited August 1,2019).

⑥ 参见梁志文:《作者意图、事实与作品的可版权性——以古籍整理相关案件为主线》,《政治与法律》2015 年第 12 期;温州市中级人民法院民事判决书(2018)浙 03 民终 1520 号。

予版权法的保护仅限于其具有独创性的部分，并不会导致对古籍本身的垄断，他人仍然可以对古籍进行独立的点校整理。①

本案中，最高人民法院基于三个方面的分析，也肯定了古籍点校成果的可版权性。

首先，法院认为，对民国版《寿光县志》的首次点校，需要点校者具备一定的知识储备、人文素养，也需要点校者进行调查学习、研究考证，属于智力劳动，民国版《寿光县志》点校本也自然属于智力劳动成果。

其次，法院认为，民国版《寿光县志》点校本构成对客观事实具有独创性的表达。一方面，古籍点校者通过对民国版《寿光县志》进行标点符号的添加、段落层次的划分，加入了其自身对民国版《寿光县志》的理解，可以说，该点校成果是点校者想法与理解的表达。另一方面，古籍点校者面对无标点、无分段、页面残损的原本，虽然本意是探寻古文原意，但在实际复原过程中，免不了会按照自己所了解的历史背景、乡土风貌等对原本进行推敲琢磨，再进行句读分段，客观上形成了一种特殊形式的表达。

最后，涉案民国版《寿光县志》点校本的表达方式并非唯一或极为有限，不会因为混同原则而不受版权法保护。其一，点校者并非民国版《寿光县志》作者本人，其虽出于还原民国版《寿光县志》的初衷进行点校，但还原的成果也只是其主观理解上的"原著"，针对同一文本，不同点校人点校完成的版本通常不会完全一致；其二，不同点校者的认知水平、史学功底、专业技巧、点校经验存在差别，其对点校素材历史背景、相关事件、前因后果等了解程度有所不同，因此，最终的点校成果与原本贴近的关联度也有差异；其三，点校行为受点校人多种主观因素的影响，不可避免地会融入点校者的个性选择。基于上述原因，点校者在对民国版《寿光县志》进行句读、分段的过程中存在一定的选择空间，存在形成不同表达的可能。

---

① 参见梁志文：《作者意图、事实与作品的可版权性——以古籍整理相关案件为主线》，《政治与法律》2015 年第 12 期；戴建志：《对古籍整理著作权的认识》，http://www.guoxue.com/？p=8048，最后访问日期：2019 年 8 月 1 日。

三、侵权的判定

本案对于侵权的判定较为简单。原告李子成认为，其民国版《寿光县志》校注本与被告葛怀圣出版的民国版《寿光县志》点校本就点校部分而言，相同之处有 95%，不同之处有 5%，而被告葛怀圣承认，两个版本就点校之处而言，有 85% 的部分相同，15% 的部分不相同。也就是说，就点校内容来看，民国版《寿光县志》点校本至少有 85% 的部分是凝聚了原告李子成和被告葛怀圣的共同创造性劳动的。根据《中华人民共和国著作权法》第十三条规定，两人以上合作创作的作品，著作权由合作作者共同享有，李子成与葛怀圣对民国版《寿光县志》点校本均享有版权。而葛怀圣未经李子成许可将其当作自己单独创作的作品出版，侵犯了合作作者的版权。

四、对古籍点校成果保护方式的思考

古籍点校工作要求点校者具备一定的专业知识、人文素养，需要点校者投入大量的时间、精力和物力进行考证探究、辨明真伪。古籍点校成果也会因点校者考证方法、文学功底、史学知识、点校技能等的不同而有所差异，体现了点校者独特的选择编排。考虑到其背后需付出的巨额成本与心血及其所蕴含的智力劳动与选择，根据洛克的财产权劳动理论，我们应对其加以保护，以避免市场中"搭便车"现象的出现，保护点校者的利益及其点校积极性，促进点校行业的发展及我国传统文化的传播。

但以何种方式对古籍点校成果进行保护，我国法律并未明确规定，除了上文提及的以作品形式进行保护外，也有不少专家学者提出将其作为民事权益或直接作为邻接权进行保护。如在"郑福臣案"中，法院认为，尽管点校者无权对点校本主张版权，但其"进行断句和标点也投入了大量的智力劳动，该种劳动成果应当作为一种民事权益受法律保护"，他人对"劳动成果应予尊重，在使用该劳动成果前应当征得许可，并以适当的方式表明劳动者的身份"。[①]

---

① 北京市朝阳区人民法院民事判决书(2011)朝民初字第 17229 号、北京市第二中级人民法院民事判决书(2011)二中民终字第 12056 号。

这是通过《民法通则》第五条①和《侵权责任法》第二条②，将点校成果作为"合法的民事权益"进行保护。③ 但这种保护方式权利边界模糊、保护期限未明，在具体实践过程中存在较大的操作难度。笔者认为，对于争议较大的事物的保护问题，在可能的情形下，应优先考虑将其归入已经类型化的权利范畴而非创设一种新的权利，以维护法律的稳定性。

此外，《北京市高级人民法院侵害著作权案件审理指南》（本文简称《指南》）第2.11条规定："对古籍进行校勘、注解而创作出的校勘记、注释等，满足独创性要求的，可以作为作品受著作权法保护。对古籍仅划分段落、加注标点、补遗、勘误等，应当结合案件情况认定是否作为作品或者作为版式设计受著作权法保护。"这一规定并未一刀切地将古籍点校成果认定为作品或非作品，而是要求法院进行个案分析，对于独创性不高的点校成果可作为版式设计加以保护。所谓版式设计，是指对印刷品的版面格式的设计，包括对版心、排式、用字、行距、标点等版面布局因素的安排。④ 古籍点校涉及上述"标点"这一版面布局因素，可视为一种特殊的版式设计。且就保护期限上看，版式设计只有10年的保护期，从公共利益的角度考虑，这一保护方式较上文的"民事权益"更为合理。但版式设计的权利主体为出版者，且其不享有信息网络传播权，在互联网快速发展、网络成为信息传播主要渠道的现代社会，通过版式设计对古籍点校成果进行保护仍需考量。⑤ 而且《指南》第2.11条的这一规定，赋予法官较大的裁量权却未细化判断标准，容易导致审判结果的不确

---

① 《民法通则》第五条规定，公民、法人的合法的民事权益受法律保护，任何组织和个人不得侵犯。"郑福臣案"审判时，尚未通过《民法总则》，故只引用《民法通则》的条文。但也可参见《民法总则》第三条规定：民事主体的人身权利、财产权利以及其他合法权益受法律保护，任何组织或者个人不得侵犯。

② 《侵权责任法》第二条规定："侵害民事权益，应当依照本法承担侵权责任。本法所称民事权益，包括生命权、健康权、姓名权、名誉权、荣誉权、肖像权、隐私权、婚姻自主权、监护权、所有权、用益物权、担保物权、著作权、专利权、商标专用权、发现权、股权、继承权等人身、财产权益。"

③ 民事权益包括民事权利和尚不构成民事权利的合法利益。参见梁慧星：《中国侵权责任法解说》，《北方法学》2011年第1期。

④ 参见胡康生主编：《中华人民共和国著作权法释义》，法律出版社2002年版，第148页。

⑤ 参见何怀文：《古籍点校本的法律保护：特设民事权益与著作权之外第三条出路》，《中国出版》2013年第13期。

定性。

但以邻接权方式对古籍点校成果之类的智力成果加以保护在国外确实是通行做法。如德国《著作权法》第70条和意大利《著作权法》第85条之四，都规定了对科学分析成果的邻接权，以保护在已有公知版本的基础上进行科学分析的成果，①为我国解决古籍点校成果保护问题提供又一种思路。

五、总结

本文借助此案，对专家学者们所持的及法院审判所采纳的关于古籍点校成果法律性质及保护方式的观点进行了呈现，为我国法律尤其是《著作权法》的完善提供思路和创新的基础。而本案作为最高人民法院发布的2018年度50件典型知识产权案例之一，则是在现行法律未进行明确规定的情形下，为之后此类案件的审判提供指导性意见，以促进审判结果的确定性，同时也鼓励了点校者的点校积极性，促进我国传统文化的传承。

（作者：丛立先　徐伊丽）

---

① 德国《著作权法》第70条规定：对于不享有著作权的作品或文本的版本如果是科学分析成果的体现，而且与先前公知版本显著不同，则该版本的编辑者可受到保护。该权利的保护期为自该版本出版之时起算25年。意大利《著作权法》第85条之四规定：公有领域作品的科学分析版本的出版者对该版本享有20年专有权利。参见王迁:《古文点校著作权问题研究——兼评"中华书局诉国学网案"等近期案例》,《华东政法大学学报》2013年第3期。

法人作品与特殊职务作品的区分：

李惠卿诉陈文灿著作权权属、侵权纠纷案

| 典型意义 |

我国现行著作权法同时规定了法人作品制度和特殊职务作品制度,虽然从字面上看,这两种作品的构成要件存在较大差别,但在实践中,这二者界限模糊、功能重叠、难以区分,导致版权权属纠纷频发,也给司法裁判带来障碍。本案中,法院从著作权法立法目的、鼓励创作和平衡当事人及社会公共利益角度出发,详细分析了法人作品和特殊职务作品的认定标准与区别,对法人意志进行严格限定并适当扩大特殊职务作品的作品类型,进而将涉案作品认定为特殊职务作品,较好地实现创作者、法人和社会公众之间的利益平衡,也为厘清法人作品与特殊职务作品之间的界限提供了参考。

本案启示我们,对案件的审理要尊重历史,从当时的社会背景、群众心理出发思考问题;对立法用语模糊或立法空白之处,应立足于立法目的、利益平衡等进行考虑,以提高法律的灵活性和适用性。

| 裁判要旨 |

一、涉案作品 1987 年版《武夷之春》创作完成之时,我国现行著作权法尚未颁布,其他法律法规也未对特定作品版权的享有和行使的主体作出明确规定,而 1994 年版《武夷之春》是在 1987 年版《武夷之春》的基础上调整修改而来,因此对两幅《武夷之春》作品版权归属的确定,应兼顾历史与现实,将作品的创作置于当时的创作背景、社会历史环境等条件之下,并依照现行著作权法的相关规定来予以确定,既最大限度保护创作者的合法权益,又依法维护法人的合法权益和社会公共利益。

二、涉案作品《武夷之春》在创作时,集体利益高于个人利益、舍小我顾大

我的观念被人们普遍接受，且承接任务并组织创作的学校为作品的完成提供了大量的资金、场地、技术等方面的支持，因此将其认定为自然人作品不合理。

三、为区分法人作品与特殊职务作品，立足于著作权法的立法目的，法人作品中的"法人意志"这一抽象要件应严格限定于创作者个人自由思维的空间不大，不能充分发挥主观能动性，创作思想及表达方式完全或主要代表、体现法人的意志的情形，以避免忽视创作者在作品形成中的能动性因素。

四、基于立法本意，在符合法定构成要件的情形下，可扩大特殊职务作品的范围而不仅限于法条列举的四种类型。

| 案情介绍 |

（2017）闽 0203 民初 3467 号

（2018）闽 02 民终 1515 号

一审原告、二审上诉人：李惠卿

一审被告、二审上诉人：陈文灿

一审第三人、二审被上诉人：福州大学

1986 年，陈文灿为原工艺美校（后被福州大学合并）校长，吴景希为该校教师。当年，工艺美校承接人民大会堂福建厅大型漆画的设计、制作，并组织学校多名师生参与创作漆壁画作品《武夷之春》（4.3 米×7.4 米）作为福建厅的主画。1987 年 1 月，省机关事务管理局与福建工艺美术学校艺术设计服务公司（工艺美校的校办企业，本文简称"工艺美校服务公司"）签订《合同书》，约定由工艺美校服务公司设计制作人民大会堂福建厅壁（漆）画。漆画完工验收后，移交人民大会堂管理局接收使用。1992 年 10 月，工艺美校编撰的《福建工艺美术学校四十周年校庆作品集》出版，收录了《武夷之春》1987 年版，其上署名包括吴景希、陈文灿等人。

1994 年，人民大会堂福建厅重新装修，对画作尺寸提出新的要求，工艺美校又组织创作漆画作品《武夷之春》（4.2 米×10 米）作为福建厅的主画，主要内容除了 1987 年版的大王峰和玉女峰外，还增加了鹰嘴岩，且尺寸有所扩大，在诸多细节方面也有改变。1994 年 6 月，省机关事务管理局与福建工艺美术学校厦门艺术设计公司（工艺美校的校办企业，本文简称"工艺美校设计公司"）签订合同,约定省机关事务管理局委托工艺美校设计公司设计制作人民大会堂福建厅大型磨漆画《武夷之春》。2002 年 10 月,工艺美校编撰的《福州大学工艺美术学院、福建工艺美术学校校庆 50 周年系列作品集》出版,收录了《武夷之春》1994 年版,其上署名包括吴景希、陈文灿等人。

2013 年 7 月 24 日,中国美术馆在北京举办"苍茫与浪漫——陈文灿漆画、水墨画展",展览了 1994 年版《武夷之春》,并将研讨会的发言稿组编印制《苍茫与浪漫——陈文灿漆画、水墨画展学术研讨、论文集》。2013 年 10 月 25 日,陈文灿向国家版权局申请并取得大型油漆壁画《武夷之春》的作品登记证书,将作品权属登记在其个人名下而未提及合作者吴景希。2017 年 12 月 12 日,国家版权局依据陈文灿的申请出具了《撤销登记通知书》,将上述版权登记予以撤销。但 2018 年 1 月 5 日,国家版权局中国版权保护中心的官网及"中国版权服务"官方微信公众号仍然可以检索到上述版权登记信息。

吴景希因病去世后,其母李惠卿作为继承人,以陈文灿在画展中提到1987 年版《武夷之春》是其作品而未提及创作者吴景希、为其学生洪居元所著一书作题注但该书提及 1987 年版《武夷之春》时没有署名吴景希、在其个人著作《水墨印象》一书中提及其作品《武夷之春》但未写明合作者吴景希、将《武夷之春》登记在个人名下等行为侵犯吴景希署名权、展览权为由将其诉至法院。而福州大学认为两幅作品为法人作品,主张其享有全部版权。

一审法院认为,讼争两幅作品为法人作品,因此原告无权就作品的复制权、发行权、展览权提出主张;学校在出版的书刊中将署名权让渡给了吴景希等人享有,因此,陈文灿的版权登记行为侵犯了吴景希的署名权,但原告主张的其他侵犯署名权的行为,法院不予认可。最终,法院作出如下判决:一、大型漆壁画《武夷之春》(1987 年版)、《武夷之春》(1994 年版)的版权归福州大学所有(吴景希享有署名权);二、陈文灿应于判决生效之日起十日内,消除由"中国版权服务"微信公众号等渠道的错误登记信息所造成的影响,并在中国美术家协会的报纸、网站上公开声明,明确《武夷之春》1994 年版的创作、设计者包括吴景希,消除其行为造成的影响;三、陈文灿应于判决生效之日起十日内赔偿李惠卿为制止侵权所支付的合理费用 13330 元;四、驳回李惠卿的其他诉讼请求。

原告李惠卿不服一审法院作出的判决，以讼争两幅《武夷之春》均为自然人作品而非法人作品，吴景希享有复制权、发行权和展览权，且陈文灿侵犯署名权的行为不单单只有版权登记这一项为由提出上诉。被告陈文灿亦不服一审法院作出的判决，以吴景希不能享有署名权、消除微信公众号等渠道的错误登记信息所造成的影响超出原告李惠卿的诉讼请求等为由提出上诉。

二审法院补充查明相关证人证言，确认了制作漆画的任务由工艺美校承接，并由工艺美校安排吴景希等创作骨干进行创作的事实，认为讼争两幅《武夷之春》为特殊职务作品，署名权由吴景希、陈文灿等人享有，工艺美校享有除署名权之外的版权，工艺美校并入福州大学作为内设教学机构之后，相应的版权由福州大学承继。且考虑到"中国版权服务"微信公众号上仍能查询到原有的版权登记信息是版权登记机关未能及时有效履行职责的缘故，法律后果不应由被告承担，二审法院最终作出了维持一审判决第三项，撤销一审判决第一、四项，变更一审判决第二项的终审判决。

| 裁判理由 |

一审法院认为：《中华人民共和国著作权法》第十一条规定，由法人或者其他组织主持，代表法人或者其他组织意志创作，并由法人或者其他组织承担责任的作品，法人或者其他组织视为作者。本案中，两幅《武夷之春》的创作均由工艺美校从省机关事务管理局承接任务，并通过校办企业与之签订合同书。讼争作品的创意产生、方案讨论、实地写生、创作实施等整个过程所涵盖的各方面工作均由学校牵头主持。两幅《武夷之春》画稿的创作主题、表现内容、构成要素等均由学校集体讨论后提出，创意确定及最终定稿都要由工艺美校乃至福建省委等国家机关审核确定，足以说明法人意志体现在讼争作品的主题、内容、形式以及最终的呈现等各方面。故 1987 年版与 1994 年版《武夷之春》为法人作品，版权人均为福州大学。工艺美校在其编撰的两本公开出版物上为包括吴景希、陈文灿在内的相关人员署名，可以视为其对上述人员参与创作及在作品上署名的公开认可，即工艺美校承认以上人员对《武夷之春》的署名权，但这并不影响工艺美校及其权利继受人福州大学享有法人作品的版权。

　　陈文灿向国家版权局申请作品登记,将1994年版《武夷之春》的作者和版权人登记为其个人,排除了其他设计者和制作者的署名权,应当承担侵犯署名权的法律责任。吴景希死亡后,其署名权依法由其继承人保护,李惠卿作为吴景希的法定继承人,有权对陈文灿的上述行为提起诉讼。但李惠卿提出的其他三项关于署名权侵权的事实,法院认为不应由陈文灿承担责任或陈文灿并未否认吴景希的作者地位,不予支持。

　　至于复制权、发行权和展览权,由于两幅《武夷之春》为法人作品,著作财产权均属于福州大学。陈文灿的行为是否会对《武夷之春》的著作财产权构成侵权,应当由实际享有版权的主体主张,李惠卿无权提起诉讼。

　　二审法院认为:在考虑两幅《武夷之春》作品版权归属问题时,应兼顾历史与现实,将作品的创作置于当时的社会背景、历史环境之下,并依照现行著作权法的相关规定来予以确定,既最大限度保护创作者的合法权益,褒扬创作者的艺术贡献,又依法维护法人的合法权益和社会公共利益。讼争两幅《武夷之春》为工艺美校承接任务而创作,安排吴景希等人采风、构思、制作,且提供了资金、场地、人力等物资技术条件。同时,讼争作品创作之时,我国尚处于改革开放初期,舍小我顾大局、集体利益高于一切的观念为全社会广泛推崇,以创作者为核心的保护制度也尚未形成。吴景希等人作为工艺美校的工作人员完成单位交付的工作任务是其职责所在,履行工作职责所形成的成果归属于工作单位,符合当时人们的普遍认知。有理由相信,在当时特定历史背景下,吴景希等作者不会对讼争作品的全部版权权益提出主张。因此讼争两幅作品不属于自然人作品。

　　但另一方面,若将讼争作品认定为法人作品,容易陷入任何为完成单位工作任务创作的职务作品均属于法人作品的误区,也无法在法人作品与职务作品尤其是特殊职务作品之间划清界限。考虑到版权法保护创作者利益的立法目的,法人作品应限定于创作者个人自由思维的空间不大,不能充分发挥主观能动性,创作思想及表达方式完全或主要代表、体现法人的意志的情形。而且,将法人视为作者,是基于某些政策目标或更好地保护法人合法权益的考量,从这个角度而言,在不违背政策目标并能够充分有效保护法人合法权益的情况下,赋予法人以全部的版权并非必须。具体到本案,与单位发布的工作总结、研究报告等典型的法人作品有所不同,讼争作品为美术作品,本质上属于高度个性化的创作行为,在遵守有关部门提出的创作主题和原则性要求的情况下,创作者仍可自由发挥主观能动性和个人创造力,在作品上充分注入个人的思想和情感。因此,讼争两幅《武夷之春》美术作品并非完全或者主要体现代表了法人的意志,不应认定为法人作品。考虑到讼争作品为工艺美校的工作人员为完成单位的工作任务、由有关部门提供物质技术条件并由有关部门承担责任的职务作品,虽然其不属于《著作权法》第十六条第二款第一项所列举的四种具有实用目的的作品之一,但考量立法本意,可依照该条规定,确定本案讼争作品为特殊职务作品,即署名权由吴景希、陈文灿等人享有,工艺美校(福州大学)享有除署名权之外的版权。据此,李惠卿仍旧不得就复制权、发行权、展览权侵权提出主张。

陈文灿已申请撤销讼争作品的版权登记,可表明侵权行为已停止,微信公众号上仍能查询到原有的登记信息,是版权登记机关未能及时有效履行登记管理职责的缘故,不应由陈文灿承担责任,一审法院的判决应予以纠正。

| 案件分析 |

本案的争议焦点主要在于版权归属问题。原告认为涉案作品《武夷之春》为自然人作品,而一审法院将其认定为法人作品,二审法院将其认定为特殊职务作品,再次引发了人们关于版权归属尤其是法人作品制度和特殊职务作品制度之间关系的思考。

本案 1987 年版《武夷之春》创作完成之时,我国尚未颁布著作权法,其他法律法规也未对版权的归属和行使作出明确规定,而 1994 年版《武夷之春》为在 1987 年版《武夷之春》的基础上修改而来,因此对两幅涉案作品版权归属的确定应立足于当时的创作背景、社会历史环境等,依照现行著作权法的规定并兼顾各方的利益。

一、基于创作背景否定构成自然人作品

《武夷之春》是学校承接并主持的政府项目,学校对此给予了资金、场地等物质技术支持,充分发挥了作品创作过程中所需的组织协调、后勤保障的职能作用。且学校在作品创作的提出、立意、审核等方面做了大量工作,若将其

认定为自然人作品就相当于抹杀了学校的付出，这对学校不公。

且《武夷之春》创作之时，我国正处于改革开放初期，与市场经济相伴的个人主义尚未被人们普遍接受，集体利益高于个人利益、工作成果归属于单位是人们的普遍认知。在这种时代背景下，有理由相信吴景希等创作者不会对《武夷之春》提出权利要求。创作完成之后，各方领导对参与创作者进行了褒奖。这种荣誉的获得，代表了政府对其付出的肯定，只能更加坚定创作者们为国家作贡献的决心和信心，而不会妄图从中谋得个人利益。因此，两审法院均对原告认为《武夷之春》属于自然人作品的主张不予支持，这也符合法律适用应植根于社会生活的要求。

二、法人作品与特殊职务作品的区分

本案的难点主要在于涉案作品《武夷之春》是属于法人作品还是属于特殊职务作品的划分。法人作品制度与特殊职务作品制度是基于投资取得版权这一原则而设立的，①分别来源于英美法系和大陆法系，对这二者进行准确区分是目前司法实践的难点，也是本案审理的关键所在。

（一）法人作品制度概述

法人作品制度源于英美法系。英美法系国家将版权作为鼓励创作的公共政策的产物，而未将其视为"天赋人权"或"自然权利"，长期以来，版权只是一种财产性权利。② 在这种情形下，版权可与创作者完全分离，法人自然也可享有完整的版权。如美国《版权法》第 201（b）条③就规定，受雇完成的作品，除非有相反的书面约定，雇主即为作者，享有版权。英国《版权法》第 11（2）条④

---

① 参见刘银良：《著作权归属原则之修订——比较法视野下的化繁为简》，《政治与法律》2013 年第 11 期。

② 参见王迁：《知识产权法教程》（第五版），中国人民大学出版社 2016 年版，第 19 页。

③ See 17 U.S.C. § 201（b）: Works Made for Hire.—In the case of a work made for hire, the employer or other person for whom the work was prepared is considered the author for purposes of this title, and, unless the parties have expressly agreed otherwise in a written instrument signed by them, owns all of the rights comprised in the copyright.

④ See Copyright, Designs and Patents Act 1988 § 11（2）: Where a literary, dramatic, musical or artistic work, or a film, is made by an employee in the course of his employment, his employer is the first owner of anycopyright in the work subject to any agreement to the contrary.

也规定，雇员在受雇期间所创作的文字、戏剧、音乐、艺术作品或电影，除非有相反约定，雇主为原始版权人。

我国在制定 1990 年《著作权法》时则吸收了这一制度，一直延续至今。现行《著作权法》第十一条第三款规定："由法人或者其他组织主持，代表法人或者其他组织意志创作，并由法人或者其他组织承担责任的作品，法人或者其他组织视为作者。"根据上述条文，法人作品的构成要件主要为：由法人或其他组织主持；代表法人或其他组织意志；由法人或其他组织承担责任。

本案一审法院在审理时，基于《武夷之春》的设计与制作是学校从省机关事务管理局承接的任务，并通过校办企业与其签订合同，且采风、写生、讨论、制作等创作过程均由学校牵头主持，作品的创作主题、表现内容、构成要素等均需吸纳领导意见并由领导审核确定等事实，出于政府项目责任重大、政治意义强烈，且政府直接拨款给学校而非个人，理应由学校承担责任的考量，认为《武夷之春》的创作符合法人作品的构成要件，学校享有完整的版权。

（二）特殊职务作品制度概述

特殊职务作品制度受大陆法系影响而设立。大陆法系国家认为著作权是"天赋人权"，著作权制度应首先保护创作者的人身权利，其次才保护财产权利。因此，大陆法系国家一般都不承认没有实际思维和创作能力的法人为作者进而享有完整的著作权。但考虑到对投资者利益的维护，一般会在作者权益得到根本性尊重的前提下，肯定投资者的利益。如《法国知识产权法典》第L113-9 条①规定，雇员履行职责或根据雇主的指示创作的计算机软件及其文档的财产性权利归属于雇主。

我国借鉴大陆法系国家的立法经验，在《著作权法》上也规定了特殊职务作品制度。《著作权法》第十六条第一款②规定的为一般职务作品，作者享有

---

① 参见 WIPO 网站：Code de la propriété intellectuelle（2019），https://wipolex.wipo.int/zh/text/514540，最后访问日期：2019 年 8 月 3 日。

② 《中华人民共和国著作权法》第十六条第一款规定，公民为完成法人或者其他组织工作任务所创作的作品是职务作品，除本条第二款的规定以外，著作权由作者享有，但法人或者其他组织有权在其业务范围内优先使用。作品完成两年内，未经单位同意，作者不得许可第三人以与单位使用的相同方式使用该作品。

完整著作权；第十六条第二款①规定的为两类特殊职务作品，作者只有署名权，法人享有其他著作权。依据法条，与本案相关的第一类特殊职务作品的构成要件主要为：创作者为法人或其他组织职工；为完成法人或其他组织的工作任务；主要利用法人或其他组织的物质技术条件；由法人或其他组织承担责任。本案中，二审法院否定了一审法院的判断，认为《武夷之春》符合特殊职务作品的构成要件，将其认定为特殊职务作品更为合理。

（三）法人作品与特殊职务作品的界定

实际上，我国《著作权法》规定的法人作品与特殊职务作品的构成要件是非常相似的，二者相互交叉重叠。② 二审法院认为，厘清这二者内涵与外延的关键就在于对"法人意志"的概念进行明确。

"法人意志"是一个抽象的概念，为完成单位工作任务而进行的创作多多少少会涉及对有关部门及领导意志的贯彻，而何种程度的贯彻属于"代表法人或者其他组织意志创作"是法律规定的模糊点，也是司法实践中划分法人作品与特殊职务作品的难点。本案《武夷之春》由学校承接任务、审核把关、承担责任，但若仅仅基于这些特征便将其认定为法人作品，也即将审核把关认定为法人意志的体现，又容易陷入任何为完成单位工作任务创作的职务作品均属于法人作品的误区，也忽视了创作者的创造性劳动才是推动作品形成的主要因素这一事实。

版权制度的设立是为了保护创作者的利益及其创作积极性，因此对于法人作品这一将版权各项权利全部归属于法人的制度设计，应进行严格限定，以避免法人作品涵盖范围的扩张、打击创作者的创作热情。二审法院认为，作品代表法人意志"应限定于创作者个人自由思维的空间不大，不能充分发挥主

---

① 《中华人民共和国著作权法》第十六条第二款规定："有下列情形之一的职务作品，作者享有署名权，著作权的其他权利由法人或者其他组织享有，法人或者其他组织可以给予作者奖励：（一）主要是利用法人或者其他组织的物质技术条件创作，并由法人或者其他组织承担责任的工程设计图、产品设计图、地图、计算机软件等职务作品；（二）法律、行政法规规定或者合同约定著作权由法人或者其他组织享有的职务作品。"
② 参见曹新明：《我国著作权归属模式的立法完善》，《法学》2011 年第 6 期；丛立先：《职务作品与法人作品辨析——以蒋少武诉沈阳机电装备集团公司案为切入点》，《中国版权》2009 年第 1 期。

观能动性，创作思想及表达方式完全或主要代表、体现法人的意志的情形。如果创作时仅仅遵循法人总体的思路或是确定的'调子'的，则不能认为作品体现了法人的意志。"也就是说，法人作品要求单位意志不仅体现在创作行为上，还要体现在创作内容上，法人除了一般的检查和监督外，还应实质性参与作品的创作。[①] 本案《武夷之春》的创作虽需领导审核批准，但构图的设计、色调的选择以及样稿图确定之后的再创作，都为创作者个人的构思、选择和表达，凝聚了吴景希等创作者的思想、情感和美学修养，而非完全或主要体现法人的意志。

此外，法院还从设立法人作品制度的目的方面进行了分析。将法人视为作者并赋予其全部版权是为了特殊的政策目的或更好地保护法人合法权益。只有那些由实际创作者署名发表不能达到预期创作目的和实现预期社会意义的作品，才可构成法人作品。[②] 其他情形，也即在不违背政策目的并能够充分保护法人合法权益的情况下，法人拥有全部的版权并非必须。本案即属于"并非必须"的情形。

三、特殊职务作品的类型

我国《著作权法》在规定第一类特殊职务作品时，对作品类型的表述为"工程设计图、产品设计图、地图、计算机软件等"，而本案的《武夷之春》并不属于上述四种作品类型，此时又应如何处理呢？二审法院只是简单地提及"考量立法的本意"而未详细展开，说服力难免不足。

其实，在本案之前已有类似案例，如"葫芦娃动画形象案"[③]和"领导人照片案"[④]，法院从事实出发均将不属于上述四种作品类型的涉案作品认定为特殊职务作品，并认为符合立法宗旨。而我国《著作权法》之所以在第一类特殊

---

① 参见杨利华、冯晓青：《特殊型职务作品的界定——最高院知识产权司法保护典型案例解析》，《中国法律：中英文版》2014 年第 1 期。

② 参见国家版权局网站，陈锦川：《2009 年北京市高级人民法院著作权案例要点及评析》，http://www.gapp.gov.cn/chinacopyright/contents/534/20623.html，最后访问日期：2019 年 8 月 6 日。

③ 上海市黄浦区人民法院民事判决书（2010）黄民三（知）初字第 28 号、上海市高级人民法院民事判决书（2011）沪二中民五（知）终字第 62 号。

④ 北京市高级人民法院民事裁定书（2017）京再民 31 号。

职务作品中列明上述四种作品类型，是因为这四类作品的"创作仅靠一两个人的努力是很难完成的，需要由法人或者其他组织提供物质技术条件，而创作出的作品的有关责任，也需要由法人或者其他组织向社会负责"。① 本案《武夷之春》的创作，责任之重、难度之大、耗时之长，远非一两个人可以完成，需要学校的帮助与支持，与上述条件相符合。且条文中的"等"表明该规定仅为开放式的列举，并没有将其他类型作品绝对地排除在外。因此，将《武夷之春》认定为特殊职务作品符合立法本意。但也应注意，对特殊职务作品类型的解释不能随意扩大，应本着审慎原则，结合案例具体情况进行适用。

四、总结

在确定了涉案作品的归属及各方享有的权利之后，对于原告是否为提出侵权主张的适格主体以及相关事实是否构成侵权的判定就较为简单了，此处不做赘述。

本案对"法人意志"这一概念进行了分析并作出严格限定，对区分法人作品与特殊职务作品具有重要意义。且本案尊重历史，立足于当时的社会背景并兼顾各方利益，对争议问题作出判断，体现了法律植根于社会生活的特性及其适用性和灵活性。

（作者：丛立先　徐伊丽）

---

① 胡康生主编：《中华人民共和国著作权法释义》，法律出版社 2002 年版，第 84 页。

作品授权出版过程中的版权注意义务：

叶肇鑫诉浦睿公司、湖南音像出版社等侵害著作权纠纷案

| 典型意义 |

图书出版是一个复杂的过程,从写作、审稿到排版、印刷再到发行、销售,其中涉及版权人、出版机构、文化传播公司、零售书店等多类主体以及这些主体相互之间的许可授权、批发售卖等多种法律关系。通过协议,各方可对版权许可使用费、成本分摊方式、利益分享机制等进行约定,具有一定的高效性和灵活性,但也常因为约定的不明确以及操作的不规范而引起版权侵权纠纷。本案即图书出版发行过程中,因出版机构超过版权人指定的数量擅自出版图书而引发的版权侵权纠纷。法院通过对原被告之间订立的两个协议以及图书出版发行的具体过程的分析,认为出版社超越授权权限发行图书,构成版权侵权;文化传播公司在转授权之后未尽到合理的监督和提示义务,与出版社构成共同侵权;出版基金办审查申报材料,已尽到合理的审查义务,不构成侵权。

本案的判决明晰了图书出版过程中各类主体的注意义务,也为图书出版行业的各类主体敲响了警钟,要求他们遵守行业规范、尊重版权人,利于出版行业的健康发展。

| 裁判要旨 |

一、被授权人行使权利不能超出授权范围。本案的被告湖南音像出版社作为一家专业出版机构,在明知被告浦睿公司仅为转授权人的情况下,应对版权人与转授权人之间的权利约定及限制条件尽到审慎注意义务。法院结合合同约定及实际履行情况,认为被告湖南音像出版社超出授权范围出版作品,构

成侵权。

二、转授权人应尽到合理、基本的监督和提示义务。转授权人应对被授权人进行监督和管理，尤其是在本案转授权人参与作品发行全过程的情况下，更应加强监督，要求被授权人按约履行。因此，未尽到监督和提示义务的转授权人应与被授权人共同承担责任。

三、出版基金办的注意义务。依据规定，被告出版基金办需对申报项目的相关材料进行审核，包括对版权授权关系进行形式审查。本案中，被告出版基金办基于版权人与被授权人之间的授权及基金申报协议，以及涉案基金的申报主体仅限于出版单位这一主体的规定，依据被授权人湖南音像出版社提交的申报材料进行立项，已尽到合理的审慎审查注意义务，不构成侵权。

| 案情介绍 |

（2016）沪 0107 民初 17557 号

原告：叶肇鑫

被告：上海浦睿文化传播有限公司（本文简称"浦睿公司"）

被告：湖南电子音像出版社有限责任公司（本文简称"湖南音像出版社"）

被告：国家出版基金规划管理办公室（本文简称"出版基金办"）

原告叶肇鑫从 2008 年 10 月开始构思创作以"细说昆曲"为主题的昆曲艺术讲解纪录片《昆曲百种　大师说戏》（本文简称《说戏》），并在之后将纪录片改编为以《说戏》作为书名的五辑配套图书。2013 年 4 月 5 日，原告叶肇鑫以自费独资的身份，与被告浦睿公司签订《出版协议》，约定由被告浦睿公司提供《说戏》的光盘、图书的生产、出版和发行等服务工作，并约定图书上应有"岳麓书社"字样，但发行数量待定，同时约定浦睿公司负责进行国家和地方政府各类基金的申报。2013 年 7 月 10 日，原告叶肇鑫为被告浦睿公司出具《授权书》，将《说戏》视频作品和文字作品的出版权、发行权、数字资源使用权以及将之转授湖南音像出版社和岳麓书社使用的权利，授予浦睿公司。上述《出版协议》和《授权书》的有效期限均为 2013 年 4 月 5 日至 2016 年 4 月 5 日。2013 年 7 月 11 日，被告浦睿公司出具给被告湖南音像出版社《授权书》，将出版权、发行权、数字资源使用权等转授予被告湖南音像出版社。2013 年 12 月 23 日，被告浦睿公司与被告湖南音像出版社签订《出版合同》，就《说戏》纪录片和简体版图书的出版事项进行约定。2014 年 12 月 31 日，原告叶肇鑫与被告浦睿公司签署《2013/2014 出版发行销售工作的财务决算纪要》，认可被告浦睿公司与被告湖南音像出版社发行出版的 1304 套产品。此外，《说戏》首发预购指南中提及，采用按需定制的发行模式，先征求读者的订购数量，然后完全以读者的预订总数来开机印刷，第一版发行完毕后，就没有多余的书了。

但之后，被告湖南音像出版社未经原告授权许可，超出原定发行数量，擅自再版、发行《说戏》产品，被告国家出版基金办为上述侵权作品提供资金支持，并在产品封面处印有"国家出版基金项目"标识。原告叶肇鑫就涉嫌侵权产品的网上售卖信息进行了证据保全公证，并诉至法院请求确认三被告侵害了其对涉案作品的复制权、发行权，并就侵犯版权的行为向原告赔礼道歉。

法院审理认为，被告浦睿公司与被告湖南音像出版社超出授权数量进行出版的行为侵害了原告叶肇鑫就涉案作品《说戏》享有的复制权、发行权，被告出版基金办并不侵权。

| 裁判理由 |

法院认为，本案的争议焦点主要在于：（1）被告湖南音像出版社是否存在超出原告授权范围（即约定的复制、发行数量）复制、发行涉案作品的行为；（2）如上述版权侵权情形存在，被告浦睿公司是否亦构成侵权；（3）被告出版基金办是否存在违反相关规定，未尽版权审查等义务，进而构成版权侵权。

对于争议焦点一，由于被告湖南音像出版社在与被告浦睿公司签订的《出版合同》中明确述及有所谓"原著作权人"授权的存在，因此可以认定被告湖南音像出版社知晓原告叶肇鑫与被告浦睿公司签署的《出版协议》。该协议可作为认定被告湖南音像出版社复制、发行行为是否超出版权人授权范围的依据。

法院认为，原告叶肇鑫虽未以书面通知方式指定图书出版数量，且决算纪要抬头为 2013/2014，此时合同期限尚未届满，但考虑到被告湖南音像出版社是一家专业出版机构，在明知被告浦睿公司仅为转授权人的情况下，应对版权人与转授权人之间的权利约定尽到审慎注意义务。本案中，综合判断下述三个合同约定及实际履行情况的事实,可以发现,被告湖南音像出版社确实存在在明知或应知出版数量限制的情况下超过限定数量进行出版的行为。第一,原告叶肇鑫与被告浦睿公司签署的《出版协议》约定,原告有权限定产品数量,并需自行承担成本费用。上述事实表明,原告叶肇鑫是自行出资出版涉案作品,考虑到成本预算等,约定作品出版数量既是其合同中的权利,也是商业活动中的惯例。第二,发行咨询方面,涉案作品以指南形式对外介绍发行模式为按需定制,按照订购数量全数发行后,第一版书即没有多余。这表明,在没有另行商定的情况下,市场上不会再有这些作品发售。第三,相关附件中载明了发行项目执行期至 2013 年 12 月 31 日,相关财务资金的流动和结算时间点以及发行等相关时间节点多次指向 2013 年,而非覆盖整个合同期限,之后双方也未达成过其他协议涉及其他年度节点,即便如被告湖南音像出版社所称,因上述预购方式外的网上销售数量零星、销售额不高,故未及时进行结算,但在跨越自然年乃至合同期限届满之时,被告湖南音像出版社并未与他方就该销售数量可能产生的版权使用费、销售金额分配提成等进行协商,也不符合 2013 年度合作方式。

尽管原告叶肇鑫知晓申报出版基金,也知晓申报需要印制样书,但样书与涉案作品的对外发行销售属于两个范畴,不能等同,对于获基金资助后的再行出版,双方应再合议。综上,被告湖南音像出版社存在超出原告授权范围复制、发行涉案作品的行为。

对于争议焦点二,被告浦睿公司经原告叶肇鑫授权,获得转授权利,与被告湖南音像出版社签订出版协议,其应对被告湖南音像出版社是否按约履行合同进行适当的监督和提示。从合同签订、履约过程、往来邮件看,其在涉案作品发行过程中是全面参与发行、决算、基金申报等事项的,作为参与者及利益共享方,应更加明确告知被告湖南音像出版社有关涉案作品限量发行、署名"岳麓书社"等要求,在被告湖南音像出版社再版发行时及时制止。因此,被告浦睿公司不但主观上有过错,客观上也有侵权行为,与被告湖南音像出版社就涉案作品构成版权的共同侵权。

对于争议焦点三,被告出版基金办确需审核申报项目的相关版权情况,其实质是对版权授权关系进行形式审查。版权授权关系的成立并不拘泥于"出版合同"这一名称,也并不排除通过授权链(即授权+转授权)的方式获得版权授权。本案中,原告通过授权书的形式,明确将"专有出版权、发行权"授权予被告浦睿公司,并可转授权予被告湖南音像出版社,故被告湖南音像出版社依授权获涉案作品的复制权、发行权的权利链完整。鉴于原告叶肇鑫与被告浦睿公司的协议约定,由被告浦睿公司负责基金的申报,且涉案基金的申报主体仅限于出版单位这一主体,因此被告出版基金办依据被告湖南音像出版社提交的申报材料,进行立项,已尽到合理的审慎审查注意义务。对于被告湖南音像出版社再行出版发行涉案作品的行为,由于原告未能充分举证证明被告出版基金办主观上存在与之共同侵权的意思联络,而客观上实施了帮助行为,因此认定被告出版基金办未侵犯原告叶肇鑫的复制权、发行权。

| 案件分析 |

图书出版涉及多类法律主体,也包含多重法律关系。各个主体参与其中应注意其所承担的责任与义务,识别并防范风险至关重要。本案则是版权人与出版机构、文化传播公司、国家出版基金办之间就出版过程中的版权侵权问题产生的纠纷。法院针对三被告是否侵权进行了逐一分析。

一、出版者的合理注意义务

《著作权纠纷解释》第二十条规定:"出版物侵犯他人著作权的,出版者应当根据其过错、侵权程度及损害后果等承担民事赔偿责任。出版者对其出版行为的授权、稿件来源和署名、所编辑出版物的内容等未尽到合理注意义务的,依据《著作权法》第四十八条的规定,承担赔偿责任。出版者尽了合理注意义务,著作权人也无证据证明出版者应当知道其出版涉及侵权的,依据《民法通则》第一百一十七条第一款的规定,出版者承担停止侵权、返还其侵权所得利润的民事责任。出版者所尽合理注意义务情况,由出版者承担举证责任。"由此可见,出版者在出版过程中需尽到合理注意义务且由其承担证明责任。一般来说,出版者的合理注意义务分为权属审查和内容审查两方面。①

---

① 参见施小雪:《论出版者的合理注意义务》,《中国出版》2018 年第 11 期。

权属审查义务要求出版者取得作品复制权和发行权的授权,对授权人是否真实合法地拥有作品复制权和发行权进行审查。在实践中,通常会出现被授权人、被委托人、被许可人等与出版者协商出版事项并签订合同的情形,此时就要求出版者对相关的合同或委托书进行审查,明确版权人给予被授权人、被委托人、被许可人等的权利范围,确保权利链的完整及出版行为的规范。而对于汇编作品、演绎作品等的出版,则应注意需要获得多重权利人的授权。

内容审查义务则要求出版者审查出版物内容是否存在抄袭剽窃现象。但考虑到对作品实质性相似的判断是一个复杂且专业程度高的任务,若对出版者施加该义务可能会造成出版效率的低下,因此,对于内容的审查,出版者只需尽到一般注意义务,从理性人的视角进行理性判断即可。①

本案被告湖南音像出版社在与被告浦睿公司签订的《出版合同》中明确述及有所谓"原著作权人"授权的存在,因此可以认定被告湖南音像出版社知晓原告叶肇鑫与被告浦睿公司签署有《出版协议》,被告湖南音像出版社应就该《出版协议》进行全面审查以明确权利范围和出版要求。

《出版协议》中,原告叶肇鑫与被告浦睿公司约定,原告有权限定产品数量,所出版的《说戏》应印制有"岳麓书社"字样。且涉案作品的首发预购指南中明确指出作品的发行模式为按需定制,按照订购数量全数发行后,第一版书即没有多余。基于上述事实,作为一个理性人应知晓,出版图书的数目应由原告叶肇鑫决定,未经允许不得擅自出版。尽管原告叶肇鑫知晓申报出版基金事宜,也知晓申报需要提供样书,但样书的印制与涉案作品的对外发行销售属于两个范畴,不能等同。对于获基金资助后的再行出版,各方应再合议。因此,出版社未尽合理注意义务,其未经原告允许出版图书的行为构成版权侵权。

二、转授权人的监督和提示义务

对于权利的转授,转授权人应向被授权人明确权利范围、行使权利的要求

---

① 参见杨红军:《出版者"合理注意义务"的界定困境及其解决》,《科技与出版》2018年第6期。

与限制等,并在合同履行过程中对被授权人进行监督和提示,以维护权利人的利益。本案中,被告浦睿公司作为转授权人,应对被授权人湖南音像出版社的相关行为进行监督和规范。且其全面参与发行、决算、基金申报等事项,本应更加明确告知被告湖南音像出版社有关涉案作品限量发行、署名"岳麓书社"等要求,也应在被告湖南音像出版社越权发行涉案作品时及时制止,但其对此放任不管甚至共享利益,损害了版权人的权利。尤其是在双方签订的《出版协议》明确约定浦睿公司有责任在协议有效期内,承担由于其或与其关联的第三方的失误而导致的甲方经济损失和法律责任的情况下,被告浦睿公司更应承担监督和提示的义务,并对相关侵权行为承担责任。

三、其他主体的注意义务

图书出版发行涉及多个利益主体,除了版权人、文化传播公司、出版社,本案还涉及出版基金办。2008年发布的《国家出版基金资助项目管理办法》(新出联〔2008〕8号)①第十五条规定,资助项目的申报条件和要求:(1)资助项目申报机构必须是经国务院新闻出版行政部门正式批准的合法出版机构……(3)申报资助项目应当提交《国家出版基金资助项目申请书》、版权人与出版单位签订的该项目出版合同……及出版物样稿(或样张、样盘、演示盘等)。本案被告出版基金办依据规定,对涉案作品申报项目的相关材料及版权授权进行了形式审查。法院认为,被告湖南音像出版社获得出版涉案作品的相关权利的授权链条完整,且原告叶肇鑫与被告浦睿公司约定由被告浦睿公司负责基金的申报,而涉案基金的申报主体仅限于出版单位这一主体,因此,被告出版基金办依据被告湖南音像出版社提交的申报材料,进行审查立项,已尽到合理审慎的注意义务。而原告也没有证据充分说明被告出版基金办对于涉案作品的再版发行主观上有共同侵权的意思联络,客观上实施了帮助行为,因此被告出版基金办的相关行为不构成版权侵权。

---

① 《国家出版基金资助项目管理办法》(新出联〔2008〕8号)已被《国家出版基金资助项目管理办法》(新广发〔2016〕51号)废止。

四、总结

图书出版过程是一个灵活程度较高、自主空间较大的过程，各类主体参与其中，分摊成本、共享利益。但追求自由和效率难免会在规范上存在漏洞从而招致风险，因此就要求各个主体遵守行业规范、按约行使权利履行义务、明确各自所承担的责任。本案的审判则明晰了各类主体的注意义务、提高了各类主体的规范意识，利于出版行业的健康发展。

（作者：丛立先　徐伊丽）

实用艺术品的版权保护：

宁波巨扬公司诉宁波金瑞公司、宁海金昌厂等侵害著作权案

| 典型意义 |

实用艺术品兼具实用性和美学性，对其进行司法保护应在保护作者的独创性贡献与促进作品实用价值的实现、防止对作品功能性价值的垄断之间寻求平衡。本案即涉及对实用艺术品中具有审美意义的美术作品的保护。宁波市中级人民法院在判断涉案产品是否可归入版权法规定的美术作品给予保护时，虽然较 2013 年的关于同一产品的论证①有了些许进步，但仍旧未对涉案产品的实用性与艺术性是否能够分离作出分析，值得进一步探讨。

本案的审理对版权法上实用艺术品的保护条件问题以及实用艺术品的保护范围问题进行了明确。此外，本案还涉及对实用艺术品进行版权保护和外观设计保护的双重保护问题以及权利冲突的解决，对我国完善实用艺术品的保护制度具有重要意义。

| 裁判要旨 |

一、涉案产品"女王刷子"符合实用艺术品实用性、艺术性、独创性和可复制性的四个要件，对其具有审美意义的部分可予以版权法上的保护。

二、被告金昌厂对涉案产品在后申请的外观设计专利权不能对抗原告的在先版权。

三、经比对，原告产品与被告产品仅在色彩和花纹设计上有所不同，总体上构成实质性相似，侵犯原告版权。

---

① 见浙江省宁波市中级人民法院民事判决书(2013)浙甬知初字第 142 号。

四、《中华人民共和国著作权法》第五十三条规定，复制品的出版者、制作者不能证明其出版、制作有合法授权的，复制品的发行者或者电影作品或者以类似摄制电影的方法创作的作品、计算机软件、录音录像制品的复制品的出租者不能证明其发行、出租的复制品有合法来源的，应当承担法律责任。《最高人民法院关于审理著作权民事纠纷案件适用法律若干问题的解释》第十九条第一款规定，出版者、制作者应当对其出版、制作有合法授权承担举证责任，发行者、出租者应当对发行或者出租的复制品有合法来源承担举证责任。本案被告金瑞公司举证证明其关联公司与被告金昌厂签订关于涉案产品的购销合同，可认定被诉侵权产品来源于被告金昌厂，免于承担责任。

| 案情介绍 |

（2017）浙 02 民初 1172 号

原告：宁波巨扬日用品有限公司（本文简称"巨扬公司"）

被告：宁波金瑞国际贸易有限公司（本文简称"金瑞公司"）

被告：宁海金昌文具厂（本文简称"宁海金昌厂"）

被告：杭州阿里巴巴广告有限公司（本文简称"阿里巴巴公司"）

2010 年 4 月 21 日，卡萨维卡公司获得名称为"女王刷子"的外观设计专利权，并于 2010 年 10 月 5 日与原告巨扬公司签订知识产权协议，约定双方共有合法使用名下全部的知识产权权利，巨扬公司独立享有合作开发产品的版权及在中华人民共和国境内的专利申请权。2013 年 3 月 19 日，国家版权局向原告巨扬公司就其于 2009 年 1 月 13 日创作完成的美术作品《女王刷子》出具版权登记证书。该美术作品为日常用品刷子，整体造型为一身束腰长裙的美女，头发是刷毛形状，头部呈类圆形。

2011 年 11 月 16 日，被告金昌厂的负责人高金林向国家知识产权局申请名称为刷子的外观设计专利，并于 2012 年 5 月 3 日获得授权公告。该外观设计所附图片主视图与前述原告主张享有版权的作品图片整体造型一致，只是束腰长裙为斑马纹。2012 年 11 月 5 日，宁波江北铭瑞国际贸易有限公司（被告金瑞公司的关联企业）与被告金昌厂签订购销合同，合同所载产品名称为塑料清洁刷，产品颜色为豹纹印花配棕色额头和刷毛、斑马印花配黑色额头和刷毛、黑色喷漆配黄色额头和黄色刷毛，数量共 21008 件，金额总计 142854.40 元。

后原告发现被告金瑞公司未经原告许可，在被告阿里巴巴公司的网站展示涉嫌侵犯原告版权的商品，遂于 2017 年 4 月 20 日在浙江省杭州市国立公证处进行了证据保全公证。之后，原告对三被告提起诉讼，要求停止侵权，并由被告金瑞公司和被告金昌厂赔偿经济损失。庭审中，原告确认被告金瑞公司在阿里巴巴网站上展示的被诉侵权产品图片已删除，当庭撤回了对被告阿里巴巴公司的起诉，并将赔偿损失的诉请变更为针对被告金昌厂。

法院审理认为，被告金瑞公司的产品来源于被告金昌厂，且其已自行停止侵权行为，因此对于要求其停止侵权的诉请无需再予以支持；判令被告金昌厂立即停止侵权行为并赔偿经济损失。

▎裁判理由▎

法院认为，实用艺术品是指具有实用性、艺术性并符合作品构成要件的智力创造成果，应当具有实用性、艺术性、独创性和可复制性四个要件。本案的"女王刷子"作品符合实用艺术品的构成要件。对实用艺术品的版权保护，是从其实用性和艺术性角度分别予以保护，对于实用性部分不适用版权保护，对于艺术性部分可以归入版权法规定的美术作品给予保护，因此原告主张的"女王刷子"作品可以作为美术作品予以保护。至于被告是否侵权，则从以下几方面进行考虑。

首先，原告巨扬公司经卡萨维卡公司授权享有涉案作品的版权，被告金昌厂在后申请的外观设计专利权不能对抗原告在先的版权。其次，将涉案的"女王刷子"作品与公证书上被告金瑞公司网页所显示的被诉侵权产品图片及被告金瑞公司提供的产品实物相比，均为穿束腰抹胸长裙的美女造型，头发是刷子形状，不同点在于裙子的色彩和花纹设计不同，总体上构成实质性相似。再次，《最高人民法院关于审理著作权民事纠纷案件适用法律若干问题的解释》第十九条第一款规定，出版者、制作者应当对其出版、制作有合法授权承担举证责任，发行者、出租者应当对发行或者出租的复制品有合法来源承担举证责任。本案中，宁波江北铭瑞国际贸易有限公司于 2012 年 11 月 5 日与金昌厂签订合同,向金昌厂购买"塑料清洁刷",产品颜色"豹纹印花配棕色额头和刷毛""斑马印花配黑色额头和刷毛""黑色喷漆配黄色额头和黄色刷毛",与被告金瑞公司提供的被诉侵权产品样品一一对应。鉴于宁波江北铭瑞国际贸易有限公司与被告金瑞公司为关联企业,可认定被告金瑞公司的被诉侵权产品即来源于被告金昌厂。而被告金瑞公司已经删除侵权产品图片链接、自行停止侵权行为,故要求其停止侵权的诉请无需再予以支持。最后,由于被告金昌厂的经营范围为从事家居用品等的制造、加工,且其未向法院证明产品来源,因此认定被告金昌厂从事了制造、销售被诉侵权产品的行为,侵犯了原告的复制权、发行权、修改权,应承担责任。

｜案件分析｜

本案将涉案产品认定为实用艺术品,并对其中具有艺术性的部分给予版权法上的保护,较好地维护了原告的利益。但法院在具体分析过程中却忽略了对涉案产品艺术性部分与实用性部分是否可分离的论证,稍显不足。

一、实用艺术品的构成要件

实用艺术品与实用艺术作品不同。我国实用艺术品的概念及对其的保护来源于《伯尔尼公约》第二条第一款以及第二条第七款的规定。[1] 世界知识产权组织编写的《著作权与邻接权法律术语汇编》将实用艺术作品定义为具有实际用途的艺术作品,无论这种作品是手工艺术品还是工业生产的产品。[2] 我国现行法律尚未规定"实用艺术作品"这一作品类型,也未明确界定"实用艺术品"这一概念,但在《中华人民共和国著作权法（修订草案送审稿）》

---

[1] 《伯尔尼公约》第二条第一款规定,"文学和艺术作品"一词包括文学、科学和艺术领域内的一切成果,不论其表现形式或方式如何,诸如……实用艺术作品……。《伯尔尼公约》第二条第七款规定,在遵守本公约第七条第四款之规定的前提下,本同盟各成员国得通过国内立法规定其法律在何种程度上适用于实用艺术作品以及工业品平面和立体设计,以及此种作品和平面与立体设计受保护的条件。在起源国仅仅作为平面与立体设计受到保护的作品,在本同盟其他成员国只享受该国给予平面和立体设计的那种专门保护;但如在该国并不给予这种专门保护,则这些作品将作为艺术作品得到保护。

[2] 参见世界知识产权组织编:《著作权与邻接权法律术语汇编》,刘波林译,北京大学出版社2007年版,第9页。

（2014 年 6 月）第五条第二款第九项中将"实用艺术作品"添加为新的作品类型并将其定义为玩具、家具、饰品等具有实用功能并有审美意义的平面或者立体的造型艺术作品。总的来说，我们目前所指的"实用艺术品"应具有实用性、艺术性、独创性和可复制性四个构成要件。①

本案涉案产品作为可批量生产的刷子，必然符合实用性和可复制性这两个构成要件。而一身束腰抹胸长裙的美女造型、头发呈刷毛形状，改变了传统刷子的外观样式，给人以美的享受，具有艺术性和独创性。因此，涉案产品构成实用艺术品。

二、实用艺术品受版权法保护的条件

（一）艺术与功能的分离

实用艺术品兼具实用功能和审美价值，但版权法只保护艺术表达而不保护实用功能，因此，实用艺术品若想取得版权法对其具有艺术意义部分的保护，就必须证明该部分与功能性部分可分离。

"可分离标准"来源于美国的 Mazer v.Stein 案（1954），②通过该案，美国最高法院明确了实用艺术品获得版权法保护的可能性，也推动了美国版权局对注册规则的修改：若实用物品的形状具有雕塑、绘画等艺术特征，且可作为作品被独立分离出来，则这些外形特征可获得版权法的保护。③ 之后，法院在判断实用艺术品是否可获得版权法的保护时，均会从其是否"物理性可分"或"观念性可分"入手，④并衍生出许多测试标准，如主要/次要标准、⑤可销售的

---

① 见北京市高级人民法院民事判决书（2002）高民终字第 279 号、北京市第二中级人民法院民事判决书（2008）二中民初字第 12293 号。

② See Mazer v.Stein, 347 U.S.201, 100 U.S.P.Q.325（1954）.

③ 37 C.F.R. § 202.10（c）（1959）（revoked Jan.1, 1978, 43 Fed.Reg.966（1978））.See Robert C.Denicola, "Applied Art and Industrial Design: A Suggested Approach to Copyright in Useful Articles", *Minnesota Law Review*, 1983, vol.67.

④ "物理性可分"指，当实用艺术品的具有审美价值的部分与具有实用功能的部分在物理上分开时，艺术特征完好无损且实用功能也未减损。"观念性可分"指，实用艺术品的美学要素与实用功能可以在观念上分离，如花瓶上的绘画与花瓶本身可在观念上分离。参见卢海君：《美国实用艺术作品版权保护制度及其借鉴》，《知识产权》2014 年第 3 期。

⑤ See Kieselstein-Cord v.Accessories by Pearl, Inc.632 F.2d 989（2d Cir.1980）.

可能性标准①等，为我国法院所借鉴。②

　　而本案，法院并未论述涉案产品是否具有可分离性，而直接肯定其"艺术性部分可以归入著作权法规定的美术作品给予保护"，似乎不够合理。涉案产品"女王刷子"的实用功能部分即刷毛为其艺术审美部分美女造型的头发，二者融为一体，从物理上难以分离。但从观念上看，若将刷子设计为其他造型甚至没有造型，都不会减损其实用功能，而美女造型也可脱离刷子而存在并不会对其艺术美感产生影响。因此，涉案产品"女王刷子"的艺术审美部分与实用功能部分可分离。

　　（二）对艺术创作高度的要求

　　对可纳入版权法保护的实用艺术品，司法实践中对其艺术创作高度存在不同的高低标准。③ 学术界对此也有争议。有学者认为，由于实用艺术品富有美感的设计与美术作品等美学思想的表达是不同的，前者需考虑到实用艺术品的实用功能、制造成本、包装、运输等实际情况，创作空间受到限制，不能以美学观念为主导，而后者的创作却是无拘无束的，④因此若对实用艺术品提出较高的创造性要求和艺术性要求，哪怕要求等同于美术作品，事实上是对其提出了严格于美术作品的要求。⑤ 基于此，对实用艺术品的艺术性和独创性要求不宜过高。但也有学者认为，由于具有一定美感的实用艺术品也可获得外观设计专利权的保护，而外观设计专利权的取得门槛较版权来说要高得多，且版权的保护范围较广、期限较长，因此若降低对实用艺术品获得版权法保护的艺术性标准，将架空外观设计专利权。基于此，实用艺术品受版权法保护必

---

① See Melville B.Nimmer & David Nimmer, Nimmer on Copyright, Matthew Bender(2009). § 2.08[B][3].

② 见广东省高级人民法院民事判决书（2015）粤高法民三终字第74号、上海市浦东新区人民法院民事判决书（2014）浦民三（知）初字第67号等。

③ 见北京市第一中级人民法院民事判决书（2010）一中民初字第16676号、北京市高级人民法院民事判决书（2002）高民终字第279号、上海市第二中级人民法院民事判决书（2008）沪二中民五初字第187号、北京市第二中级人民法院民事判决书（2008）二中民初字第12293号等。

④ See Robert C.Denicola, "Applied Art and Industrial Design: A Suggested Approach to Copyright in Useful Articles", *Minnesota Law Review*, 1983, vol.67, pp.707-748.

⑤ 参见宋智慧：《实用艺术作品版权保护探析》，《社会科学辑刊》2015年第6期。

须达到一定的创作高度。①

本案中，法院未对这一问题进行说明，但涉案产品的美女造型俏皮可爱，灵动的眼睛和夸张的头发显得活泼有生气，而抹胸长裙又为其增添了一份端庄大气，已达到一定的艺术水平。因此，无论艺术创作标准高低如何，涉案产品的艺术部分均可受版权法保护。

三、权利冲突的解决

我国《专利法》第二条规定，外观设计是指对产品的形状、图案或者其结合以及色彩与形状、图案的结合所做出的富有美感并适于工业应用的新设计。外观设计通常具有可视性、特殊性、非技术性以及与产品相结合的特征。② 可见，外观设计也不保护实用功能。而涉案产品"女王刷子"的艺术审美部分与实用功能部分的可分离性则为其取得外观设计专利和版权的双重保护提供了条件。本案原告对其主张版权，而本案被告对其主张外观设计专利权，面对权利的冲突，法院应保护在先权利。原告于 2009 年 1 月 13 日创作完成了美术作品《女王刷子》，版权自创作完成之日起产生，而被告于 2011 年 11 月 16 日才申请外观设计专利，原告获得版权在先，外观设计不能与他人在申请日之前已经取得的合法权利相冲突，因此被告在后申请的外观设计专利权不能对抗原告的在先版权。

四、艺术性部分实质性相似的判断

如前所述，版权法只保护实用艺术品的艺术性部分，因此在侵权判断时只需对比原被告双方产品的艺术性部分是否满足"接触+实质性相似"即可。

本案中，原告的合作公司卡萨维卡公司就"女王刷子"于 2010 年 4 月 19 日申请并于同年 4 月 21 日获得欧盟的外观设计专利权。而被告于 2011 年 11

---

① 参见王迁：《知识产权法教程》（第五版），中国人民大学出版社 2016 年版，第 80 页。

② See WIPO Standing Committee on the Law of Trademarks, Industrial Designs and Geographical Indications, Industrial Designs and Their Relation with Works of Applied Art and Three-Dimensional Marks, SCT/9/6, October 1, 2002, Geneva, para. 13, https://www. wipo. int/edocs/mdocs/sct/en/sct_9/sct_9_6.pdf(last visited August 1,2019).

月 16 日才就"女王刷子"申请外观设计专利,于 2012 年 11 月 5 日才签订合同开始生产。由于专利的授权需被公开,因此有理由相信被告在制作其产品前接触过原告的产品或产品设计图。

对于是否构成实质性相似的判断,虽然外观设计作为专利法的保护对象之一在具体制度上与实用艺术品在版权法上的保护有很大差异,但考虑到二者的外延常常会发生重叠,因此在判断实用艺术品的艺术性部分是否构成实质性相似时,可借鉴外观设计专利的对比方法,如直接观察法、整体观察综合判断等。在"机器狗"案中,二审法院就从整体视觉形象和整体审美风格角度出发,对比原被告的涉案产品,得出二者构成实质性相似的结论。① 本案涉案产品"女王刷子"的艺术性部分为其独特的美女造型,比较原被告双方的产品,发现其造型均为身着束腰抹胸长裙的美女,头发呈刷子形状,不同点仅在于裙子的色彩和花纹设计。但总的来看,该差异占整体表达内容的比例较小,也未造成整体审美风格的变化,因此认定二者构成实质性相似,被告侵犯原告版权。

五、与 2013 年案件的比较

其实早在 2013 年,本案原告巨扬公司已就"女王刷子"的版权侵权问题起诉了本案被告金昌厂。② 当时,法院同样认为"女王刷子"构成实用艺术品,但在说理时写道"在被告未能提供反证的情况下,本院认定该'女王刷子'符合实用艺术品的构成要件"。此处法院强调了"被告未能提供反证",将证明责任分配给了被告,似有不妥。手工艺术品或工业产品并不天然构成实用艺术品,也不具有先天的被保护的逻辑必然性,③需证明符合构成要件才可认定。在本案,法院则纠正了其于 2013 年"女王刷子案"中的漏洞,明确指出"本案原告主张著作权'女王刷子'作品,符合实用艺术品的构成要件",这是进步之处。

---

① 见广东省高级人民法院民事判决书(2018)粤民终 361 号。
② 见浙江省宁波市中级人民法院民事判决书(2013)浙甬知初字第 142 号。
③ 参见冯晓青、付继存:《实用艺术作品在著作权法上之独立性》,《法学研究》2018 年第 2 期。

但可惜的是，法院仍旧未对涉案产品"女王刷子"是否可进行功能与艺术的分离进行分析，也未对实用艺术品的艺术创作标准进行说明，而直接将其纳入版权法的美术作品范畴进行保护，这是应改进之处。

此外，本案较2013年的案件多了被告金瑞公司和被告阿里巴巴公司。金瑞公司作为涉案产品"女王刷子"的销售者，在阿里巴巴网站上展示产品，侵害了原告对"女王刷子"作品享有的发行权、信息网络传播权，但依据《中华人民共和国著作权法》第五十三条①和《最高人民法院关于审理著作权民事纠纷案件适用法律若干问题的解释》第十九条②的规定，在举证证明了其关联公司与被告金昌厂签订关于涉案产品的购销合同的情况下，可认定被诉侵权产品来源于被告金昌厂，免于承担责任。且被告金瑞公司已删除侵权产品图片链接，因此原告要求其停止侵权的诉请无需再予以支持。至于被告阿里巴巴公司，由于原告在庭审中撤回了对其的起诉，因此法院在之后的审理中也无须考虑。

（作者：丛立先　徐伊丽）

---

① 《中华人民共和国著作权法》第五十三条："复制品的出版者、制作者不能证明其出版、制作有合法授权的，复制品的发行者或者电影作品或者以类似摄制电影的方法创作的作品、计算机软件、录音录像制品的复制品的出租者不能证明其发行、出租的复制品有合法来源的，应当承担法律责任。"

② 《最高人民法院关于审理著作权民事纠纷案件适用法律若干问题的解释》第十九条规定，出版者、制作者应当对其出版、制作有合法授权承担举证责任，发行者、出租者应当对发行或者出租的复制品有合法来源承担举证责任。举证不能的，依据著作权法第四十六条、第四十七条的相应规定承担法律责任。

计算机字体单字的可版权性问题：

北大方正公司诉桂林周氏公司等侵害其他著作财产权纠纷案

| 典型意义 |

　　随着计算机字体设计行业的蓬勃发展，人们对于计算机字库、字体单字的可版权性问题以及对其进行保护是否会影响公共利益的问题争论不断。从"北大方正诉暴雪案"[①]"北大方正诉宝洁案"[②]再到"汉仪诉笑巴喜案"[③]等，这一系列的案件判决结果不一甚至是大相径庭，引起社会的广泛关注和学界的热烈讨论。本案则再次提出了计算机字体单字的可版权性问题，以此为契机，我们得以对字体单字是否应受保护以及如何保护的问题进行进一步思考。

| 裁判要旨 |

　　一、法院经审理认为，涉案《方正倩体系列（细倩、中倩、粗倩）》是在汉字的基本笔画之上，对基本笔画（横、竖、弯、勾等）施加了不同的粗细、长短、弧度及笔画之间富有特点的艺术衔接等形态加以改编，形成了一个与现有公有领域的文字笔画明显不同的完整字库体系。这些字体单字均是北京北大方正电子有限公司通过人工智慧并运用一定的技术手段获得的，属于美术作品的范畴，应当受到保护。

　　二、对计算机字体单字给予版权法上的保护并不会影响人们对文字的正常使用，公众仍旧可以使用公有领域的免费字体如宋体、黑体等来表达思想、

---

① 见最高人民法院民事判决书（2010）民三终字第 6 号。

② 见北京市海淀区人民法院民事判决书（2008）海民初字第 27047 号、北京市第一中级人民法院民事判决书（2011）一中民终字第 5969 号。

③ 见江苏省南京市中级人民法院民事判决书（2011）宁知民初字第 60 号。

传递信息。

三、涉案商品上"五谷粗粮营养燕麦片"九个字的表达方式，使用了需要付费的倩体字又未经权利人授权，属于侵害北大方正公司版权的行为，被告桂林周氏公司应当承担侵权责任。被告河北永辉超市作为销售者，由于提供了商品的合法来源，因此不承担赔偿责任，但应承担停止侵权的责任。

| 案情介绍 |

（2017）冀 01 民初 910 号

（2018）冀民终 655 号

一审原告、二审被上诉人：北京北大方正电子有限公司（本文简称"北大方正公司"）

一审被告、二审上诉人：桂林周氏顺发食品有限公司（本文简称"桂林周氏公司"）

一审被告、二审被上诉人：河北永辉超市有限公司（本文简称"河北永辉超市"）

原告北大方正公司于 2000 年 7 月 7 日改编完成美术作品《方正倩体系列（细倩、中倩、粗倩）》，2000 年 8 月 31 日在北京首次发表，该公司以演绎作品作者身份依法享有版权，登记日期为 2013 年 8 月 5 日。

2017 年 4 月 19 日上午 12 时左右，原告北大方正公司代理人陶磊以普通消费者身份到被告河北永辉超市支付 22.9 元购买了包装显示有"五谷粗粮营养燕麦片"字样的食品一袋，包装显示"生产者：桂林周氏顺发食品有限公司"，取得购物小票一张，购物发票一张。河北省石家庄市太行公证处对上述购买过程进行了公证，对上述物品进行了封存。经比对，"五""谷""粗""粮""营""养""燕""麦""片"九字均存在于方正粗倩简体字体库中，且与方正粗倩简体字体相同。原告北大方正公司遂提起诉讼。

一审法院另查明，被告河北永辉超市与石家庄明太商贸有限公司签订合同，约定被告河北永辉超市为石家庄明太商贸有限公司的分销商；被告桂林周氏公司与石家庄明太商贸有限公司签订《购销合同》，约定被告桂林周氏公司将生产的产品供货给石家庄明太商贸有限公司进行销售。一审法院审理认

为,被告桂林周氏公司与被告河北永辉超市均侵犯了原告的版权,应立即停止
侵权行为,并判令被告桂林周氏公司自判决生效之日起十日内赔偿原告经济
损失。

被告桂林周氏公司不服一审判决,以字体本身不属于版权法意义上的美
术作品及任何人不能禁止他人正当使用汉字,表达思想、传达信息等为由提出
上诉。二审法院经审理,作出了驳回上诉、维持原判的判决。

| 裁判理由 |

对于《方正倩体系列(细倩、中倩、粗倩)》单字是否属于法律保护的客体
这一问题,一审法院与二审法院均认为其可构成美术作品,属于版权客体。

一审法院认为,《方正倩体系列(细倩、中倩、粗倩)》是原告北大方正公司改
编完成的一款字库字体,其字体设计拥有不同于其他汉字书写形式的艺术风
格,具备版权法中美术作品的特点,符合版权法规定的作品独创性要件。且结
合国家版权局《作品登记证书》记载,在无相反证据的情况下,可以认定原告北
大方正公司享有美术作品《方正倩体系列(细倩、中倩、粗倩)》单字的版权。

二审法院认为,虽然汉字的笔画及结构确实属于公有领域的范畴,设计空
间非常有限,但涉案的倩体字是在汉字的基本笔画之上,又对基本笔画施加了
不同的粗细、长短、弧度及笔画之间富有特点的艺术衔接等形态加以改编,形
成了一个与现有公有领域的文字笔画明显不同的完整字库体系。虽然单独审
视倩体字库中的个别文字(涉案倩体字"五")的独创性并不突出,但把其放在
整体字库中来审视,其文字笔画的线条特征与倩体字中的其他文字的特征一
脉相承,也并不影响其他倩体字具有艺术美感和独创性。这些均是北大方正
公司通过人工智慧并运用一定的技术手段获得的,涉案的"谷""粗""粮"字
体现得尤为明显,使得倩体字构成了版权法规定的美术类作品。此外,倩体字
是对文字市场繁荣作出的创新,供人们在使用文字过程中多出了一种选择。
对它的保护并未影响人们对文字的正常使用需求,人们仍然可以使用公有领
域免费的宋体、黑体等通用字体,不存在妨碍人们表达思想、传达信息的影响。
综上,原告设计的《方正倩体系列(细倩、中倩、粗倩)》单字受版权法的保护。

对于被告桂林周氏公司与被告河北永辉超市侵权的问题,一审法院与二

审法院的判断也基本一致,认为被告桂林周氏公司未经原告北大方正公司许可,在其生产的涉案产品包装装潢上使用了方正倩体系列字体"五""谷""粗""粮""营""养""燕""麦""片"九字,侵犯了原告享有的版权,依法应承担停止侵权及赔偿损失的民事责任;被告河北永辉超市未经原告北大方正公司许可,销售涉及侵犯原告版权的商品,应承担停止侵权的责任,因其提供了商品的合法来源,故不承担赔偿责任。

| 案件分析 |

本案的争议焦点主要在于方正倩体系列字体"五""谷""粗""粮""营""养""燕""麦""片"九字是否受版权法保护,也即计算机字体单字是否可受版权法保护。被告主要从可版权性及公共利益两方面提出质疑,法院对此进行了驳回,认为计算机字体单字可构成美术作品,对其给予保护也不会损害公共利益。但其实,一直以来,关于计算机字体在版权法中的保护问题是存在较大争议的,从"北大方正诉暴雪案""北大方正诉宝洁案"再到"汉仪诉笑巴喜案"等,引起社会各界的热烈讨论。本案法院的分析论证只能代表司法实践及学术理论中的其中一种观点,仍有待商榷。

一、本案法院所代表的观点

(一)计算机字体单字的可版权性问题

我国《著作权法实施条例》第二条规定:"著作权法所称作品,是指文学、艺术和科学领域内具有独创性并能以某种有形形式复制的智力成果。"由此可知,作品的构成要件为:属于文学、艺术、科学领域;属于智力成果;具有独创性;具有可复制性。下面将针对上述构成要件对计算机字体单字的可版权性问题进行分析。

1.计算机字体单字是否为文学、艺术、科学领域

本案被告认为,计算机字体单字"是具有实用价值的工具,其作用主要是传情达意",且在计算机字库程序的帮助下可实现"批量生产",因此不属于文学、艺术、科学领域,而属于工业产品。

但事实上,条文规定作品需属于文学、艺术、科学领域并不是为了将工业

产品排除在外,而是为了强调版权法的保护只限于文化领域。① 因此,若工业产品中蕴含有文学、艺术、科学领域的表达时,其也可受版权法的保护,只是保护范围不包括工业领域的实用功能。对实用艺术品的保护就是典型例子。实用艺术品同时具备实用功能和艺术审美双重属性,在司法实践中,通常将其具有独创性的艺术部分纳入版权法的保护。② 而且《著作权法实施条例》第四条第(八)项③将"书法"纳入美术作品范畴,虽然书法的审美价值大于传达意思的工具价值,但不可否认,其也是审美与实用的结合。或者说,书法的实用价值是通过汉字的基本构造(横、竖、撇、捺、点、提等的组合)发挥的,而版权法保护的是其基于汉字基本构造而作出的艺术上的改变。因此,虽然计算机字体单字设计的最终目的是为了社会公众印刷打字、传达意思的实际需要,但这一实用性并不能排除和否定字体单字艺术上的造型。④

2. 计算机字体单字是否为智力成果

本案被告认为,计算机字体单字由字库程序产生,过程不是创作,不属于智力成果。但其实,计算机字库程序只是"生产"字体单字的一种工具,对字体单字的主要设计过程,如粗细、长短的选择,弧度、角度的调整以及结构与衔接的编排,都是需要字体设计师进行仔细斟酌、精心修改的。计算机字库程序只是对字体设计的数字化,通过 TrueType 或 PostScript 来描绘字形轮廓,将图像形式的各个单字转变为相应的坐标函数。⑤ 因此,计算机程序只是辅助工具,不能仅因对技术的使用就否定智力创作过程。

3. 计算机字体单字的独创性分析

汉字凝聚了中华民族悠久的历史文明,经过几千年的发展演变成现在的基本构造。其中固定的笔画和结构属于公共领域,不受版权法保护。但以这种基本构

---

① 参见王坤:《作品概念的科学建构及其在著作权法上的意义》,《知识产权》2010 年第6 期。

② 参见冯晓青、付继存:《实用艺术作品在著作权法上之独立性》,《法学研究》2018 年第2 期。

③ 《中华人民共和国著作权法实施条例》第四条第(八)项规定:"美术作品,是指绘画、书法、雕塑等以线条、色彩或者其他方式构成的有审美意义的平面或者立体的造型艺术作品。"

④ 见北京市第三中级人民法院民事判决书(2014)三中民(知)初字第 09233 号。

⑤ 参见《字体及其制作》,https://blog.csdn.net/jiang_xiansen/article/details/66968889,最后访问日期:2019 年 8 月 10 日。

造为基础的汉字形体设计，创作空间却很大，笔画的长短与粗细、笔画之间的构造与衔接、起笔转折收尾的设计等因素的改变都可以产生风格各异、个性迥然的字体。涉案字体单字虽有其固定的书写结构，但其表现形态却凝聚了设计师独特的选择、布局与审美，表达了设计者独特的思想情感，正如方正官网所介绍的，"方正倩体是以扁平马克笔的书写轨迹为基础设计的。其笔画衔接和转折均为圆弧形，笔形和字形的设计注重对称均衡。方正倩体家族包含 3 款字重：方正粗倩笔画对比强烈，端庄大气；方正中倩笔画粗细适中，婉转妩媚；方正细倩笔画纤秀，文静清雅。适用于女性类服饰、日化、家居品牌的广告和产品包装设计"，[1]由此可见，该字体单字是富有个性化的创造，符合作品独创性要求。

但在司法实践中，有法院通过对传统书法字和计算机字体单字之间的比较以及同一字体风格的单字之间的比较，来否定计算机字体单字的独创性。如在"北大方正诉宝洁案"中，一审法院认为"单字的独特风格受到较大的限制，与书法家单独书写的极具个人风格的单字书法相比，无法相提并论"。[2]但这种比较是不合理的。书法艺术中所蕴含的个性是极高的，将计算机字体单字与极具抽象性和变化性的书法进行比较，就相当于是以较高标准来判断作品独创性，与"独立创作+最低程度的创造性"[3]要求不符。此外，该法院还认为，同一字体的不同单字风格统一，其相互否定独创性。这一比较就犹如将王羲之的《兰亭集序》和《寒切帖》进行比较，这两幅书法作品均体现了王羲之的行书风格，但并不会互相否定独创性。字体单字的独创性判断应在不同字体之间展开对比，同一风格的系列字体作品只会相映成辉。[4]

4. 计算机字体单字的可复制性分析

可复制性即"能够被客观感知的外在表达"，[5]将意象、抽象、主观、无形转

---

① 方正字库网站：http://www.foundertype.com/index.php/FontInfo/index/id/181，最后访问日期：2019 年 8 月 10 日。

② 北京市海淀区人民法院民事判决书（2008）海民初字第 27047 号。

③ 参见宋岳：《比较法视野下的独创性判断标准》，《理论界》2013 年第 4 期。

④ 参见黄汇：《计算机字体单字的可著作权问题研究——兼评中国〈著作权法〉的第三次修改》，《现代法学》2013 年第 3 期；陶鑫良：《中文印刷字体单字与字库软件的著作权辨析》，《知识产权》2011 年第 5 期。

⑤ 参见王迁：《知识产权法教程》（第五版），中国人民大学出版社 2016 年版，第 25 页。

变为形象、具象、客观、有形。① 涉案字体单字可通过纸张、计算机屏幕等被人们感知和复制，符合可复制性的构成要件。

综上，字体单字具有可版权性，可受版权法的保护。

（二）保护计算机字体单字的公共利益问题

本案被告认为，汉字具有表达思想、传递信息的功能，无论涉案字体是否属于版权法上的美术作品，均不能禁止他人正当使用汉字。

诚然，中华民族几千年的历史形成了现在的汉字，汉字的基本构造及其所蕴含的思想意思属于公共领域，任何人都有权利用汉字进行思想和信息的传达，他人不能禁止。但对计算机字体单字给予版权法的保护并不会阻碍社会公众对汉字的正常使用。

一方面，版权法只保护单字的字形外型，而不垄断文意。借用思想与表达的二分法，保护单字是保护其外观形态，属于"表达"范畴，而非垄断汉字的通用文意，即"思想"范畴。② 本案中对《方正倩体系列（细倩、中倩、粗倩）》单字的保护，是保护其体现了端庄大气、婉转妩媚、文静清雅特点的造型和样式，而不保护各个单字背后的含义。

另一方面，版权法只保护单字的字形外型，而不垄断写法。版权法对单字的保护只针对通过对汉字基本构造的组成要素（横、竖、撇、捺、点、提等）的美化创新及其相互之间的结构调整所展现的带有独特风格的外观样式，而并不保护汉字的基本构造即通用写法。社会公众依然可以使用基于汉字的基本构造而创造设计的其他字体单字，也可自行手写汉字。

因此，本案被告的观点并不成立，除了涉案字体单字外，其可使用公有领域免费的宋体、黑体、仿宋等通用字体单字来表达思想、传递信息。

二、其他观点

上文阐述了以本案法院为代表的肯定字体单字具有可版权性的观点，但

---

① 参见刘春田主编：《知识产权法》，中国人民大学出版社 2014 年版，第 53 页。

② 参见黄汇、郑家红：《论计算机字体单字著作权保护中的公共领域保留——以方正诉宝洁侵犯计算机倩体字"飘柔"案为例展开》，《法律适用》2013 年第 4 期。

除此之外，仍有不少学者提出了不同看法。

有学者认为，基于单字的艺术美感和审美价值将其认定为美术作品而未考虑单字的实用功能，存在不妥之处。

首先，计算机字体单字的产生与书法作品的产生有一显著区别，即前者主要是为了商业使用①而后者只是个人习惯、个性表现等。可见其从产生之初就决定了其应具有不亚于审美价值的实用价值。且目前对计算机字体单字的设计开发多为企业行为，企业的逐利性必然要求单字具有较高的商业价值，能为其带来经济利益。因此，仅注意到计算机字体单字的审美价值而忽视其实用价值进而将其认定为美术作品显然不妥。

其次，美术作品具有较高的鉴赏和收藏价值，我国《著作权法》规定，美术作品的著作权人享有展览权，美术作品复制件所有权的转移，展览权仍然由著作权人享有。② 若将计算机字体单字认定为美术作品，也就意味着其有展览权，那么合法使用人将单字使用在商品包装上进行批量生产并销售，就会因公开展览而需要获得额外授权，这不符合市场规则。③ 而且计算机字体单字的主要价值在于吸引消费者，显然没有展览鉴赏的必要。而当其使用在商品包装上随着商品到处流通、随处可见时，展览的意义更为微乎其微。因此，将计算机字体单字认定为实用艺术品更为合理。

而实用艺术品是否可获得版权法的保护，则要看其是否可以实现艺术性和实用性的分离。对于计算机字体单字来说，其附着在汉字基本构造之上的艺术形态确实能够吸引社会公众，但若这种艺术性不复存在，也丝毫不会影响汉字本身的表达思想、传递信息的功能，此时就做到了观念上的分离。④ 以本案为例，使用了涉案字体的"五""谷""粗""粮""营""养""燕""麦""片"九

---

① 参见张书乐、陈晓霞：《字库之战》，《法人》2012 年第 8 期。

② 《中华人民共和国著作权法》第十条第（八）项："展览权，即公开陈列美术作品、摄影作品的原件或者复制件的权利。"

《中华人民共和国著作权法》第十八条："美术等作品原件所有权的转移，不视为作品著作权的转移，但美术作品原件的展览权由原件所有人享有。"

③ 参见吴伟光：《中文字体的著作权保护问题研究——国际公约、产业政策和公共利益之间的影响与选择》，《清华法学》2011 年第 5 期。

④ 参见王锦瑾：《计算机字体著作权保护研究》，博士学位论文，武汉大学，2016 年。

字,通过粗细、长短、结构上的设计给消费者以视觉上的冲击,使消费者感受到亲切温婉、健康美好。而同时,消费者也会因"五谷""粗粮""营养"这些词本身所具有的含义认为该产品是有利于身体健康的,即使用了其他字体,这些词所传达出的含义仍旧不会发生改变。因此,计算机字体单字艺术与实用的可分离性使其具有审美价值的部分能够受到版权法的保护。

但笔者认为,对字体单字并不应该给予版权法上的保护。计算机字体单字与书法不同,书法完全依赖于个人,而人的创造性具有无限可能,书写过程中的起笔落笔走势弧度等也不受限制,因此书法字体是难以穷尽的。但对于计算机字体单字,如上文所述,其样式的呈现来源于计算机字库程序,通过TrueType 或 PostScript 将图像形式的各个单字转变为相应的坐标函数,①在这种情形下,算法是可以穷尽所有坐标可能性的。因此,计算机字体单字应排除在版权法保护之外。

此外,在我国现行法律对此没有明确规定的情况下,有不少学者提出运用《反不正当竞争法》《侵权责任法》等对字体单字进行弱保护。② 我国《反不正当竞争法》第二条③确立的公平诚信、遵守商业道德的原则,为禁止他人制造、销售或在商业活动中使用具有一定知名度的字体提供了依据。我国《侵权责任法》第二条④规定的"民事权益"也可将具有独特风格的字体单字纳入其中,对相关侵权行为追究责任,以促进国内字体行业的发展、避免被国外字体企业侵占市场。

（作者： 丛立先　徐伊丽）

---

① 参见《字体及其制作》,https://blog.csdn.net/jiang_xiansen/article/details/66968889,最后访问日期:2019 年 8 月 10 日。

② 参见黄武双:《实用功能排除了计算机字体著作权保护的可能性》,《法学》2011 年第 7 期;崔国斌:《单字字体和字库软件可能受著作权法保护》,《法学》2011 年第 7 期。

③ 《反不正当竞争法》第二条规定,经营者在生产经营活动中,应当遵循自愿、平等、公平、诚信的原则,遵守法律和商业道德。

④ 《侵权责任法》第二条:"侵害民事权益,应当依照本法承担侵权责任。本法所称民事权益,包括生命权、健康权、姓名权、名誉权、荣誉权、肖像权、隐私权、婚姻自主权、监护权、所有权、用益物权、担保物权、著作权、专利权、商标专用权、发现权、股权、继承权等人身、财产权益。"

云服务器租赁服务提供者的版权责任认定：

乐动卓越公司诉阿里云公司侵害作品信息网络传播权纠纷案

| **典型意义** |

本案是国内首例涉及云服务器租赁服务提供者主体性质认定和责任认定问题的案件,受到社会的广泛关注。一审法院认为原告发出的通知合格有效,而被告阿里云公司收到通知后未及时采取措施,应承担责任。这一判决结果将不适当地加重云服务器租赁服务提供者的运营负担,不利于产业发展。二审中,法院就《信息网络传播权保护条例》和《侵权责任法》的适用问题、云服务器租赁服务的产业特征和行业规范、原告发出的通知的内容等进行了分析,最终判定被告阿里云公司不承担责任。同时,法院也指出,即使本案中原告发出的为合格通知,被告阿里云公司也无须采取"删除、屏蔽或者断开链接"等具有类似效果的措施,但应将"转通知"作为必要措施。二审判决纠正了一审判决的错误,对我国云服务器租赁服务这一新兴行业的发展具有重要意义。

| **裁判要旨** |

一、被告阿里云公司在本案中提供云服务器租赁服务,不属于《信息网络传播权保护条例》规定的四类网络服务提供者的范畴,因此在《信息网络传播权保护条例》对其没有特殊规定的情况下,应当适用《侵权责任法》第三十六条的规定。根据《侵权责任法》第三十六条的规定,"通知加采取必要措施"规则适用于所有类型的网络服务提供者,包括本案涉及的云服务器租赁服务提供者。

二、原告乐动卓越公司向阿里云公司发出的通知没有提供能够准确定位侵权作品的信息,也缺少构成侵权的初步证据,并不符合法律规定的合格通知构成要件,因此被告阿里云公司在接到该通知后未采取必要措施并不违反法律规定。

三、基于被告阿里云公司所提供的服务的特点,本着合理审慎的原则,法院指出即使原告发出的通知是合格有效的,被告也无须采取"删除、屏蔽或者断开链接"等具有类似效果的措施。

| 案情介绍 |

（2015）石民（知）初字第 8279 号

（2017）京 73 民终 1194 号

一审原告、二审被上诉人:北京乐动卓越科技有限公司（本文简称"乐动卓越公司"）

一审被告、二审上诉人:阿里云计算有限公司（本文简称"阿里云公司"）

2012 年 12 月 10 日,原告乐动卓越公司开发完成网络游戏《我叫 MT online》,并取得《计算机软件著作权登记证书》。2015 年 8 月,原告乐动卓越公司接到玩家投诉,www.callmt.com 网站提供《我叫 MT 畅爽版》的 IOS 版、安卓版下载及游戏充值服务。原告对此申请证据保全公证。

经比对查看公证书所附截图打印资料,可见网络游戏《我叫 MT online》与《我叫 MT 畅爽版》除了游戏名称略有不同,以及游戏中的虚拟货币"符石"的兑换价格、选区名称、支付方式存在区别以外,两款游戏在游戏图标、人物形象、游戏界面、游戏规则、游戏中的文字等方面均完全相同。此外,公证处还公证取证了其中两个涉案 IP 地址,原告自行使用与公证时相同的方法在不同时间点得到了另外三个涉案 IP 地址,经验证,上述五个 IP 地址均为被告阿里云公司的服务器地址。由此可知,《我叫 MT 畅爽版》游戏下载存储于阿里云服务器中。

2015 年 10 月 12 日,原告乐动卓越公司通过"工单平台"向被告阿里云公司运营的网站客服反映了《我叫 MT 畅爽版》游戏私服的问题并同时提交了一份通知函,告知了游戏名称、具体网址等,要求被告立即停止通过阿里云服务器为玩家提供《我叫 MT 畅爽版》的一切服务并提供《我叫 MT 畅爽版》服务器租用人相关信息。之后,原告又按照被告要求将《我叫 MT 畅爽版》不同版本的下载地址发送到其指定的邮箱。2015 年 10 月 29 日,原告乐动卓越公司以快递方式向被告阿里云公司再次发出通知函及版权证明等文件。但被告阿里云公司仍未采取任何措施,遂提起诉讼。

诉讼中,被告阿里云公司以邮件形式向上述 IP 地址的承租人发出通知,要求其在两个工作日内删除私服游戏,或提供反证证明,逾期未处理将关停主机。在上述期限内承租人未回复,被告阿里云公司于 2016 年 6 月 6 日、28 日将上述服务器主机关停。但被告阿里云公司认为,虽然其采取了上述措施,但这并非其义务和责任,仅是为了降低诉讼风险。

一审法院审理后判令被告阿里云公司赔偿原告乐动卓越公司经济损失。被告阿里云公司不服上述判决,以一审法院混淆"客户端软件"和"服务器软件"、一审法院对原告通知合格的认定错误等为由提出上诉。

二审期间,法院补充查明:(1)被告阿里云公司提供的云服务器 ECS 服务,是为网络用户接入互联网,开设网站或创建网络应用等提供的电信服务。云服务器 BCS 服务,包括"云资源服务"(包括 CPU、内存、系统盘、数据盘等)和"带宽资源服务"(包括公网带宽、IP 等)。用户可以按需向阿里云公司购买前述服务,并在此基础上开设、经营网站或运行网络应用。(2)《我叫 MT 畅爽版》经营者在其向阿里云公司租用的云服务器中存储了其从乐动卓越公司获取的服务器端程序及账号管理平台程序,且在与原告的刑事案件中已赔偿原告经济损失 400 万元。(3)二审中,原告乐动卓越公司明确其主张权利的作品除客户端外,还包括客户端软件对应的"服务器端程序及账号管理平台程序"。(4)《我叫 MT 畅爽版》游戏的开发者与被告阿里云公司无关。(5)再次明确了上述三次通知(分别通过工单平台、电子邮件、快递发出)的具体内容等。二审法院经审理,作出撤销一审判决、驳回原告全部诉讼请求的判决。

| 裁判理由 |

一审法院认为:原告乐动卓越公司为网络游戏《我叫 MT online》的权利人,而《我叫 MT 畅爽版》与《我叫 MT online》相比,除游戏名称略有不同、游戏中的虚拟货币兑换价格、选区名称、支付方式存在区别以外，两款游戏在游戏图标、人物形象、游戏界面、游戏规则、游戏中的文字等方面均完全相同，能够证明 www. callmt. com 网站所提供的《我叫 MT 畅爽版》为盗版《我叫 MT online》的游戏。

此外，《我叫 MT 畅爽版》游戏存储于被告阿里云公司租赁给他人使用的服务器中。依据《侵权责任法》第三十六条，网络用户利用网络服务实施侵权行为的，被侵权人有权通知网络服务提供者采取删除、屏蔽、断开链接等必要措施。网络服务提供者接到通知后未及时采取必要措施的，对损害的扩大部分与该网络用户承担连带责任。本案中，原告乐动卓越公司发送的通知是合格有效的，原因有以下三点：（1）原告乐动卓越公司第一次向被告阿里云公司网站客服就他人架设私服问题进行了投诉，并按照阿里云公司网站客服提供的邮箱发送了通知，应认定为乐动卓越公司以阿里云公司认可的方式进行了投诉；（2）乐动卓越公司在通知函中写明了其是《我叫 MT online》游戏的版权人，并提供了企业信息、版权证明及盗版游戏的服务器 IP 地址，内容完整清晰；（3）乐动卓越公司两次书面通知阿里云公司相关事宜，两次通知分别以不同的方式送达阿里云公司，通知中包括了权利人的姓名、有效联系方式、权属证明，虽然乐动卓越公司在通知函中没有明确对于真实性负责的声明，但该通知函及其提交的相关证明文件足以包含其对该通知真实性负责的内容。而被告阿里云公司对于原告乐动卓越公司的通知一直持有消极态度，从原告第一次发出通知，到诉讼中被告采取措施，长达八个月的时间远远超出了反应的合理时间，主观上其未意识到损害后果存在过错，客观上导致了损害后果的持续扩大，被告阿里云公司对此应当承担相应的法律责任。

二审法院认为：本案争议焦点主要有：（1）乐动卓越公司主张权利的软件是否包括《我叫 MT 畅爽版》游戏的服务器端部分；（2）本案是否适用《侵权责任法》第三十六条；（3）阿里云公司是否属于《侵权责任法》第三十六条规定的网络服务提供者；（4）乐动卓越公司向阿里云公司发出的通知是否符合法律规定；（5）阿里云公司是否构成共同侵权及应否承担民事责任。

对于争议焦点一，《我叫 MT 畅爽版》游戏软件由两部分组成，一部分是安装并运行于手机、平板电脑等用户移动终端设备的客户端软件程序（简称"客户端部分"），另一部分是安装并运行于服务器上的服务器端程序及账号管理平台程序（简称"服务器端部分"）。从技术层面，客户端部分和服务器端部分分别独立安装于不同的硬件设备，分别独立运行，其编写方案和源代码亦不相同，因此，在版权法层面，涉案游戏软件的客户端部分和服务器端部分不是同一作品。事实查明，《我叫MT畅爽版》经营者在其向阿里云公司租用的云服务器中存储了其从乐动卓越公司获取的服务器端部分。法院综合认为，应尊重原告乐动卓越公司提起诉讼的本意，即认同其主张权利的软件包括《我叫MT畅爽版》游戏的服务器端部分。

对于争议焦点二，由于《信息网络传播权保护条例》是国务院根据《著作权法》制定的针对著作权中信息网络传播权的保护立法；《侵权责任法》是全国人大常委会颁布的保障包括著作权在内的民事权益的民事基本法律，因此，当著作权民事纠纷涉及信息网络传播权的保护时，就需要明确《侵权责任法》和《信息网络传播权保护条例》的适用问题。从法律位阶和适用规则、立法背景等角度出发，由于本案涉及信息网络传播权，故应当首先适用《信息网络传播权保护条例》及相关司法解释，进而考虑阿里云公司是否属于《信息网络传播权保护条例》第二十条至第二十三条规定的四类网络服务提供者。如认定阿里云公司不属于《信息网络传播权保护条例》第二十条至第二十三条规定的四类网络服务提供者，且《信息网络传播权保护条例》及相关司法解释无一般性规定，再考虑适用《侵权责任法》第三十六条。

对于争议焦点三，首先，阿里云公司提供的云服务器租赁服务不同于《信息网络传播权保护条例》第二十二条规定的信息存储空间服务，对此可以从技术特征层面及法律法规规定、行业监管层面进行比较。在技术特征层面，总体而言，云服务器租赁服务提供者有技术能力对其出租的云服务器进行整体关停或空间释放（即强行删除服务器内全部数据），却没有技术能力对存储在其出租的云服务器中的具体内容进行直接控制。在法律法规规定和行业监管层面，按照主管部门对电信行业的准入和监管分类标准，云服务器租赁服务与信息存储空间服务属于不同的监管类别，颁发不同的许可证照。行业规范和行业伦理均对云服务器租赁服务提供者接触和控制客户存储的信息提出了极为严格的要求，故对其苛以直接控制服务器中存储信息的责任会带来严重的行业伦理冲突。因此,被告阿里云公司提供的云服务器租赁服务不同于信息存储空间服务。

其次,云服务器租赁服务也不同于《信息网络传播权保护条例》规定的自动接入、自动传输和自动缓存服务,它们在技术特征和行业监管规则层面存在明显不同。在技术特征方面,相对于自动接入、自动传输服务,云服务器租赁服务被用于搭建网站、网络平台和网络应用,云服务器承租人存储在云服务器中的指定内容将专门提供给云服务器承租人以外的其他网络用户。而相对于自动缓存服务,云服务器承租人租用云服务器的运营目的显然不是为"提高网络传输效率,自动存储从其他网络服务提供者获得的作品、表演、录音录像制品",而主要是用于向其他网络用户提供网站、网络平台和网络应用,进而提供作品、表演、录音录像制品等内容。在行业监管层面,云服务器租赁服务属于"第一类增值电信业务",而一部分自动接入、自动传输、自动存储服务属于"第二类增值电信业务"。此外,《信息网络传播权保护条例》规定的具体技术服务类型还包括搜索、链接服务,云服务器租赁服务与搜索、链接服务具有明显差异,显然不能适用条例关于搜索、链接服务的相关规定。

最后,本案中,阿里云公司提供的云服务器租赁服务不属于《信息网络传播权保护条例》规定的服务,故本案不能适用《信息网络传播权保护条例》的规定。但《侵权责任法》第三十六条针对的是一切发生于网络空间的侵权行为,适用于调整网络用户利用云服务器实施侵权行为时,云服务器租赁服务提供者承担法律责任的情况。因此,本案应根据《侵权责任法》第三十六条的规定确定阿里云公司在本案中应当承担的法律责任。

对于争议焦点四,《侵权责任法》第三十六条第二款规定了"通知加采取必要措施"规则,但对此只作了原则性规定。

对于通知,《信息网络传播权保护条例》第十四条规定,通知书应当包含下列内容:(一)权利人的姓名(名称)、联系方式和地址;(二)要求删除或者断开链接的侵权作品、表演、录音录像制品的名称和网络地址;(三)构成侵权的初步证明材料。权利人应当对通知书的真实性负责。《最高人民法院关于审理利用信息网络侵害人身权益民事纠纷案件适用法律若干问题的规定》第五条规定:"依据《侵权责任法》第三十六条第二款的规定,被侵权人以书面形式或者网络服务提供者公示的方式向网络服务提供者发出的通知,包含下列内容的,人民法院应当认定有效:(一)通知人的姓名(名称)和联系方式;(二)要求采取必要措施的网络地址或者足以准确定位侵权内容的相关信息;(三)通知人要求删除相关信息的理由。被侵权人发送的通知未满足上述条件,网络服务提供者主张免除责任的,人民法院应予支持。"

而原告的第一次通知,通过"工单平台"进行投诉而未使用被告官方网站明确设置的投诉通道(包含"私服"投诉选项),若认可该通知的有效性,则可能不适当地提高了阿里云公司的注意义务。原告的第二次通知,通过电子邮件形式发送,但只提供了权利人名称、联系方式和地址以及下载《我叫 MT 畅爽版》游戏客户端部分的三个网络地址,而未提供侵权证明材料、侵权问题说明、具体 IP 地址等,也未引导被告进行相关操作核查 IP 地址,被告无法合理意识到原告乐动卓越公司是在针对存储于阿里云公司出租的服务器中的服务器端部分主张权利,因此第二份通知也不符合法定要件。原告的第三次通知,通过快递形式发送,但提供的信息仍旧无法表明侵权游戏客户端进行数据通讯的服务器端部分存储于阿里云公司出租的服务器,因此该通知仍然不符合合格通知的法定要件。

对于争议焦点五,虽然可以认定《我叫 MT 畅爽版》经营者在其向被告阿里云公司租用的云服务器中存储了其从原告乐动卓越公司获取的服务器端程序及账号管理平台程序,但是,原告向被告发出的通知不符合法律规定,属于无效通知。因此,被告阿里云公司就其出租的云服务器中存储侵权软件的行为,在本案中不应承担侵权责任。

| 案件分析 |

本案是国内首例涉及云服务器租赁服务提供者主体性质认定和责任认定问题的案件,是新兴技术与法律的交融。其审判结果不仅关乎本案原被告的利益,还关乎云服务器租赁服务这一新兴行业的发展,甚至影响到数据与信息的安全问题以及社会的安定,意义重大。二审法院就法律适用问题、相关技术问题等进行了分析,对之后此类案件的审理具有指导意义。

一、法律适用问题

《信息网络传播权保护条例》是国务院根据《著作权法》制定的针对信息网络传播权的保护立法；《侵权责任法》是全国人大常委会颁布的保护包括著作权在内的合法民事权益的基本法律，其第三十六条①对网络侵权责任进行了规定。本案涉及著作权中的信息网络传播权纠纷，因此需明确上述两部法律的适用问题。

从法律位阶来看，《侵权责任法》是在《民法通则》《民法总则》统辖下，与《物权法》《合同法》等处于同一位阶的民事基本法律，而《信息网络传播权保护条例》是行政法规，位阶低于《侵权责任法》；从内容来看，《侵权责任法》是对所有民事权益的保护，而《信息网络传播权保护条例》则专门针对信息网络传播权进行保护，后者是前者的具体化和个别化。依据"效力优先、适用优先"原则，②当下位法与上位法的规定不抵触、下位法具有更详细的规定时，应适用下位法。对于本案，即应适用《信息网络传播权保护条例》。

此外，最高人民法院编著的《〈中华人民共和国侵权责任法〉条文理解与适用》中也表明："涉及网络著作权侵权时，应注意适用《信息网络传播权保护条例》。"③因此，本案应优先适用《信息网络传播权保护条例》，在《信息网络传播权保护条例》对相关问题没有明确规定时，才可适用《侵权责任法》第三十六条。

二、云服务器租赁服务类型判断

依据《信息网络传播权保护条例》第二十至二十三条的规定，其所指的网

---

① 《中华人民共和国侵权责任法》第三十六条："网络用户、网络服务提供者利用网络侵害他人民事权益的，应当承担侵权责任。网络用户利用网络服务实施侵权行为的，被侵权人有权通知网络服务提供者采取删除、屏蔽、断开链接等必要措施。网络服务提供者接到通知后未及时采取必要措施的，对损害的扩大部分与该网络用户承担连带责任。网络服务提供者知道网络用户利用其网络服务侵害他人民事权益，未采取必要措施的，与该网络用户承担连带责任。"

② 参见吴恩玉：《上下位法间的效力优先与适用优先——兼论自治法规、经济特区法规和较大市法规的位阶与适用》，《法律科学（西北政法大学学报）》2010 年第 6 期；孔祥俊：《法律规范冲突的选择适用与漏洞补充》，人民法院出版社 2004 年版，第 243 页。

③ 参见最高人民法院侵权责任法研究小组：《〈中华人民共和国侵权责任法〉条文理解与适用》，人民法院出版社 2016 年版，第 267 页。

络服务提供者是指提供自动接入服务、自动传输服务、自动缓存服务、提供信息存储空间、提供搜索或链接服务的网络服务提供者。判断本案是否可适用《信息网络传播权保护条例》需要确定本案被告阿里云公司所提供的云服务器租赁服务是否属于上述服务类型。

（一）是否属于信息存储空间服务、搜索或链接服务

《信息网络传播权保护条例》第二十二条和第二十三条对信息存储空间服务提供者和搜索或链接服务提供者规定了"通知—删除"规则,将其作为免除赔偿责任的条件之一。① 而对这类网络服务提供者确立"通知—删除"规则是因为他们对存储于其平台上的作品等信息具有直接或较强的控制能力,对通知所指的涉嫌侵权行为可进行定位并初步核实,具有实施的可行性。但对于云服务器租赁服务来说,它只能对出租的云服务器进行整体关停或空间释放,而不能对个别具体内容进行定位和直接控制,不同于信息存储空间服务、搜索或链接服务。

依据《信息安全技术云计算服务安全指南》(GB/T31167—2014),云计算的服务模式主要有三类:②

1. 基础设施即服务(IaaS):云服务商向客户提供虚拟计算机、存储、网络等计算资源,提供访问云计算基础设施的服务接口。客户可在这些资源上部署或运行操作系统、应用软件等,但不能管理或控制云计算基础设施。

2. 平台即服务(PaaS):云服务商向客户提供运行在云计算基础设施之上的软件开发和运行平台,如标准语言与工具、数据访问等。客户可利用该平台

---

① 《信息网络传播权保护条例》第二十二条:"网络服务提供者为服务对象提供信息存储空间,供服务对象通过信息网络向公众提供作品、表演、录音录像制品,并具备下列条件的,不承担赔偿责任:(一)明确标示该信息存储空间是为服务对象所提供,并公开网络服务提供者的名称、联系人、网络地址;(二)未改变服务对象所提供的作品、表演、录音录像制品;(三)不知道也没有合理的理由应当知道服务对象提供的作品、表演、录音录像制品侵权;(四)未从服务对象提供作品、表演、录音录像制品中直接获得经济利益;(五)在接到权利人的通知书后,根据本条例规定删除权利人认为侵权的作品、表演、录音录像制品。"

第二十三条:"网络服务提供者为服务对象提供搜索或者链接服务,在接到权利人的通知书后,根据本条例规定断开与侵权的作品、表演、录音录像制品的链接的,不承担赔偿责任;但是,明知或者应知所链接的作品、表演、录音录像制品侵权的,应当承担共同侵权责任。"

② 参见国家质量监督检验检疫总局、中国国家标准化管理委员会:《信息安全技术云计算服务安全指南》(GB/T31167—2014),中国标准出版社 2014 年版,第 2 页。

开发和部署自己的软件,但不能管理支撑平台运行所需的低层资源,如网络、服务器、操作系统等。

3. 软件即服务(SaaS):云服务商向客户提供运行在云计算基础设施之上的应用软件,如电子邮件系统、协同办公系统等,客户无需购买与开发。但客户不能管理支撑应用软件运行的低层资源,如网络、服务器、操作系统等。

这三类服务中,云服务提供者控制能力依次提高,而客户的控制能力依次降低,也即云服务提供者提供的服务越基础,能够控制的范围越小越底层。云服务器租赁服务只提供最底层的基础设施服务,即属于 IaaS 类型,[①]因此只能对服务器进行整体关停或空间释放,而无法跨越层级对具体内容进行控制。

而且,《信息安全技术云计算服务安全指南》(GB/T31167—2014)还规定,云服务商具有"未经客户授权,不得访问、修改、披露、利用、转让、销毁客户数据"的义务。[②] 因此,若对云服务器租赁服务提供者苛以"通知—删除"规则,要求其直接控制客户数据,显然与行业要求相冲突。

在法律法规规定和行业监管层面,根据工业和信息化部公布的《电信业务分类目录》(2015 年版),阿里云公司提供的云服务器租赁服务属于"互联网数据中心业务(B11)",与提供"互联网接入服务业务(B14)"的中国联通、中国电信等同属于"第一类增值电信业务"。而信息存储空间服务属于该目录中"第二类增值电信业务"中的"信息服务业务(B25)"。监管部门针对这两类电信业务性质和功能的不同,分类进行准入和监管。

此外,从服务内容来看,云服务器租赁服务仅相当于传统模式下为用户提供了服务器设施设备、机房环境、带宽资源,使用户具备了接入互联网的基础条件,不包括上层内容服务,主要服务于网站主办方、网络平台搭建者、网络应用提供者而非访问、获取、使用信息和服务的网络终端用户。

综上,阿里云公司提供的云服务器租赁服务不同于《信息网络传播权保护条例》规定的信息存储空间服务与搜索或链接服务。

---

① 参见俞乃博:《云计算 IaaS 服务模式探讨》,《电信科学》2011 年第 S1 期。
② 参见国家质量监督检验检疫总局、中国国家标准化管理委员会:《信息安全技术云计算服务安全指南》(GB/T31167—2014),中国标准出版社 2014 年版,第 16 页。

（二）是否属于自动接入、自动传输、自动缓存服务

《信息网络传播权保护条例》第二十条和第二十一条对自动接入、自动传输、自动缓存服务提供者进行了规定，①但云服务器租赁服务在技术特征和行业监管规则层面与其仍有不同。

相对于自动接入、自动传输服务，云服务器租赁服务被用于搭建网站、网络平台和网络应用，云服务器承租人存储在云服务器中的指定内容将专门提供给云服务器承租人以外的其他网络用户。而相对于自动缓存服务，云服务器承租人租用云服务器的运营目的显然不是为"提高网络传输效率，自动存储从其他网络服务提供者获得的作品、表演、录音录像制品"，而主要是用于向其他网络用户提供网站、网络平台和网络应用，进而提供作品、表演、录音录像制品等内容。

在行业监管层面，如上所述，云服务器租赁服务属于"互联网数据中心业务（B11）"。而一部分自动接入、自动传输服务，例如，微信和QQ软件提供的文件传输功能，以及一部分自动缓存服务，例如网页浏览器、视频播放器为"提高网络传输效率，自动存储从其他网络服务提供者获得的作品、表演、录音录像制品"的缓存加速功能，乃属于"第二类增值电信业务"中的"信息服务业务（B25）"。监管部门针对这两类电信业务性质和功能的不同，分类进行准入和监管。

综上，阿里云公司提供的云服务器租赁服务也不同于无需承担"通知—删除"义务即可免责的自动接入、自动传输服务和自动缓存服务。

---

① 《信息网络传播权保护条例》第二十条："网络服务提供者根据服务对象的指令提供网络自动接入服务，或者对服务对象提供的作品、表演、录音录像制品提供自动传输服务，并具备下列条件的，不承担赔偿责任：（一）未选择并且未改变所传输的作品、表演、录音录像制品；（二）向指定的服务对象提供该作品、表演、录音录像制品，并防止指定的服务对象以外的其他人获得。"

第二十一条："网络服务提供者为提高网络传输效率，自动存储从其他网络服务提供者获得的作品、表演、录音录像制品，根据技术安排自动向服务对象提供，并具备下列条件的，不承担赔偿责任：（一）未改变自动存储的作品、表演、录音录像制品；（二）不影响提供作品、表演、录音录像制品的原网络服务提供者掌握服务对象获取该作品、表演、录音录像制品的情况；（三）在原网络服务提供者修改、删除或者屏蔽该作品、表演、录音录像制品时，根据技术安排自动予以修改、删除或者屏蔽。"

（三）是否属于《侵权责任法》规定的网络服务提供者

本案中,被告阿里云提供的云服务器租赁服务不属于《信息网络传播权保护条例》规定的服务,不能适用《信息网络传播权保护条例》的规定,因此,需进一步分析其是否落入《侵权责任法》第三十六条的规制范围。

《侵权责任法》第三十六条针对的是一切发生在网络空间的侵权行为,并没有排除云服务器租赁服务,因此本案可适用《侵权责任法》第三十六条的规定。该条第二款规定,网络用户利用网络服务实施侵权行为的,被侵权人有权通知网络服务提供者采取删除、屏蔽、断开链接等必要措施。网络服务提供者接到通知后未及时采取必要措施的,对损害的扩大部分与该网络用户承担连带责任。因此,接下来就应进一步分析原告发出的通知是否符合法律规定以及被告是否需要采取必要措施。

三、通知是否合格的判断

依据《侵权责任法》第三十六条第二款的规定,若权利人发出的通知不符合法律规定,则网络服务提供者就无需采取必要措施。《最高人民法院关于审理利用信息网络侵害人身权益民事纠纷案件适用法律若干问题的规定》第五条①即对合格通知进行了规定,要求其应包含通知人的姓名（名称）和联系方式、要求采取必要措施的网络地址或者足以准确定位侵权内容的相关信息、通知人要求删除相关信息的理由等。

本案中,原告向被告一共发出了三次通知。第一次通知是通过被告官方网站中的"工单平台"进行投诉的,但由于未使用网站中明确设置的投诉通道（包含"私服"投诉选项）,若认可该通知的有效性,则会不适当地提高被告的注意义务,因此第一次通知无效。第二次通知是通过电子邮件形式发送的,但只提供了权利人名称、联系方式和地址以及下载《我叫MT畅爽版》游戏客户端部分的

---

① 《最高人民法院关于审理利用信息网络侵害人身权益民事纠纷案件适用法律若干问题的规定》第五条:"依据侵权责任法第三十六条第二款的规定,被侵权人以书面形式或者网络服务提供者公示的方式向网络服务提供者发出的通知,包含下列内容的,人民法院应当认定有效:（一）通知人的姓名（名称）和联系方式;（二）要求采取必要措施的网络地址或者足以准确定位侵权内容的相关信息;（三）通知人要求删除相关信息的理由。被侵权人发送的通知未满足上述条件,网络服务提供者主张免除责任的,人民法院应予支持。"

三个网络地址,而未提供侵权证明材料、侵权问题说明、具体 IP 地址等,也未引导被告进行相关操作核查 IP 地址,被告无法合理意识到原告乐动卓越公司是在针对存储于阿里云公司出租的服务器中的服务器端部分主张权利,因此第二份通知也不符合法定要件。原告的第三次通知是通过快递形式发送的,但提供的信息仍旧无法表明侵权游戏客户端进行数据通讯的服务器端部分存储于阿里云公司出租的服务器,因此该通知仍然不符合合格通知的法定要件。

综上,原告发出的三次通知均未满足法律规定,被告也无需承担就无效通知进行进一步联系、核查的义务,因此被告可主张免除责任。

四、合格通知下的必要措施

虽然本案并不涉及权利人发出合格通知后云服务器租赁服务提供者应如何应对这一问题,但法院仍对此进行了分析,明晰了云服务器租赁服务提供者的责任与义务,也为之后案件的处理提供了借鉴。

《侵权责任法》第三十六条第二款规定,网络服务提供者收到合格通知后,应及时采取"删除、屏蔽、断开链接等必要措施"。这种对必要措施的开放式列举表明,网络服务提供者可遵循审慎、合理的原则,根据所侵害权利的性质、侵权的具体情形和技术条件等来采取措施,①提高法律的灵活性和适用性,为行业发展和司法实践提供了探索空间。

对于本案,法院认为,简单将"删除、屏蔽或者断开链接"作为阿里云公司应采取的必要措施,与行业实际情况不符。根据阿里云公司提供的云服务器租赁服务的性质,若采取"删除、屏蔽或者断开链接"的措施,其效果与"关停服务器"或"强行删除服务器内全部数据"并无差别,势必会影响到通过该云服务器进行的其他网络活动,这种严厉的措施不符合审慎合理的原则。美国法院也曾表明,DMCA 之所以规定可取消用户账户的情形(如反复侵权等),是因为在有些情况下,侵权程度较为轻微,而取消用户账户这种措施又过于严厉。②

---

① 见浙江省高级人民法院民事判决书(2015)浙知终字第 186 号。

② See BMG Rights Mgmt.LLC v.Cox Comms.,Inc.,No.1:14-CV-1611(E.D.Va.Aug.8,2016).参见刘文杰:《"通知删除"规定、必要措施与网络责任避风港——微信小程序案引发的思考》,《电子知识产权》2019 年第 4 期。

但"转通知"即将有效的投诉通知材料转达被投诉人并通知被投诉人申辩，是云服务器租赁服务提供者可采取的必要措施之一，①一方面，具有警示被投诉人的作用，在一定程度上防止损害后果的扩大，另一方面，也可根据被投诉人收到投诉材料后的反馈情况，再行决定是否采取其他措施。

总的来说，云服务器租赁服务相较于现行法律规制下的网络服务来说，有其特殊性。在云计算服务模式中，作为最底层的基础设施服务，其应更注重云端的稳定和数据的安全。尤其是在云计算高速发展，深入政府、金融、医疗、物流等各个行业的现阶段，国家安全、用户信息安全和商业秘密安全是人们最为关心的问题。若对云计算器租赁服务提供者苛以严格的责任，势必会打击云计算服务行业的发展，也会影响群众对其正常经营和数据安全的信心。因此，法院应审慎对待，平衡权利人、云计算器租赁服务提供者、云计算器租赁服务享用者以及社会公众等各方的利益。

（作者：丛立先　徐伊丽）

---

① 见浙江省高级人民法院民事判决书（2015）浙知终字第 186 号。

刑　事
XINGSHI

- · 以虚拟货币收入认定网络游戏盗版的犯罪数额
- · 复制并销售海外知名立体作品
- · "临摹"并销售陶瓷美术作品的衍生品
- · 制造并销售印有知名卡通形象的盗版商品

以虚拟货币收入认定网络游戏盗版的犯罪数额：

巨石公司、黄某侵犯著作权案

| 典型意义 |

近年来,复制网络游戏作品,经营"山寨"版手机网络游戏非法牟利的案件明显增多。此类案件的盗版侵权数据大部分都储存在服务器或云端,行为人采用违法获利途径与盗版网站经营公司账户分离的方式躲避侦查。本案在案发后,嫌疑人企图通过篡改和销毁数据、账目等方式逃避处罚或减轻自己罪责,使认定该公司经营游戏币的主要收入的电子数额证据受到破坏。本案主要采用第三方代理公司为被告公司销售"星钻礼品"等用于启动游戏的虚拟货币的收入认定被告单位的犯罪数额,充分运用新类型电子商务支付平台数据及"手游"营销模式的新特点,对此类新型犯罪的电子证据进行梳理和评判,确立了通过第三方平台数据印证涉案犯罪情节的规则,对打击此类故意躲避侦查的新类型犯罪具有示范意义,并入选最高人民法院 2018 年中国法院 50 件典型知识产权案例、2018 年度北京法院知识产权司法保护"十大案例"等。

| 裁判要旨 |

一、未经版权人许可,通过经营管理的单位运营与他人享有版权的游戏之源代码具有高度同一性的游戏,并通过代理人员销售用于启动游戏的虚拟货币为其单位非法营利,构成侵犯著作权罪,且行为人与相关单位构成共同犯罪。

二、针对销售盗版网络游戏的犯罪行为,若行为人以销售用于启动游戏的虚拟货币作为盈利手段,可以以相关虚拟货币的收入认定销售盗版网络游戏的犯罪数额。

| 案情介绍 |

（2018）京 0108 刑初 1932 号

被告单位：巨石在线（北京）科技有限公司（本文简称"巨石公司"）

被告：黄某

北京市海淀区人民检察院以京海检知产刑诉（2018）63 号起诉书指控被告人黄某犯侵犯著作权罪，于 2018 年 9 月 21 日向法院提起公诉。北京市海淀区人民检察院指控，2016 年至今，被告人黄某伙同他人，未经版权人北京闲徕互娱网络科技有限公司（本文简称"闲徕互娱公司"）许可，通过其经营的被告单位巨石公司运营与闲徕互娱公司享有版权的"闲徕琼崖海南麻将"游戏源代码具有高度同一性的"巨石海南麻将"游戏，并通过代理人员销售用于启动游戏的虚拟货币的方式非法营利，非法经营数额人民币 162912.9 元。2017 年 12 月 16 日，被告人黄某被抓获。针对以上事实，公诉机关向法院提交了相关的证据材料，认为被告单位巨石公司、被告人黄某的行为触犯了《中华人民共和国刑法》第二百一十七条、第三十一条之规定，已构成侵犯著作权罪，提请法院依法惩处。

被告单位巨石公司诉讼代表人李某对起诉书指控的事实和罪名没有提出实质性异议。辩护人发表辩护意见认为，巨石公司没有实际盈利，系初犯，愿意退交违法经营所得，认罪、悔罪态度较好，提请法庭从宽处理。

被告人黄某对起诉书指控的事实和罪名没有提出异议。辩护人发表辩护意见认为黄某没有给被害单位造成实际损失，犯罪情节较轻；且系初犯，到案后如实供述自己的罪行，认罪、悔罪态度较好，提请法庭对其从宽处罚。

针对上述指控事实，公诉人当庭宣读、出示了侦查机关依法调取的被告人黄某的供述，证人秦某、游某、程某、刘某、水某、邢某、谢某、张某、柳某、杨某、任某、武某、高某的证言，授权委托书，报案书，营业执照，辨认笔录，扣押决定书，扣押清单，扣押笔录，涉案照片，微信聊天记录，劳动合同，保密协议，计算机软件版权登记证书，公司设立和变更登记材料，年度纳税申报表，历史交易记录，账户明细单，应交税费，明细账和银行存款明细账，司法鉴定意见书，受案登记表，立案决定书，破案报告，到案经过，工作说明，身份证明等证据材料。

经当庭质证,被告单位巨石公司诉讼代表人李勇、被告人黄某及辩护人对控方上述证据材料均未提出实质性异议。

┃裁判理由┃

经法院审理查明,被告人黄某作为被告单位巨石公司经营管理者,自2016年至今,伙同他人,未经版权人闲徕互娱公司许可,通过其经营管理的被告单位巨石在线(北京)科技有限公司运营与北京闲徕互娱网络科技有限公司享有版权的"闲徕琼崖海南麻将"游戏源代码具有高度同一性的"巨石海南麻将"游戏,并通过代理人员销售用于启动游戏的虚拟货币的方式,为被告单位巨石在线(北京)科技有限公司非法营利,非法获利人民币162912.9元。2017年12月16日,被告人黄某被抓获。在法院审理期间,被告单位巨石在线(北京)科技有限公司退交违法所得人民币162912.9元,现扣押在案。黄某到案后能如实供认自己的基本罪行,巨石公司及黄某认罪、悔罪态度较好,且巨石公司积极退交违法所得。

法院认为,控方提交的证据形式及来源合法,内容真实且相互印证,已经形成较为完整的证据链,对其证明效力,予以确认。法院指出,被告单位巨石在线(北京)科技有限公司及其直接负责的主管人员被告人黄某以营利为目的,未经版权人许可,复制发行他人享有版权的计算机软件,情节严重,其行为已构成侵犯著作权罪,应予惩处。北京市海淀区人民检察院指控被告单位巨石在线(北京)科技有限公司、被告人黄某犯有侵犯著作权罪的事实清楚,证据确实充分,指控罪名成立。鉴于被告人黄某到案后及在庭审中能如实供认自己的基本罪行,被告单位及被告人黄某认罪、悔罪态度较好,且被告单位积极退交违法所得,法院对被告单位及被告人黄某依法从轻处罚。辩护人的部分相关辩护意见,法院酌予采纳。依照《中华人民共和国刑法》第二百一十七条第(一)项、第二百二十条、第三十条、第三十一条、第六十七条第三款、第五十三条第一款、第六十四条之规定,法院判决如下:

一、被告单位巨石在线(北京)科技有限公司犯侵犯著作权罪,判处罚金人民币二十万元。

二、被告人黄某犯侵犯著作权罪,判处有期徒刑一年,罚金人民币十万元。

三、在案扣押的违法所得人民币十六万二千九百一十二元九角予以没收。

| 案件分析 |

近年来,在侵犯计算机软件著作权犯罪案件中,复制网络游戏作品、经营"山寨"版网络游戏进行非法牟利的案件明显增多。任何电子游戏的核心内容均可分为两部分:游戏引擎(由指令序列所组成的计算机程序)与各种素材片段组成的游戏资源库。[①] 通过游戏引擎,游戏资源库内的美术、文字、音乐等元素将会被即时整合,在用户完成相应操作时被调取,从而在终端显示器上形成游戏画面,目前一般将这类画面称作"游戏整体画面"。需要注意的是,这二者不仅具有不同的版权属性,而且即使游戏软件代码不同或不相似,游戏整体画面相同或近似的情况仍然大有可能[②]。而且,游戏呈现的音画等内容与游戏的计算机程序代码并不一定具有一一对应的关系,即不具有实质性相似的计算机程序代码,经过运算后也可能产生实质性相似的游戏画面、角色美术形象等内容。

目前,针对游戏相关的版权问题,相关民事案件一般已经明确采取游戏的计算机程序代码与游戏呈现在荧幕上的整体画面两分的态度处理相关案件,前者作为文字作品受到《著作权法》的保护,后者在满足一定条件时能够独立于计算机程序代码受到版权法的保护。[③] 但是,在刑事司法领域,相关案件仍然仅以游戏的计算机代码作为判定是否存在版权侵权行为的对象,鲜有案件依据游戏整体画面判定被告是否侵犯版权人的权利[④]。这一现象的产生大致有两方面的原因。首先,从判断版权侵权的专业性和执法的可操作性来讲,检察院与刑事法庭往往缺乏对于知识产权侵权问题的判断能力,尤其是对于游戏整体画面这类在民事领域仍然争议极大的问题,刑事司法机关实难准确判

① 参见崔国斌:《认真对待游戏著作权》,《知识产权》2016 年第 2 期。
② 见上海壮游信息科技有限公司诉广州硕星信息科技有限公司案,上海市浦东新区人民法院民事判决书(2015)浦民三(知)初字第 529 号。
③ 参见王迁、袁锋:《论网络游戏整体画面的作品定性》,《中国版权》2016 年第 4 期。
④ 仍有较少的相关案例。见福州初心互娱网络科技有限公司等侵犯著作权案,(2017)浙 0683 刑初 801 号判决书;马义词犯侵犯著作权案二审刑事裁定书,(2015)苏知刑终字第 00005 号等。

断；但对于计算机程序代码，由于其作为文字作品，相较于游戏整体画面有更为明确清晰的表现形式和确定的内容范围，无论是自行判断代码间的实质性相似程度或委托专业机构予以鉴定都更具备可行性，无论是行政执法或是在刑事司法程序中都更易于操作与判明。其次，考虑到刑事法律的谦抑性，在民事司法尚未全面梳理游戏整体画面的版权属性并对相关的疑似侵权行为进行意见较为统一之前，刑事司法不宜针对此问题采取相对激进的态度，而且许多案件中游戏整体画面的相似程度实难辨明，刑事法院在此时也应当遵循疑罪从无的标准，认定这类行为不构成犯罪。

本案是典型的被告未经网络游戏软件版权人许可，非法获取网络游戏源代码，并通过网络或其他途径向游戏玩家提供客户端程序的案件，虽然本案并非架设游戏私服，而是采取与他人游戏构成代码极为近似的源代码开发另一款游戏并独立运营，但二者的版权法意义是一致的，即"复制发行"他人享有版权的计算机程序代码，在满足其他条件时可能构成侵犯著作权罪。本案的一项特殊之处在于，由于被告系通过第三方代理公司为其公司销售"星钻礼品"等用于启动侵权游戏的虚拟货币获取收益，且在案发后大量销毁证据导致难以直接查明其违法所得，法院通过虚拟货币的收入认定被告单位的犯罪数额，这一举措不仅在司法操作的层面上具有可行性，也体现出了司法实务中对于虚拟货币的认识。

一、"复制发行"他人享有版权的计算机程序代码

根据《中华人民共和国刑法》第二百一十七条的规定，"未经版权人许可，复制发行其文字作品、音乐、电影、电视、录像作品、计算机软件及其他作品"是侵犯著作权罪客观阶层的行为要件之一。因此，如何理解"复制发行"的含义是判定本案被告销售、运营盗版网络游戏的行为是否满足本罪客观阶层构成要件的重点问题。

首先，关于"复制"要件。在版权侵权案件中，一般使用"接触+实质性相似"原则判断被告的行为是否构成对他人享有版权的作品的复制。针对本案盗版网络游戏中的计算机程序代码，由于争议网络游戏已公开发行于市场中，在无相反证据的情况下能够认定被告接触了他人享有版权的计算机程序代

码。而在实质性相似的问题上,本案属于计算机软件的文字部分相似的情形,只需根据被控侵权软件程序代码中引用的程序的比例来判定二者是否构成实质性相似,在此作为软件侵权比对分析对象的"文字"是指程序代码而非作为一般文字作品的计算机"文档"①。无论是在销售盗版游戏、架设游戏私服或是开发销售游戏外挂等相关案件中,对于计算机程序代码实质性相似的比对都是判定涉案行为是否构成版权法意义上之复制的重要环节,而且通过代码文字的重复率进行比对在司法与执法上都具有相当的可操作性,当被控侵权软件的程序代码与他人享有版权的计算机程序代码的文字重复率达到一定比例时,足以认定二者构成实质性相似②,进而在满足其他条件时能够认定被告的行为构成复制他人享有版权的作品。

其次,关于"发行"要件,需要依据我国对于信息网络环境下侵犯著作权罪的司法解释进行考察。本案中的"发行"行为主要是未经版权人许可通过信息网络向游戏用户提供与原告具有实质性相似的游戏计算机程序代码的行为,由于该行为并未转移作品有形载体的所有权,因此其应当属于《著作权法》中的信息网络传播权而非发行权所控制的行为。③ 但根据最高人民法院、最高人民检察院《关于办理侵犯知识产权刑事案件具体应用法律若干问题的解释》(本文简称《解释(一)》),通过信息网络向公众传播他人文字作品、音乐、电影、电视、录像作品、计算机软件及其他作品的行为,应当视为刑法第二百一十七条规定的"复制发行"。④ 虽然该司法解释是否符合罪刑法定原则的要求存在一定争议,但考虑到信息时代下社会的现实需求以及从保护法益进行实质刑法解释的合理结论⑤,就目前的个案判决来看,法院在此现状下适用《解释(一)》认定侵犯信息网络传播权的行为也可能构成侵犯著作权罪,是较

---

① 计算机软件非文字部分相似的判定更为复杂。参见吴汉东:《试论"实质性相似+接触"的侵权认定规则》,《法学》2015 年第 8 期。

② 见上海市徐汇区人民法院(2011)徐刑初字第 984 号刑事判决书等。

③ 参见王迁:《论著作权意义上的"发行"——兼评两高对〈刑法〉"复制发行"的两次司法解释》,《知识产权》2008 年第 1 期。

④ 《最高人民法院、最高人民检察院关于办理侵犯知识产权刑事案件具体应用法律若干问题的解释》第十一条第三款。

⑤ 详细论证参见丛立先、刘乾:《非法提供从互联网采集的影视作品:秦某等侵犯著作权案》,载王志主编:《版权前沿案例评析(2017—2018)》,人民出版社 2018 年版,第 151—162 页。

为合理的处理方式。但是，本案法院并未在法律依据中列出该解释，直接将信息网络传播行为视作发行行为，存在法律适用上的瑕疵。

综合来看，法院判定被告人经营管理的被告单位巨石在线（北京）科技有限公司运营与北京闲徕互娱网络科技有限公司享有版权的"闲徕琼崖海南麻将"游戏源代码具有高度同一性的"巨石海南麻将"游戏，并借此获得大量非法利益的行为构成侵犯著作权罪准确无误，但未能在判决书中体现详细的论证过程，包括对被告行为是否满足"接触+实质性相似"条件进而构成复制行为，其将侵权游戏置于网络上公开传播的行为是否满足该罪客观阶层的"发行"要件等。

二、通过虚拟货币的销售收入认定违法犯罪所得

本案在案发后，嫌疑人企图通过篡改和销毁数据、账目等方式逃避处罚或减轻自己罪责，使认定该公司经营游戏币的主要收入的电子数额受到破坏，一度给司法审判工作带来了较大困难。针对这一情况，本案主要采用第三方代理公司为被告公司销售"星钻礼品"等用于启动游戏的虚拟货币的收入认定被告单位的犯罪数额，充分运用新类型电子商务支付平台数据及"手游"营销模式的新特点。这样的认定方法不仅有实践上的便捷性，且在法理上也具有相当的合理性。

在涉及虚拟财产盗窃、诈骗等相关的刑事案件中，我国许多法院已经承认了虚拟财产的财产属性并加以保护①。虽然我国对虚拟财产的定性尚未形成统一的观点，②但在《民法总则》出台后③，对于虚拟财产具有财产属性、能够承载相应的经济价值、具有交换价值和可让与性等问题已基本达成共识。至

---

① 参见刘菊华、周维德：《论网络游戏中虚拟物品的价值属性及法律保护》，《河北法学》2004 年第 12 期。

② 有物权说、债权说、知识产权说、新型财产权说等。参见于志刚：《论网络游戏中虚拟财产的法律性质及其刑法保护》，《政法论坛》2003 年第 6 期；寿步、徐彦冰、王秀梅：《网络游戏虚拟物的财产权定位》，《电子知识产权》2005 年第 5 期；林旭霞：《虚拟财产权研究》，法律出版社2010 年版；等等。

③ 《中华人民共和国民法总则》第一百二十七条："法律对数据、网络虚拟财产的保护有规定的，依照其规定。"

于其是否能够在本案中成为认定犯罪数额的依据，可以从以下层面进行考量。

第一，关于可否以虚拟财产的价值认定相关犯罪中的数额。除我国《民法总则》《刑法》、相关司法解释及目前的司法实践之外，我国国税总局的"虚拟财产转让所得税"批复，也为涉及虚拟财产的犯罪中的"数额"认定提供了法律上的参照。根据 2008 年 9 月我国国税总局给予北京市地方税务局的，关于"个人通过网络销售虚拟货币取得收入是否应该计征个人所得税"回复内容，"个人通过网络收购玩家的虚拟货币，加价后向他人出售取得的收入，属于个人所得税应税所得，应按照'财产转让所得'项目计算缴纳个人所得税。那么按照规定，财产转让所得计征方法为，以一次转让财产收入额减去财产原值和合理费用后的余额，为应纳税所得额，适用 20% 的税率计算缴纳个人所得税。"不难看出，虚拟财产作为具有财产价值的可流通物，其合法的财产属性受到法律的承认，其可以作为衡量财产价值的一种依据。在本案中，被告构成犯罪的主要行为系销售盗版网络游戏，并通过销售虚拟货币供玩家充值购买用以参与游戏，从整个运作流程来看，其销售盗版游戏所获得经济利益与销售虚拟货币所获得的直接金钱收益基本等同，因此以被告公司销售"星钻礼品"等用于启动游戏的虚拟货币的收入认定被告单位的犯罪数额具有相当的合理性，这也是法院充分运用新类型电子商务支付平台数据及"手游"营销模式的新特点的重要体现，值得肯定。

第二，关于犯罪数额的具体计算依据。对于虚拟财产这种特殊犯罪对象之数额认定，因其存在环境与一般的公私财物存在环境有根本区别，较之其他侵犯财产性犯罪的数额认定方式不同，尤其在认定具体的数额时，需要考虑到虚拟财产的价值是随着时间与市场环境而波动的，在不同时期市场中虚拟财产与法定货币的兑换比例是不尽相同的。但从认定违法所得数额的角度考虑，由于一般认为虚拟财产的价值即是其交换价值或称市场交易价值，因此以他人所支付的全部可流通货币总值作为相关犯罪数额的计算依据即可，[①]以此为计算方法即可直观地得出行为人通过销售虚拟财产获得了价值多少的经济收益。在本案中，被告公司自行定价并委托第三方公司销售"星钻礼品"等

---

① 参见黄爱军：《盗窃虚拟财产定罪研究》，硕士学位论文，广西民族大学，2009 年。

用于启动游戏的虚拟货币,涉案虚拟货币的经济价值与用户购买虚拟货币所支付的金钱价值基本等同,因此在数额计算时可以以虚拟货币的销售收入认定其经济价值,进而基于虚拟货币启动游戏的功能与本案被告获利途径的唯一性,以其认定本案的犯罪数额。

第三,关于司法与执法实践中的实际情况。由于本案的特殊情况,嫌疑人在案发后企图通过篡改和销毁数据、账目等方式逃避处罚或减轻自己罪责,使认定该公司经营游戏币的主要收入的电子数额受到破坏。在这样的情况下,公安机关、监察机关与司法机关均难以通过账本、交易流水等传统的侦察渠道获取有关被告犯罪违法所得的证据,而确定违法所得数额对本案的定罪与量刑工作都非常重要。一方面,对于定罪工作,因为侵犯著作权罪系情节犯,其以"违法所得数额较大或者有其他严重情节"作为入罪的构成要件,唯有较为准确地确定被告的违法所得数额或其他相关情节才可认定其是否构成该罪;另一方面,对于量刑工作,由于侵犯著作权罪系财产犯罪,违法所得数额直接影响其犯罪情节的轻重,尤其是对于"违法所得数额巨大或者有其他特别严重情节"的犯罪行为需要采取加重刑,因此若无法较为准确地确定被告的违法所得数额,将难以正确地对其进行量刑。而在本案中,虽然物理证据大多被被告销毁或破坏,但基于其获取利益途径的特殊性,法院采用第三方代理公司为被告公司销售"星钻礼品"等用于启动游戏的虚拟货币的收入认定被告单位的犯罪数额,充分运用新类型电子商务支付平台数据及"手游"营销模式的新特点,对此类新型犯罪的电子证据进行梳理和评判,确立了通过第三方平台数据印证涉案犯罪情节的规则,对于司法实践工作也有着良好的指引作用。

三、本案中的其他问题

第一,在犯罪主体上,本案中,被告人与被告单位构成共同犯罪。由于侵犯著作权罪的犯罪主体包括自然人与法人,根据《中华人民共和国刑法》第三十一条:"单位犯罪的,对单位判处罚金,并对其直接负责的主管人员和其他直接责任人员判处刑罚。"在本案中,被告人黄某伙同他人,未经版权人许可,通过其经营的被告单位巨石公司运营与他人享有版权的游戏源代码具有高度同一性的"巨石海南麻将"游戏,并通过代理人员销售用于启动游戏的虚拟货币的方式进行非法营利，非法经营数额较大，根据相关证据可以认定涉案行为由单位的决策机构按单位的决策程序决定，由直接责任人员实施，且表现为为本单位谋取非法利益，①满足单位犯罪的条件。因此，本案被告人应为涉案单位、直接负责的主管人员及其他直接责任人员，即被告人与被告公司构成共同犯罪。

第二，在量刑情节上，鉴于被告人黄某到案后及在庭审中能如实供认自己的基本罪行，被告单位及被告人黄某认罪、悔罪态度较好，且被告单位积极退交违法所得，法院对被告单位及被告人黄某依法从轻处罚。在《刑法修正案（八）》出台后，坦白属于法定的从宽处罚情节，依据《中华人民共和国刑法》第六十七条第三款，"犯罪嫌疑人虽不具有前两款规定的自首情节，但是如实供述自己罪行的，可以从轻处罚；因其如实供述自己罪行，避免特别严重后果发生的，可以减轻处罚"。

综上所述，本案体现了我国版权刑事司法对于盗版游戏问题的典型解决方式，案件从侦查到审判的整个处理流程也较为明晰，对我国处理盗版相关的刑事案件中的侦查、取证、判决等各方面而言都有典例价值，尤其本案以虚拟货币收入认定销售盗版网络游戏的犯罪数额，在遵循法理与法律规定的同时为相关司法实践提供了重要的思路。但是，本案判决书中对于版权侵权行为的构成、法律中"复制发行"要件的理解、以虚拟货币收入认定销售盗版网络游戏的犯罪数额的法理支撑缺乏较为深入的论证，可以进行进一步的研究与更加深入的思考。

（作者：丛立先　刘乾）

---

① 参见张明楷：《刑法学》（第五版），法律出版社 2016 年版，第 135 页。

复制并销售海外知名立体作品：

李某某侵犯著作权案

┃ 典型意义 ┃

　　该案涉及立体作品版权的保护，且被侵权作品系海外知名作品，具有较强的专业性和较大的社会影响力。被告在其生产的玩具产品中夹杂一些自己设计的零部件意图掩盖侵权事实，作案手段隐蔽。法院参照中国版权保护中心版权鉴定委员会出具的鉴定报告，论证了被告虽然在制作时改变了部分细节零件，但其销售的产品仍与版权人的立体作品构成实质性相似，其行为构成对与版权人立体作品的复制与发行。该案对于准确把握复制行为、正确认定侵犯著作权罪、解决类似案件中的疑难问题具有重要意义。同时，查处结果也彰显了我国刑法对严重侵犯知识产权犯罪的惩治及对知识产权的保护力度。此外，该案也是一起典型的涉外版权保护案件，通过严格遵守《伯尔尼公约》等版权国际条约，实施平等保护，彰显了我国知识产权保护的良好国际形象。本案入选最高人民法院2018年中国法院50件典型知识产权案例和2018年度北京法院知识产权司法保护"十大案例"等，具有较强的典例意义和较高的参考价值。

┃ 裁判要旨 ┃

　　一、在未经版权人许可的情况下，对他人享有版权的玩具美术作品进行拆分、建模等，保留了原作品的基本表达，与权利人作品构成实质性相似，该行为构成法律意义上的复制行为；采用拆分组装他人享有版权的拼装玩具，并通过电脑建模、制作图纸、委托他人开制模具等方式，生产、复制上述拼装玩具，并冠以其他品牌销售给他人的行为，在满足情节要件时构成侵犯著作权罪。

　　二、以销售为目的制造侵犯版权的产品，应当认定侵权行为已经完成，符合侵犯著作权罪的构成要件。

三、在事前通谋的情况下，多名行为人分工、合作各自完成了部分的犯罪行为，行为人应当构成共同犯罪，对全部的犯罪结果承担刑事责任。

| 案情介绍 |

（2018）沪 0112 刑初 805 号

（2018）沪 03 刑终 25 号

被告：李某某

《机动战士高达》系株式会社万代创作的美术作品，并在中华人民共和国国家版权局进行了美术作品登记。后株式会社万代又根据该作品制作、生产了高达系列拼装玩具，并在市场上销售。

2016 年至 2017 年 9 月间，被告人李某某在未经株式会社万代许可的情况下，采用拆分组装株式会社万代销售的《独角兽》《雪崩能天使》《蓝异端》等高达系列拼装玩具，并通过电脑建模、制作图纸、委托他人开制模具等方式，在广东省汕头市金平区金陇中路海达玩具厂内生产、复制上述高达系列拼装玩具，并冠以"龙桃子"品牌销售给林某某（另案处理）。被告人李某某生产《雪崩能天使》玩具共计 28880 个（单价人民币 111.80 元）、《蓝异端》玩具共计 3256 个（单价人民币 73.00 元）、《独角兽》玩具共计 2000 个（单价人民币 165.20 元），非法经营数额合计人民币 379 万余元。

2017 年 9 月 28 日，公安机关从被告人李某某的上述玩具厂内扣押《蓝异端》玩具共计 3256 个、生产模具 3 套。经中国版权保护中心版权鉴定委员会鉴定，被告人李某某生产的上述玩具与株式会社万代的相关美术作品基本相同，构成复制关系。被告人李某某到案后如实供述了上述犯罪事实。上海市奉贤区人民检察院以沪奉检金融刑诉〔2018〕12 号起诉书指控被告人李某某犯侵犯著作权罪，于 2018 年 5 月 28 日向法院提起公诉。被告人李某某到案后如实供述了上述犯罪事实。

一审法院依据被告人李某某有罪的供述，证人郑某某、李某某、梁某某、张某某、陈某、仰某某、吴某某、顾某某、刘某某等人的证言，案发经过、搜查证、扣押清单，从被告人李某某处调取的产品出入库清单、《独角兽》《雪崩能天使》

《蓝异端》等玩具产品成本表,被告人李某某与林某某(微信名"贸易达兄")之间的聊天记录,《作品登记证书》及作品照片、株式会社万代及万代南梦宫(中国)投资有限公司出具的情况说明、营业执照,中国版权保护中心版权鉴定委员会出具的《玩具美术作品的异同性鉴定报告》,上海享陆知识产权咨询有限公司营业执照、《株式会社万代授权书》《权属声明》等证据,认定了以上事实。在一审宣判后,被告人李某某不服一审判决结果,提出上诉。

| 裁判理由 |

一审法院认为,被告人李某某对株式会社万代享有版权的玩具美术作品进行拆分、建模等,保留了原作品的基本表达,与权利人作品构成实质性相似,该行为构成法律意义上的复制行为。被告人李某某以营利为目的,未经版权人许可,复制发行其作品,非法经营数额达人民币379万余元,情节属特别严重,已构成侵犯著作权罪。被告人李某某到案后能够如实供述犯罪事实,系坦白,可以依法从轻处罚。被告人李某某的辩护人提出被告人李某某系初犯,在微博上发表了致歉声明,认罪悔罪态度好,故可以从轻处罚等辩护意见,一审法院在量刑时一并予以考量。据此,一审法院依照《中华人民共和国刑法》第二百一十七条、第六十七条第三款、第五十二条、第五十三条、第六十四条,最高人民法院、最高人民检察院《关于办理侵犯知识产权刑事案件具体应用法律若干问题的解释》第五条第二款以及《关于办理侵犯知识产权刑事案件具体应用法律若干问题的解释(二)》第四条之规定,判决如下:

(一)被告人李某某犯侵犯著作权罪,判处有期徒刑三年六个月,并处罚金人民币一百九十万元。

(二)查获的侵犯著作权的《雪崩能天使》《蓝异端》《独角兽》等玩具商品及模型、模具等物品均予以没收。

(三)违法所得予以追缴。

被告人李某某不服一审判决结果,提出上诉。上诉人李某某及其辩护人提出:第一,其主观上没有犯罪故意,其生产的玩具与株式会社万代享有版权的玩具存在较大差异,中国版权保护中心版权鉴定委员会出具的鉴定报告,关于构成复制关系与事实不符。第二,扣押的玩具没有销售、流入市场,不应计入非法经营侵权产品数量及金额,应按照侵犯版权行为违法所得数额计算量刑;2000个《独角兽》由其为林某某设计包装、估价,也不应计算其犯罪数额。第三,本案应认定为单位犯罪。第四,一审量刑畸重,在二审期间愿意预缴部分罚金,请求法院对其减轻处罚。

二审法院经审理查明的基本事实和证据与原判相同,并就上诉人及辩护人提出的上诉理由和辩护意见评判如下:

一、关于是否构成犯罪的问题

经查,上诉人李某某在明知其未经株式会社万代许可的情况下,采用拆分组装株式会社万代销售的《独角兽》《雪崩能天使》《蓝异端》等高达系列拼装玩具,并通过电脑建模、制作图纸、委托他人开制模具等方式,在广东省汕头市金平区金陇中路海达玩具厂内生产、复制上述高达系列拼装玩具,并冠以"龙桃子"品牌销售给他人。经中国版权保护中心版权鉴定委员会鉴定,李某某生产的上述玩具与株式会社万代的相关美术作品基本相同,构成复制关系。该《鉴定报告》检材来源合法,鉴定机构具有法定资质,鉴定的过程和方法符合相关专业规范的要求,且鉴定程序符合法律规定,故李某某的行为符合侵犯著作权罪的构成要件。

二、关于是否构成单位犯罪的问题

经查,上诉人李某某虽是汕头市木子动漫玩具有限公司的实际经营者,但在生产侵权拼装玩具的过程中,上诉人李某某以个人名义收取货款,利益归其个人所有,依照法律规定不构成单位犯罪,应由李某某个人承担相应的刑事责任。

三、关于非法经营数额的问题

上诉人李某某辩称,《独角兽》的开制模具、生产均由另案处理人员林某某完成,其只帮助林某某设计包装及估价等,该部分数额应予扣除。经查,根据李某某的供述称,《独角兽》系其与林某某共同合作完成的,林某某负责开模,由其负责生产及设计包装、估价等。故根据《刑法》第二十五条的规定,共同犯罪人应当对其所参与的全部犯罪处罚,故李某某仍应对其共同参与生产的 2000 个侵权《独角兽》承担刑事责任。

此外,其辩护人还提出扣押在案的涉案侵权玩具没有销售、流入市场,不应计入侵权产品数额及金额。经查,根据公安机关从李某某的上述玩具公司内扣押《蓝异端》玩具共计 3256 个,中国版权保护中心版权鉴定委员会出具的《玩具美术作品的异同性鉴定报告》证明,经比对,公安机关从被告人李某某处扣押的《蓝异端》玩具与株式会社万代的玩具作品基本相同,构成复制关系。故李某某的侵权行为已经完成,符合侵犯著作权罪的构成要件,应当计入侵权产品数额及金额。

法院认为,上诉人李某某对株式会社万代享有版权的玩具美术作品进行拆分、建模等,保留了原作品的基本表达,与权利人作品构成实质性相似,该行为构成法律意义上的复制行为。李某某以营利为目的,未经版权人许可,复制发行其作品,非法经营数额达人民币 379 万余元,情节属特别严重,已构成侵犯著作权罪。李某某到案后能够如实供述犯罪事实,系坦白,可以依法从轻处罚。原审法院在量刑时充分考虑了本案犯罪事实、情节以及社会危害程度等,作出的判决依法有据、量刑适当。一审时基于李某某认罪的基础上适用简易程序审理了本案,但其未预缴罚金和取得权利人谅解,李某某及其辩护人以原判量刑畸重,二审期间要求预缴部分罚金,减轻处罚的上诉理由和辩护意见,于法无据,法院不予采纳。上海市人民检察院第三分院建议驳回上诉、维持原判的意见正确,法院予以支持。原判认定李某某犯著作权罪的犯罪事实清楚,证据确实充分,适用法律正确,量刑适当,审判程序合法。据此,依照《中华人民共和国刑事诉讼法》第二百二十五条第一款第(一)项之规定,裁定驳回上诉,维持原判。

|案件分析|

本案涉及立体作品版权的保护,且被侵权作品系海外知名作品,具有较强的专业性和较大的社会影响力。法院对于复制行为的认定、版权侵权行为的证成、版权犯罪的定罪与量刑等都作出了较为准确的判断,对解决类似案件中的疑难问题具有重要的参考价值。此外,该案也是一起典型的涉外版权保护案件,通过严格遵守《伯尔尼公约》等版权国际条约,实施平等保护,彰显了我国知识产权保护的良好国际形象。

一、权利人及版权客体:版权的国际保护

本案是一起典型的涉外版权侵权刑事制裁案件。本案中,版权受到侵犯的作品《机动战士高达》及其相关模型产品在世界范围内具有较高知名度,其版权人为海外(日本)公司株式会社万代,且相关作品已经通过授权链的形式进入中国市场进行销售。法院认定《机动战士高达》系株式会社万代创作的美术作品,并在中华人民共和国国家版权局进行了美术作品登记;后株式会社万代又根据该作品制作、生产了高达系列拼装玩具,并在市场上销售。

根据我国与日本均已签署的《伯尔尼公约》等知识产权国际条约以及《中华人民共和国著作权法》第二条第二款:"外国人、无国籍人的作品根据其作者所属国或者经常居住地国同中国签订的协议或者共同参加的国际条约享有的著作权,受本法保护",公约成员国国民的作品,无论是否出版,在中国都享有版权。在本案中,株式会社万代在中国境内针对其作品《机动战士高达》享有合法的版权。而且,株式会社万代曾针对其作品在中华人民共和国国家版权局进行了美术作品登记。虽然中国在版权的获得上采取自动获得原则,创作具有独创性的作品即可自动获得版权法的保护,但同时我国实行版权的"自愿登记制"①,所有版权人都可以自愿向国家版权局登记自己作品之版权并获得注册证书,以作为自身针对某件作品拥有版权的一项(可被相反证据推翻的)证明。综合本案的证据来看,公诉方提出了诸多株式会社万代针对《机动战士高达》作品享有合法版权的证据,且已经形成完备的证据链,在被告未能提出异议的情况下,法院认定《机动战士高达》系株式会社万代创作的美术作品,并通过司法途径给予其保护、以刑事手段规制侵犯其版权且情节严重的行为是合理正确的。

本案遵循知识产权保护的相关国际条约,针对海外权利人依法享有版权的作品以刑事制裁的手段提供法律保护,体现了我国在国际知识产权保护上

---

① 参见李明德、许超:《著作权法》,法律出版社 2003 年版,第 62—70 页。

同样实行多轨并行、刑民衔接的治理思路，对彰显我国良好的知识产权国际形象起到了重要的推动作用。

二、被告行为的定性：立体作品的复制与发行

根据《中华人民共和国刑法》第二百一十七条的规定，"未经著作权人许可，复制发行其文字作品、音乐、电影、电视、录像作品、计算机软件及其他作品"是侵犯著作权罪客观阶层行为要件之一。在本案中，认定被告行为是否构成本条所规定的"复制发行"他人享有版权的作品，是判定其是否满足本罪客观阶层构成要件的重点问题。

首先，本案中与立体作品"复制"相关的判断基本准确，但论证较为简洁。在本案中，如何认定被告的行为是否构成对他人享有版权的立体作品的复制是其中最为核心的问题。法院认为，被告在未经版权人许可的情况下，对他人享有版权的玩具美术作品进行拆分、建模等，保留了原作品的基本表达，与权利人作品构成实质性相似，该行为构成法律意义上的复制行为。在版权侵权案件中，一般使用"接触+实质性相似"原则判断被告的行为是否构成对他人享有版权的作品的复制。针对本案，由于《机动战士高达》系株式会社万代创作的知名美术作品，后版权人又根据该作品制作、生产了高达系列拼装玩具，并在市场上公开销售，在无相反证据的情况下能够认定被告接触了他人享有版权的作品。而关于实质性相似的认定，法院主要参考了中国版权保护中心版权鉴定委员会出具的《玩具美术作品的异同性鉴定报告》，其指出公安机关从被告人李某某处扣押的《蓝异端》玩具、从证人梁某某、张某某处扣押的《独角兽》《雪崩能天使》玩具分别与株式会社万代的玩具作品基本相同，构成复制关系。在本案中，司法机关参照中国版权保护中心版权鉴定委员会出具的鉴定报告，论证了李某某生产的"龙桃子"玩具未脱离《机动战士高达》系列拼装玩具作品躯干结构、整体造型的基本特征，虽然在武器、背包上存在细微差别，但并没有体现行为人创作的个性化特征，保留了原作品的基本表达，与原作品构成实质性相似，而内部零件及拼接方法并不影响体现在外部的立体艺术造型，属于侵犯著作权罪中的复制行为。

可以看出，法院对于实质性相似的判断采取了整体概念和感觉原则，更加

关注作品的"整体性"，将作品中受保护的要素与不受保护的要素作为一个"整体"，以此为基础将两造作品进行比对，以确定侵权是否存在。一般来说，法院一般针对视觉艺术作品等适合整体欣赏而难以逐层解构的作品采取整体概念和感觉原则，从整体上考量争诉作品的实质性相似问题①，这一原则在本案中的适用也较为合理。需要注意的是，本案虽然涉及立体作品的复制问题，被告在制作侵权复制品的过程中也有将立体作品平面化用以制作模型图纸的过程，但由于其最终行为系制作并销售（或带有销售目的制作）立体作品的复制品，其将立体作品平面化的行为仅是其实现这一行为的中间手段，因此本案在判断版权侵权问题时并不需要对"异体复制"②问题进行独立的考量。

其次，本案中被告实施了两类"复制发行"行为，一类是制作并销售侵权复制品的行为，另一类是带有销售目的地制作侵权复制品的行为。第一，被告制作并销售侵权复制品的行为，满足《著作权法》中有关复制行为与发行行为的要件，系未经他人许可，制作与他人享有版权的美术作品实质性相似的复制品，并以出售的方式向公众提供作品的复制件，进而从文义上完全满足《刑法》第二百一十七条第一款中规定的未经版权人许可"复制发行"其作品之要件，结合其违法所得数额，可以认定被告的此类行为构成侵犯著作权罪。第二，被告实施了带有销售目的地制作侵权复制品的行为。在二审中，被告辩护人针对被告的此类行为，提出扣押的玩具没有销售、流入市场，不应计入非法经营侵权产品数量及金额的辩护意见。本案一、二审法院均认定了被告的此类行为同样构成侵犯著作权罪中的"复制发行"，认为被告的版权侵权行为已经完成，相关产品的价值应当被计入其违法所得，但未能详尽地援引法律规范或司法解释予以论证。

从法律规范的角度而言，最高人民法院、最高人民检察院《关于办理侵犯知识产权刑事案件具体应用法律若干问题的解释（二）》第二条第一款规定："刑法第二百一十七条侵犯著作权罪中的'复制发行'，包括复制、发行或者既

①　参见卢海君：《论作品实质性相似和版权侵权判定的路径选择——约减主义与整体概念和感觉原则》，《政法论丛》2015年第1期。

②　参见焦和平：《"异体复制"的定性与复制权规定的完善——以我国〈著作权法〉第三次修改为契机》，《法律科学（西北政法大学学报）》2014年第4期。

复制又发行的行为。"从法理角度而言，一方面，若仅仅将"复制发行"解释为"复制且发行"，实务中大量已经完成侵权复制品制作但因被执法机关发现而暂未对其进行销售的侵权人便尚未构成实行犯，难以受到刑法的合理制裁，这无疑与侵犯著作权罪的立法初衷不符；而从另一个角度而言，对于刑法中的"复制"应当从版权刑事制度所要保护法益角度作出合理解释，因为著作权刑事制度所要保护的法益与版权民事制度所要保护的权利并不完全等同，其针对的行为应当严重到一定程度，且行为后果需要对社会公共利益造成严重损害，才应当以刑事制度予以规制。因此，应当将"复制"理解为带有发行目的的复制，这是对"复制发行"从文义与立法目的上的理解，从文义上看复制是发行的手段，发行是复制的结果，而从立法目的上看复制行为必须与将侵权制品分散的行为相结合才具有社会危害性，因而才具备刑事可罚性。① 因此，法院在判决中认定以销售为目的制造侵犯版权的产品的行为，应当视作侵权行为已经被实施，符合侵犯著作权罪的构成要件，这一判断是准确无误的。因此，从定罪情节与量刑的情况来看，应当将被告已经制作并销售以及已经制作、意图销售但尚未销售的全部侵权复制品的价值共同作为犯罪情节的考量。

综合而言，法院认定被告采用拆分组装他人享有版权的拼装玩具，并通过电脑建模、制作图纸、委托他人开制模具等方式，生产、复制上述拼装玩具，并冠以其他品牌销售给他人、违法所得数额巨大的行为，构成侵犯著作权罪，且犯罪数额计算应当包括制作并销售的和已经制作、意图销售而尚未销售的全部侵权复制品，法院的这一判断较为准确，论证较为完整清晰。

三、本案中的其他问题

首先，关于本案的犯罪主体与共同犯罪的问题。在本案二审过程中，被告辩护人提出《独角兽》的开制模具、生产均由另案处理人员林某某完成，被告李某某只帮助林某某设计包装及估价等，该部分数额应予扣除；此外，本案应当是单位犯罪而非自然人犯罪。针对前一问题，二审法院指出，经查，《独角

---

① 参见丛立先、刘乾：《非法提供从互联网采集的影视作品：秦某等侵犯著作权案》，载王志主编：《版权前沿案例评析（2017—2018）》，人民出版社 2018 年版，第 151—162 页。

兽》系其与林某某共同合作完成的,林某某负责开模,由被告李某某负责生产及设计包装、估价等。故根据《刑法》第二十五条的规定,共同犯罪人应当对其所参与的全部犯罪处罚,故李某某仍应对其共同参与生产的 2000 个侵权《独角兽》承担刑事责任。法院对此判断准确,因为在事前通谋的情况下,多名行为人分工、合作各自完成了部分的犯罪行为,行为人应当构成共同犯罪,对全部的犯罪结果承担刑事责任。针对后一问题,法院指出,经查,被告李某某虽是汕头市木子动漫玩具有限公司的实际经营者,但在生产侵权拼装玩具的过程中,上诉人李某某以个人名义收取货款,利益归其个人所有,依照法律规定不构成单位犯罪,应由李某某个人承担相应的刑事责任。法院对此判断准确,根据最高人民法院《关于审理单位犯罪案件具体应用法律有关问题的解释》(法释〔1999〕14 号)第二条,个人为进行违法犯罪活动而设立的公司、企业、事业单位实施犯罪的,或者公司、企业、事业单位设立后,以实施犯罪为主要活动的,不以单位犯罪论处。本案李某某虽然经营汕头市木子动漫玩具有限公司,但涉案侵权行为系李某某个人完成,且收取货款时也是以李某某个人名义,利益由个人获取,因此不应认定本案为单位犯罪,而应认定本案为自然人犯罪。

其次,关于本案的量刑问题。法院最终判定被告李某某构成侵犯著作权罪,且违法所得数额巨大。如前所述,本案被告的犯罪数额应当包括制作并销售的和已经制作、意图销售而尚未销售的全部侵权复制品,经法院审理查明其非法经营数额达人民币 379 万余元。根据《最高人民法院、最高人民检察院关于办理侵犯知识产权刑事具体应用法律若干问题的解释》第五条第二款:"以营利为目的,实施刑法第二百一十七条所列侵犯著作权行为之一,违法所得数额在十五万元以上的,属于'违法所得数额巨大';具有下列情形之一的,属于'有其他特别严重情节',应当以侵犯著作权罪判处三年以上七年以下有期徒刑,并处罚金:(一)非法经营数额在二十五万元以上的;(二)未经著作权人许可,复制发行其文字作品、音乐、电影、电视、录像作品、计算机软件及其他作品,复制品数量合计在五千张(份)以上的;(三)其他特别严重情节的情形。"本案被告销售侵权复制品获利 379 万余元,远超二十五万元,且侵权复制品数量合计同样远超五千份,属于《刑法》第二百一十七条侵犯著作权罪中规定的"违法所得数额巨大或者有其他特别严重情节",应当"处三年以上七年以下有期徒刑,并处罚金"。此外,被告人李某某到案后能够如实供述犯罪事实,系坦白,可以依法从轻处罚;因为在《刑法修正案(八)》出台后,坦白属于法定的从宽处罚情节,依据《中华人民共和国刑法》第六十七条第三款,"犯罪嫌疑人虽不具有前两款规定的自首情节,但是如实供述自己罪行的,可以从轻处罚;因其如实供述自己罪行,避免特别严重后果发生的,可以减轻处罚"。综合各类量刑情节,法院最终判定被告人李某某犯侵犯著作权罪,判处有期徒刑三年六个月,并处罚金人民币一百九十万元;没收侵权复制品;追缴违法所得,量刑较为适当。

总结而言,本案是复制立体作品的涉外版权犯罪,其专业性较强、案件影响力大,而法院对本案作出了较为准确的判决,一方面较为清晰严密地论证了立体作品的实质性相似问题、带有发行目的的复制行为的刑法评价、单位犯罪与共同犯罪、犯罪数额与量刑情节等问题,作出了较为准确的判决,为处理相类似案件提供了宝贵的司法实践经验;另一方面,作为涉外版权犯罪案件,且被侵权作品在全球范围内有着较高的知名度和影响力,本案有效地通过刑事制裁手段保护了海外版权人基于国际公约在我国享有的合法权益,彰显了我国知识产权保护的力度与民刑衔接、多轨并进的治理思路,为我国在国际社会营造良好的知识产权国际形象起到了积极的作用。

（作者：丛立先　刘乾）

"临摹"并销售陶瓷美术作品的衍生品：

中艺首藏公司、胡某某等三人侵犯著作权案

| 典型意义 |

本案系"瓷都"景德镇市的一起侵犯国家级工艺美术大师陶瓷美术作品的版权案件，具有较高的社会影响力。在本案中，被告辩护律师、人民检察院、人民法院对被告"临摹"并销售的陶瓷美术作品的衍生品的定性以及被告行为的性质提出了有一定差异的观点。法院厘清了控辩双方争议，准确认定涉案罪名，明确被告的行为构成侵犯著作权罪而非销售侵权复制品罪；最终判决结果认定较为准确，对保护我国著名艺术工艺品的合法版权起到了积极作用，并入选最高人民检察院 2018 年度检察机关保护知识产权典型案例。但是，本案中法院对被告行为的性质、侵权商品的定性以及被告的行为为何构成侵犯著作权罪之理由的论证，存在一定的细节瑕疵。

| 裁判要旨 |

一、明知或者应当知道他人无相关版权人的授权，仍为其制作侵犯他人版权的陶瓷美术作品，情节严重的，构成侵犯著作权罪；针对虽未发货、但已实际收款的相关产品，同样应当计入非法经营数额，但这部分行为应属犯罪未遂。

二、在未经授权情况下，委托他人临摹、制作受版权法保护的陶瓷美术作品的衍生品并进行销售，情节严重的，构成侵犯著作权罪。

| 案情介绍 |

（2018）赣 0203 刑初 288 号

被告：胡某某

被告：王某 1

被告：王某 2

被告单位：北京中艺首藏文化有限公司（本文简称"中艺首藏公司"）

景德镇市珠山区人民检察院以景珠检公诉刑诉〔2018〕276 号起诉书指控被告人胡某某、被告单位北京中艺首藏文化有限公司、被告人王某 1、王某 2 犯侵犯著作权罪，于 2018 年 8 月 23 日向法院提起公诉。

被告人王某 1、王某 2 原为北京传承匠心文化有限公司（本文简称"传承匠心公司"）员工。2016 年起，该公司先后得到相关版权人的授权，生产、销售由中国工艺美术大师张松茂创作的三顾茅庐等陶瓷美术作品的衍生品，并通过电视、电话等方式销售这些商品。衍生品画面与原作一致，但只能署名"张松茂监制、设计"以区别于原作的署名"张松茂制作"。传承匠心公司经张松茂或景德镇景东陶瓷集团有限公司（本文简称"景东公司"）授权后，可以委托他人制作张松茂的陶瓷美术作品的衍生品，或从有授权的景德镇聚财三省陶瓷文化传播有限公司（本文简称"聚财三省公司"）等购进张松茂的陶瓷美术作品的衍生品。传承匠心公司从 2015 年开始委托在景德镇市珠山区老鸭滩开瓷器作坊的被告人胡某某制作张松茂的三顾茅庐系列、国色天香等多个版本的陶瓷美术作品的衍生品。

被告人王某 1、王某 2 在就职于传承匠心公司期间负责前述商品的销售，并经合意后先后于 2016 年 12 月、2017 年 3 月从传承匠心公司辞职，且王某 1 辞职时利用工作便利将传承匠心公司客户名单带走。后二人于 2017 年 3 月共同出资成立了中艺首藏公司，王某 1 为公司法定代表人，王某 2 为公司股东并负责销售。该公司经营项目为销售美术工艺品，其中包括销售在未经授权情况下制作、购进的张松茂的陶瓷美术作品的衍生品。2017 年 3 月至 6 月期间，王某 1、王某 2 在未取得任何授权的情况下，委托胡某某生产张松茂的三顾茅庐系列、国色天香、琴棋书画、四季花卉、紫归牡怀等版面的陶瓷美术作品的衍生品，胡某某在明知王某 1、王某 2 二人没有取得授权的情况下仍然生产制作。胡某某共计向王某 1、王某 2 所在的中艺首藏公司销售 259500 元假冒张松茂署名的美术作品，中艺首藏公司共对外销售假冒张松茂署名的美术作品 820635 元。其中牡丹荷花宝月瓶 1 件（进货价为 8000 元）、三顾茅庐系列瓷板画 1 件（进货价为 6500 元）胡某某尚未进行生产和发货。

对指控的上述事实，公诉机关当庭宣读和出示了下列证据以证明其指控的犯罪事实：（1）书证：户籍信息、营业执照、扣押及发还清单、到案及抓获经过、作品登记证书及照片、授权合同、银行流水、销售、进货清单等；（2）证人温某、王某3等人的证言；（3）被害人常某、张某、方某某的陈述；（4）被告人胡某某、王某1、王某2的供述与辩解。

公诉机关认为，被告人胡某某以营利为目的，制作并销售假冒他人署名的美术作品，非法经营数额达259500元，有其他特别严重情节；被告单位北京中艺首藏文化有限公司以营利为目的，出售假冒他人署名的美术作品，非法经营数额达820635元，具有其他特别严重情节；被告人王某1、王某2系单位直接负责任的主管人员；其行为触犯了《中华人民共和国刑法》第二十五条、第三十一条、第二百一十七条之规定，犯罪事实清楚，证据确实充分，应当以侵犯著作权罪追究其刑事责任。被告人王某1同时具有自首情节，可以减轻处罚。

被告人胡某某、被告单位北京中艺首藏文化有限公司（现变更为北京国礼东方文化有限公司）、被告人王某1、王某2对公诉机关指控的事实和罪名均无异议。

法院经审理查明，北京传承匠心文化有限公司从2016年开始先后得到相关版权人的授权，生产、销售由中国工艺美术大师张松茂创作的三顾茅庐、富贵花开、琴棋书画等陶瓷美术作品衍生品。其间，传承匠心公司委托被告人胡某某为其进行生产。被告人王某1、王某2系传承匠心公司的工作人员，负责销售。

2017年前后，被告人王某1、王某2先后从传承匠心公司离职，并共同出资成立了被告单位北京中艺首藏文化有限公司。王某1为中艺首藏公司的法人代表，王某2为该公司股东并负责销售。在未得到任何版权人授权的情况下，王某1找到被告人胡某某委托其生产仿冒张松茂的陶瓷美术作品。胡某某在明知或应当知道中艺首藏公司未获得授权的情况下，仍为中艺首藏公司生产仿冒张松茂的陶瓷美术作品。2017年3月至6月间，中艺首藏公司从胡某某处购进署名为"张松茂"的三顾茅庐系列瓷板画22件、西厢记瓷板画4件、富贵花开瓷板画1件、福满四季四条屏瓷板画1件、紫归牡怀瓷板画3件、紫归牡怀瓷瓶1件、琴棋书画瓷板画5件、牡丹荷花宝月瓶1件，并通过王某1

的妻子温某的银行账户向胡某某支付购货款 259500 元。其中的牡丹荷花宝月瓶 1 件(进货价为 8000 元)、三顾茅庐系列瓷板画 1 件(进货价为 6500 元),胡某某尚未生产发货。

期间,被告人王某 1、王某 2 利用从传承匠心公司获取的客户信息,对外销售署名为"张松茂"的陶瓷美术作品三顾茅庐系列瓷板画 18 件、西厢记瓷板画 4 件、富贵花开瓷板画 1 件、福满四季四条屏瓷板画 1 件、紫归牡怀瓷板画 1 件、琴棋书画瓷板画 4 件,销售额合计 820635 元。2017 年 10 月 12 日,被告单位中艺首藏公司的名称变更为北京国礼东方文化有限公司。

另查,被告人王某 1 于 2017 年 11 月 17 日向公安机关投案自首。被告人王某 2 于 2017 年 11 月 30 日被北京西站派出所抓获,并于同日至 12 月 6 日临时羁押于北京铁路公安处看守所。被告人胡某某于 2017 年 12 月 8 日被公安机关抓获。案发后,胡某某退缴非法所得 159500 元,中艺首藏公司、王某 1、王某 2 退缴非法所得 261135 元。传承匠心公司对王某 1、王某 2 的行为表示谅解。

裁判理由

法院认为,被告人胡某某明知或者应当知道中艺首藏公司无相关版权人的授权,为中艺首藏公司制作侵犯他人版权的陶瓷美术作品,非法经营额合计人民币 259500 元,具有其他特别严重情节,其行为构成侵犯著作权罪,应予处罚。公诉机关指控的事实与罪名成立。被告人胡某某能如实供述自己的罪行、积极退赃等辩护意见。起诉书指控胡某某销售给中艺首藏公司的陶瓷美术作品中价值 14500 元(牡丹荷花宝月瓶 1 件、三顾茅庐系列瓷板画 1 件)的部分,胡某某虽尚未发货,但已实际收款,应当计入非法经营的数额;但该二件作品尚未交付应属未遂,依法可以比照既遂犯从轻处罚。胡某某在法院审理过程中能如实供述自己的罪行,依法可以从轻处罚。

被告单位北京中艺首藏文化有限公司(现变更为北京国礼东方文化有限公司)及其直接负责的主管人员被告人王某 1、王某 2 以营利为目的,未经版权人许可,复制发行侵犯版权的陶瓷美术作品,非法经营额合计人民币 820635 元,具有其他特别严重情节,其行为构成侵犯著作权罪,应予处罚;王某1作为被告单位法人代表、王某2作为被告单位股东兼销售经理,应当依法承担刑事责任。公诉机关指控的事实与罪名成立。被告人王某1具有自首情节、系初犯、能积极退赃等。被告人王某2当庭认罪、悔罪的。在本案中王某2与王某1共同出资成立中艺首藏公司,二人在单位犯罪中虽分工不同,但所起作用相当。被告人王某1能自动投案,如实供述自己的罪行,具有自首情节,依法可以从轻处罚;被告人王某2归案后能如实供述自己的罪行,依法可以从轻处罚;被害单位传承匠心公司对王某1、王某2的行为表示谅解,酌情可以从轻处罚。

经庭前社会调查,胡某某、王某1、王某2所居住社区同意接收其进行社区矫正;考虑到胡某某、王某1、王某2能认罪悔罪且退缴违法所得,可对其适用缓刑。

为维护社会主义市场经济秩序,依法惩治侵犯知识产权犯罪活动,营造激励创新的公平竞争环境,经法院审判委员会讨论决定,依照《中华人民共和国刑法》第二百一十七条、第二百二十条、第三十条、第三十一条、第六十七条第一款、第三款、第六十四条、第二十三条、第七十二条第一款、第三款、第七十三条第二款、第三款、第五十二条、第五十三条及最高人民法院、最高人民检察院《关于办理侵犯知识产权刑事案件具体应用法律若干问题的解释》第五条第二款第(一)项、第十五条、《关于办理侵犯知识产权刑事案件具体应用法律若干问题的解释(二)》第四条的规定,判决如下:

一、被告人胡某某犯侵犯著作权罪,判处有期徒刑三年,缓刑四年,并处罚金人民币十三万元。

被告单位北京中艺首藏文化有限公司(现变更为北京国礼东方文化有限公司)犯侵犯著作权罪,判处罚金人民币四十二万元。

被告人王某1犯侵犯著作权罪,判处有期徒刑三年,缓刑四年,并处罚金人民币四十二万元。

被告人王某2犯侵犯著作权罪,判处有期徒刑三年,缓刑四年,并处罚金人民币四十二万元。

二、被告人胡某某向法院退缴的100000元非法所得,被告单位北京中艺首藏文化有限公司(现变更为北京国礼东方文化有限公司)与被告人王某1、王某 2 向法院退缴的 261135 元非法所得,依法予以没收,上缴国库。

|案件分析|

本案系"瓷都"景德镇市一起侵犯国家级工艺美术大师陶瓷美术作品的版权案件,具有较高的社会影响力。在本案中,法院厘清了控辩双方争议,准确认定涉案罪名,明确被告的行为构成侵犯著作权罪而非销售侵权复制品罪;最终判决结果认定较为准确,对保护我国著名艺术工艺品的版权起到了积极作用,并入选最高人民检察院 2018 年度检察机关保护知识产权典型案例。但是,法院对被告行为的性质、侵权商品的定性以及被告的行为为何构成侵犯著作权罪之理由的论证,存在一定的细节瑕疵。

一、被告行为的定性与本案的定罪问题

在本案中,涉嫌侵犯他人版权的商品系临摹张松茂的三顾茅庐系列、国色天香、琴棋书画、四季花卉、紫归牡怀等陶瓷美术作品生产的衍生品,且这些衍生品上有未经授权的"张松茂监制、设计"或"张松茂制作"的署名。"临摹"的特点在于,侵权产品的外观与其仿冒的受版权保护的作品外观几乎完全相同,能够构成实质性相似。

根据我国《刑法》第二百一十七条规定,"未经著作权人许可,复制发行其文字作品、音乐、电影、电视、录像作品、计算机软件及其他作品的"行为和"制作、出售假冒他人署名的美术作品的"行为都可能构成侵犯著作权罪。而根据我国《刑法》第二百一十八条的规定,以营利为目的,销售明知是《刑法》第二百一十七条规定的侵权复制品,违法所得数额巨大的,构成销售侵权复制品罪。

据此,关于此侵权商品的性质与被告制作、销售这一侵权商品之行为的定性,本案判决过程中出现了三种不同的意见,且三种意见均存在一定程度的瑕疵。第一,本案辩护律师提出,胡某某以外的被告的行为应当构成销售侵权复制品罪而非侵犯著作权罪,言下之意是侵权商品只能被认定为属于权利人享有版权的陶瓷美术作品的复制品,但不能被认定为是假冒他人署名的美术作品,而且除胡某某外的被告未实施复制行为。第二,检察机关认为,被告人胡

某某以张松茂原作为蓝本,组织描图工、填色工、填字工流水线作业进行临摹,落款有张松茂监制、设计字样。临摹不属于《著作权法》中规定的"印刷、复印、拓印、录像、翻录、翻拍"等复制形式之一,因此被告人制作、销售的陶瓷美术作品不能认定为复制品,而是属于假冒他人署名的美术作品,被告人的行为属于制作、出售假冒他人署名的美术作品的行为,应当认定为侵犯著作权罪,不能认定为销售侵权复制品的行为。第三,法院在作出判决时指出,被告未经版权人许可,复制发行侵犯版权的陶瓷美术作品,即其认为制作、销售侵权商品的行为属于一种对权利人享有版权之作品的复制和发行,但未提及其是否属于假冒他人署名的美术作品。

　　而根据本案中法院查明的事实,本案中的侵权商品应当被认定为既属于侵权复制品,也属于假冒他人署名的美术作品;被告制作、销售侵权商品的行为既属于复制发行权利人享有版权之作品,也属于制作假冒他人署名的美术作品。

　　第一,虽然"临摹"并非明文规定于《著作权法》中的复制手段之一,但该条文并非封闭式规定,本案中的临摹行为是否属于版权法意义上的复制需要进行合理的法律解释。因为根据版权法的"思想与表达二分法"(Idea-Expression),对于作品的版权保护建立在作品中的独创性表达的基础之上,这在陶瓷美术作品中将体现为线条、轮廓、颜色的运用等表达方式①。在此基础上,版权的财产权项所针对的客体,即《著作权法》第十条对于各项财产权项的概念定义中使用的"作品"一词②,均是指作品的独创性表达,而非针对作品的载体。因此,临摹行为虽然未被罗列在《著作权法》关于复制权的定义之中,但由于这一行为同样表现为将作品中的独创性表达制成一份或多份,应当属于《著作权法》意义上的复制行为。进而,销售侵权商品的行为应当属于向公众提供作品的复制件的行为,受到版权人之发行权的控制,因此未经许可销售临摹产生的陶瓷美术作品的复制品构成对版权人发行权的侵犯。据此,检察院对于这一问题的认定有所瑕疵。

----

① 参见吴汉东:《知识产权基本问题研究(分论)》(第二版),中国人民大学出版社 2009 年版,第 33 页。

② 见《中华人民共和国著作权法》第十条。

第二，虽然本案中胡某某和其他被告不构成共同犯罪，因为胡某某并未参与另外两被告后续对其他买家的销售工作，只是在明知两人未获授权的情况下接受委托（即自己没有合法的授权来源的情况下）生产侵权复制品并销售给中艺首藏公司、王某1、王某2，其一系列行为应被独立评价；但是，中艺首藏公司、王某1和王某2委托他人进行生产制造的行为，仍然是其犯罪行为中的一个环节，其并非直接购入胡某某已经生产完成的商品，而是委托胡某某为其生产侵权产品，因此其犯罪行为应当包含对于复制权与发行权两个方面的侵权。所以，本案辩护律师辩称胡某某以外的被告没有实施未经许可的复制行为是不正确的。

第三，本案的侵权复制品不仅复制了作品的独创性表达，还在其载体上未经授权地进行了"张松茂监制、设计"或"张松茂制作"的署名，相关行为既包括制作临摹他人的陶瓷美术作品，还包括署上他人的姓名。虽然此类未经授权的在假冒商品上的署名行为系侵犯作者姓名权还是署名权（版权）有所争议，还存在是否侵犯作者的名誉权、商誉权等疑问①，但其违法性是不存争议的。根据我国《刑法》第二百一十七条的规定，制作、出售假冒他人署名的美术作品的行为能够构成侵犯著作权罪在客观阶层的要件，在满足入罪情节的情况下，行为人应当承担相应的刑事责任。所以，本案辩护律师辩称被胡某某以外的被告构成销售侵权复制品罪而非侵犯著作权罪是不正确的；法院认定本案被告的犯罪行为时仅考察了其侵犯陶瓷美术作品版权的复制发行行为，而未认定制作、出售假冒他人署名的美术作品的行为，这是不完整的。

综合来说，本案所有被告的行为均构成侵犯陶瓷美术作品版权的复制发行行为，同时也构成制作、出售假冒他人署名的美术作品，且达到情节严重的程度，满足构成侵犯著作权罪的条件。不过，胡某某与本案其他被告并不构成共同犯罪，其量刑情节需要依据其具体的行为与非法经营数额进行独立的考量。

---

① 参见杨晶：《制作假冒他人署名作品侵权认定》，《理论界》2005年第9期；杜鹃：《"假画"的法律问题探析》，《发展研究》2008年第6期。

二、本案的量刑问题

（一）本案胡某某与其他被告不构成共同犯罪

如前所述，本案中胡某某与其他被告不构成共同犯罪，因为胡某某并未参与另外两被告后续对其他买家的销售等工作，只是在明知两人未获授权的情况下接受委托（即自己没有合法的授权来源的情况下）生产侵权复制品并销售给王某 1、王某 2，其一系列行为应被独立评价。

胡某某的犯罪行为应当是，在明知自己未获合法授权的情况下，制作并向其他被告销售临摹他人陶瓷美术作品生产的侵权复制品，且这些复制品同时也是假冒他人署名的美术作品；其非法经营额为其销售商品给其他被告所获得的违法所得，即 259500 元。其中，两件虽尚未发货，但已实际收款的货物（共价值 14500 元），应当计入非法经营的数额；但该二件作品尚未交付应属未遂，依法可以比照既遂犯从轻处罚法院对此问题的认定较为准确。

而其他被告，即中艺首藏公司、王某 1 和王某 2 应当构成共同被告，其行为系以营利为目的，委托胡某某制作并向其他主体销售临摹他人陶瓷美术作品生产的侵权复制品，且这些复制品同时也是假冒他人署名的美术作品；其非法经营额为 820635 元，具有其他特别严重的情节。根据《中华人民共和国刑法》第三十一条，"单位犯罪的，对单位判处罚金，并对其直接负责的主管人员和其他直接责任人员判处刑罚。"在本案中，根据相关证据可以认定涉案行为由单位的决策机构按单位的决策程序决定，由直接责任人员实施，且表现为为本单位谋取非法利益，[①]满足单位犯罪的条件；而且，王某 1 作为被告单位法人代表、王某 2 作为被告单位股东兼销售经理，应当承担相应的刑事责任。而且，在本案中王某 2 与王某 1 共同出资成立中艺首藏公司，二人在单位犯罪中虽分工不同，但所起作用相当。

（二）其他量刑情节

在本案中，胡某某在法院审理过程中能如实供述自己的罪行，依法可以从轻处罚。被告人王某 1 具有自首情节、系初犯、能积极退赃等。被告人王某 2

---

① 参见张明楷：《刑法学》（第五版），法律出版社 2016 年版，第 135 页。

当庭认罪、悔罪。被告人王某 1 能自动投案，如实供述自己的罪行，具有自首情节，依法可以从轻处罚；被告人王某 2 归案后能如实供述自己的罪行，依法可以从轻处罚；被害单位传承匠心公司对王某 1、王某 2 的行为表示谅解，酌情可以从轻处罚。针对自首和坦白行为，根据我国《刑法》第六十七条，"犯罪以后自动投案，如实供述自己的罪行的，是自首。对于自首的犯罪分子，可以从轻或者减轻处罚。其中，犯罪较轻的，可以免除处罚……犯罪嫌疑人虽不具有前两款规定的自首情节，但是如实供述自己罪行的，可以从轻处罚；因其如实供述自己罪行，避免特别严重后果发生的，可以减轻处罚。"因此，法院对这些量刑情节的考量准确合理。

关于缓刑和罚金。根据我国《刑法》第七十二条："对于被判处拘役、三年以下有期徒刑的犯罪分子，同时符合下列条件的，可以宣告缓刑：……（一）犯罪情节较轻；（二）有悔罪表现；（三）没有再犯罪的危险；（四）宣告缓刑对所居住社区没有重大不良影响……被宣告缓刑的犯罪分子，如果被判处附加刑，附加刑仍须执行。"法院在判决中指出，经庭前社会调查，胡某某、王某 1、王某 2 所居住社区同意接收其进行社区矫正；考虑到胡某某、王某 1、王某 2 能认罪悔罪且退缴违法所得，可对其适用缓刑；且在最终判决中分别依据被告的犯罪情节判处了罚金刑，裁判准确合理。

综上所述，本案作为在"瓷都"景德镇市发生的一起侵犯国家级工艺美术大师陶瓷美术作品的版权案件，具有较高的社会影响力。法院的判决结果基本正确，厘清了控辩双方争议，准确认定涉案罪名，明确被告的行为构成侵犯著作权罪而非销售侵权复制品罪。但是，本案中法院对被告行为的性质、侵权商品的定性以及被告的行为为何构成侵犯著作权罪之理由的论证，存在一定的细节瑕疵。

（作者：丛立先　刘乾）

制造并销售印有知名卡通形象的盗版商品：

陈某等人系列侵犯著作权案

| 典型意义 |

该案系一起利用迪士尼知名动漫作品实施版权侵权的典型案件,被侵权作品为海外知名动漫作品《冰雪奇缘》。该案被告利用了《冰雪奇缘》较高的知名度和影响力,委托他人生产印有与该作品中具有独创性的卡通形象构成实质性相似的图案的商品,并通过网店对外销售。在论证了被告的此项行为针对具有视觉外观的角色形象构成版权侵权之外,本案还合理论证了共同犯罪中主犯与从犯的区分问题,以及针对侵犯知识产权犯罪如何确定罚金刑的数额等问题。该案为此类案件提供了有益思路与实践参考,即对于知名的卡通形象可以从版权角度提供保护。而且,本案还系通过电子商务平台实施侵犯著作权犯罪的典例之一,对电子商务相关犯罪的查处与审理也具有一定的参考价值。本案入选2018年上海十大版权典型案件。

| 裁判要旨 |

一、在未经版权人授权的情况下,委托他人生产印有与版权人作品中具有独创性的卡通形象构成实质性相似的图案的商品,并通过网店对外销售,情节严重的,构成侵犯著作权罪。

二、针对本案中的犯罪行为,三名被告分别负责下单销售、负责组织生产、受托生产板材配件,三人在犯罪过程中有意思联络和各自分工,属于共同犯罪;其中,本案被告下单、确定使用的图案、通过其网点对外销售,参与程度深、积极性高,应认定为主犯。

三、对于侵犯知识产权犯罪的,应当综合考虑犯罪的违法所得、非法经营数额、给权利人造成的损失、社会危害性等情节,依法判处罚金。罚金数额一般在违法所得的一倍以上五倍以下,或者按照非法经营数额的 50% 以上一倍以下确定;被侵权卡通形象图案本身的价值并非确定罚金数额的直接依据;应当结合被告因犯罪行为的获利情况,在侵权商品货值基础上按照一定比例确定罚金数额。

| 案情介绍 |

(2018)沪 03 刑初 31 号

被告:陈某

《冰雪奇缘》卡通形象系由迪士尼企业公司(本文简称"迪士尼公司")享有版权的美术作品。经查,2015 年下半年起,被告人陈某为牟取非法利益,利用迪士尼 3D 动画电影《冰雪奇缘》较高的知名度和影响力,在未经《冰雪奇缘》版权人授权的情况下,伙同徐某某、孙某某生产并对外销售带有"冰雪奇缘"卡通图案的拉杆箱,共计 2891 件,并通过"大途旗舰店""垄垒箱包专营店""大途箱包""垄垒箱包""大途箱包工厂""地平线箱包工厂店"等 6 家天猫、淘宝网店对外销售。陈某等人合谋约定,由徐某某负责提供带有"冰雪奇缘"图案的板材,孙某某负责将板材压制成箱包,陈某负责租用位于上海市闵行区景洪路的某仓库作为仓储,并通过淘宝网店对外销售。2017 年 6 月 8 日,上海市公安局将陈某抓获归案,并当场查扣涉案拉杆箱 76 个,陈某到案后主动供述了犯罪事实。经鉴定,陈某处查扣的拉杆箱上印制的图案与迪士尼公司享有版权的《冰雪奇缘》美术作品实质性相同,销售数额为 2891 个。

上海市人民检察院第三分院以沪检三分知刑诉〔2018〕3 号起诉书指控被告人陈某犯侵犯著作权罪,于 2017 年 11 月 7 日向法院提起公诉。为支持上述指控事实,公诉机关出示了证明上述指控事实的相关证据,认为被告人陈某以营利为目的,未经版权人许可,生产销售侵犯版权的商品,情节特别严重,其行为已构成侵犯著作权罪。被告人陈某与他人共同实施犯罪,且起主要作用,系主犯,其到案后主动供述自己的犯罪事实,可以从轻处罚。据此提请法院依法审判。

被告人陈某及其辩护人对起诉指控的犯罪事实及罪名均不持异议。陈某辩称,在拉杆箱上使用《冰雪奇缘》图案是其与孙某某共同商议确定的;其没主动联系过制版厂，只是对制版厂的图案进行确认；其销售获利较少，除去成本费用等仅有 1.5 万元左右的利润。其辩护人认为，犯意提起不是陈某，使用"冰雪奇缘"图案是陈某和孙某某共同商议确定的，陈某在确定是否使用侵权图片时并非起决定性作用，本案涉及罪名是侵犯著作权罪，生产销售作用并重，因此在共同犯罪中不适合区分主从犯；对陈某判处罚金时应考虑其实际获利情况。

｜裁判理由｜

经审理查明，迪士尼公司创作的《冰雪奇缘》作品经美国版权局注册，其中艾莎公主（Elsa）、安娜公主（Anna）、雪宝（Olaf）的卡通形象出自迪士尼公司发行的《冰雪奇缘》动画影片。2015 年 12 月起，被告人陈某在未经迪士尼公司授权的情况下，委托孙某某、徐某某（均另案处理）生产印有《冰雪奇缘》上述卡通形象的拉杆箱，并通过其在淘宝网、天猫网开设的"大途旗舰店""大途箱包""地平线箱包工厂店""垄垒箱包""垄垒箱包专营店"等网店对外销售。经鉴定，从陈某处查扣的拉杆箱上印制的图案与迪士尼公司《冰雪奇缘》中艾莎公主、安娜公主、雪宝的卡通形象构成实质性相同，销售数额为 2891 个。

上述事实，有公诉机关当庭出示、经当庭质证、查证属实的下列证据予以证实，法院予以确认：（一）侦查机关出具的案发经过、扣押清单、赃物照片、房屋租赁合同等书证，证明 2017 年 6 月 8 日，上海市公安局被告人陈某抓获归案，并当场查扣涉案侵权拉杆箱 76 个的事实。（二）另案处理人员孙某某、徐某某的供述，证人陈某 2、赵某、陶某、王某、盛某、包某某的证言，送货单、银行交易记录及回单、淘宝网交易记录、刷单记录等，证明被告人陈某委托孙某某、徐某某生产印有《冰雪奇缘》卡通形象的拉杆箱，并通过其在淘宝网、天猫网开设的网店对外销售的事实。（三）上海市公信扬知识产权司法鉴定所出具的《司法鉴定意见书》，证明在被告人陈某处查获的拉杆箱上的图案与《迪士尼〈冰雪奇缘〉产品开发作品集 FH13 更新》中的艾莎公主、安娜公主、雪宝的卡通形象构成实质性相同。（四）迪士尼公司出具的《迪士尼〈冰雪奇缘〉产品开发方案 FH13 更新》英文复印件及上海学府翻译有限公司出具的相关翻译件、公证认证文书、北京万慧达知识产权代理有限公司出具的"未授权证明"

等书证,证明迪士尼公司从未授权陈某等人生产销售使用"艾莎公主""安娜公主""雪宝"等卡通形象图案的拉杆箱产品。(五)上海申威联合会计师事务所出具的《司法鉴定意见书》,证明被告人陈某通过其在淘宝网、天猫网开设的六个网店对外销售侵犯版权的拉杆箱共计 2891 个,待销售 76 个,共计价值人民币 534220.48 元(以下币种均为人民币)。(六)被告人陈某多次供述,证明其未经迪士尼公司的授权,自 2015 年 12 月起委托他人生产印有《冰雪奇缘》卡通形象图案的拉杆箱,并通过其在淘宝网、天猫网开设的网店对外销售,后被公安机关抓获的事实。(七)侦查机关调取的《常住人口基本信息》,证明被告人陈某的自然身份情况。(八)被告人陈某当庭提供了送货单、增值税普通发票复印件、快递单据、广告投入成本打印件、上海垄垒商贸有限公司工资单、淘宝订单信息打印件、微信聊天记录等证据,证明其销售拉杆箱的人工、广告、运输等成本费用,去除成本费用其实际获利较少。上述证据材料亦经当庭质证,鉴于上述证据多为打印件、复印件,且增值税普通发票、广告投入成本、快递单据、淘宝订单信息上显示的时间均在案发后,法院对上述证据的真实性、关联性无法确认,因此不予采纳,但在量刑时酌情予以考虑。

关于本案共同犯罪是否需要区分主从犯。根据被告人陈某、另案处理人员孙某某的供述,两人曾在孙某某工厂对拉杆箱上使用的图案有过商量,经商议由陈某确定在拉杆箱上使用《冰雪奇缘》卡通形象图案。之后,陈某每次向孙某某下单,委托生产印有《冰雪奇缘》卡通形象图案的拉杆箱,孙某某再联系松贤公司实际经营人徐某某生产板材。徐某某虽未参与商议且一开始并不清楚拉杆箱由谁下单委托生产,但在事中得知向孙某某下单的是陈某,对此默认后继续生产提供拉杆箱板材。据此,在整个生产销售环节中,陈某主要负责下单、销售,孙某某负责组织生产,徐某某受托生产板材配件,三人在犯罪过程中有意思联络和各自分工,属于共同犯罪。其中,陈某下单、确定使用的图案、通过其网点对外销售,参与程度深、积极性高,应认定为主犯。辩护人提出共同犯罪不应区分主从犯的意见,与查明的事实不符,法院不予采纳。

关于罚金刑的问题。根据相关法律规定,对于侵犯知识产权犯罪的,应当综合考虑犯罪的违法所得、非法经营数额、给权利人造成的损失、社会危害性等情节,依法判处罚金。罚金数额一般在违法所得的一倍以上五倍以下,或者按照非法经营数额的 50% 以上一倍以下确定。本案侵权拉杆箱的货值金额为 53 万余元，该金额并非《冰雪奇缘》卡通形象图案的价值，法院将结合陈某的获利情况，在侵权拉杆箱货值基础上按照一定比例予以确定。

法院认为，被告人陈某以营利为目的，未经版权人许可，委托他人生产并通过自有网店销售侵犯版权的商品，数量达 2967 个，情节特别严重，其行为已构成侵犯著作权罪，依法应予惩处。公诉机关的指控，事实清楚，证据确实充分，起诉的事实和罪名成立，法院予以支持。被告人陈某与他人共同实施犯罪，起主要作用，系主犯，应当按照其所参与的全部犯罪处罚；其到案后主动供述自己的犯罪事实，系坦白，可以从轻处罚；陈某认罪悔罪态度较好，于庭前缴纳了罚金，可以酌情从轻处罚。鉴于本案的犯罪事实、数额、情节等，法院决定对被告人陈某从轻处罚并适用缓刑。辩护人的相关辩护意见，法院予以采纳。据此，依照《中华人民共和国刑法》第二百一十七条第（一）项，第二十五条第一款，第二十六条第一款、第四款，第六十七条第三款，第七十二条第一款、第三款，第七十三条第二款、第三款，第五十二条，第六十四条，最高人民法院、最高人民检察院《关于办理侵犯知识产权刑事案件具体应用法律若干问题的解释(二)》第一条、第四条之规定，判决如下：

一、被告人陈某犯侵犯著作权罪，判处有期徒刑三年，缓刑五年，并处罚金人民币八万元。

二、违法所得予以追缴，扣押在案的侵权拉杆箱及供犯罪所用的本人财物予以没收。

| 案件分析 |

该案系一起利用迪士尼知名动漫作品实施版权侵权的典型案件，被侵权作品为海外知名动漫作品。该案被告利用了《冰雪奇缘》较高的知名度和影响力，委托他人生产印有与该作品中具有独创性的卡通形象构成实质性相似的图案的商品，并通过网店对外销售。本案的版权侵权对象并非作品中的整体画面，而是单独的卡通角色形象，在版权侵权问题的判断上具有一定的特殊性，法院准确认定了被告的版权侵权行为及其是否构成侵犯著作权罪，并合理论证了共同犯罪中主犯与从犯的区分问题，以及针对侵犯知识产权犯罪如何确定罚金刑的数额等问题。

一、针对具有视觉外观的角色形象的版权侵权

对于动漫、影视等作品的欣赏者而言，"角色"无疑有独立于作品之外被欣赏的价值，甚至衍生出了利用原作品中的角色创作与原作品的情节、背景等要素不同之"同人作品"的"迷文化"①。因此，仅利用作品中的角色形象生产周边商品、开发衍生产业等已在相关产业中形成一种具有相当规模和成熟运作模式的重要经济来源；相对的，通过盗用作品中的角色形象，未经版权人许可生产与之相关的"山寨"产品，也是如今市场中非常常见的一种行为。但是，如何以法律评价未经许可单独利用角色形象的行为，则需要考察角色是否能够独立于作品受到版权法的保护，因此需结合"思想与表达二分法"原则进行深入的探讨。

而相较于单纯文字描绘的虚拟角色，具有视觉外观的虚拟角色获得版权保护的标准相对清晰。一方面，一般人对于某些视觉形象是否对应于特定虚拟角色往往具有相对一致的认识；另一方面，法院从图形比较虚拟角色的近似度也比从文字叙述比较要相对清楚而不致流于抽象②。在长期的司法实践与理论探索中，许多国家和地区都曾肯认具有独创性的可视化角色形象能够独立于整部作品获得版权保护。在美国的"Gaima 案"③、日本的"海螺小姐案"④、英国的"反弹奇熊案"⑤等案例中，法院均认定在游戏或动画中结合特殊的外部特征、语言行为、剧情描绘等表达要素而具有独创性的角色整体形象，可以独立于作品受到版权法的保护。而且，由于具有视觉外观的角色之可版权性建立在其赋予观众的视觉印象上，因此版权法的保护能够涵盖平面及

---

① See Aaron Schwabach, Fan Fiction and Copyright: Outsider Works and Intellectual Property Protection, London & New York: Routledge, 2016, p.5; [英]麦特·希尔斯:《迷文化》，朱华瑄译，韦伯出版社 2009 年版等。

② See Jasmina Zecevic, "Distinctly Delineated Fictional Characters that Constitute the Story Being Told: Who Are They and Do They Deserve Independent Copyright Protection?", *Vanderbilt Journal of Entertainment and Technology Law*, Vol.8, 2006, pp.365, 368, 369.

③ Gaiman v.McFarlane, 360 F.3d 644 (7th Cir.2004).

④ 东京地方法院昭和 46 年 151 号判决。

⑤ Michael Mitchell v British Broadcasting Corporation[2011] EWPCC 42.

立体角色。① 但必须明确的是，无论是对于单纯文字描绘的角色或是具有视觉外观的角色，版权法所保护的对象均是其对应于作品中的"表达"而非角色本身。因此，对具有视觉外观的角色之版权法保护理应建立在其"线条、轮廓、颜色的运用"之上，谓之体现于美术作品中的"符号"②。进一步而言，"角色形象在作品中所对应的全部独创性表达"才是版权法所保护的对象。据此，如何以合理的方式准确抽离出"角色形象在作品中所对应的全部独创性表达"才是问题的核心所在。

在本案中，被告未经许可利用的作品为迪士尼公司创作并享有版权的《冰雪奇缘》作品中的艾莎公主（Elsa）、安娜公主（Anna）、雪宝（Olaf）的卡通形象。根据本案查明情况，这些形象均直接出自《冰雪奇缘》动画影片，甚至是来源于影片海报或截图，并非系由他人根据角色特征重新绘制的"同人作品"。因此，在本案中，在肯认具有视觉外观的角色形象能够独立于整部作品获得版权保护之前提下，对比被告生成的产品上所使用的角色卡通形象之图形与迪士尼公司享有版权的作品中有关这些角色的所有表达，能够较为容易得出其所用图样与《冰雪奇缘》动画影片中具有视觉外观的角色形象之美术表达构成实质性相似的结论。在本案中，法院则是采纳了上海市公信扬知识产权司法鉴定所出具的《司法鉴定意见书》，证明在被告人陈某处查获的拉杆箱上的图案与《迪士尼〈冰雪奇缘〉产品开发作品集 FH13 更新》中的艾莎公主、安娜公主、雪宝的卡通形象构成实质性相似。而且，由于《冰雪奇缘》是已经公开发行的作品，在没有相反证据推翻的情况下能够认定被告接触了该作品。

因此，根据判断版权中复制权侵权的"接触+实质性相似"规则，可以认定本案被告在未经版权人授权的情况下，委托他人生产印有与版权人作品中具有独创性的卡通形象构成实质性相似的图案的商品并通过网店对外销售的行为侵犯了版权人的复制权与发行权。根据《刑法》第二百一十七条，"未经著作权人许可，复制发行其文字作品、音乐、电影、电视、录像作品、计算机软件及

---

① Ideal Toy Corp.v.Kenner Prods.Div.of Gen.Mills Fun Grp.，Inc.，443 F.Supp.291（S.D.N.Y. 1977）.

② 吴汉东：《知识产权基本问题研究（分论）》，中国人民大学出版社 2009 年版，第 33 页。

其他作品"是侵犯著作权罪在客观阶层的构成要件之一，本案被告的行为既包括在制造侵权商品时未经许可复制他人享有版权的作品，还包括未经许可通过销售的方式、以转移作品载体之所有权的手段传播作品之发行行为①。所以，本案被告的行为是典型的未经版权人许可，复制发行其美术作品的行为，符合侵犯著作权罪在客观阶层的构成要件。而且，根据法院查明的事实，本案被告至少销售侵权商品 2891 件，获利数额 53 万元，其情节已经达到作为情节犯的侵犯著作权罪的入罪条件。

综合而言，法院对被告在未经版权人授权的情况下，委托他人生产印有与版权人作品中具有独创性的卡通形象构成实质性相似的图案的商品，并通过网店对外销售，情节严重的，构成侵犯著作权罪的认定较为准确，虽然并未从详细论述卡通角色图案能够独立于作品受到保护的法理依据，但以参考专业鉴定意见的形式对版权侵权予以了认定，较为合理。

二、本案中的其他问题

(一)共同犯罪与主犯、从犯的判断

法院认定，针对本案中的犯罪行为，三人分别负责下单销售、负责组织生产、受托生产板材配件，三人在犯罪过程中有意思联络和各自分工，属于共同犯罪；其中，本案被告陈某下单、确定使用的图案、通过其网点对外销售，参与程度深、积极性高，应认定为主犯。

根据我国《刑法》第二十五条，共同犯罪是指二人以上共同故意犯罪。在本案中，根据法院查明的事实，在主体要件上，实施犯罪行为的主体有多个自然人；在客观要件上，本案各犯罪人为追求同一危害社会结果、完成同一犯罪，实施了相互关系、彼此配合的犯罪行为，彼此间存在分工，且有共同的作为；在主观要件上，不同主体在实施犯罪行为之前有事前的通谋，综合来看满足共同犯罪的构成要件。

而根据我国《刑法》第二十六条"组织、领导犯罪集团进行犯罪活动的或

---

① 参见王迁：《论著作权法中"发行"行为的界定——兼评"全球首宗 BT 刑事犯罪案"》，《华东政法大学学报》2006 年第 3 期。

者在共同犯罪中起主要作用的，是主犯……对于第三款规定以外的主犯，应当按照其所参与的或者组织、指挥的全部犯罪处罚"和第二十七条"在共同犯罪中起次要或者辅助作用的，是从犯。对于从犯，应当从轻、减轻处罚或者免除处罚"，根据本案查明的事实，陈某下单、确定使用的图案、通过其网点对外销售，参与程度深、积极性高，是犯罪行为的主要策划者、组织者和实施者，在共同犯罪中起主要的作用，应当认定为本案的主犯，按照其所参与的或者组织、指挥的全部犯罪处罚。

综合来说，法院合理地判断了本案中的共同犯罪与主犯、从犯的区分问题，对本案的正确量刑起到了重要的作用。

（二）罚金刑数额的确定

法院指出，根据相关法律规定，对于侵犯知识产权犯罪的，应当综合考虑犯罪的违法所得、非法经营数额、给权利人造成的损失、社会危害性等情节，依法判处罚金。罚金数额一般在违法所得的一倍以上五倍以下，或者按照非法经营数额的50%以上一倍以下确定。本案侵权拉杆箱的货值金额为53万余元，该金额并非《冰雪奇缘》卡通形象图案的价值，法院最后结合陈某的获利情况，在侵权拉杆箱货值基础上按照一定比例予以确定。

法院在罚金数额的确定上，正确援引了法律依据，并且判定数额较为准确，指出认定被侵权之卡通形象图案的价值并非确定罚金数额的直接依据。首先，法院援引的法律依据是《最高人民法院、最高人民检察院关于办理侵犯知识产权刑事案件具体应用法律若干问题的解释（二）》第四条，其规定了针对侵犯知识产权犯罪判处罚金刑的数额范围。其次，针对本案中的具体罚金数额，法院指出其不应依据《冰雪奇缘》卡通形象的价值本身确定被告的违法所得。这一判断是十分合理的，因为无论是罚金刑或是其他刑罚的量刑情节，都应当依据被告实施侵权行为即制作并销售带有卡通形象的侵权拉杆箱所获得的违法收益进行计算，而非被侵权作品本身的市场价值。因为卡通形象自身的价值既非被告的违法所得也非版权人因被告的行为所遭受的损失，不应成为对被告进行量刑的直接依据。

（三）其他量刑情节

此外，被告人陈某到案后能够如实供述犯罪事实，系坦白，可以依法从轻处罚；因为在《刑法修正案（八）》出台后，坦白属于法定的从宽处罚情节，《中华人民共和国刑法》第六十七条第三款规定："犯罪嫌疑人虽不具有前两款规定的自首情节，但是如实供述自己罪行的，可以从轻处罚；因其如实供述自己罪行，避免特别严重后果发生的，可以减轻处罚"。此外，陈某认罪悔罪态度较好，于庭前缴纳了罚金，可以酌情从轻处罚。综合各类量刑情节，法院最终判定被告人陈某犯侵犯著作权罪，判处有期徒刑三年，缓刑五年，并处罚金人民币八万元，追缴违法所得，较为合理。

综上所述，本案中，法院的认定均较为准确清晰，对于处理类似案件具有一定的参考价值，法院最终认定被告在未经版权人授权的情况下，委托他人生产印有与版权人作品中具有独创性的卡通形象构成实质性相似的图案的商品，并通过网店对外销售，情节严重的，构成侵犯著作权罪；且构成共同犯罪，系主犯；判处罚金刑时应当结合被告因犯罪行为的获利情况，在侵权拉杆箱货值基础上按照一定比例予以确定。此外，本案被告系通过电子商务平台销售盗版商品、实施版权侵权行为的，而如何有效地通过民事与刑事司法、行政执法等手段，预防和查处电子商务中的版权侵权问题，以及在网络空间中如何获取办理案件所需的各类电子证据，亦是值得关注的问题。

（作者：丛立先　刘乾）

行　政

XINGZHENG

- 视频播放平台版权行政责任的承担
- 利用 VR 客户端软件向公众提供 3D 盗版影视作品
- 利用社交平台推送侵权电影链接
- 利用电商平台销售盗版音乐光盘

视频播放平台版权行政责任的承担：

快播公司诉深圳市场监管局版权行政处罚纠纷案

| 典型意义 |

本案系全国标的额最大的涉互联网行政处罚纠纷案件，罚款数额高达2.6亿元，开创了网络视频版权侵权罚款的新高，也体现了以巨额惩罚性罚款遏制网络视频版权侵权恶行的司法价值取向。此举不论是对依法守住网络视频版权市场秩序底线，还是对促进网络视频版权的规范化交易都大有裨益，对于网络视频行业具有极强的警示意义。同时，本案涉及知识产权、民事、行政等多部门法的交织，程序及实体问题繁杂，为视频播放平台版权侵权行为的认定，损害公共利益的判定，以及如何认定互联网企业存在非法获利、互联网企业非法经营额的计算等疑难法律问题的处理提供了有借鉴意义的范本。该案被评为2018年中国法院十大知识产权案件和2018年广东知识产权司法保护十大案件，对于促进依法行政与加强知识产权保护、规范互联网市场的竞争秩序均有积极的导向作用。

| 裁判要旨 |

一、行政机关进行行政处罚以法律保护的公共利益受到损害为前提，通过对行为人的行为进行处罚，维护正常的社会公共秩序，实现行政管理目的。由于法律上对于公共利益的概念并未作出明确规定，考虑到公共利益具有的政策属性，因此，版权民事侵权行为是否同时损害公共利益，应当由著作权行政管理部门在个案之中根据侵权人的过错程度、损害后果等具体情节作出判断。

二、在无标价，也未能查明快播公司实际经营数额的情况下，以被侵权影视作品的市场中间价确定非法经营额,符合相关法律的规定。对于市场中间价,根据具体案件情形选择较为合理的评估计算方式,实践中有产品成本方法、以同类产品价格作为参考价格的市场调节方法,也有产品的收益现值法,等等。本案中,侵权对象为影视作品的信息网络传播权,若以成本法计算,由于有的影视作品投入极大,而收益甚微,其投入和收入具有极大的随机性和不匹配性,不宜作为市场价值的评估方法;若以同类作品参照法,则因为每个作品都有其独立的特性,难以反映被评估对象的真实价值。而市场中买卖双方在真实意愿情形下发生的交易价格,能较为客观地反映被评估对象的市场价值。

│案情介绍│

深圳市监稽〔2014〕123 号《行政处罚决定书》

粤〔2014〕59《行政复议决定书》

（2014）深中法知行初字第 2 号

（2016）粤行终 492 号

上诉人（一审原告）:快播科技有限公司（本文简称"快播公司"）

被上诉人（一审被告）:深圳市市场监督管理局（本文简称"深圳市场监管局"）

第三人:深圳市腾讯计算机系统有限公司（本文简称"腾讯公司"）

快播公司成立于 2007 年,注册地为深圳市南山区。2014 年 3 月,腾讯公司向深圳市场监管局投诉称,快播公司侵害其拥有独占性信息网络传播权的《北京爱情故事》等 24 部作品的信息网络传播权,请求予以查处。深圳市场监管局向深圳市盐田公证处申请证据保全公证。公证书显示,在手机上登录快播客户端搜索涉案 24 部影视作品,每一部影视作品首选链接均为"腾讯视频",点击"腾讯视频"旁的下拉选项,均有其他链接,多数伪造成乐视网、优酷、电影网等知名视频网站。点击其他链接播放具体集数,视频显示的播放地址均是一些不知名的、未依法办理备案登记的网站。腾讯公司是涉案 24 部作品信息网络传播权的独占被许可人,腾讯公司从权利人处获得涉案 24 部作品信息网络传播权的独家许可之后,又将其中 13 部作品的信息网络传播权以直接分销或版权等值置换等方式非独家许可第三方使用。根据腾讯公司提交的合同显示,该13部作品的分销或者置换价格总计为人民币8671.6万元。另外,在案件调查过程中,乐视网信息技术(北京)股份有限公司、合一信息技术(北京)有限公司、一九零五(北京)网络科技有限公司分别向市场监管局出具了《情况说明》,说明上述公证时播放视频显示的地址系小网站地址,快播播放器将涉案影视作品播放来源标注为"乐视、优酷、电影网"系伪造行为。

2014年6月,深圳市场监管局正式对快播公司送达《行政处罚决定书》,该决定书认定,快播公司在应知和明知第三方网站侵犯涉案24部作品信息网络传播权的情形下,仍通过其经营的快播播放器及其内设的搜索网站进行设链,已构成侵权行为,且在行政机关作出处罚、限期整改后,仍继续实施侵权行为,严重侵犯了版权人的合法权益,扰乱了网络视频版权秩序、损害了公共利益。依据《著作权法》第四十八条第(一)项、《著作权法实施条例》第三十六条的规定,决定对快播公司做如下处理决定:一、责令立即停止侵权行为;二、处以非法经营额3倍的罚款26014.8万元人民币。随后,快播公司申请行政复议,广东省版权局于2014年9月作出《行政复议决定书》,维持深圳市场监管局作出的行政处罚决定。快播公司不服上述复议决定,在法定期限内将深圳市场监管局作为被告起诉至深圳市福田区人民法院。2014年11月6日,深圳市福田区人民法院经审查认为,本案涉案罚款金额巨大,属于案情复杂、具有重大影响的案件,将案件移送至深圳市中级人民法院审理。深圳市中级人民法院进行审理后,判决驳回快播公司的诉讼请求。快播公司不服,上诉到广东省高级人民法院。2016年6月,广东省高级人民法院两次开庭审理了本案,因案情复杂,最高法院批准延长本案的审理期限。2018年12月24日,广东省高级人民法院对快播公司诉深圳市场监管局版权行政处罚纠纷案作出终审宣判,驳回上诉,维持原判。

| 裁判理由 |

经深圳市中级人民法院和广东省高级人民法院审理,本案争议焦点在于:第一,深圳市场监管局作出被诉行政处罚,是否为行政执法主体错误? 第二,深圳市场监管局在行政处罚决定书认定快播公司侵犯腾讯公司24部作品信

息网络传播权的事实是否清楚？证据是否充分？第三,深圳市场监管局认定非法经营额的事实是否清楚,证据是否充分？市场监管局适用法律、法规是否正确？行政处罚的罚款数额是否适当？第四,深圳市场监管局的被诉行政处罚程序是否合法？

一、深圳市场监管局系本案被诉行政处罚的合法执法主体

快播公司认为由深圳市场监管局作出被诉行政处罚,属于行政执法主体错误。对此,一审法院认为,行政主体拥有行政职权必须通过法定的途径获得,且根据2003年8月1日施行的《深圳市行政执法主体公告管理规定》(深圳市人民政府令126号)第四条,深圳市行政主体还须经行政执法主体公告程序,未经公告或者超越公告的职责和权限范围的执法活动无效。本案中,2009年深圳市进行大部制改革,进行政府工作部门及职责的调整,将原深圳市知识产权局(版权局)的职责划入市场监管局,由深圳市场监管局行使版权等知识产权的行政管理职责。在该编制规定中,核定了深圳市场监督管理局的内设机构和人员编制。因此,深圳市场监管局系本案被诉行政处罚的合法执法主体,快播公司有关该项的意见,法院不予采纳。

二、深圳市场监管局认定快播公司侵犯腾讯公司24部作品信息网络传播权的事实清楚、证据充分

一审法院认为,快播公司明知其所链接的作品侵权而提供搜索、链接服务,甚至伪造正版链接,具有明显的侵权故意,且在接到腾讯公司多次通知侵权后,仍未删除或断开侵权链接。因此,快播公司认为其系"技术中立",适用"避风港规则"而免责的意见,与事实不符,也于法相悖,深圳市场监管局认定快播公司侵犯腾讯公司涉案作品的信息网络传播权,事实清楚、证据确凿、于法有据,法院予以确认。

广东高院经审理认为,快播公司在明知或者应知小网站不具备授权可能性的情况下,主动采集其网站数据设置链接,并对该设链网页上的内容进行分类、整理、编辑、排序和推荐,还将小网站伪装成行业内具有较高知名度的大网站,为其实施侵权行为提供帮助。在国家版权局责令整改、腾讯公司多次送达

停止侵权告知函之后,快播公司仍未及时删除涉案 24 部作品的侵权链接。快播公司上述行为,不仅侵害了腾讯公司的民事权利,还损害了整个网络视频版权市场的秩序,损害了公共利益。深圳市场监管局有权对其进行行政处罚。

三、深圳市场监管局认定非法经营额的事实清楚、证据充分、适用法律法规正确,且行政处罚的罚款数额适当

法院经审理认为,在无法直接查明快播公司非法获利情况和实际经营数额的情况下,深圳市场监管局以涉案 13 部影视作品的市场中间价为依据计算出非法经营额为 8671.6 万元。在此基础上综合考虑快播公司的主观过错程度、侵权情节、违法行为后果等,对快播公司处以非法经营额的 3 倍罚款,符合相关法律的规定,并无明显不当。

四、深圳市场监管局的被诉行政处罚程序合法

深圳市场监管局在作出涉案行政处罚之前,依法全面履行了调查、收集证据、听证、集体讨论等程序,充分保障了快播公司陈述和申辩的权利。虽然深圳市场监管局在作出行政处罚决定前未征询深圳市人民政府法律顾问室的意见,但因其未对快播公司的处罚结果产生影响,故可认定不构成程序违法。

|案件分析|

快播公司于 2014 年被深圳市场监管局开出 2.6 亿元巨额罚单,该案在经历行政复议、深圳市中级人民法院一审、广东省高级人民法院终审后,最终于 2018 年尘埃落定,广东省高级人民法院认定深圳市场监管局对快播公司作出的 2.6 亿元行政处罚决定合法合理。高达 2.6 亿元的巨额罚款,开创了网络视频版权侵权罚款的新高。尽管快播公司已濒临破产而资不抵债,司法判决确认的巨额罚款有可能执行不到位,但该案的终审宣判仍具有极强的警示意义。① 本案对快播公司版权民事侵权行为的判定、同时损害公共利益的认定、非法经营额的计算等法律问题的处理值得进一步分析。

---

① 参见张智全:《快播视频侵权案重罚有警示意义》,《人民法院报》2019 年 1 月 18 日。

一、快播公司版权侵权责任判定

（一）快播公司帮助侵权责任认定

快播公司自成立之初，经过短短几年的发展，便呈现出爆炸式增长的态势，引起了国家版权局和相关影视行业网络版权拥有者的注意，经过深入调查发现，快播的爆炸增长和巨额利润是建立在对我国影视行业网络版权的大肆侵权的基础上的。分析快播公司的经营模式可以发现，网络用户通过快播公司的官方网站下载快播播放器，该播放器可以链接到多个视频网站，用户只要在快播播放器的页面输入想要看到的影视作品名称，快播就会从不同视频网站搜索该作品，用户就可以免费欣赏，并且可以下载到自己终端上，包括智能手机、平板电脑和个人电脑等。① 快播公司的行为对版权人以及获得版权人合法授权的视频平台的合法权益造成了损害。除腾讯公司外，乐视网、优酷、电影网等知名视频网站为维护合法权益也向深圳市场监管局出具《情况说明》，说明快播播放器在播放视频显示的地址系小网站地址，快播公司将涉案影视作品播放来源标注为"乐视、优酷、电影网"系伪造行为。在实践中不同的平台存在着内容提供者和技术服务提供者的区分。但是随着互联网平台的爆发式增长，平台的功能逐渐混同。因此，从概念角度对主体进行分类既不现实也没必要，学理上的侧重点不应该再是区分主体，而是要区分不同行为的性质，从参与内容和责任承担这两个标准对平台的行为进行分类。② 事实上，快播播放器与快播服务器是捆绑在一起的，不仅具备通常的视频播放功能，而且可以针对广泛分布于互联网上的视频种子进行在线播放。用户可以上传视频，而快播公司则提供线上支持，自动拉拽热门视频存储到缓存服务器中，供其他用户下载观看。快播公司在提供技术的基础上，还形成了一个存储、整理、发布视频的平台。③

---

① 参见沈悦：《影视作品网络版权立法保护研究——以深圳快播 2.6 亿侵权案为例》，《宿州学院学报》2016 年第 10 期。

② 参见张燕龙：《民刑交叉视野下网络平台共同版权犯罪责任的认定——兼对中美快播案、索尼案等案件的比较分析》，《情报杂志》2018 年第 7 期。

③ 参见韩志宇：《快播播放器的经营方式及其法律责任解读》，《中国版权》2016 年第 1 期。

2012 年颁布的《最高人民法院关于审理侵害信息网络传播权民事纠纷案件适用法律若干问题的规定》第七条规定了网络服务提供商的"帮助侵权行为"，成立帮助侵权有三个条件：有直接侵权行为存在；客观上未采取必要措施或者帮助了直接侵权行为；主观上有过错。① 从快播公司的涉案行为内容来看，快播公司的链接伪造行为、反复侵权行为，都表明其明知或者应知小网站不具备授权可能性。在满足存在"第三方直接侵权行为"和"主观过错"的情况下，快播公司通过网站管理后台，链接到盗版网站获取影视作品的种子文件索引地址，以设置目录等方式向用户推荐作品，并通过提供快播播放器的方式，为用户提供浏览、下载影视作品的服务。这种播放器加聚合式的深度链接行为已经超出单纯提供网络服务的范畴，符合帮助侵权责任的构成要件，法院判决快播公司为盗版网站实施侵权行为提供帮助于法有据。

我国网络版权侵权责任制度比较复杂，一个重要原因是我国侵权责任的基本立法体系是来自大陆法系，我国《民法通则》所涉及的侵权责任制度即是如此，但是，后期的侵权责任立法特别是知识产权侵权责任立法，在秉持传统民事侵权责任制度的同时，又大量借鉴吸收了普通法系的直接侵权和间接侵权制度。在我国民事法律规范中，教唆和帮助侵权属于两个独立的类型化共同侵权行为。② 而《著作权法》及相关法规则另外一定程度上引入了直接侵权和间接侵权制度。尤其是最高人民法院有关网络版权的司法解释和具体的司法实践中明显体现了直接侵权和间接侵权的制度设计，虽然在法律文件中没有使用"直接侵权"和"间接侵权"词汇，但是把相关规则的内容完整体现在了法律文件当中，部分司法解释中既有一般侵权与共同侵权，又有直接侵权与间接侵权，在适用时经常会发生冲突或者混乱的现象。针对这个问题，在目前我国《著作权法》修改中就有体现，我国《著作权法》修订草案送审稿"权利的保护"一章试图增加网络版权侵权责任制度。③

---

① 《最高人民法院关于审理侵害信息网络传播权民事纠纷案件适用法律若干问题的规定》第七条："……网络服务提供商明知或者应知网络用户利用网络服务侵害信息网络传播权，未采取删除、屏蔽、断开链接等必要措施，或者提供技术支持等帮助行为的，人民法院应当认定其构成帮助侵权行为。"

② 参见祝建军：《"快播"教唆、帮助侵权的认定》，《中国知识产权报》2015 年 1 月 21 日。

③ 参见丛立先：《论网络版权侵权责任认定》，《中国出版》2015 年第 12 期。

（二）快播公司的行为不符合"避风港规则"

快播公司以其行为属于技术中立性质,应当适用"避风港规则"作为抗辩理由。从案件的处理结果来看,法院并未直接对技术中立以及"避风港规则"作出回应,转而根据《信息网络传播权保护条例》第二十三条的网络侵权归责条款来认定快播公司是否构成侵权。法院并不直接以技术中立原则或者"避风港规则"来处理大多数案件,这根源于我国是成文法国家,在立法没有规定的情形下,法官也不能随意造法。① "避风港规则"作为网络版权秩序的核心规则,其设立目的在于防止对网络服务提供者施加过重的义务,保障网络产业的正常发展。我国在立法中虽然未直接使用"避风港""技术中立"等词汇,但是相关内容散见于不同效力位阶的法律渊源中,其中包括《信息网络传播权保护条例》和2009年修订的《侵权责任法》,而2012年最高人民法院《关于审理侵害信息网络传播权民事纠纷案件适用法律若干问题的规定》则较为明确地划分了平台的几种侵权形态,并对如何认定"应知道"和"明知"提供标准。

因此,法院转而根据《信息网络传播权保护条例》第二十三条来判定快播公司能否获得帮助侵权免责。根据上述规定,"避风港规则"存在两种例外情形:第一,在权利人发现侵权情况并正式通告网络服务提供者之后,后者即应删除有关侵权内容或断开其链接,否则即要承担知情之后的侵权责任。第二,如果网络服务提供者明知或应当得知侵权事实的存在,网络服务提供者则不再受到避风港保护。法院关键对快播公司是否存在主观过错这一焦点问题进行分析,法院关心的是快播公司是否明知或应知直接侵权行为的存在。通过快播公司主动采集其网站数据设置链接,对该设链网页上的内容进行分类、整理、编辑、排序和推荐,还将小网站伪装成行业内具有较高知名度的大网站等行为,法院认定快播公司存在明知或者应知的主观过错,因此判定快播公司的涉案行为当然不能获得"避风港规则"免责。

二、损害公共利益判定标准

行政规制与侵权责任作为公共事务治理与风险防控的两种手段,分别发

---

① 参见陈虎:《论网络著作权保护中的技术中立原则》,硕士学位论文,宁波大学,2017年。

挥着不同的制度功能与作用。行政规制作为公法规范，强调事前干预市场、克服市场失灵。侵权责任作为私法规范，意蕴补偿受害者、发挥事后救济功能。① 按照《著作权法》第四十八条的规定，如果当事人具有该条列出的八种侵权行为，同时损害公共利益的，可以由著作权行政管理部门责令停止侵权行为，没收违法所得，没收、销毁侵权复制品，并可处以罚款；情节严重的，著作权行政管理部门还可以没收主要用于制作侵权复制品的材料、工具、设备等；构成犯罪的，依法追究刑事责任。另外，《计算机软件保护条例》《信息网络传播权保护条例》都为行政处罚"设置了明示的公共利益前提"。这些条款构成行政机关针对版权侵权行为作出行政处罚的法律依据。依据我国现行法律法规，只有当侵害版权的行为同时损害公共利益的情况下，著作权行政管理部门才能对侵犯版权的行为苛以行政责任。

2001 年《著作权法》修订后，"公共利益"这一前提才出现在我国著作权法中。1990 年版的《著作权法》并未作出此要求。在《著作权法》第三次修法进程中，也有人对是否保留"同时损害公共利益"这一要件提出不同意见。目前，我国法律并未对何为"损害公共利益"作出明确解释。本案二审法院认为，由于法律上对于公共利益的概念并未作出明确规定，考虑到公共利益具有的政策属性，因此，版权民事侵权行为是否同时损害公共利益，应当由著作权行政管理部门在个案之中根据侵权人的过错程度、损害后果等具体情节作出判断。

关于"同时损害公共利益"的判定问题，国家版权局先后就该问题发布指导意见，包括 2002 年 WTO 过渡性审议中的解释，将"损害公共利益"解释为"构成不正当竞争，损害经济秩序"；2002 年的《关于对著作权法第四十七条"损害公共利益"问题的意见》，总结到《著作权法》（2001 年）第四十七条列举的所有侵权行为全部符合"损害公共利益"要求；2006 年的《关于查处著作权侵权案件如何理解适用损害公共利益有关问题的复函》，最终的结论是《著作权法》第四十七条列举的侵权行为，均可能损害公共利益。② 国家版权局的上

---

① 参见谢尧雯：《论美国互联网平台责任规制模式》，《行政法学研究》2018 年第 3 期。

② 参见钮效崇：《我国版权行政处罚研究》，硕士学位论文，中央民族大学，2016 年。

述指导意见虽然不具有法律强制效力，但是具有供地方著作权行政管理部门参考的重要价值。本案中，一审法院将"不正当竞争，扰乱网络环境中的正常市场经济秩序"定义为快播公司涉案行为损害社会公共利益的具体表现，判定快播公司的侵权行为属于《著作权法》第四十八条以及《著作权法实施条例》第三十六条中"损害社会公共利益"情形。二审法院进一步指出，快播公司经腾讯公司多次举报或者投诉，仍不改正。而且，在此次被市场监管局查处之前，其还被其他多家权利人向国家版权局举报侵权，国家版权局也责令其在2014年2月15日前完成整改。因此判定快播公司帮助侵权网站传播作品的行为损害了整个网络视频版权市场的秩序，构成"同时损害公共利益"。可见，本案的判决结果与国家版权局在WTO过渡性审议中的指导意见一定程度上具有一致性。

三、版权行政处罚执法主体的认定

《著作权行政处罚实施办法》第二条明确了国家版权局和地方著作权行政管理部门是对版权侵权行为实施行政处罚的行政主体。版权行政处罚的执法主体是著作权行政管理部门，包括国家版权局与地方人民政府享有版权行政执法权的有关部门。地方人民政府的著作权行政管理部门，可以是版权局，在当前相对集中行政处罚权改革的大背景下，更多的是各省市的文化市场综合执法部门。①

本案中，快播公司认为由于市场监管局职权变迁，深圳市场监管局不具有作出涉案行政处罚的职权。对此，一审法院认为，行政主体的行政职权必须通过法定的途径获得。根据深圳市人民政府施行的《深圳市行政执法主体公告管理规定》（深圳市人民政府令126号），行政执法主体分立、合并、主体名称变更或职责权限变更须经行政执法主体公告程序。本案中，深圳市分别于2009年、2011年、2014年进行大部制改革。2009年，深圳市人民政府决定由深圳市市场监督管理局行使原市工商行政管理局（物价局）、原市技术监督局、原知识产权局（市版权局）的职责，并对该事项进行公告。随后，2011年和

---

① 参见钮效崇：《我国版权行政处罚研究》，硕士学位论文，中央民族大学，2016年。

2014年,深圳市人民政府发布多项通知,包括2011年"市场监督管理局加挂市知识产权局牌子";2014年1月,规定组建深圳市市场监督管理委员会和深圳市食品药品监督管理局、深圳市市场秩序管理局(知识产权局);2014年5月,规定组建深圳市市场和质量监督管理委员会以及市场监管局(市质量管理局、市知识产权局)、深圳市食品药品监督管理局。对于以上机构设置、变更或加挂"知识产权局牌子",至市场监管局作出涉案行政处罚决定时,深圳市人民政府法制办公室未进行执法主体公告。因此,法院判定,在涉案行政处罚决定作出之时,原市知识产权局(市版权局)职责划入深圳市场监管局,深圳市场监管局系本案被诉行政处罚的合法执法主体,有权对快播公司的违法行为作出行政处罚决定。

四、非法经营额的认定

一审法院认为,对于同时损害社会公共利益的版权侵权行为,根据《著作权法》以及《著作权法实施条例》,著作权行政管理部门可以对其罚款,具体存在两种罚款情形:一种是处以非法经营额的一至五倍罚款,另一种是25万元以下的限额罚款。根据《著作权法实施条例》,处以非法经营额倍数罚款必须符合侵权行为有非法经营额且达到5万以上的条件。可见,非法经营额是确定版权行政罚款数额的重要基础。依据现有证据,无法查明快播公司非法获利情况,也无法查明其实际经营数额,这就需要行政处罚机关对被处罚人非法经营额的确定寻求依据。由于版权行政处罚领域没有专门涉及"非法经营额"的法律规定,实践中通常依据《最高人民法院、最高人民检察院关于办理侵犯知识产权刑事案件具体应用法律若干问题的解释》(以下简称《知识产权刑事案件若干问题解释》)对非法经营额进行认定,具体分为三种计算方式:第一,已销售的侵权产品的价值,按照实际销售的价格计算;第二,制造、储存、运输和未销售的侵权产品的价值,按照标价或者已经查清的侵权产品的实际销售平均价格计算;第三,没有标价或者无法查清其实际销售价格的,按照被侵权产品的市场中间价格计算。

本案中,在无标价,也未能查明快播公司实际经营数额的情况下,深圳市场监管局依据《深圳经济特区加强知识产权保护工作若干规定》第二十三条①，以被侵权影视作品的市场中间价认定快播公司的非法经营额。从具体规定可见，《深圳经济特区加强知识产权保护工作若干规定》中关于"非法经营额"的规定是参照《知识产权刑事案件若干问题解释》制定的。将刑事案件"非法经营额"的司法解释运用于行政处罚案件，其合理性必然遭到质疑。法定的地方国家权力机关依照法定的权限，在不同宪法、法律和行政法规相抵触的前提下，制定和颁布的在本行政区域范围内实施的规范性文件，是解决当前版权领域行政处罚"非法经营额"规定缺失的途径之一。

在确定以市场中间价计算非法经营额的基础上，法院认为，对于市场中间价，需要根据具体案件情形选择较为合理的评估计算方式，并在综合比较产品成本方法、以同类产品价格作为参考的市场调节方法、产品的收益现值法、交易价格法之后，指出交易价格法是依据买卖双方在真实意愿情形下发生的交易价格作为评估依据，能较为客观地反映被评估对象的市场价值。在确定以交易价格法非法经营额认定方法的基础上，法院进一步区别涉案作品两个阶段的授权价格，第一阶段是作品权利人授权腾讯公司的价格，第二阶段是腾讯公司授权他人的价格。因两阶段授予信息网络传播权性质不同，价格也有差异，第一阶段是独占信息网络传播权，第二阶段则是非独占信息网络传播权。结合快播公司的侵权性质，深圳市场监管局以第二阶段授权价，即腾讯公司授权他人的价格确定市场中间价。可见，深圳市场监管局对于非法经营额的认定事实清楚，适用法律正确，且对该类案件具有重要借鉴意义。

（作者：丛立先　起海霞）

---

① 《深圳经济特区加强知识产权保护工作若干规定》第二十三条：已销售的侵权产品的价值按照实际销售的价格计算。制造、存储、运输和未销售产品的价值，按照标价或者已经查清的侵权产品的实际销售平均价格计算。没有标价或者无法查清其实际销售价格的，按照被侵权产品的市场中间价计算。

利用 VR 客户端软件向公众提供 3D 盗版影视作品：

上海乐欢软件公司侵犯影视作品版权行政处罚案

| 典型意义 |

虚拟现实技术(本文简称"VR 技术")商业模式主要为"硬件设备+平台服务+VR 内容"，平台想要在短时间内，以低成本聚集大量人气和关注度或者更多内容的积累，从而选择在平台上为用户提供盗版内容，导致 VR 影视作品的版权侵权现象十分普遍。本案是对 VR 软件客户端利用信息网络向公众提供 3D 盗版影视作品依法进行查处的案件，属于对新兴行业的探索性执法，充分反映新技术背景下，版权执法面临的挑战。在本案中，执法部门通过技术手段，突破固定证据、情节认定等难关，依法从重作出了行政处罚，显示执法部门对打击盗版的决心与能力。同时，该案有效维护了新兴行业版权市场秩序，为行业内其他企业的合法经营提出要求、明确标杆。本案也因此入选 2018 年度全国打击侵权盗版十大案件以及 2018 年度上海十大版权典型案件。

| 裁判要旨 |

对于未取得合法授权而通过信息网络向公众提供受著作权法保护的影视作品的行为，不论是通过 VR 虚拟技术这种新的形式还是传统的形式，都属于侵犯权利人信息网络传播权的行为。

| 案情介绍 |

【行政处罚决定书文号】2520180356

行政相对人：上海乐欢软件有限公司(本文简称"上海乐欢软件公司")

行政处罚机关:上海市文化市场行政执法总队(本文简称"上海市文化执法总队")

上海乐欢软件公司自2015年12月起经营客户端软件"3D播播VR"。同时,"3D播播VR"也是虚拟现实头显设备制造企业,在平台和微信公众号销售自己的3D智能眼镜。当事人在经营过程中为了更好销售产品,在VR头显内植入当事人开发的客户端软件"3D播播VR",可以让用户直接通过头显设备观看热门电影、使用热门游戏等娱乐产品。"3D播播VR"客户端软件聚合了大量影视资源,同时支持用户分享VR视频内容,支持与大朋看看、Google Cardboard、暴风魔镜、灵镜、小宅、VRbox等各种虚拟现实设备搭配使用。

根据中宣部相关线索,上海市文化执法总队受理本案。经调查发现,当事人未经权利人许可,供用户从当事人经营的"3D播播VR"网下载并安装软件后,利用当事人客户端软件搜索、浏览、观看《环太平洋2:雷霆再起》《黑豹》等25部电影作品。经查证,上海乐欢软件公司通过其客户端软件向公众提供的上述作品并未取得合法授权。上海市文化执法总队裁定,当事人的行为违反了《信息网络传播权保护条例》第二条的规定,同时损害了公共利益,对当事人未经权利人许可,通过信息网络擅自向公众提供他人电影作品的行为予以责令停止侵权行为,并作出罚款人民币25万元的行政处罚。

上海市文化执法总队还在《行政处罚决定书》中向上海乐欢软件有限公司说明了后续的法律程序。当事人可以在收到行政处罚决定书之日起60日内申请行政复议,或者在收到行政处罚决定书之日起三个月内直接向当地人民法院提起行政诉讼。行政复议或行政诉讼期间本处罚决定不停止执行。如果申请人逾期不申请行政复议或者提起行政诉讼,又不履行本处罚决定,经催告仍未履行义务的,依据《行政强制法》第四十六条的规定,行政执法机关可申请人民法院强制执行。当事人在收到《行政处罚决定书》后,已履行将罚款人民币25万元交至银行代收机构的行政处罚。

| 裁判理由 |

上海市文化执法总队指出,根据《信息网络传播权保护条例》第二条的规定,权利人享有的信息网络传播权受著作权法和本条例保护。除法律、行政法规另有规定的外,任何组织或者个人将他人的作品、表演、录音录像制品通过信息网络向公众提供,应当取得权利人许可,并支付报酬。经查证,上海乐欢软件公司未经权利人许可,供用户从其经营的"3D 播播 VR"客户端软件搜索、浏览、观看《环太平洋 2:雷霆再起》《黑豹》等 25 部电影作品,侵犯了版权人的信息网络传播权。上海市文化执法总队还指出,上海乐欢软件公司传播盗版影视作品的行为同时损害社会公共利益。因本案中侵权电影作品数量较多,依据《信息网络传播权保护条例》第十八条第(一)项的规定,对当事人未经权利人许可,通过信息网络擅自向公众提供他人电影作品的行为予以责令停止侵权行为,并作出罚款人民币 25 万元的行政处罚。

| 案件分析 |

VR 技术,也称灵境技术,是一种可以创建和体验虚拟世界的计算机仿真系统,它利用计算机生成一种模拟环境,并形成一种交互式的三维动态视景和实体行为的仿真环境,使用户沉浸到该环境之中。[1] VR 技术具备沉浸、交互和仿真三大特征:沉浸即是让用户置身虚拟环境中时,体验与现实无差别的环境;交互是指用户在虚拟环境中即时地与环境中事物进行互动,使用户充分发挥其主动性;仿真是利用计算机技术对真实环境的模拟,强调虚拟环境并不是凭空出现,而是现实的投映。[2] 这些特征也使得 VR 技术被越来越多地运用到各个领域中,其在电子商务、医疗、体育、游戏娱乐、影视广告、文化教育、房地产、军事等领域具有无穷的潜力。[3] 在对本案进行分析的基础上,本文将对 VR 技术在影视领域的潜在版权问题进行探讨。

一、利用 VR 技术使用他人作品行为的法律定性

通常来说,VR 技术的商业运营需要借助硬件设备、平台服务、VR 内容三

---

① 参见刘迪:《VR 技术潜在的法律问题研究》,《法制与经济》2017 年第 2 期。
② 参见张占龙、罗辞勇:《何为虚拟现实技术概述》,《计算机仿真》2005 年第 3 期。
③ 参见孙江华、王思雅:《VR 时代在家看院线电影的可行性研究》,《当代电影》2017 年第 8 期。

部分共同实现。① 本案当事人既是客户端软件"3D 播播 VR"的开发者和经营者,也自行生产和销售 3D 智能眼镜,向用户提供硬件设备和平台服务。上海乐欢软件公司未经版权人许可供客户端用户通过"3D 播播 VR"搜索、浏览、观看《环太平洋 2:雷霆再起》等 25 部电影作品的行为,构成对权利人信息网络传播权的侵犯。

本案中,因不涉及对权利人作品重新进行编辑和 3D 数字化处理,上海市文化执法总队认定"3D 播播 VR"侵犯的是权利人的信息网络传播权,而非复制权或者改编权。在涉及 VR 技术的其他版权侵权案件中,存在对当事人利用 VR 技术使用权利人作品构成对涉案作品改编还是复制的争议。例如,"北京华彩光影传媒文化公司诉北京时光梦幻科技公司案"对被告利用 VR 技术使用原告美术作品的行为侵犯改编权还是复制权进行了认定。法院指出,应当对 VR 场景显示的效果与涉案作品进行比对,判断该 VR 场景是形成了不同于涉案作品的新作品,还是仅对涉案作品的原样复制或者不具有独创性地稍加改动后进行复制而仅形成了复制件。在对涉案作品和权利人作品进行比对之后,法院认定涉案 VR 小样场景并未形成一个不同于涉案作品的新作品,从而认定被告侵犯了原告对涉案作品享有的复制权,而非改编权。②

也有观点指出,《著作权法》强调的是表达,在表达的手段上,VR 视频已经超出原有的传统影视作品的表现手法和表达方式。所以,即使是内容相同的 VR 视频和传统影视作品,也不是相同作品,而是存在演绎关系的不同作品。③ 对利用 VR 技术使用他人作品行为的不同定性所带来的法律责任也是有所区别的,根据我国现行《著作权法》的规定,对于原作品权利人许可进行改编的行为通常只需要承担民事责任,而未经授权的复制不仅会招致民事责任,还可能产生行政处罚和刑事责任。随着 VR 技术的不断发展和与社会各

---

① 参见石鹏明:《VR 虚拟现实技术在我国的现状及发展趋势》,《电子技术与软件工程》2019 年第 13 期。

② 见北京市朝阳区人民法院民事判决书(2016)京 0105 民初 51305 号。

③ 参见《中国版权中心的法律部主任孙洁在"让虚拟照进现实——法律框架下 VR 产业的现状与未来"会议上的讲话》,http://www.onesheng.cn/news/103153.html,最后访问时间:2019 年 8 月 13 日。

个领域的深入融合，VR 技术对传统影视产业的改变也会不断加深，有关的知识产权法律纠纷也不可避免会呈现出新的形式。但是笔者对"北京华彩光影传媒文化公司诉北京时光梦幻科技公司案"中法院的裁判主旨持赞同态度，即判定一种使用作品的行为是属于复制还是属于改编与使用作品的技术条件无关，不能因为该 VR 场景是利用了三维技术形成的，且应用于虚拟现实设备中就当然地认为其属于对涉案作品的改编。依据我国《著作权法》的规定，改编权控制的改编行为是对"已有作品"作出"独创性改变"的行为。这种改变的结果在于形成新作与原作之间有相当的差别，能体现改编者的创作技能和智力判断。①

二、利用 VR 技术产生新作品版权归属问题

不可否认，VR 技术的魅力来源之一在于交互性。在 VR 技术建立的虚拟社区里，用户可能根据平台提供的素材、道具，创作出新的作品，包括美术作品、建筑作品或者电影作品等。关于利用 VR 技术产生新作品版权归属也是值得探讨的重要问题。对于用户利用 VR 虚拟技术平台提供的大量预先设定的素材或要素，进行交互性操作，用户在预设系统中的不同操作呈现不同结果。如呈现结果无著作权法意义上的创作劳动，则应认定未产生新作品，用户不构成版权权利人。

对新作品权利归属问题的讨论是在用户利用 VR 技术创作出新作品的前提下展开的。如果在交互过程当中，用户可以根据自己的意愿进行一系列创作活动，对于构成我国著作权法意义上改编作品的，改编者付出了智力劳动，创作出新的独创性表达，其对改编作品享有版权。值得注意的是，改编者是在原作品表达的基础上通过改变体裁、种类或者形式创作出改编作品，因此改编者需要获得原作品版权人许可。对于利用 VR 技术产生新作品版权归属的规制，姚欢庆教授主张重要考虑合同约束。② 事先的合同约定对于解决版权权属划分问题可谓是一条有效路径。对于通过 VR 技术实现内容生产方面，VR

---

① 参见卢纯昕：《作品改编的合法性边界》，《中国出版》2018 年第 1 期。
② 参见《姚欢庆教授在"让虚拟照进现实——法律框架下 VR 产业的现状与未来"会议上的讲话》，http://www.onesheng.cn/news/103153.html，最后访问时间：2019 年 8 月 13 日。

技术平台或者公司通常会选择通过用户协议或者其他合同形式，与用户约定利用平台生产的任何内容都归属于平台。这样的合同条款一般构成格式条款，面临着被法院认定为无效条款的风险。如何实现平台和用户之间的利益合理分配是 VR 技术在未来的发展中需要考虑的重要问题。

三、VR 技术版权侵权风险

VR 技术产业布局中最重要的三个组成部分分别是硬件、内容、平台。其中，硬件部分存在的知识产权法律风险主要集中在专利领域，当然也包括与计算机软件程序有关的版权风险。内容方面对应更多的是版权问题，而在平台方面主要涉及平台责任问题。

（一）VR 内容版权侵权责任

从版权角度，VR 技术所带来的产业渠道更新暂时不太可能改变内容版权的本质，但随着技术的发展，新的作品类型出现以及版权控制范围的变化并非完全不可能，因为版权法律制度变革的重要动力始终是来自于技术的发展和进步。[①] 本案中，当事人是在 VR 头显设备内植入了其开发的客户端软件"3D 播播 VR"，对于当事人开发和经营的"3D 播播 VR"软件，目前并未出现计算机软件版权纠纷，因此可以推定当事人对"3D 播播 VR"软件是享有相应的版权的。客户端用户通过植入这个软件，可以通过头显设备观看一些热门电影。经营者使用 VR 设备向公众提供沉浸式娱乐体验，需同时向公众提供具有吸引力的内容，但为经营目的使用 VR 内容应注意防范相关内容的侵权风险。本案中，"3D 播播 VR"平台的侵权行为背后反映出的是 VR 产业的通病。VR 软件运营者想要以低成本或者零成本在短时间内聚集大量的关注度，就主动选择向用户提供大量盗版内容。例如，爱奇艺诉热波网络科技公司一案中，热波网络科技公司未经爱奇艺授权擅自在其运营的"VR 热播"软件iPad 端向用户提供《妄想症》《四大名捕 2》《火锅英雄》三部影视作品的播放服务。北京市海淀区人民法院判决，被告未经原告合法授权，通过信息网络非

---

① 参见《腾讯研究院的研究员田小军先生在"让虚拟照进现实——法律框架下 VR 产业的现状与未来"会议上的讲话》，http://www.onesheng.cn/news/103153.html，最后访问时间：2019 年 8 月 13 日。

法向公众提供涉案影视作品的在线播放，侵犯了原告享有的作品信息网络传播权，依法判决被告热波公司赔偿原告爱奇艺公司经济损失及合理支出共计355600 元。①

实践中 VR 内容主要包括游戏、影视作品等内容，这就涉及相关权利人的版权。根据我国《著作权法》的相关规定，通过信息网络向公众提供游戏、影视作品或其他视频内容应获得合法授权，包括取得相关作品版权人的许可，否则将构成侵权。但如 VR 平台能够证明其提供的内容是从有经营资质的第三方、正规渠道合法取得的，并且取得之时不知道也没有合理理由应当知道 VR内容侵犯他人信息网络传播权等权利的，可以不承担赔偿损失的侵权责任。②

（二）VR 平台版权侵权责任

本案被处罚人系 VR 客户端软件运营者，其未经许可通过信息网络传播3D 类侵权影视作品，被认定构成版权侵权且同时损害公共利益。从知识产权角度来看，新技术的出现必然引致新一轮关于平台责任界定的问题。对于VR 平台的版权侵权责任认定，应该从平台提供的具体行为出发，根据《侵权责任法》确立的基本规则和相关法律规定来进行判断。只有在平台提供或帮助提供作品的情况下，才可能考虑其是否成立版权侵权责任。如果网络交易平台提供商只提供了技术服务，或者是信息服务，又或者提供的是技术服务和信息服务的结合，并没有提供作品，那么就不可能成立版权侵权责任。③ 本案中，被处罚人运营的“3D 播播 VR”软件不仅是信息技术服务平台，更是直接提供或帮助提供盗版影视作品。应该说，上海市文化执法总队对上海乐欢软件公司构成信息网络传播权侵权的认定是合理的。

我国《著作权法》在第三次修改进程中，就有意见指出对网络服务提供商的侵权责任进行重新梳理和规定。具体包括在《著作权法》专门增加了网络服务提供者版权侵权责任的规定，同时明确：“网络服务提供者为网络用户提

---

① 参见《爱奇艺 VR 视频被侵权，热波需赔爱奇艺 35 万余元》，https://baijiahao.baidu.com/s? id=1620874354826066270&wfr=spider&for=pc，最后访问时间：2019 年 8 月 13 日。

② 参见吴兴哲、蔡咖娣：《关于 VR，那些不可不知的法律问题》，http://vr.sina.com.cn/news/report/2016-09-15/doc-ifxvyqwa3235210.shtml，最后访问时间：2019 年 8 月 12 日。

③ 参见丛立先：《网络交易平台提供商：侵权责任是这样认定的》，《中国新闻出版广电报》2016 年 7 月 28 日。

供存储、搜索或者链接等单纯网络技术服务时，不承担与版权或者相关权有关的审查义务。"另外，也存在继续保留网络版权"避风港规则"，但摒弃了"红旗标准"的意见，旨在回归到一般侵权法意义上的"知道或者应当知道"规则。①新技术的出现对平台责任界定的问题也带来了新的挑战，加强平台治理，利用技术优势与平台规则加强平台净化，不仅是行业责任，更是有效规避平台知识产权侵权风险的关键。

（作者：丛立先　起海霞）

---

① 吕炳斌：《网络版权避风港规则的发展趋向》，《中国版权》2015年第23期。

利用社交平台推送侵权电影链接：

无锡"紫薯影院"微信公众号侵犯影视作品版权行政处罚案

| 典型意义 |

本案系利用微信公众号传播侵权影视作品的典型案件。在新兴的侵权形式中，微信公众号注册运营门槛低，违法成本低，查处难度大，监管力量不对等原因，使得利用微信平台传播盗版作品的现象多发，推送侵权电影链接更是版权侵权的"重灾区"，严重损害了权利人的合法权益，破坏了网络版权秩序。本案版权执法部门严厉打击各类平台从事侵权盗版的行为，对加强网络平台治理、促进产业健康发展具有积极意义。同时，本案背后还引发了在社交平台传播侵权作品的案件中，如何规制平台服务商责任以及非法经营额、行政处罚数额判定的思考。本案因此入选 2018 年度全国打击侵权盗版十大案件和2018 年度江苏省打击侵权盗版十大案件，对利用社交平台传播侵权作品的行政处罚案件具有借鉴意义。

| 裁判要旨 |

一、未经版权人许可，通过信息网络向公众传播权利人作品，同时利用网站、微信公众号、微信群多种方式牟利的行为，主观上具有明显的侵权故意，既侵犯了版权人的合法利益，也扰乱了经营秩序，构成对公共利益的损害。

二、通过微信公众号进行网络游戏及网络小说联合运营获利的行为，与通过微信公众平台非法传播他人作品的行为之间并无直接联系，上述经营行为的获利不能全部计算为信息网络传播侵权行为的非法经营额。

| 案情介绍 |

（锡）版权罚字〔2018〕第 036 号

行政相对人：无锡佳酷信息技术有限公司（本文简称"无锡佳酷公司"）

行政处罚机关：江苏省无锡市文化广电新闻出版局（本文简称"无锡市版权局"）

根据江苏省版权局案件交办线索，无锡市版权局行政执法人员于 2018 年 5 月 16 日、5 月 29 日和 6 月 4 日，对无锡佳酷公司运营的微信公众号"紫薯影院"以及相关网站进行了三次远程勘验。勘验结果表明，无锡佳酷公司涉嫌未经版权人许可，通过信息网络向公众传播他人影视作品。同时，无锡佳酷公司还通过建立多个微信群，包括影视群和购物群，诱导微信用户实施购物行为，从而获得经济利益。经版权人美国电影协会北京代表处鉴定确认，无锡佳酷公司通过网络传播的 6 部电影作品，系未经授权的作品。经版权人深圳市腾讯计算机系统有限公司鉴定确认，无锡佳酷公司通过网络传播的 4 部动漫作品，系未经授权的作品。

2018 年 6 月 6 日，无锡市版权局批准行政立案，由无锡市文化市场综合执法支队具体办理该案。经查证，2017 年 10 月至 2018 年 7 月的 9 个月时间里，无锡佳酷公司在没有得到任何版权人授权的情况下，通过运营的网站"紫薯影院"（域名 zm.45life.com）和微信公众号"紫薯影院"（zishutv）以在线播放的方式传播他人作品。同时，无锡佳酷公司还利用上述网站和微信公众号开展商城、游戏、小说等多种经营模式获利。

无锡市版权局认为，无锡佳酷公司未经版权人许可，通过信息网络向公众传播其作品的构成对权利人信息网络传播权的侵犯，同时损害公共利益，违反了《著作权法》第四十八条的规定。同时，无锡市版权局认为无锡佳酷公司的非法经营额和违法所得无法确定。根据《著作权法实施条例》第三十六条的规定，鉴于无锡佳酷公司的侵权时间较长、影响范围较大。经研究，作出给予罚款人民币 12 万元的行政处罚。

无锡市版权局还在《行政处罚决定书》中向无锡佳酷公司说明了后续的法律程序。当事人可以在收到行政处罚决定书之日起 60 日内申请行政复议，或者在收到行政处罚决定书之日起三个月内直接向当地人民法院提起行政诉讼。行政复议或行政诉讼期间本处罚决定不停止执行。如果申请人逾期不申请行政复议或者提起行政诉讼，又不履行本处罚决定，经催告仍未履行义务的，依据《行政强制法》第四十六条的规定，行政执法机关可申请人民法院强制执行。

裁判理由

无锡市版权局认为，无锡佳酷公司未经版权人许可，通过信息网络向公众传播其作品的构成对权利人信息网络传播权的侵犯。无锡佳酷公司同时利用网站、微信公众号、微信群多种方式牟利的行为，主观上具有明显的侵权故意，既侵犯了版权人的合法利益，也扰乱了影视行业的经营秩序，损害了公共利益。鉴于上述事实，无锡佳酷公司的行为违反了《著作权法》第四十八条的规定。

同时，无锡佳酷公司通过网站和微信公众号进行网络游戏及网络小说联合运营获利的行为，与无锡佳酷公司未经授权传播他人作品的行为之间并无直接联系。上述经营行为的获利不能全部计算为侵权行为的非法经营额。因此，无锡市版权局认为无锡佳酷公司的非法经营额和违法所得无法确定。根据《著作权法实施条例》第三十六条"有著作权法第四十八条所列侵权行为，同时损害社会公共利益，非法经营额5万元以上的，著作权行政管理部门可处非法经营额1倍以上5倍以下的罚款；没有非法经营额或者非法经营额5万元以下的，著作权行政管理部门根据情节轻重，可处25万元以下的罚款"的规定，鉴于无锡佳酷公司的侵权时间较长、影响范围较大。无锡市版权局作出给予罚款人民币12万元的行政处罚。

案件分析

本案的案情相对简单，无锡佳酷公司在没有得到任何版权人授权的情况下，通过运营的网站"紫薯影院"（域名 zm.45life.com）和微信公众号"紫薯影院"（zishutv）以在线播放的方式传播他人作品。无锡佳酷公司未经权利人许可擅自通过信息网络传播他人作品，构成信息网络传播权侵权的判定，不具争议。但是本案背后值得进一步探讨的问题是，在利用微信这类社交平台传播侵权作品的新兴侵权案件中，平台服务商是否要承担版权侵权责任，如果需要的话该承担何种责任。另外,本案对于非法经营额和行政处罚数额的判定也是值得进一步分析的关键问题。

一、微信服务提供商责任规制

（一）微信公众平台传播途径和特点

从传统的传播形态到现在新兴的网络传播形态,传播环境随着科技网络的进步已经迈入了信息化时代。作为自媒体时代最成功的典型,微信的传播途径给整个新兴网络传播环境注入了新的时代元素。[①] 微信的传播途径可谓丰富多样,除了私信点对点,微信群和朋友圈点对面的信息交互模式之外,腾讯公司在微信上增加"公众平台"功能模块,个人和企业可以该平台通过群发推送、自动回复等方式实现与特定受众群体的联系与沟通。

目前,在微信公众平台上看到大量的内容资讯,涵盖的作品类型包括文字、图片、音频、视频等。[②] 作为一个全新的实时信息传播和沟通平台,微信公众平台在设计和运行机制上采用信息定向传播的方式,呈现出社会关系的强黏性、私密性强的特点。[③] 微信公众号注册运营门槛低,违法成本低,查处难度大,监管力量不对等原因,也使得其成为版权侵权的高发地带。微信公众号运营者通过利用外部平台的资源实现吸引用户点击,从而获得商业利益的做法在实践中非常常见。在这一过程中,大量的作品被非法转载和传播。本案中,公众号"紫薯影院"的关注者,只需要在公众号页面中留言想要观看的剧名,就可以获得链接,实现免费观看的目的,损害了版权人的合法利益。

（二）微信公众平台责任认定

本案中,鉴于微信公众平台上的盗版影视作品系第三方提供,行政执法机关并未对微信公众平台作出行政处罚。应该说,行政执法机关的做法是合理的,因为微信公众平台仅仅提供了基础性的技术服务和信息服务,并没有直接

---

① 参见丁德凤:《微信传播作品的著作权问题研究》,硕士学位论文,湘潭大学,2016 年。

② 参见林茂申:《微信公众平台的传播机制及治理探究——基于微信与微博的比较分析》,《贵州师范学院学报》2014 年第 11 期。

③ 参见李旭颖:《自媒体时代网络服务提供商的法律责任承担——以微信公众号著作权侵权为视角》,《中国发明与专利》2016 年第 10 期。

提供涉案作品，也没有证据证明帮助侵权第三方提供作品。微信公众平台作为纯粹的社交平台提供商，只是为第三方和消费者提供技术和信息服务，而不是提供作品，因此不承担版权侵权责任。

　　值得注意的是，互联网平台作为新兴传播媒介，不能简单归类于单纯的网络服务提供商。① 首先，网络平台不同于普通运输媒介，互联网的平台架构及编辑、过滤技术会对传输内容造成一定的影响。另外，相比于出版者与经销商，互联网平台承载的海量信息不可避免会增加第三方注意义务的行使成本。② 在微信公众平台第三方提供侵权作品的纠纷中，平台版权侵权责任认定需要结合平台提供的服务内容进行具体分析。对于网络平台提供商的版权侵权责任认定，只有在网络平台提供商提供了作品的情况下，才可能考虑是否成立版权侵权责任。如果网络平台只是提供了技术服务，其所负担的只是应当避免他人利用自己技术从事侵权行为的注意义务，就不可能成立版权侵权责任。③ 而对于网络平台直接向用户提供内容方面的服务，其权限包括对作品内容的选取、组织、编辑、筛选等，具备充分的管理权限，因此需要承担高度注意义务，以免自己的行为对他人的合法权益造成侵害，如果没有尽到上述义务，就应当承担侵权责任。

　　虽然微信公众平台在本案中不存在直接提供或帮助提供侵权作品的情形，但是这并不意味着微信平台对于其平台上发生的版权侵权行为就无需承担任何责任。对于微信平台来说，其收获海量用户、知名度以及商业利益的同时，技术措施和应承担的注意义务和法律责任也应该跟上。因此，包括微信网络服务提供商在内的其他网络服务提供商在自媒体时代应承担更多的制止版权网络侵权的责任。④ 提高平台服务提供者制止版权侵权的注意义务和责

---

　　① 2013年修订的《信息网络传播权保护条例》第二十条至二十三条依照所提供服务的种类，将网络服务提供商划分为网络自动接入、自动传输服务提供商，系统缓存服务提供商，信息存储服务提供商和网络搜索、链接服务提供商四类。

　　② 参见谢尧雯：《论美国互联网平台责任规制模式》，《行政法学研究》2018年第3期。

　　③ 参见丛立先：《网络交易平台提供商：侵权责任是这样认定的》，《中国新闻出版广电报》2016年7月28日。

　　④ 参见李旭颖：《自媒体时代网络服务提供商的法律责任承担——以微信公众号著作权侵权为视角》，《中国发明与专利》2016年第10期。

任,在"避风港规则"中可以体现为对主观过错要件"明知"或"应知"的判定问题上。作为平台服务的提供者,在作品网络传播中适用"避风港规则"应满足主观无过错的要求,即不存在"明知或者应知"的情形。① 因此,在判定网络平台对于第三人的侵权是否存在主观过错时,可以将平台通过合理成本支出就可以获得或实现的技术监控措施纳入考量。当前计算机和网络技术与互联网产生初期的技术相比有了飞速的发展,相应的计算、统计、监控技术也有了极大的提升,在这一大背景下,网络服务提供商应当在版权侵权纠纷中承担更高的注意义务。

盗版电影在市场上的传播,不仅损害正版的合法权益,还影响影视产业的健康发展。针对微信公众号未经授权或许可,擅自发布、传播他人享有合法权益的影视作品的违法行为,微信公众平台在《微信公众平台服务协议》和《微信公众平台运营规范》中设定了删除被举报内容;对违规账号处以警告、删除关注用户、限制使用部分功能、账号封号等措施。在互联网治理中,考虑到行政机关的力有不逮和网络平台的治理能力,"以网治网"被视为一条政府与网络平台合作治理的现实选择。②

二、非法经营额和行政处罚数额的确定

我国现行《著作权法》第四十八条规定了侵犯著作权的行政法律责任,但未对罚款数额作出具体规定。罚款数额的确定由《著作权法实施条例》第三十六条、《计算机软件保护条例》(以下简称《软件保护条例》)第二十四条和《信息网络传播权保护条例》第十八条、第十九条进行规定。其中,《著作权法实施条例》和《信息网络传播权保护条例》对版权侵权行政处罚的规定相一致:非法经营额5万元以上的,可处非法经营额1倍以上5倍以下的罚款;没有非法经营额或者非法经营额5万元以下的,根据情节轻重,可处25万元以下的罚款。《软件保护条例》则根据不同侵权行为设定不同的行政处罚标准:

① 见《信息网络传播权保护条例》第五条、第十八条、第二十三条和《侵权责任法》第三十六条。
② 参见解志勇、修青华:《互联网治理视域中的平台责任研究》,《国家行政学院学报》2017年第5期。

当存在复制或者部分复制、向公众发行、出租、通过信息网络传播著作权人的软件的，可以并处每件 100 元或者货值金额 1 倍以上 5 倍以下的罚款；有故意避开或者破坏技术措施、故意删除或者改变软件权利管理电子信息、转让或者许可他人行使著作权人的软件著作权的，可以并处 20 万元以下的罚款。

　　本案中，无锡市版权局认为无锡佳酷公司充当"淘宝客服"营销获利的行为、通过网站和微信公众号进行网络游戏及网络小说联合运营获利的行为，与无锡佳酷公司未经授权传播他人作品的行为之间并无直接联系。上述经营行为的获利不能全部计算为侵权行为的非法经营额，因此非法营业额无法确定。无锡市版权局在考量无锡佳酷公司的侵权时间较长、影响范围较大的基础上作出处罚 12 万元的决定。可见，行政处罚部门对于罚款数额的确定享有一定的自由裁量权。根据《著作权行政处罚实施办法》第二十九条的规定，著作权行政管理部门认为"确属应当予以行政处罚的违法行为的，根据侵权人的过错程度、侵权时间长短、侵权范围大小及损害后果等情节予以行政处罚"。本案中，行政执法机关在非法经营额无法确定的情况下，综合考量侵权时间、侵权范围，作出处罚人民币 12 万元的决定，是符合相关法律规定的。

　　在实际的行政执法过程中，如何进行版权侵权行为的非法经营额计算，事关对侵权人的处罚数额以及判别是否涉嫌违法犯罪的界定。《最高人民法院、最高人民检察院关于办理侵犯知识产权刑事案件具体应用法律若干问题的解释》第十二条规定，本解释所称"非法经营数额"，是指行为人在实施侵犯知识产权行为过程中，制造、储存、运输、销售侵权产品的价值。已销售的侵权产品的价值，按照实际销售的价格计算。制造、储存、运输和未销售的侵权产品的价值，按照标价或者已经查清的侵权产品的实际销售平均价格计算。侵权产品没有标价或者无法查清其实际销售价格的，按照被侵权产品的市场中间价格计算。实践中对行政执法机关能否将刑法领域的司法解释作为办案依据还存在争议。① 目前，上海市地方性法规中含有行政罚款的高达 97 部，在

---

　　①　参见张倩倩、王瑞达：《"非法经营额"计算标准亟需立法完善》，《法制日报》2013 年 9 月 18 日。

地方性法规中对各种罚款应当有何种标准、数额和幅度等问题进行体系精细化规定。① 上海市的这一做法可谓是有助于解决行政机关的执法窘境，对于解决版权行政处罚数额的判定也是有益的，为其他省市提供了有益借鉴。

（作者：丛立先　起海霞）

---

① 参见彭辉：《上海市地方性法规行政处罚罚款数额和幅度研究》，《复旦学报（社会科学版）》2019 年第 2 期。

利用电商平台销售盗版音乐光盘：

张家港"4·28"侵犯音乐作品版权行政处罚案

| 典型意义 |

随着电子商务的兴起和高速发展,以第三方平台为核心的电子商务交易模式改变了消费者选购产品与服务的方式,同时也为版权保护问题带来了新的冲击和挑战。在数字技术的支持下,音乐以数字形式在网络中分享,音乐传播成本大大降低,私人分享成为音乐的主流传播方式,导致音乐作品成为首个被大规模非法传播的作品类型。网络的开放性一方面催生出越来越多的网络版权违法行为,而利用电商平台实施版权侵权行为具有隐蔽性和复杂性,导致第三方利用电商平台销售侵权音乐作品的现象十分常见但不易发现,对权利人的合法利益和音乐产业的健康发展造成损害。本案为 2018 年度江苏省打击侵权盗版十大案件,背后引发了对音乐作品的保护问题和电商平台版权侵权责任规制的探究。通过处罚利用电商平台销售各类侵权作品的平台内经营者,有利于树立大众版权保护意识,对维护音乐市场经营秩序具有示范意义。

| 裁判要旨 |

未经版权人许可刻录权利人音乐作品到光盘的行为,构成对复制权的侵犯。被处罚人通过淘宝网店销售侵权音乐作品的交易记录达上千条,涉及侵权音乐作品数量巨大,且从中获取非法利益,根据我国《著作权法》第四十八条的规定,构成对公共利益的损害,行政处罚机关除处以罚款外,还可以没收违法所得,没收、销毁侵权复制品,没收主要用于制作侵权复制品的材料、工具、设备等。

| 案情介绍 |

行政相对人：方某

行政处罚机关：张家港市文化广电新闻出版局①

2018 年 4 月，张家港市文化市场综合执法大队在日常巡查中发现杨舍镇长泾东路一场所涉嫌制售盗版音像制品，现场查封音乐光盘 3839 张、刻录母盘 91 张、待发光盘包裹 16 个、办公主机 4 台和刻录机 3 台。经查，该场所负责人方某通过经营淘宝网店"香蕉数码旗舰店"。通过方某经营的"香蕉数码旗舰店"可以了解到，该网店打着"定制专属 CD""无损音质"等宣传标语，主要向用户提供光盘刻录服务，内容包括音乐歌曲、婚庆视频、宣传片、学生作业等，售价为每盘 8 元至 18 元。"香蕉数码旗舰店"的整个交易流程如下：淘宝用户通过向"香蕉数码旗舰店"淘宝网店的客服提交需要刻录的音乐作品的名称、演唱歌手等信息，"香蕉数码旗舰店"就可以将客户需要的音乐作品刻录到光盘中，并将光盘寄送到客户手中。

经张家港市文化市场综合执法大队查证，2017 年 10 月至 2018 年 4 月期间，当事人方某从事淘宝网店的交易记录 1400 余条，刻录复制音乐作品均未经版权人许可，涉及音乐作品 47816 首，非法经营额 2 万余元。2018 年 6 月 11 日，张家港市文化广电新闻出版局对当事人方某作出了罚款 10 万元，并没收侵权复制品 885 张音乐 CD 和刻录使用的电脑、刻录机的行政处罚。

张家港市文化广电新闻出版局还在《行政处罚决定书》中向被处罚人说明了后续的法律程序。当事人可以在收到行政处罚决定书之日起 60 日内申请行政复议，或者在收到行政处罚决定书之日起三个月内直接向当地人民法院提起行政诉讼。行政复议或行政诉讼期间本处罚决定不停止执行。如果申请人逾期不申请行政复议或者提起行政诉讼，又不履行本处罚决定，经催告仍未履行义务的，依据《行政强制法》第四十六条的规定，行政执法机关可申请

---

① 2019 年 1 月 29 日，根据苏州市批准的《张家港市机构改革方案》，张家港市委决定，将张家港市文化广电新闻出版局（市文物局）、市旅游局、市体育局的职责整合，组建成为张家港市文体广电和旅游局。

人民法院强制执行。

裁判理由

张家港市文化广电新闻出版局指出，按照《著作权法》第四十八条的规定，如果当事人具有该条列出的八种侵权行为，同时损害公共利益的，可以由著作权行政管理部门责令停止侵权行为，没收违法所得，没收、销毁侵权复制品，并可处以罚款；情节严重的，著作权行政管理部门还可以没收主要用于制作侵权复制品的材料、工具、设备等。经查证，本案当事人方某未经版权人许可刻录复制权利人音乐作品进行盈利的行为，构成版权侵权，同时损害公共利益。

根据《著作权法实施条例》第三十六条"有著作权法第四十八条所列侵权行为，同时损害社会公共利益，非法经营额 5 万元以上的，著作权行政管理部门可处非法经营额 1 倍以上 5 倍以下的罚款；没有非法经营额或者非法经营额 5 万元以下的，著作权行政管理部门根据情节轻重，可处 25 万元以下的罚款"的规定。张家港市文化广电新闻出版局指出，经查证当事人方某从事淘宝网店的交易记录 1400 余条，非法经营额 2 万余元，涉及侵权音乐作品 47816 首，根据《著作权法》第四十八条和《著作权法实施条例》第三十六条的规定，对当事人方某作出罚款 10 万元，并没收侵权复制品 885 张音乐 CD 和刻录使用的电脑、刻录机的行政处罚。

案件分析

近年来，互联网和移动终端技术的快速发展，极大地推动了音乐产业由实体唱片为主的传统传播营销模式向以数字音乐和移动终端为主的网络传播营销模式的转变。[①] 本案中，被处罚人方某将线下刻录的音乐光盘通过其经营的"香蕉数码旗舰店"进行销售。这里的刻录可以简单理解为著作权法意义上的将目标内容复制到光盘中。由于被处罚人复制的音乐作品未经权利人许可授权，从而构成版权侵权。

---

① 参见蒋涵：《互联网环境下的音乐版权保护》，《知识产权》2016 年第 7 期。

一、被处罚人侵权行为的认定

对于音乐作品的传播，数字技术背景下存在两类传播主体，第一类为直接传播音乐或为音乐传播提供平台的网络服务提供者，第二类为最终用户。在网络时代到来前，最终用户只能以占有和使用载体的方式利用音乐。而互联网数字技术的普及，使得用户掌握了原本由音乐版权人控制的传播渠道，用户之间得以"去中间化"的方式传播数字作品。这也导致音乐作品成为首个被大规模非法传播的作品类型。权利人既无力监控网络音乐传播范围和利用方式，也无法从网络最终用户的传播与利用中获取任何收益。[①]

为了防止这样的现象发生，唱片公司通过技术手段建立围墙。比如在唱片公司的要求下，通过 iTunes 下载的音乐受到 DRM 保护，只能在苹果设备上播放，第三方软件无法适用。被处罚人方某经营的淘宝店刻录的光盘主要是用于老式车或者复古车的车载光盘。在数字音乐作品占据主流市场，物理介质逐渐被互联网格式取代的今天，将音乐作品刻录到光盘中的做法无疑是过时的，但是光盘在一定程度上可以摆脱播放器的限制，实现在第三方播放器中播放的目的。

本案被处罚人方某刻录进光盘的音乐作品都是未经权利人许可使用的作品，因此方某不拥有这些音乐作品的任何版权授权。如果方某对这些音乐作品仅仅用作个人学习、研究或欣赏使用，属于著作权法上的合理使用范畴，那么方某的使用行为不构成侵权。而方某将这些音乐作品刻录到光盘中用于营利目的，向公众提供，构成对权利人合法权益的损害，则属于版权侵权。方某如果想要合法使用音乐作品，将音乐作品刻录到光盘中向公众提供，就需要征得权利人的许可授权。

由于公众版权保护意识的不足和对版权保护制度的误解，不少人认为只要是从音乐流媒体平台付费下载的音乐作品，就可以随意复制和传播，从而对于自己的侵权行为全然不知。通常而言，流媒体平台从唱片公司获得的音乐

---

① 参见熊琦:《美国音乐版权制度转型经验的梳解与借鉴》,《环球法律评论》2014 年第3 期。

作品,仅包括发行权、复制权、信息网络传播权,除非当事人另有约定,否则没有权利将前述权利转授权给任何方。也就是说,流媒体平台仅仅只能将歌曲发行在其自有的音乐平台上,供用户在线试听,以及付费下载。用户从这些平台下载音乐后,并不当然意味着拥有和平台同样的发行权、复制权、信息网络传播权,用户付费下载的是不拥有任何版权授权的作品,用户仅仅能将音乐用于自己收听、用作个人学习、研究或欣赏使用,被下载的音乐作品仍然受到版权专有权的控制。

该问题的实质就是获得作品的载体,不代表当然取得作品上所承载的版权权利。在数字技术被利用到版权领域之前,音乐、文字、电影、游戏这些内容都需要物理载体。对相关作品的载体取得了合法的物权,就有权对其作出物权上的处分。尽管卖家有权出售作品载体,但不得侵犯原件的作品权利,即未经许可不得侵犯其复制权、信息网络传播权等相关版权权利。同时,《著作权法》也有例外的规定,如第十八条规定:"美术等作品原件所有权的转移,不视为作品版权的转移,但美术作品原件的展览权由原件所有人享有。"这意味着购买载有版权客体的商品,用户和被购买商品之间的关系仅仅是物权法上的从属关系。购买者获得了商品的所有权,但是只享有受到版权专有权限制的使用权。

二、电商平台版权侵权责任分析

在我国电子商务产业发展过程中,知识产权保护问题日益突出,而电商平台对第三方销售的版权侵权商品应当承担何种责任,更是成为目前各方关注的焦点。2015年国家版权局发布《关于责令网络音乐服务商停止未经授权传播音乐作品的通知》,其中重点关注直接传播音乐或为音乐传播提供平台的网络服务商的责任问题。而对电商平台的版权侵权责任进行最直接规定的法律当属2019年新实施的《中华人民共和国电子商务法》(以下简称《电子商务法》)。需要明确的是,《电子商务法》明确地将其规范主体分为三类,分别是电子商务平台经营者、平台内经营者和通过自建网站、其他网络服务销售商品或提供服务的电子商务经营者。电子商务平台经营者是指在电子商务中为交易双方或者多方提供网络经营场所、交易撮合、信息发布等服务,供交易双方或者多方独立开展交易活动的法人或者非法人组织。① 本部分探讨的主体主要是第一类,也有可能涉及第三类,但不包括纯粹的"平台内经营者"。因此,本文将第一类和第三类主体合称为"电商平台"。本案行政执法机关作出的行政处罚决定并未涉及电商平台的责任问题,但是在当前背景下对电商平台版权侵权问题的探究是十分有必要的。

对于电商平台的知识产权保护责任,《电子商务法》作出原则性的规定:电子商务平台经营者应当建立知识产权保护规则,与知识产权权利人加强合作,依法保护知识产权。②《电子商务法》第四十二条至第四十四条,则特别引入"通知—删除"原则,对权利人、被诉侵权人、平台方三方权利和义务做了明确细致的规定,呈现一个知识产权保护闭环:首先,知识产权权利人认为其知识产权受到侵害的,有权通知电子商务平台经营者采取删除、屏蔽、断开链接、终止交易和服务等必要措施,通知应当包括构成侵权的初步证据。其次,平台接到通知后,应当采取删除、屏蔽、断链、终止交易和服务等必要措施,并将该通知转送平台内经营者;平台内经营者收到通知后可以提交不存在侵权的声明及相关初步证据。最后,平台将该声明转送给权利人,告知权利人的投诉、起诉权利,权利人十五日内未投诉或起诉的,平台终止所采取的措施。③ 为强化平台职责,《电子商务法》规定,如果平台"知道或应当知道"侵权而未采取必要措施的,与侵权人承担连带责任。④ 可见,《电子商务法》的上述规定是在参考《侵权责任法》《关于审理侵害信息网络传播权民事纠纷案件适用法律若干问题的规定》相关规定的基础上订立的。

对于网络交易平台提供商的版权侵权责任认定,应该从网络交易平台提供商的具体行为出发。⑤ 对于淘宝这种纯粹型的平台提供商,完全不参与平台内交易过程,仅仅通过提供网络平台空间并提供技术支持或者信息服务来获取利益的交易平台,司法实践中通常不判定其行为构成侵权。在"小桔灯

---

① 见《电子商务法》第九条。
② 见《电子商务法》第四十一条。
③ 参见王艺繁:《电子商务平台经营者的民事责任分析》,《法制博览》2018 年第 12 期。
④ 见《电子商务法》第四十五条。
⑤ 参见丛立先:《网络交易平台提供商:侵权责任是这样认定的》,《中国新闻出版广电报》2016 年 7 月 28 日。

诉许庆芳、淘宝案"①中，原告小桔灯公司发现被告许庆芳在其开办的网店里销售侵犯其版权的商品，遂向淘宝公司发出书面投诉，要求删除相关链接。但在淘宝公司删除了相关侵权商品信息之后，该网店仍有含有"小桔灯"字样的图书在售。原告遂向法院提起诉讼，要求淘宝公司承担连带责任。法院判决，原告并未就该网店的其他商品涉嫌侵权予以投诉。在接到权利人通知后删除了侵权商品的链接，属于采取了必要措施，因而不承担连带责任。另外，在北京市西城区法院审理的京东公司和网店经营者作为共同被告的案件中，法院均判定京东公司对于平台内经营者在京东商城上销售侵权商品的行为（不包括京东自营网店经营者提供的商品或者服务侵犯知识产权的情形）不承担赔偿责任。权利人的诉由是，京东公司未尽到相应的审查义务，因此主观上存在过错，应当与平台内经营者承担连带责任。而京东公司则依据《侵权责任法》第三十六条进行抗辩，提出根据《侵权责任法》第三十六条的规定，电商平台对于非自营网店经营者提供的商品或者服务，一般在两种情况下承担帮助侵权责任，一是知道侵权事实的存在，而未采取相关措施；二是接到侵权通知后，未及时删除。其面对海量的商品信息，事前无法承担过高的注意和审查义务，并且在接到通知后，已经对涉案商品采取了下架等相关措施，不应承担赔偿责任。② 西城区法院对京东的抗辩给予支持。

三、"通知—删除"规则中的"必要措施"认定

在"通知—删除"规则中，接到通知后是否采取"必要措施"是决定电商平台是否需要对损害的扩大部分与平台内经营者承担连带责任的关键，那么何种通知属于"有效通知"，何种措施才能算得上"必要措施"呢？最高人民法院发布的83号指导案例"嘉易烤诉金仕德、天猫案"③对这两个问题的判决具有一定的借鉴意义。被告金仕德公司未经原告许可在天猫商城等电商平台销售侵犯原告专利权的产品，原告遂向天猫公司发出侵权投诉"通知"，要求天猫

① 湖北省武汉市中级人民法院民事判决书(2016)鄂01民终4142号。

② 参见吴献雅、赵克南：《关于涉电商平台知识产权侵权案件的调研报告》，《法律适用》2017年第12期。

③ 浙江省金华市中级人民法院民事判决书(2015)浙金知民初字第148号。

公司采取"必要措施"，阻止金仕德公司的侵权行为。然而，天猫公司对原告投诉材料作出审核不通过的处理，且未将原告的投诉情况告知金仕德公司。法院认为，包含被侵权人身份情况、权属凭证、侵权人网络地址、侵权事实初步证据等内容的通知即属"有效通知"。而必要措施包括但并不限于删除、屏蔽、断开链接，"必要措施"应遵循审慎、合理的原则，根据所侵害权利的性质、侵权的具体情形和技术条件等来加以综合确定。因此，法院判决原告发出的通知属于有效通知，而对于"必要措施"的判定，法院考虑到专利权的复杂程度，无法苛责电商平台必须作出精准、快速的判断，因而并不必然要求电商平台在收到通知后立即采取删除和屏蔽。但是将有效的投诉通知材料转达被投诉人并未超出电商平台的能力范围，属于应当采取的必要措施。基于此，天猫公司对损害的扩大部分应与金仕德公司承担连带责任。① 该案判决表明"必要措施"的最低限度是向平台内经营者转送有效的通知。

实践中，京东商城、天猫等电商平台都会对入驻商家收取技术服务费、营业额抽成、推广和广告服务费等费用。针对这类电商平台，有意见指出，如简单地对平台适用《侵权责任法》第三十六条的规定，则平台很容易就脱责，可能存在"避风港规则"被滥用的风险。根据电商平台与平台卖家之间合作模式的不同，赋予电商平台不同程度的审查义务，可以实现平台收益与责任相匹配的目的。当电商平台与平台买家之间结合得较为紧密，在为平台上经营者提供交易平台的同时也为这些商家额外提供客服甚至仓储配送物流等服务，此时双方之间的合作模式就与那些单纯在平台上注册成为卖家，只是单纯利用平台提供网络空间具有差异性。当前，不管是从电子商务产业在社会产业结构中的比重来看，还是互联网技术的历史发展水平来看，电商平台已经发展得较为成熟，已经具备履行较高审查义务的能力。根据电商平台的发展水平和现有技术条件，应当赋予与电商平台发展水平相适应的事先审查义务。②

对于电商平台的积极责任，《电子商务法》已经课以相当数量的事先监管义务，包括对市场主体经营信息的监管义务，即对经营者的身份、地址、联系方

---

① 参见张颖、仇浩：《电商平台知识产权侵权中的注意义务研究》，《湖北警官学院学报》2018 年第 6 期。

② 参见李伟、李孝娟：《论电商平台知识产权事前审查义务》，《中国发展》2019 年第 1 期。

式、行政许可等信息,进行核验、登记,建立登记档案,并定期核验更新的义务。① 此外,针对平台内经营者的违规行为,淘宝平台设定扣分、信息删除、公示警告、商品下架、商品搜索降权、支付违约金、店铺屏蔽、限制发送站内信、限制社区功能、限制发布商品、关闭店铺、查封账户等事后监管义务。通过课以监管义务,将电商平台作为阻却平台内经营者知识产权侵权的第一道防线是具有一定合理性的。

（作者：丛立先　起海霞）

---

① 见《电子商务法》第二十七条。

国 外 篇

GUOWAI PIAN

- 转售数字音乐文件是否适用首次销售原则的认定
- 雕塑作品的合理使用及赔偿数额问题
- 再发行新闻节目内容是否构成合理使用
- 以销售为目的储存侵权商品的版权刑事责任
- 制造并销售不含许可证的盗版软件的刑事责任

转售数字音乐文件是否适用首次销售原则的认定：

美国 Capitol Records 诉 ReDigi 版权侵权案

| 典型意义 |

在本案中，法院对转售合法取得的数字音乐作品在版权法中的定性进行了详细的分析，指出即使在转售平台采取措施防止出售者留存复制件的情况下，转售依然不能受"首次销售原则"例外的豁免，因为该过程中，形成了未经版权人许可制作的新的录音制品。首次销售原则豁免的是对合法取得的作品进行再次发行的行为，并没有为复制规定任何的例外。虽然转售行为有利于消费者福利，但其是以损害版权人的利益为代价，从版权法的规定进行分析，该行为不具有合法性。本案中法院对转售数字音乐文件的法律定性对我们合理看待数字作品的转售具有启发意义，价值判断不能代替法律分析，数字作品的转售与有体的书籍或唱片的转售对版权人的影响是不同的。美国法院认定发行权用尽不适用于网络环境的审慎态度对我国具有借鉴和启发意义。

| 裁判要旨 |

数字音乐文件的转售不属于版权法规定的"首次销售原则"例外。首次销售原则下的作品必须是合法取得的，但在数字音乐文件传输的过程中，其在转售平台上的存储形成了新的未经许可制作的音乐作品复制件，此过程涉及未经许可的复制，也使得"首次销售原则"失去了适用的前提。因此本案中的数字音乐转售行为不能适用《版权法》中规定的"首次销售原则"进行豁免。被告创建数字音乐转售平台的行为与版权人自行进行销售的一级市场展开了竞争，损害了版权人的市场利益。被告的行为属于对版权作品的机械复制，没有增加新的内容或对原作品进行批评、评论，其获益的基础来自于对版权人的损害，因此，被告的行为不构成合理使用。

| 案情介绍 |

Capitol Records, LLC. v. ReDigi Inc., 934 F. Supp. 2d 640, 2013 U. S. Dist. LEXIS 48043（S.D.N.Y., Mar.30, 2013）

Capitol Records, LLC v.ReDigi Inc., 910 F.3d 649

ReDigi Inc.v.Capitol Records, 2019 U.S.LEXIS 4296（U.S., June 24, 2019）

原告、被上诉人：Capitol Records, LLC, Capitol Christian Music Group, Inc., Virgin Records IR Holdings, Inc.（本文统称"Capitol Records"）

被告、上诉人：ReDigi Inc., John Ossenmacher, Larry Rudolph, AKA Lawrence S.Rogel（本文统称"ReDigi"）

本案原告 Capitol Records 是唱片公司，拥有很多音乐表演录音的版权或使用许可权。原告以多种形式发行音乐作品，包括数字格式。原告通过授权代理服务商来销售这些数字格式的作品，如 Apple iTunes。用户可以通过 Apple iTunes 在线商店将这些数字格式的音乐下载到私人电脑和其他设备中。ReDigi 由被告 Ossenmacher 和 Rudolph 在 2009 年创建，目的是为合法转售正规渠道获得的数字音乐作品提供一个交易平台。ReDigi1.0 系统版本的操作原理如下：欲通过 ReDigi 系统出售自己在 iTunes 购买的数字音乐作品者必须首先在电脑中安装 ReDigi 的"音乐管理器"软件。该软件安装后，会对待售的数字音乐文件是不是从 iTunes 合法取得的、有没有经过篡改等进行检查。若该文件是合法取得的，音乐管理器会将其视为可转售的"合格文件"。ReDigi 的用户必须将文件传输到被称为"Cloud Locker"的远端服务器中。不同于传统传输会在接收终端产生一份复制件，ReDigi 采用了"数据迁移"措施——ReDigi 的软件会先将数字文件分成很多小块，然后系统会在用户的电脑中为每个小块创建一个临时副本，在将这些小块复制进用户的缓冲器时，ReDigi 的软件会发送将用户永久存储设施中的数字文件删除的命令。传输过程中，数字音乐文件不能播放和使用。一旦传输过程中断，文件就不能使用了，且该传输过程是不能重新启动的。在这种情况下，ReDigi 会承担用户的损失。当源文件的所有小块都传输到 ReDigi 的服务器中时会重新组装成为一个完整的文件。最终文件不会在用户的设备和 ReDigi 的服务器上同时存在。

当合格的数字文件传输到 ReDigi 的服务器上时，用户就可以再次销售该音乐文件。此外，ReDigi 还采取措施防止用户在将数字文件售出后继续保有该文件。音乐管理器会持续不断地监控用户的电脑硬盘和连接设备。当用户试图上传合格文件时，ReDigi 会催促其删除 ReDigi 监测到的之前存在的复制件。如果 ReDigi 监测到用户没有实施删除行为，将会封锁合格文件的上传。在上传完成后，这种监测还会继续进行。如果 ReDigi 发现了上传之前存在的复制件，就会促使用户授权其删除该复制件，如果未被授权，ReDigi 会暂封用户的账号。

原告认为 ReDigi 的 1.0 系统版本未经授权复制和发行了原告享有版权的作品，因此诉至法院。纽约南部地区法院于 2013 年作出了有利于原告的部分即决判决。后原告提交了修改后的投诉，2016 年地区法院作出了最终判决，要求被告赔偿原告损失 3500000 美元，并永久禁止运营 ReDigi 系统。被告提起上诉，第二巡回上诉法院维持了地区法院的判决。被告请求美国最高法院调卷审理，2019 年 6 月 24 日最高法院拒绝了对该案的调卷审查。

| 裁判理由 |

一、美国《版权法》第 106 条（1）和（3）分别授予了版权人对作品的复制权和发行权，并在第 109 条（a）中针对发行权规定了首次销售原则。合法复制件的所有人出售或者处置对复制件的占有不需取得版权人的许可。但首次销售原则针对的是发行权而不是复制权。美国《版权法》第 101 条对复制的定义是："以已知或未来发展出来的方式，将作品固定在有形的物质载体上，使作品可以被感知、复制、传播。这种感知、传播和复制既可以是直接进行的，也可以是借助于机器进行的……"因此，当用户从 iTunes 购买数字音乐并拥有该文件时，就使该文件在电脑或者其他物理存储设备上以超过"短暂的时间"停留，此时该数字音乐文件就满足了固定的要求。在数字音乐文件从最初购买者的电脑通过 ReDigi 最终转移到购买者的电脑的过程中，文件首先被存储在了 ReDigi 的服务器上，然后可能依新的购买者的选择，被接收并存储在新的购买者的电脑上。在上述每一步骤中，数字音乐文件都被以"超过短暂停留的时间"固定在了有形载体上。因此，在 ReDigi 的服务器和新的购买者的设备上，都产生了新的录音。尽管 ReDigi 提出其在复制被分割成小块的数据包时会删除用户设备上相应的数据包，所以数据的总量在传输过程中保持不变，但无法否认的是，ReDigi 的服务器和购买者的设备上形成了新的录音制品。这些新的录音制品的制作涉及未经许可的复制，该复制并不受第 109 条（a）的保护。

二、在对 ReDigi 的行为是否构成合理使用的分析上，第二巡回上诉法院认为，应从法律规定的四要素展开。第一个因素，即使用的目的和性质，包括使用是商业性质的或者是非营利性的教育使用。美国最高法院注意到该因素有利于转换性的二次使用，此意味着这种使用"以更进一步的目的或不同的性质增加了一些新的东西，或者以新的表达、意义或信息对初始作品进行改动"，而不是仅仅复制原作品。ReDigi 没有对原作品进行任何改动，其也没有进行批评、评论、提供信息或者使作品被有权接收者以更便捷的方式获取。其仅仅是为数字音乐文件的转售提供了一个平台，这种转售与版权人的正常销售之间存在着竞争。因此第一个要素是有利于原告的。在对第二个因素，即对被使用的作品的性质进行分析时，法院指出，该因素在判断是否构成合理使用时不会对推理产生实质性的影响，本案也不例外。对第三个因素"使用的数量和质量在版权作品中的比重"进行分析时，法院指出虽然对整个数字文件的使用并不必然否定合理使用的存在，但本案倾向于认定不构成合理使用。在对第四个因素，使用对与版权人的潜在市场或作品价值的影响的分析中，法院指出，当二次使用构成对原作品的有效替代，从而在著作权人的市场上与其展开竞争时，就会对著作权激励创作的制度目的产生损害。ReDigi 对数字音乐文件的转售与实体书或唱片的转售不同，前者并不会像实物那样发生磨损折旧。正如地区法院观察到的那样，ReDigi 在二级市场中销售的产品与原告或授权销售者销售的产品的重要不同在于售价更低。第二巡回上诉法院在综合考虑四要素的基础上，认为 ReDigi 的行为不构成合理使用，并维持了地区法院的判决。

| 案件分析 |

技术的发展使得作品的存在方式和公众获得作品的渠道发生了很大的变

化,由此催生了数字作品交易市场的繁荣。中国新闻出版研究院发布的《2017—2018 中国数字出版产业年度报告》显示,2017 年我国数字出版产业全年收入规模超过 7000 亿元,电子书达 54 亿元,在线音乐达 85 亿元,移动出版(移动音乐、游戏等)达 1796.3 亿元。通过付费获得数字格式的文学或音乐作品已经成为一种主要的作品获取方式。而消费者在购买数字格式的作品后,是否可以像处分传统出版物那样将其在二手市场上销售,则涉及对发行权用尽在网络环境下适用问题的理解,也即本案中所要解决的关键问题。①

一、发行权的界定

多数国家在进行版权的具体权项设计时,都在复制权之外规定了发行权。厘清发行权控制的传播方式是我们把握发行权是否适用于网络环境的前提。

（一）发行权与物质载体的转移有关

美国版权法规定,发行是指通过出售或所有权转移的其他方式,或通过出租、出借,向公众散发作品复制件或录音制品的行为。② 并特别在第 101 条说明,复制件与录音制品都是作品据以固定的"物质载体"。③ 德国《著作权法》中关于"发行"的定义是"将作品的原件或复制件向公众提供或投入流通领域的行为"。英国《版权法》对发行的定义也为"将之前未投入流通领域的复制件投放流通领域"。我国《著作权法》,也规定"发行"是以"出售或者赠与方式向公众提供作品的原件或者复制件的权利"。虽然我国并未像美国一样对复制件进行解释,但原件与复制件的措辞本身就已经包含有形载体之义了。可见,发行权控制的是作品的有形载体在占有上的转移,虽然在内涵上稍有不同,如美国的发行权概念较为宽泛,包含了出租等行为,而我国的发行权仅指以所有权转移的方式对承载作品的有形载体的处分,出租权被单独进行了规定,但发行权指向的行为特征是一致的,即对作品所附着的有形载体的占有在主体间的移转。这与表演权、广播权等控制的与物质载体无关的作品传播行

---

① 参见《2017—2018 中国数字出版产业年度报告》主报告,http://www.cbbr.com.cn/article/123368.html,最后访问时间:2019 年 8 月 13 日。

② 17 USC 106(3).

③ 17 USC 106(3).

为之间有本质上的差异。

WCT 和 WPPT 在规定涵盖范围宽泛的"向公众传播权"的同时，也对发行权进行了规定，即指权利人通过"销售或其他转移所有权的形式向公众提供作品、录制的表演和录音制品的原件或复制件的权利"①。这说明各成员国对于发行权与传播权的区别是有一致认识的，即控制"将作品以有线或无线方式向公众传播……"的向公众传播权②并不包含以转移物质载体的方式向公众提供作品。我国的信息网络传播权来自于"向公众传播权"的后半段，仅对交互式传播进行了规定，因此，根据对条约的解释，我国《著作权法》中的信息网络传播权与发行权所规制的提供作品的方式也是不同的。

（二）发行权在网络环境下的适用

传统出版时代以纸质出版物、CD 等为主要的作品获取形式，发行权控制的是对作品附着的有形载体报纸、书刊、唱片等有形物的占有转移，这一点并不难理解，但在网络环境下，作品的传播对有形物质载体的依赖大幅度减少，通过计算机传输数字化文件，并不会涉及作品存储介质的转移。如用户通过网络获取作品，通过点击发送请求，存储在远端服务器上的作品便会在提供复制件的基础上，将该复制件传输至用户终端，整个过程中，只有作品数量的增加，存储作品的服务器硬盘并不会发生空间上的移转。因此，网络环境下的作品传播并不涉及发行权。

在发行权与网络传播的规定上，美国的做法比较特殊。为了应对网络环境下版权人对作品传播控制的不足，世界知识产权组织主持缔结的 WCT 和 WPPT 中都以技术中立的方式为版权人与相关权人规定了一项"向公众传播权"，意在将所有可能的传播方式都纳入其中，尤其包括通过互联网的交互式传播。据此，各缔约国纷纷修改版权法，通过规定宽泛的向公众提供权③或者范围稍窄的信息网络传播权等（我国的做法），来对网络环境下作品的传播行为予以规制。但条约并不要求各缔约国通过为版权人新增一项权利的方式来达到条约的要求，因此，美国就选择了在保持现有立法不变的情况下，利用复

---

① 见 WCT 第 6 条，WPPT 第 7、12 条。
② 见 WCT 第 8 条。
③ （UK）Copyright and Related Rights Regulations 2003，SI 2498，Sec 6（2）（b）.

制权、发行权、展示权和表演权共同控制向公众传播作品的行为,特别是交互式传播行为。[①] 在"New York Times 诉 Tasini"案中,美国最高法院即指出,将作品置于数据库中,供公众在线浏览或下载的行为,构成对作品的"发行"。[②] 可见,与其他国家将网络传播与发行权分别规定的做法相比,美国用发行权规制网络传播显得较为特殊。因此,网络环境下的作品传播是否适用"发行权用尽"在美国也存在着很大的争议。

二、网络环境下扩大适用"首次销售原则"的可行性

首次销售原则又称发行权用尽,是指经版权人同意制作的作品原件或复制件在流入市场后,后续的转售或其他转移所有权的行为不再受版权人控制。美国《版权法》也对首次销售原则进行了规定,其在第 109 条(a)中规定:合法制作或录音制品的所有者,或经这些所有者授权之人,有权不经权利人许可出售或其他方式对复制件或录音制品进行处置。[③] 日本《著作权法》第 26 条第(b)(2)款也规定了发行权用尽。欧盟在 2001 年的《版权指令》中,也明确在共同体内,针对权利人或经其同意之人对原件或复制件的销售,发行权用尽。[④] 由于发行权用尽是对发行权的限制,合法制作的作品原件或复制件在进入流通领域之后,其他权利并未穷竭,版权人只是失去了对作品载体的控制权。而网络环境下的作品传播并不涉及有形载体的转移,因此,对于将作品在网络传播的权利与发行权分别予以规定的国家来说,并不存在法律定性上的难题。但美国将作品在网上传播的行为用发行权来规制,就使其面临着《版权法》第 109 条(a)中规定的首次销售原则是否适用于数字作品转售的解释问题。

(一)首次销售原则存在的原因

在传统媒体占主导地位的时代,书籍或有体的唱片是公众接触作品的重

---

① 参见王迁:《网络环境中的著作权保护研究》,法律出版社 2011 年版,第 77 页。

② New York Times v.Tasini,533 U.S.483,504(2001).

③ 17 USC 109(a).

④ Directive 2001/29/EC of the European Parliament and of the Council of 22 May 2001 on the harmonization of certain aspects of copyright and related rights in the information society,Article 4(2).

要介质。依著作权的无形性特点，其本不应该与有体物的流通产生冲突，但是当有体物是作品依附的载体时，未经许可制作的复制件的流通就会使作品的传播超出权利人的意志范围，成为版权法规制的作品传播行为。当未经许可对作品复制者与销售者不为同一人时，仅靠在版权法中规定复制权显然还不能控制这种行为。而其他的作品传播权所控制的行为又不涉及实物，没有办法对这种未经许可的销售行为进行有效规制。因此，通过规定发行权，权利人就可以在复制与传播主体不一致的情况下，通过阻止非法原件或复制件的流通，使作品的传播的范围和方式不超出自己的控制范围。通过阻止有形载体的流通达到阻止非法的传播行为是规定发行权的重要目的。

由此可以看出，发行权指向的其实并不是无形的作品，而是有形的物。① 无形的作品传播行为完全可以通过广播权、表演权等进行控制，只有当其传播借助的是有体物时，发行权才有了具体的指向。各国在规定了发行权之后，多同时以发行权用尽对权利进行限制，这种规定更多具有澄清的性质，即不使版权人误认为自己在发行权下具有阻止合法的原件或复制件流通的权利而进行的规定。且若赋予版权人对合法的作品原件或复制件进行控制的权利，则载体的每一次流通都要经过权利人的许可，而这既不可能实现也是对物的正常流通的过度限制。因此，首次销售原则针对的应是合法制作的作品原件或复制件，其必须以有形载体的形式存在。

（二）网络环境下不存在"首次销售原则"适用的基础

虽然美国《版权法》中没有信息网络传播权，其将在网上提供作品的行为作为发行行为进行规制，但在将发行权用尽适用于网络环境下合法取得的数字作品的转售时，还显得十分谨慎。美国版权局在 2001 年《就美国〈千禧年数字版权法〉104 条的报告》中指出，网络传输的结果是产合新的复制件，即使在传播后对文件进行删除，使文件数量保持一份，也不能适用"发行权用尽"，因为传输过程中还涉及了没有穷竭的复制权。如果通过网络将作品下载到磁盘中进行出售，可以受首次销售原则的限制。数字复制件不会产生损耗，可以极快的速度进行大规模传播，这与传统复制件的传播对权利人的影响

---

① 参见王迁:《论网络环境中的"首次销售原则"》,《法学杂志》2006 年第 3 期。

是不同的。①

在本案中，无论是地区法院还是巡回上诉法院，都不认为数字音乐作品的转售可以适用"首次销售原则"。从本案数字音乐作品的传输路径来看，先是从用户的设备上传输到 ReDigi 的服务器中，在作品售出之后，还可能会下载到购买者的设备中，在此过程中，无法避免的就是作品的复制行为。即使认为合法转售的音乐作品的发行权用尽，但正如本案二审法院所指出的，首次销售原则是针对发行权作出的限制，而不针对其他权利。在合法取得的复制件转售的过程中，版权人仍然可以以复制权受侵犯为由起诉。

基于发行权控制的行为特征和网络环境下作品传输的特点，首次销售原则适用于网络环境下的数字复制件的转售的确存在一些障碍。首先，多数国家都规定了发行权控制的是承载作品的有形载体的转移行为，网络环境下作品的传输并不需要借助于物理介质，因此，将首次销售原则适用于网络环境下与首次销售原则针对的传播行为不符；其次，网络环境中的作品传输必然涉及复制件的产生。本案中被告虽然采取了措施，使作品上传到转售平台的服务器上时，出售音乐文件者存储的音乐文件就会被删除，但这依然无法改变在此过程中产生了复制件的事实。二审法院也指出，美国《版权法》中的录音制品指的是"固定声音的有形载体"，作品在传输到 ReDigi 的服务器上和购买者的设备中时，在物理介质上以超过转瞬即逝的时间被固定，与新的介质结合形成了新的录音制品，因此符合了复制的要件。这就意味着，即使美国将在网络上传播作品的行为视为发行，但由于传播过程中不可避免的会有复制件的产生，传输行为会因侵犯复制权而失去合法性。

具体到本案，发行权用尽不能适用的原因主要是：（1）存在复制行为。即使美国将作品在网上传播的行为认定为是发行行为，但通过网络传输作品的过程必然涉及作品复制件的产生，也会因存在未经许可的复制而使行为失去合法性。虽然 ReDigi 采取了措施防止用户在转售数字音乐文件之后留存复制件，在文件向 ReDigi 的服务器发出之后就会删除出售者设备中留存的数字文件，但仍不可否认此过程中，有复制行为的产生，且依美国《版权法》对录音

---

① US Copyright Office, Digital Millennium Copyright Act Section 104 Report(2001).

制品的定义,该音乐文件与新的物质载体的结合完全可以被认为是产生了新的录音制品,因此,发行权用尽无法解决本案中存在的未经许可的复制行为。(2)ReDigi 的技术措施不能从根本上防止出售者采取措施重新获得音乐作品。正如法院所指出,在 Apple iCloud 的技术安排中,从 iTunes 中购买音乐作品者可以再次从 Apple iCloud 下载音乐作品而不必重新付费。因此用户在将数字音乐文件售出之后,删除设备上下载的 ReDigi 的音乐管理器软件,就可以再次合法地获得作品了。即使如有的学者所认为的,只要将作品文件的数量控制在一份,发行权用尽就有适用的可能,①ReDigi 采取的技术措施也不能有效地将复制件控制在一件,用户在转售作品之后仍然可以合法地获得作品。

三、本案对我国数字作品转售的启示

（一）我国与美国规定的不同决定了考量路径的不同

如上文所分析,美国用发行权来规制作品的网络传播,因此,在美国《版权法》中讨论数字作品文件的转售是否适用首次销售原则有一定的法律意义,但包括我国在内的大多数国家,都将发行权与网络传播行为分别进行了规定,故这种通过网络传输作品的行为不涉及有形载体的转移,不能适用发行权用尽不会产生争议。如果将首次销售原则在我国扩大适用至网络环境,与发行权用尽没有关系,更多涉及利益平衡的政策考量问题。② 正如有学者所言,购买传统出版物者可以对该物进行处置,购买数字作品却不能对该数字文件进行处分,对消费者权利保护和财产的自由流动都是一种限制。③ 但数字格式的作品具有不易磨损、传播渠道广、传播速度快的特点,允许其在出售后就可以自由流通显然对权利人的市场利益影响过大,导致对消费者的过分保护,如何平衡两者利益还需要进行技术与政策等多方面的考虑。

有学者认为,我国《著作权法》第十条规定的"发行权",没有限制"以有形

---

① 参见管育鹰:《版权领域发行权用尽原则探讨》,《法学杂志》2014 年第 10 期。

② 参见王迁:《论网络环境中的"首次销售原则"》,《法学杂志》2006 年第 3 期。

③ 参见魏玮:《论首次销售原则在数字版权作品转售中的适用》,《知识产权》2014 年第 6 期。

载体"的形式，①且最高人民法院、最高人民检察院发布的《关于办理侵犯知识产权刑事案件具体应用法律若干问题的解释》第十一条也将通过信息网络传播作品视为是"复制发行"，②因此，可以认为通过网络传播作品在我国也属于发行，并据此认为在我国网络传播也具有适用发行权用尽的基础。③该观点有值得进一步讨论的空间。首先，虽然我国立法在规定发行权时，没有使用"物质载体"等用语，但从定义中使用的"原件""复制件"等措辞来看，指向的是有形的物质载体，否则便无法与其他无形的传播方式相区分。其次，两高的司法解释中，明确了将网络传播"视为"复制发行，说明这是一种法律的拟制，否则便无规定的必要。因此若要对网络环境下合法取得的数字作品的转售行为合法化，在我国没有适用发行权用尽的基础，需要立法另作规定。

(二)慎重打破现有利益平衡格局

本案反映出了美国法院对在数字作品文件转售中适用发行权用尽所持的谨慎态度。尽管美国法院认为网络传播作品构成发行，但也不认为在网络上转售合法取得的数字作品文件的行为是合法的。这与美国版权局奉行的观点一致。美国版权局在针对《千禧年数字版权法》第104条的报告中指出，数字复制件不存在损耗，且可以在瞬间传往世界各地，在网络环境中，二手复制件比一手复制件更具有竞争力。④ 版权局同时指出，有形复制件是适用首次销售原则的前提。

传统出版物中，承载作品的纸张或 CD 等，经过一段时间的使用后就会发生物理上的磨损，因此其流通的次数是受限制的。在这种情况下，即使允许图书馆出借图书、允许出版物首次销售后自由流通，对作者通过传播作品获利的

---

① 《中华人民共和国著作权法》第十条第一款："……(六)发行权，即以出售或者赠与方式向公众提供作品的原件或者复制件的权利。……"

② 《关于办理侵犯知识产权刑事案件具体应用法律若干问题的解释》第十一条第二款："通过信息网络向公众传播他人文字作品、音乐、电影、电视、录像作品、计算机软件及其他作品的行为，应当视为刑法第二百一十七条规定的'复制发行'。"

③ 参见何怀文：《二手数字出版物与发行权用尽——兼评美国"ReDigi 案"与欧盟"UsedSoft 案"》，《出版发行研究》2013 年第 6 期。

④ US Copyright Office, Digital Millennium Copyright Act Section 104 Report(2001), pp.82-83.

影响也是有限的。但数字复制件不同，其可以无限次地复制而不发生质量上的改变，且借助于网络，其传播范围和速度都得到了空前的提升。如果允许合法取得的数字作品复制件像传统出版物一样在首次销售后便可以任意转售，理论上这种转售可以一直存在下去，与一手复制件无异的二手复制件将会侵占作者的收益市场。即使如有的学者所提出的，如果技术可以实现在数字作品文件转移之后，原文件就自动删除，使得复制件的数量保持在一件，就有首次销售原则适用的空间。[①] 但仍应看到的是，即使采取技术措施，使数字文件的数量保持在可控制的范围内，数字文件的不易磨损性也会使其在理论上可以无限次地流转，这与传统出版物的有限流通机会相比显然给版权人造成的损失会更大。

（三）技术发展带来的利益平衡新路径

虽然通过网络出售数字作品的复制件没有适用首次销售原则的前提，但法律并不是一成不变的，随着技术的发展，通过对数字作品文件的转售的控制，如果可以在版权人与社会公众之间达成一种平衡，那么立法也许会对这种转售予以承认。例如，IBM 公司在 2011 年就提交了一项专利，该专利可以使存储在系统中的文件像纸张或照片一样慢慢老化。通过设置环境温度、老化速率、模拟的照片或纸张等参数，该文件就会像正常文件一样随着时间的流逝而老化。

亚马逊与苹果也在 2013 年分别获得了与转售数字作品有关的专利。且早在 2009 年，亚马逊就在其阅读器上推出了图书出借服务。当用户将图书出借之后，就不能再打开数字文件，等到其他用户将图书归还之后，才能进行正常使用。通过将使用行为与平台捆绑，模拟一般的图书出借场景，来减少对版权人利益的损害。可见，随着技术的发展，若能仿照传统出版物的流通特点，对数字文件流转作出一定的限制，使得权利人与社会公众的利益保持在相对平衡的状态，或许立法会对这种现实作出一定的回应，使得数字文件的转售在一定条件下取得合法地位。毕竟，数字作品正在成为公众消费的主要对象，若

---

① 参见卢纯昕：《论网络环境中首次销售原则的扩大适用》，《电子知识产权》2015 年第 3 期。

一律不允许转售,则相对于传统出版物的销售来说,权利人似乎获得了更为优越的地位,而这将是一种新的不平衡。

（作者：丛立先　张媛媛）

雕塑作品的合理使用及赔偿数额问题：

美国自由女神像邮票版权侵权案

| 典型意义 |

"美国邮政局邮票错用山寨自由女神像，判赔巨额资金"这一乌龙事件，已成为人们茶余饭后的谈资，但失笑与惊讶的背后，也有其深刻的法律意义。

作品的独创性一直是一个较为模糊和主观的概念，本案中，通过对自由女神像的面部进行了些许改变而形成的新的雕像，是复制还是创作，原被告意见不一。而法院则将其认定为"创作"，将新雕像纳入版权法的保护范围之中，这是再一次肯定了对独创性的"最低限度的创造性"标准，充分保护创作者的利益和创作积极性。而对合理使用四因素进行分析时，法院又认为，独创性较低的作品受版权法保护的力度较小，避免保护标准降低导致文化资源被垄断的现象出现，平衡了版权人与社会公众之间的利益。同时也对合理使用四因素的权重进行了比较，具有较好的指导意义。

对于赔偿数额的确定，法院假设了一个公平交易的情形，以交易双方就涉案作品进行协商后得出的双方均合意的公平市场价值为基础，综合原被告双方的历史交易情况和意见，对不同用途的邮票的性质进行分析并分别确定使用涉案作品的交易价格。这种赔偿数额的确定方式公平合理，可为我国法院借鉴。

| 裁判要旨 |

一、原告在自由女神像的基础上对面部进行了改进修饰而形成的新雕像，更为现代化、女性化，符合"最低限度的创造性"标准，可受版权法保护。

二、被告制作的邮票使用了原告作品中具有独创性的全部因素，在未经原告许可授权的情况下，构成版权侵权行为。

三、在合理使用四因素的分析中，"使用的目的和性质"是具有决定性的因素。尽管原告雕像的独创性较低，受版权法保护的力度较小，被告的行为也未给原告的潜在利益造成影响，但被告对原告雕像的使用是商业性质的，且使用部分为原告雕像中最具有创造性和表现性的部分即脸部，权衡之下，被告对原告雕像的使用不构成合理使用。

四、赔偿数额应以交易双方就涉案作品进行协商后得出的双方均认可的公平市场价值为基础，综合考虑原被告双方的历史交易情况和意见，对不同性质的邮票分别确定使用雕像的价格。

| 案情介绍 |

Davidson v. United States, No. 13-942 (Fed. Cl. 2018)

原告：Robert Davidson

被告：The United States

原告 Davidson 与 Recreation Development Company（本文简称"RDC"）签订承包合同，约定原告为拉斯维加斯纽约酒店制作自由女神像雕塑，RDC 为其提供比例模型。但实际上，RDC 并未提供该模型。原告多次前往当地图书馆查看自由女神像的照片，但没有一张照片足以提供雕像的立体感以引导拉斯维加斯自由女神像的制作。于是原告决定自己制作模型，然后依据模型再制作雕像。在雕刻雕像面部时，原告 Davidson 进行了些许修改，他参考岳母的照片，将自由女神像的脸变得更加现代化和女性化以符合拉斯维加斯的形象。该雕像于 1996 年 10 月 4 日竣工。

2008 年，美国邮政局开始更新永久邮票的形象，希望能够使用"与众不同且独一无二"的图片，并最终将目光锁定在了自由女神像的脸部照片上。当时的邮票开发经理 Mr. McCaffrey 在三张自由女神像脸部照片（一张为原告雕像的照片，另外两张为纽约雕像的照片）中挑选了原告雕像的照片印在新邮票上。2010 年 12 月 1 日左右，自由女神像邮票和国旗邮票一起发售。2011 年 3 月 18 日，美国邮政局意识到邮票上的图像是原告的作品，但考虑到邮票已印制完成，撤销和重新发行新邮票的成本过于高昂，于是决定继续使用，并认为即使当初就知道这张照片拍摄的是拉斯维加斯的雕像，也仍旧会选择这张照片。2014年1月,自由女神像邮票不再发行。

2013年11月15日,原告Davidson取得版权登记证书并提起诉讼。法院经审理认为,原告Davidson的雕像构成作品,受版权法保护,而被告的使用不属于合理使用,判令被告赔偿原告3554946.95美元,外加利息。

┃ 裁判理由 ┃

法院认为,本案的争议焦点主要为:(1)原告Davidson制作的拉斯维加斯雕像是否具有足够的原创性以得到版权法保护;(2)若原告Davidson的雕像构成作品的话,政府的使用是否侵犯了版权;(3)若政府的使用为侵权行为,那是否构成合理使用;(4)若不构成合理使用,则如何确定赔偿数额。

对于争议焦点一,由于原告Davidson并未在作品公开发表后5年内进行版权登记,依据美国《版权法》第410条(c)项①的规定,他的雕像不能仅凭版权登记证书就被法定推定为作品,其必须承担证明作品为原创的举证责任。而在美国,作品独创性的要求只需满足最低限度的创造性即可,也就是说,作品并不需要完全独创才能受到版权法保护,它只需要是对之前作品或观点的新的、独创性的表达即可。本案中,原告Davidson在制作雕像时并非仅仅复制自由女神像,而是将其面部进行了修改,以岳母的照片为灵感,使之更为女性化、现代化。而且被告美国邮政局的表述"自由女神像已出现在23种不同的邮票上,我们正在寻找它不同的展现形态"也能够表明,原告Davidson的雕像与原本的自由女神像有所不同。因此,原告Davidson的雕像虽然援引了一个现存的世界著名雕像,但仍旧具有独创性,受版权法保护。

对于争议焦点二,邮票上展现的是原告Davidson的雕像的脸部,而这正是其区别于纽约自由女神像的关键所在。邮政局复制了原告Davidson的所有原始元素而未进行任何编辑只是调整了尺寸,构成侵权。

对于争议焦点三,美国《版权法》第107条规定,在确定某作品在特定情

---

① See 17 U.S.C. § 410(c)(2012):In any judicial proceedings the certificate of a registration made before or within five years after first publication of the work shall constitute prima facie evidence of the validity of the copyright and of the facts stated in the certificate.The evidentiary weight to be accorded the certificate of a registration made thereafter shall be within the discretion of the court.

况下的使用是否属于合理使用时，应考虑的因素包括：(1)使用的目的和性质，包括该使用是否属于商业性质或用于非营利教育目的；(2)受版权保护作品的性质；(3)与受版权保护的作品相关部分的数量和实质比例；以及(4)该使用对受版权保护作品的潜在市场或价值的影响。①

本案中，首先，美国邮政局出售的邮票中有不少是由收藏家保留的，为其带来了纯粹的利润。尽管邮政局经常经营亏损，但它仍然在经营并谋求盈利，且其提供的邮件递送服务，从广义上说，是与提供类似服务的私营供应商相竞争的。因此其使用照片制作邮票并出售的行为属于商业性质，合理使用的第一个因素有利于原告。其次，版权法对作品的保护力度会因为作品独创性的高低而有所不同。虽然原告雕像受版权法保护，但其作为衍生品甚至是复制品的预期使用用途减轻了合理使用认定中对被告的不利影响。因此合理使用的第二个因素对双方的影响是一样的。再次，原告雕像中最具有创造性和表现性的部分是脸部，而被告正好完全复制了，因此合理使用的第三个因素利于原告。最后，由于原告不能证明被告的使用给其造成了何种损害，也没有表示出利用其作品的意图，因此合理使用的第四个因素利于被告。在综合权衡之后，法院认为，被告印制数十亿张复制件并作为业务的一部分向公众出售的行为，并不构成合理使用。

对于争议焦点四，法院认为，赔偿数额应反映出原告作品在 2010 年进行非排他性许可的公平市场价值。综合考虑原被告双方的历史交易情况和意见，法院将邮票按用途分为三种类型并分别确定每一类型的使用原告作品的价格：对于用于邮寄的自由女神像邮票，法院按被告类似交易的历史金额确定收取 5000 美元的固定费用；对于不作为邮资赎回的和用于收藏的自由女神像邮票，法院在综合考虑原告对类似艺术品许可费的研究结果以及被告许可他

---

① See 17 U.S.C. § 107(2012): Notwithstanding the provisions of sections 106 and 106A, the fair use of a copyrighted work…is not an infringement of copyright. In determining whether the use made of a work in any particular case is a fair use the factors to be considered shall include—(1) the purpose and character of the use, including whether such use is of a commercial nature or is for nonprofit educational purposes; (2) the nature of the copyrighted work; (3) the amount and substantiality of the portion used in relation to the copyrighted work as a whole; and (4) the effect of the use upon the potential market for the value of the copyrighted work.

人使用其作品所收取的版税的基础上，确定了5%的版税率。最终赔偿数额为3554946.95美元，外加利息。

| 案件分析 |

本案的裁决思路较为清晰，法院先判断原告的雕像是否构成作品，再判断被告对原告雕像的使用是否构成侵权，接着判断被告的使用是否构成合理使用，最后确定被告的赔偿数额，环环紧扣，一目了然。其中的难点主要在于赔偿数额的确定。

一、版权登记证书的证据效力

美国《版权法》第410条（c）项规定，凡在作品首次发表之前或首次发表之后5年内进行版权登记的，在任何诉讼中，该作品版权登记证书应作为版权以及证书所载事实合法有效的初步证据。在上述期限之后进行登记的登记证书的证据效力，则由法院决定。从这项规定可以看出，美国的版权登记实际上是建立了一种推定制度，在规定时间内进行版权登记的，推定其版权合法有效。

本案原告于2013年11月15日取得版权登记证书，但其雕像于1996年10月4日竣工，登记时间超出了"首次发表之后5年"的时间限制，因此他的雕像没有法定的作品资格推定，法院要求其承担证明作品为原创的举证责任。

二、是否具有独创性的判断

独创性是作品的构成要件之一，美国《版权法》第102条①明确表示受版权法保护的作品必须"original"（独创的）。但对独创性的判断标准却是模糊的。

---

① See 17 U.S.C. § 102(a)(2012):Copyright protection subsists, in accordance with this title, in original works of authorship fixed in any tangible medium of expression, now knownor later developed, from which they can be perceived, reproduced, or otherwise communicated, either directly or with the aid of a machine or device.

1903 年的 Bleistein 案①确立了"独立完成"的独创性标准,而不考虑作者的意图是否为复制。法院认为,即使是复制也一定包含着复制者无意之中或外界因素偶然促成的个性的、独特的东西,而这些微不足道的变化就足以使作者获得版权。但在 1991 年的 Feist 案②中,法院则否定了上述"额头流汗"原则,确立了"最低限度的创造性"标准。法院认为,受版权法保护的作品必须是作者独立创作的,但对创造性的要求仅为最低限度,也就是说,作品并不需要完全独创才能受到版权法保护,只要是对已有作品或观点的新的、独创性的表达即可。

本案中,法院面临的问题是,原告以自由女神像为基础制作的雕像是一种新的艺术表现形式还是仅仅是复制品。最终,法院基于"最低限度的创造性"标准,认为原告对雕像进行的面部修改使之更为女性化、现代化,形成了不同于自由女神像的新的作品,具有独创性,可受版权法保护。

三、被告的使用是否构成侵权

对于版权侵权,除了要求被侵权对象为原创作品外,还要求侵权行为所使用的部分正是体现作品独创性的部分。③ 依据《版权法》第 103 条(b)项,④版权法对衍生作品中不同于已有作品的要素进行保护。本案中,原告雕像最具有独创性的部分为脸部,这也是其区别于纽约自由女神像的关键所在。而被告在邮票上恰巧使用了原告作品中所有的独创性要素即整个脸部,构成版权侵权。

四、是否构成合理使用的判断

合理使用制度是版权法中的一项重要制度,体现了立法者对权利人与社

---

① See Bleistein v.Donaldson Lithographing Co.,188 U.S.239(1903).

② See Feist Pubs.,Inc.v.Rural Tel.Svc.Co.,Inc.,499 U.S.340(1991).

③ See Harper & Row v.Nation Enterprises,471 U.S.539(1985).

④ See 17 U.S.C. § 103(b)(2012):The copyright in a compilation or derivative work extends only to the material contributed by the author of such work,as distinguished from the preexisting material employed in the work,and does not imply any exclusive right in the preexisting material.The copyright in such work is independent of,and does not affect or enlarge the scope,duration,ownership,or subsistence of,any copyright protection in the preexisting material.

会公众之间利益平衡的考量以及促进文化传播的目的。美国《版权法》第107条规定，在确定某作品在特定情况下的使用是否属于合理使用时，考虑的因素应包括：（1）使用的目的和性质，包括该使用是否属于商业性质或用于非营利教育目的；（2）受版权保护的作品的性质；（3）与受版权保护的作品相关部分的数量和实质比例；以及（4）该使用对受版权保护作品的潜在市场或价值的影响。

本案中，对于被告合理使用的抗辩，法院基于事实对上述每一个因素进行了分析：（1）使用目的和性质：在考量"使用目的和性质"这一因素时，通常会考虑使用作品的方法和目的，如对作品的使用是否构成转换性使用、使用者用它做了什么、该使用是出于商业目的还是非营利性或教育目的等。这一因素在合理使用的分析中往往具有决定性。① 被告认为，其将原告作品用于邮票并销售的行为并非商业性质，因为其收入主要来源于对邮政服务的收费而非销售邮票。但法院认为，美国邮政局出售的邮票中有不少是由收藏家保留的，为其带来了纯粹的利润。且其提供的邮件递送服务，从广义上说，是与提供类似服务的私营供应商相竞争的。因此法院对被告的主张不予支持，第一个因素利于原告。（2）受版权保护的作品的性质：对于这一因素，法院应考虑作品的独创性程度以及作品是否出版，对于独创性程度较高的作品，受版权保护的程度也较高；② 对于未出版的作品，合理使用的范围较小。③ 本案中，虽然原告的雕像受版权法保护，被告也正是运用了其具有创造性的要素制作邮票，但作为衍生品甚至是复制品的预期使用用途使得其受版权法保护的范围较小。而且原告的雕像早在1996年就已公之于众，对于已经公开的作品，后续对其的使用更有可能构成合理使用。因此第二个因素双方均不占优势。（3）使用的部分：使用的部分也即与受版权保护的作品相关部分的数量和实质比例。一般来说，对原作品复制得越多，被认为

---

① See Campbell v.Acuff-Rose Music, Inc., 510 U.S.569(1994).

② See Judge, Elizabeth F.& Gervais, Daniel J., "Of Silos and Constellations: Comparing Notions of Originality in Copyright Law", *Cardozo Arts & Entertainment Law Journal*, 2010, vol.27.Also see Folsom v.Marsh, 9.F.Cas.342(C.C.Mass.1841).参见北京市高级人民法院民事判决书（2005）高民终字第538号。

③ See Blanch v.Koons, 467 F.3d 244(2d Cir.2006).

是合理使用的可能性越小，如果复制的部分是作品的核心部分，那就不可能构成合理使用。① 本案中，原告雕像最具有独创性的部分是脸部，而这几乎全部呈现在被告的邮票上。因此被告对原告作品的使用是大量且具有实质性的，第三个因素利于原告。（4）对作品价值的潜在市场影响：版权法通过保护作者权益来激励创造，同时平衡已有作品和将来创造之间的利益，因此在衡量是否构成合理使用时，使用行为对已有作品潜在市场或价值的影响和对作者正当利益的影响都是需要考虑的重要因素，也即应关注被控侵权行为客观上是否能够对原告作品的市场销售起到替代作用，是否与原作品自身的正常使用形成冲突。② 对于这一因素，本案中，由于原告不能证明被告的使用给其造成了何种损害，也没有表示出利用其作品的意图，因此合理使用的第四个因素利于被告。

基于上述四个因素的分析，被告邮政局唯一有效的辩护理由是它的使用并未给原告带来损害，但这显然不足以满足合理使用的要求。在综合权衡之后，法院认为，被告印制、出售基于原告作品有独创性的部分制作的邮票并获得巨额利润的行为并不构成合理使用。

其实在各国立法中，由于对合理使用制度具体规定的不同形成了两种立法模式，一是将版权法视为鼓励创新的公共政策产物的英美法系通常采用的开放式立法模式，以最大程度地促进文化发展；二是注重维护权利人利益的大陆法系通常采用的封闭式立法模式，严格限制他人对作品的使用。③ 我国《著作权法》第二十二条采用封闭式模式，列举了合理使用的 12 种情形，虽然《著作权法实施条例》第二十一条④规定了两个一般标准，但基于体系解释，也只能适用于著作权法所限定的 12 种情形。但在司法实践中，常常出现适用英美

---

① See Harper & Row, Publishers v. Nation Enterprises, 471 U.S.539(1985).

② 参见袁星、许文实：《从"梦幻西游"案看电子游戏直播中著作权的合理使用》，https://new.qq.com/omn/20180206/20180206G0XM69.html，最后访问日期：2019 年 9 月 26 日。

③ 参见谢琳：《论著作权合理使用的扩展适用——回归以市场为中心的判定路径》，《中山大学学报（社会科学版）》2017 年第 4 期。

④ 《著作权法实施条例》第二十一条："依照著作权法有关规定，使用可以不经著作权人许可的已经发表的作品的，不得影响该作品的正常使用，也不得不合理地损害著作权人的合法利益。"

法系的开放式标准的情况,①最高人民法院也曾表明,在特殊情形下,可采用开放式标准认定合理使用。② 而《著作权法（修订草案送审稿）》（2014 年 6 月）第四十三条在现行 12 种合理使用情形下增设了"其他情形",并在该条第二款中规定"以前款规定的方式使用作品,不得影响作品的正常使用,也不得不合理的损害著作权人的合法利益",体现了《伯尔尼公约》的"三步检验法",③也更凸显了我国就合理使用制度向英美法系靠拢的趋势。

五、赔偿数额的确定

对于被告应给予原告的赔偿,法院认为应按照原告作品在 2010 年进行非排他性许可的公平市场价值来计算,也即假设交易双方进行协商后得出的双方均合意的价格。这一价格可参考市场上类似作品的价值、④原被告双方类似的交易历史⑤等。

被告邮政局的知识产权评估专家认为,赔偿数额不应超过 10000 美元,因为原告没有将其作品用于商业用途的历史,且邮政局在取得使用作品的许可时,从未支付超过 5000 美元的价格。因此有理由相信,若原告要求的价格超过 10000 美元的话,邮政局会选择其他图像。

原告的知识产权评估专家认为,最终数额应为用于邮寄的自由女神像邮票的 1.5% 版税、保留而不作为邮资赎回的自由女神像邮票的 5% 版税、用于邮寄的国旗邮票的 0.75% 版税、保留而不作为邮资赎回的国旗邮票的 2.5% 版税以及专供收藏而非使用的邮票的 10% 版税之和,即 53013154 美元左右。

---

① 见上海市第二中级人民法院民事判决书（2014）沪二中民五（知）初字第 115 号、北京市高级人民法院民事判决书（2013）高民终字第 1221 号。

② 参见《最高人民法院关于充分发挥知识产权审判职能作用推动社会主义文化大发展大繁荣和促进经济自主协调发展若干问题的意见》:"在促进技术创新和商业发展确有必要的特殊情形下,考虑作品使用行为的性质和目的、被使用作品的性质、被使用部分的数量和质量、使用对作品潜在市场或价值的影响等因素,如果该使用行为既不与作品的正常使用相冲突,也不至于不合理地损害作者的正当利益,可以认定为合理使用。"

③ 《伯尔尼公约》第九条第二款规定,本同盟成员国法律得允许在某些特殊情况下复制上述作品,只要这种复制不损害作品的正常使用也不致无故侵害作者的合法利益。

④ See Jarvis v.K2 Inc.,486 F.3d 526(9th Cir.2007).

⑤ See Gaylord v.U.S.,777 F.3d 1363(2015).

法院认为，在侵犯版权数十亿次之后，被告不能以其本愿意支付的金额来逃避责任，因此否定了被告的方案；最适当的方法是采用混合许可方式，即对用于邮寄的自由女神像邮票收取固定费用，对保留而不作为邮资赎回的以及专供收藏的自由女神像邮票收取版税。

对于用于邮寄的自由女神像邮票应收取的固定费用，法院认为，邮票在此是发挥实际邮政使用的基本功能，邮政局使用其他图片也并不会对使用产生影响，因此收取邮政局历史上的惯例金额 5000 美元作为使用费较为合理。对于不用于邮寄的自由女神像邮票，即保留而不作为邮资赎回的和专供收藏的，由于使用了原告独特的作品而使邮票具有吸引力和收藏价值，为邮政局赚取了巨额利润，因此在授权许可时应约定版税以平衡双方的风险和回报。在综合考虑原告对类似艺术品许可费的研究结果、被告许可他人使用其作品所收取的版税等，法院认为 5% 是一个合适的比率。

而对于原告对国旗邮票进行收费的主张，法院认为，尽管这两种邮票是在一本邮票小册子上并排印刷和销售的，但它们在本质上是完全独立的个体，对国旗邮票的喜爱并不会转化为对自由女神像邮票的保留和收藏，因此不予支持。

据统计，自由女神像邮票销售总额为 2190414155 美元，其中有 3.24% 是不作为邮资赎回的，也即 70969419 美元，对其收取 5% 的版税，为 3548470.95 美元。原被告双方同意专供收藏的自由女神像邮票销售额为 29515 美元，对其收取 5% 的版税，为 1476 美元。因此被告应赔偿原告 3548470.95 美元、1476 美元及固定收费 5000 美元之和，共计 3554946.95 美元，外加利息。

本案中，法院对赔偿数额的确定进行了客观且详细的分析，令人信服。反观我国，《著作权法》第四十九条规定了三种赔偿数额的计算方法，其中一种为法定赔偿。[①]《最高人民法院关于审理著作权民事纠纷案件适用法律若干

[①] 《中华人民共和国著作权法》第四十九条："侵犯著作权或者与著作权有关的权利的，侵权人应当按照权利人的实际损失给予赔偿；实际损失难以计算的，可以按照侵权人的违法所得给予赔偿。赔偿数额还应当包括权利人为制止侵权行为所支付的合理开支。权利人的实际损失或者侵权人的违法所得不能确定的，由人民法院根据侵权行为的情节，判决给予五十万元以下的赔偿。"

问题的解释》第二十五条第二款对法定赔偿进行了说明："人民法院在确定赔偿数额时,应当考虑作品类型、合理使用费、侵权行为性质、后果等情节综合确定。"可见法官在法定赔偿数额的确定方面拥有较大的裁量权。但在司法实践中,法官大多一句话就概括了法定赔偿数额的确定思路,如"本院依据本案的具体案情,综合考量涉案作品的类型、制作成本、流行程度和被告的经营规模、经营状况、侵权方式及本地区经济发展状况等因素,依法酌情确定赔偿数额",①未免过于笼统。本案则为我国法院赔偿数额的说理提供了榜样,要求对各个因素、各种考量进行逐步分析与说明,以提高司法裁判的权威性与说服力。

（作者：丛立先　徐伊丽）

---

① 上海市闵行区人民法院民事判决书(2011)闵民三(知)初字第 57 号。

再发行新闻节目内容是否构成合理使用：

Fox 公司诉 TVEyes 公司侵害新闻节目版权纠纷案

| 典型意义 |

　　本案被告通过录制原告视听内容，将所录制的内容汇编成一个可以基于文本搜索的数据库，允许客户通过关键词、日期或时间来搜索需要的内容，以及允许客户观看、存档、下载并通过电子邮箱发送给其他人。基于上述事实，本案重点探讨了二次发行新闻节目内容是否构成合理使用的问题。合理使用作为一项在版权法领域被广泛使用的抗辩制度，具有平衡版权人和作品使用者利益的重要作用，在版权制度中的重要性不言而喻。通过与类似案例对比，本案全面分析了合理使用中四要素的判定要旨，具有重要参考意义。本案还涉及对新闻报道的版权保护问题，一方面需要充分考虑信息或资源不能被个人垄断，另一方面也要充分考虑在形成新闻作品的过程中，创造者需要付出巨大的辛劳、投资与时间。如何平衡各方利益也是一个值得深入研究的问题。本案作为美国版权结算中心评选的 2018 年版权十大案例，对于合理使用制度、新闻作品认定等问题的判决具有重要借鉴意义。

| 裁判要旨 |

　　一、判定作品使用行为是否具有"转换性"，主要应考察该使用是否传达了某些与原作品相比新的和不同的东西，或者是增加了实用性，而不仅仅是对原作品的再包装或再出版。也就是说，使用行为由于不同的使用目的或不同的使用性质，为原作品增加新的内涵，使其具有新表达、新含义或新讯息。尽管"转换性使用"并非是构成合理使用所必需的，但是"转换性"是合理使用条

款的核心,如果作品使用行为仅仅是对原作品进行再包装或再出版,则不可能构成合理使用。

二、判定合理使用第三项法定因素"所使用的部分的质与量与作为整体的版权作品的关系"时,应该围绕向公众提供的作品的数量而不是被复制者使用的作品的数量。

三、合理使用第四项法定因素"使用对版权作品之潜在市场或价值所产生的影响"是合理使用判断中最重要的一项因素。该因素关注复制品是否造成作品及其衍生品的市场竞争替代而剥夺了版权人的重大收益,不仅仅要考虑由被控侵权人的特定行为所造成的市场损害,还要考虑由广泛的不受限制的同类行为所造成的市场损害。另外,第四项因素对潜在许可收益的影响进行考察是合适的,因为版权人有权从许可他人使用其作品中取得报酬。然而,并非所有对潜在许可收益的影响都能用于第四项因素的分析。如果使用行为没有落入专有权利的控制范围,那么版权人无权要求使用者取得许可。即使使用行为落入专有权利的范畴,在评价二次利用行为对作品的价值或者潜在市场所产生的影响时,只有在合理的、可能进入的市场中的影响,才能被合法承认。

| 案情介绍 |

Fox News Network, LLC, v. TVEyes, Inc., 124 F.Supp.3d 325(2015)

Fox News Network, LLC, v. TVEyes, Inc., 883 F.3d 169(2018)

原告(被上诉人、交叉上诉人):Fox News Network, LLC.(本文简称"Fox 公司")

被告(上诉人、交叉被上诉人):TVEyes, Inc.(本文简称"TVEyes 公司")

原告 Fox 公司是美国著名的新闻广播公司,分布世界各地的新闻分社提供直接而有力度的新闻报道。被告 TVEyes 公司是一家总部位于美国的电视和广播报道搜索引擎媒体公司,该公司从 1400 多个电台、电视台 24 小时持续录制视听内容,通过复制电视内容中附带的字幕(或在必要时使用语音文本转换软件),将所录制的内容汇编成一个可以基于文本搜索的数据库,这些视频与文字副本被整合到数据库中。允许客户通过关键词、日期或时间来搜索需要的剪辑,以及允许客户观看、存档、下载十分钟的剪辑并通过电子邮箱发送给其他人(包括非 TVEyes 公司的客户)。TVEyes 每月收取 500 美元的服务费用,客户群体主要包括记者、政府和政治组织、执法部门、军队等,不包括个人消费者。

TVEyes 公司提供的内容中包括原告 Fox 公司享有版权的作品。2013 年,原告 Fox 公司在纽约南部地区法院提起诉讼,对 TVEyes 公司再发行 Fox 节目内容复制件,使得 TVEyes 公司的客户在未经 Fox 公司授权的情况下接触其版权节目内容的行为提起控告,但并未对 TVEyes 公司创建数据库的行为提出质疑。

两年后,纽约南部地区法院裁决被告 TVEyes 公司提供的用户可根据关键词检索视频、可观看检索的视频以及将视频在 TVEyes 公司的服务器上存档的功能构成合理使用。但是使客户能够将视频下载到自己的电脑,使客户能够不受限制地通过电子邮箱分享视频,或者通过日期、时间和频道(而非关键词)的方式检索并观看这些视频的功能不构成合理使用。对原告的诉讼请求给予了部分支持。

案件上诉到联邦第二巡回上诉法院后,上诉法院将 TVEyes 公司的服务划分为"搜索功能"和"观看功能"两大类。搜索功能可以让客户识别出包含有特定关键词的视频。观看功能可以让客户观看至多 10 分钟原封不动的受版权保护的内容,其中存档、下载和通过电子邮件发送视频剪辑等功能也属于观看功能。在上诉中,Fox 公司没有对检索功能提出质疑,仅对观看功能提出质疑。因此,上诉法院提出本案争议的主要问题是:TVEyes 公司让客户观看 Fox 公司节目的行为是否受到合理使用条款的保护。针对这一问题,上诉法院支持了 Fox 公司的上诉请求,撤销了地区法院在观看功能上认定 TVEyes 公司构成合理使用的判决。由于上诉法院对被告构成合理使用的服务内容作出了不同判决,因此上诉法院要求地区法院重新审理关于禁令颁发的问题。2018 年9 月,TVEyes 提交了申请调卷令。2018 年 12 月,联邦最高法院在没有作出评论的情况下拒绝颁发调卷令。

| 裁判理由 |

一、纽约南部地区法院认为并非所有 TVEyes 公司的服务均构成合理使

用。其中,用户可根据词条检索视频、可观看检索的视频以及将视频在
TVEyes 公司的服务器上存档的功能构成合理使用。但是,法院认为使客户能
够将视频下载到自己的电脑,使客户能够不受限制地通过电子邮箱分享视频,
或者通过日期、时间和频道(而不是关键词)的方式检索并观看这些视频的功
能不构成合理使用。地区法院判决 TVEyes 公司服务中不属于合理使用的功
能已构成对 Fox 公司的版权侵权,应向 Fox 公司承担责任。地区法院同时向
TVEyes 公司颁发禁令要求其停止实施这些服务。

二、上诉法院认为,根据美国《版权法》第 107 条规定:为了批评、评论、新
闻报道、教学……学术或研究之目的而使用版权作品的……系合理使用,不视
为侵犯版权的行为。任何特定案件中判断对作品的使用是否属于合理使用
时,应考虑的因素包括:(1)使用的目的与特征,包括使用是否具有商业性质,
或是否为了营利的教学目的;(2)版权作品的性质;(3)所使用的部分的质与
量与作为整体的版权作品的关系;(4)使用对版权作品之潜在市场或价值所
产生的影响。为了确定 TVEyes 公司的服务是否应受到合理使用的保护,需要
逐一对合理使用中的四个要素进行分析。对于第一个因素,TVEyes 公司的观
看功能至少具备一定的转换性,因为它可以让用户方便有效地访问内容集,但
是因为该功能很少起到改变内容或者改变内容使用目的的作用,所以它最多
只有少许转换性。由于系争服务的商业性质,因此第一项因素仅略微有利于
TVEyes 公司;对合理使用第二个因素的判定,上诉法院认定第二个因素不倾
向任何一方;第三个因素则明显有利于 Fox 公司,因为观看功能允许 TVEyes
公司向其客户提供他们所希望看和听的几乎所有的 Fox 公司节目,在使用权
利人作品质与量上达到很大比例;对于第四个因素,上诉法院认为 TVEyes 公
司篡夺了 Fox 公司本可以对依据许可协议对这种功能获取收益的权利,且
TVEyes 公司未经许可和付费商业性地对观众希望使用的所有作品进行再发
行,从他人作品中取得非法收益。因此,上诉法院认为第四个因素有利于 Fox
公司。

上诉法院提出,为了确定 TVEyes 公司的服务是否应受到合理使用的保
护,最后一步是根据版权法的目的,将这四个法定因素放在一起综合权衡。经
过各个因素的权衡,上诉法院得出结论:TVEyes 公司的服务可以使客户在大

量 Fox 公司的资源中找出所需的内容，方便地访问这些内容，对 Fox 公司的内容所进行的这种再发行具有转换性目的。但是，因为这种再发行行为事实上让 TVEyes 公司的客户能够获得所有希望观看和收听的 Fox 公司版权内容，并且剥夺了 Fox 公司作为版权人的合理收益，所以 TVEyes 公司提供给客户的产品不构成合理使用。

上诉法院判决，针对 TVEyes 公司所提供服务中构成直接侵权的观看功能及其附属功能，即客户能够存档、下载和通过电子邮件发送视频剪辑，以及用日期、时间检索后观看剪辑的功能，法院应该禁止 TVEyes 公司提供这种服务。由于 Fox 公司不反对 TVEyes 公司提供搜索功能，因此法院的禁令不得阻止 TVEyes 公司提供仅包含搜索功能的服务，只要该功能不会对受版权保护的视听内容带来未经允许的使用。

| 案件分析 |

一、再发行行为的合理使用判定

合理使用作为一项在版权法领域被广泛使用的抗辩制度，具有平衡版权人和作品使用者利益的作用。理解我国著作权法上的合理使用制度，需要首先理解其与"三步检验法""四要素检验法"等判断方法的关系。关于合理使用制度，《伯尔尼公约》《与贸易有关的知识产权协议》（以下简称"TRIPS"）、《世界知识产权组织版权条约》（以下简称"WCT"）[1]均规定了构成合理使用的三个要件：只能在特殊情况下作出、与作品的正常利用不相冲突，以及没有无理损害权利人合法权益，即"三步检验标准"。[2] 我国也已将该标准转化为国内立法，现行《著作权法》第二十二条封闭式列举了合理使用的 12 种情形，《著作权法实施条例》第二十一条[3]则规定了相对抽象的

---

① 见《伯尔尼公约》第 9 条第 2 款；TRIPS 第 13 条；WCT 第 10 条。
② 参见王迁：《知识产权法教程（第四版）》，中国人民大学出版社 2014 年版，第 220 页。
③ 《著作权法实施条例》第二十一条："依照著作权法有关规定，使用可以不经著作权人许可的已经发表的作品的，不得影响该作品的正常使用，也不得不合理地损害著作权人的合法利益。"

关于合理使用的"三步检验法"。"四要素检验法"则是在美国版权法中确立的，其内涵和适用在美国司法判例中不断得到扩充。"四要素检验法"虽然并未在我国立法中体现，但是司法实践中法院在处理合理使用的边界问题时会参考这些要素。北京市高级人民法院在对"王莘诉谷歌、谷翔公司案"的判决中阐明："在判断涉案复制行为是否构成《著作权法》第二十二条规定之外的合理使用特殊情形时，应当严格掌握认定标准，综合考虑各种相关因素。判断是否构成合理使用的考量因素包括使用作品的目的和性质、受版权保护作品的性质、所使用部分的性质及其在整个作品中的比例、使用行为是否影响了作品正常使用、使用行为是否不合理地损害版权人的合法利益等。"①上诉判决意见中使用的考量因素与美国版权法上的合理使用"四要素"相类似。

本案上诉法院在判定合理使用问题时，将本案与"Authors Guild, v. Google, Inc."②（以下简称"美国谷歌图书馆案"）进行对比分析。谷歌为了打造一个全世界信息资源共享的大型数字图书馆，大量扫描全世界范围的图书，用于构建检索数据库，因此受到了各个国家的质疑和控诉。谷歌图书馆在中国被起诉的案件则是上文提到的"王莘诉谷歌、谷翔公司案"。

上诉法院选取美国谷歌图书馆案对本案进行分析的重要原因在于涉案技术与谷歌图书馆所提供的"片段（snippet）"功能具有一定的相似之处，但是两案最终判决结果却截然不同。在美国谷歌图书馆案中，法院在综合分析合理使用四个要素的基础上，认定"谷歌数字图书馆"未经许可扫描复制的目的是便于搜索，因此，其对版权作品使用的目的具有高度的转换性，而且，其向公众展示的文本非常有限，明显未构成对受版权保护图书的市场替代，认定谷歌为提供搜索而对版权作品进行完整数字化复制但仅提供片段浏览的行为属于合理使用，是向社会提供的一项公益服务，符合版权法立法宗旨，不构成对原告版权的侵犯。③ 上诉法院指出，美国谷歌图书馆案"挑战了合理使用的界限"，

①　北京市高级人民法院民事判决书（2013）高（民）终字第1221号。

②　Authors Guild v.Google, Inc., 804 F.3d 202（2d Cir.2015）.

③　参见张军华：《美国版权法中数字图书馆合理使用规则及对我国立法的启示》，《图书馆建设》2017年第4期。

然而本案被告提供的"观看"服务①已经超出了此界限。涉案的视频观看功能虽然"至少具有一定的转化性（at least somewhat transformative）"，但法院最终认定其他三个法定因素都有利于 Fox 公司，因此判定 TVEyes 公司的再发行行为不构成合理使用。

上诉法院依次对判定合理使用的四要素进行了分析，还对这四要素之间的关系进行了阐释，法院提出第四项因素"市场影响"相比于其他三个因素是最重要的一个因素，而第二个要素"版权作品的性质"在判断合理使用过程中，基本没有重要作用。法院在结合案件事实，对于"转换性"判定问题上，法院考察了被告提供的"观看"服务是否传达了某些与原作品相比新的和不同的东西，或者是增加了实用性。法院得出的最终结论是：TVEyes 公司使其客户能够从大量 Fox 公司的内容素材中找到感兴趣的内容，并且方便地访问它们，这种对 Fox 公司视听内容的再发行具有转换性目的，但是因为该功能很少起到改变内容或者改变内容使用目的的作用，所以它最多只有少许转换性。通过与美国谷歌图书案对比可以发现，美国谷歌图书馆案中法院认为"对作品原封不动的'片段显示''为基本的转换性搜索功能增添了重要价值'，因为它可以让用户判断检索到的图书是否符合自己的需要"。而本案 TVEyes 公司复制 Fox 公司的节目内容用于观看功能，该功能使客户可以在海量节目中找出符合其兴趣和需要的节目素材，否则这些素材可能是检索不到的，或者要通过极不方便、效率低下的手段才能被检索到。值得注意的是，是搜索功能让用户从海量信息中识别出需要的内容，而不是观看功能。观看功能的作用是让用户能够即时访问那些由搜索功能识别出来的已经转换为数字化录像的节目内容。判决意见之所以认为观看功能有"一定程度的转换性"，是因为它能提高内容传输效率。

法院在具体分析四要素，并根据版权法的目的，把每一项结果加在一起综合考虑之后，得出的最终结论是：TVEyes 公司使其客户能够从大量 Fox 公司的内容素材中找到感兴趣的内容，并且方便地访问它们，这种对 Fox 公司视听

---

① 上诉法院将 TVEyes 公司的服务划分为"搜索功能"和"观看功能"两大类。诉讼中，Fox 公司没有对检索功能提出质疑，仅对观看功能提出质疑。

内容的再发行具有转换性目的。但是，因为这种再发行让 TVEyes 公司的用户
几乎可以获得 Fox 公司全部受版权保护的视听内容，其中包括用户希望看和
听的内容，并且剥夺了本应属于版权人 Fox 公司的合理收益，所以 TVEyes 公
司提供给其客户的产品不构成合理使用。从上述分析可以看出，上诉法院在
将 TVEyes 公司提供的服务区分为"搜索功能"和"观看功能"的基础上，结合
案件事实对合理使用四要素进行具体分析后得出的判决结果是值得认可的。

二、新闻作品的版权保护问题

原告 Fox 公司通过分布在世界各地的新闻分社为公众提供直接而有力度
的新闻报道，被告 TVEyes 公司在本案中提出的一项抗辩是 Fox 公司的节目内
容主要为事实报道，事实不受版权保护。法院对该抗辩不予支持，指出即使是
对事实进行的报道，其他人也不可随意地复制和传播这些新闻报道。由于新
闻报道是对事实进行的报道，同事实存在密切联系，或者说事实性因素在其中
占据重要地位。对于新闻报道的版权保护，背后潜在的问题是：一方面需要充
分考虑信息或资源不能被某一个人所垄断，另一方面也要充分考虑在形成新
闻作品的过程中，创造者需要付出巨大的辛劳、投资与时间。① 如何进行取舍
是一个值得深入研究的问题。

在我国著作权法的语境下，需要区分纯粹的新闻事实和新闻作品，新闻是
一种事实，是不为著作权法所调整的，而作者根据事实所创作的时事新闻如果
满足我国著作权法上关于作品的规定，则受著作权法的保护。同时，新闻作品
与其他作品不同的是，它以传播事实为目的，这就决定了新闻作品的核心是对
事实的描述，新闻作品离不开事实。但是，区分哪些是事实的客观报道、哪些
是独创性的表达是一件十分困难的事情。② 对于不构成作品的那部分报道，
其采集和制作者也有受到反不正当竞争法保护的可能。③

---

① 参见邓艳谊、关晓海：《从"姓氏起源案"看事实作品的著作权保护》，《中国知识产权报》
2014 年 4 月 4 日。
② 参见孙昊亮：《媒体融合下新闻作品的著作权保护》，《法学评论》2018 年第 5 期。
③ 参见刘文杰：《探析著作权法中的"时事新闻"——翻译引发的著作权法疑难问题》，《新
闻与传播研究》2016 年第 3 期。

"新闻报道"或者说"新闻作品"并非我国著作权法中明确规定的作品类型。我国著作权法中出现的相关术语是"时事新闻"，这一术语在著作权法有两处出处。《著作权法》第五条第(二)项"著作权法不适用于时事新闻"，它来源于《伯尔尼公约》第 2(8)项，该项规定的本意是"著作权不保护各类事实，也不保护有关事实的简单客观报道"。"时事新闻"出现的另一个地方在《著作权法》第二十二条第一款第(三)项"为报道时事新闻，不可避免地再现或者引用已经发表的作品构成合理使用"，该项规定要解决的是新闻报道中使用他人作品的限度问题。就两项不同的法律制度，《伯尔尼公约》分别使用了 news of the day 和 current events 短语，对两个不同的概念进行了区分，我国著作权法却一概译为"时事新闻"，造成了认识上的混淆。① 对此，有学者建议在制度上删除我国《著作权法》中"时事新闻"不受本法保护的条款，用同一标准衡量新闻是否具有独创性，解决实践中新闻是否受著作权法保护的难题。新闻作品的另一特性是时效性，自新闻传播出现之日起，时效性就是衡量新闻价值的一个决定性标尺。② 针对这一特点，我国《著作权法》第三十三条第二款③中关于报刊转载的法定许可制度一定程度上可以解决该问题。有意见指出，该条款中应当增设新闻作品的"延迟转载""网络转载"和"注明出处"的规定，使之适应网络环境下媒体融合的趋势。④

三、直接侵权和间接侵权判定

TVEyes 公司对地方法院依据版权直接侵权理论判决其向 Fox 公司承担责任提出质疑。法院对于该问题，引用了 Cablevision 案⑤，指出直接侵权人制作侵权复制件是实施了"受其意志控制的行为"。Cablevision 案的被告提供远

---

① 参见刘文杰：《探析著作权法中的"时事新闻"——翻译引发的著作权法疑难问题》，《新闻与传播研究》2016 年第 3 期。

② 参见林凌：《电视新闻时效性的理解及把握》，《中国广播电视学刊》2010 年第 12 期。

③ 《中华人民共和国著作权法》第三十三条第二款："作品刊登后，除著作权人声明不得转载、摘编的外，其他报刊可以转载或者作为文摘、资料刊登，但应当按照规定向著作权人支付报酬。"

④ 参见孙昊亮：《媒体融合下新闻作品的著作权保护》，《法学评论》2018 年第 5 期。

⑤ Cartoon Network LP,LLLP v.CSC Holdings,Inc.536 F.3d 121,131(2d Cir.2008).

程 DVR 服务,这种服务与电视观众家中的具有录制功能的 DVR 类似。除非该服务的用户选择录制节目,否则这些内容不会保存在被告服务器上超过 0.1 秒。因此,在 Cablevision 案中的涉案行为不是受被控侵权人意志所控制的,不构成直接侵权。具体到本案,TVEyes 公司的行为与 Cablevision 案中的涉案行为完全不同。TVEyes 公司能决定什么视听内容被录制,复制该内容并将其保留 32 天,明显存在受意志控制的复制行为,这种复制就为了实现观看功能来说是一种直接侵权行为。

在版权侵权责任理论中,一直存在着"直接侵权"与"间接侵权"的划分。我国著作权法中没有明文规定间接侵权,我国司法实务之所以采纳这样的表述,主要深受学界对域外版权理论移植的影响。在"间接侵权"的比较法研究中,英国采用"从属侵权"(Secondary Infringement)理论,美国则通过司法判例确立辅助侵权(Contributory Infringement)、引诱侵权(Inducement of Infringement)以及替代责任(Vicarious Liability)。[①] 在我国,现有的版权侵权规则体系是以《著作权法》第四十七条、第四十八条为起点,以《侵权责任法》《民法通则》为骨干,辅以《信息网络传播权保护条例》及《最高人民法院关于审理侵害信息网络传播权民事纠纷案件适用法律若干问题的规定》[②]等规范性文件建立起来的。在我国司法实践中,存在根据共同侵权理论来认定网络服务提供商的侵权责任的现实案件。因此,有意见指出,我国版权"间接侵权"理论在内容和功能上均可为共同侵权所代替,用传统民法共同侵权规则的视角来审查这种"间接行为"与"直接行为"之间的关系,构建侵害版权共同侵权的完整规则体系,对于解决实践中的混淆,适应司法实践是有益的。

（作者：丛立先 起海霞）

---

① 参见刘平:《著作权"间接侵权"理论之检讨与展望》,《知识产权》2018 年第 1 期。
② 2012 年颁布的《最高人民法院关于审理侵害信息网络传播权民事纠纷案件适用法律若干问题的规定》第七条规定了网络服务提供商的"帮助侵权行为"和"教唆侵权行为"。

以销售为目的储存侵权商品的版权
刑事责任：

瑞典公诉机关诉 Imran Syed 侵犯版权案

| **典型意义** |

　　该法律文书系欧盟法院针对瑞典最高法院关于一起侵犯版权的刑事案件向其提出的请求而作出的初步裁定，该请求涉及对于欧洲议会《欧盟议会和理事会关于协调信息社会中版权和相关权某些方面的第 2001/29/EC 号指令》①（本文简称《欧盟信息社会版权指令》或第 2001/29 号指令）第 4(1) 条的理解。欧盟法院的裁定内容涉及实体法与程序法两方面的问题，该初步裁定一方面在实体法意义上明确了发行权能够控制带有销售目的地存储带有作品图样的商品的行为，另一方面在程序法意义上明确了法院在此类案件中应当根据哪些线索、如何较为准确合理的判定货物存储目的，进而实现相关国际条约与域内法律的真正立法目的。本案所涉问题对如何理解国际知识产权法体系中发行权的含义、我国《著作权法》中发行权的内涵以及我国《刑法》第二百一十七条侵犯著作权罪中的"复制发行"要件等都有着积极的作用。

| **裁判要旨** |

　　一、若未经权利人许可，零售商在商店出售带有受版权保护的图案的商品，并明确地以在欧盟成员国领土内销售为目的，将完全相同的商品储存在欧盟成员国领土内，则该存储行为亦可能构成对版权人专有发行权

---

　　①　"Directive 2001/ 29/ EC of the European Parliament and of the Council of 22 May 2001 on the Harmonization of Certain Aspects of Copyright and Related Rights in the Information Society", *Official Journal of European Communities*, 167/ 10, June 22, 2001. Hereafter cited as EU Copyright.

的侵犯。

二、对于被存储的货物之使用目的的判断,必须考虑到所有可能表明这些被存储的货物将在未经权利人同意的情况下被用于在该图案受到版权法保护的欧盟成员国境内进行公开销售的因素;相关货物的储存地点和销售地点之间的距离本身,不能独立成为判定行为人是否打算在该会员国领土上销售储存货物的决定性因素。

| 案情介绍 |

Case C—572/17

原审被告、上诉人:Imran Syed

被告在瑞典斯德哥尔摩经营一家零售商店,出售带有摇滚乐主题的服装、旗帜和配饰。除了在该店出售商品外,被告还将这些商品储存在该店附近的一个储存设施和斯德哥尔摩郊区班德哈根(瑞典)的另一个储存设施。据证实,被告定期从这些存储设施中为商店进货。

经查,这些商品侵犯了注册商标权和版权。被告因商标侵权和违反瑞典《文学和艺术作品版权法》(1960:729)(本文简称法律(1960:729))在瑞典地方法院被提起刑事诉讼。瑞典公诉机关指出,被告非法向公众提供带有受版权保护的图案的服装和旗帜,侵犯了原告的版权。而且公诉人认为,据此可以推断商店和储存设施中所有带有这种图案的物品都是要出售或分发给公众的,因此这种行为也构成了对法律(1960:729)的侵犯。

瑞典地方法院判决被告的所有被发现的商品都侵犯了他人的商标权。并且,由于被告还在其经营的商店中销售了一些印刷有他人享有版权的图形的商品,且还在储存设施中存储了一些其意图销售的相同商品,该地方法院认为被告的这些行为触犯了法律(1960:729),其应当承担刑事责任。该地方法院认为,关于被告是否需要对其存储于储存设施中的相同商品承担法律责任的问题,提供以销售(offering for sale)侵犯他人享有版权的货物这一概念不能被仅仅适用于那些可在特定的时间点出现在被告商店的货物,也应当被适用于存储于储存设备中的那些相同的货物。不过,该地方法院还认为,储存设施内的其他与商店内不同的货物不能被视为已被出售和提供。对于被告的所有侵权行为,该地方法院判处被告缓刑和每日 80 英镑的罚款。

在审理该判决的上诉案件时,Svea 上诉法院(斯德哥尔摩,瑞典:专利和商业部门)认为,被告对于法律(1960:729)的违反,只针对在到目前为止位于被告商店中的货物,而与储存设施中的货物无关。法院认为,被告储存这些货物确实是为了出售,但是不能认为这些货物已被出售或提供给公众。因此,进行上诉审的法院认为,在储存设施中储存货物并不构成企图或准备触犯法律(1960:729)。因此上诉法院对被告的量刑有所减少,被告被其判处缓刑和每日 60 欧元的罚款。

在瑞典最高法院审理本案之前,公诉人指出,应当依据地方法院的判决为被告定罪量刑。同时,其提出瑞典最高法院应当将本案提交给欧盟法院,请求其针对欧盟 2001/29 号指令的第 4(1)条的解释作出初步裁决。

在本案开庭前,被告辩称,根据高等法院判例法,以销售和提供商品的形式侵犯权利人的发行权,需要采取以转让特定物品为目的的向公众提供侵权商品的行为。其辩称,购买和储存货物不能被认为是这种行为,相反的解释将扩大刑事责任的范围,违反了合法性原则。

瑞典最高法院指出,法律(1960:729)及 2001/29 号并没有明文禁止存储以带有他人享有版权图案的货品以作销售用途。法院补充到,根据欧盟法院在 2015 年 5 月 13 日作出的决定——Dimensione Direct Sales and Labianca(C-516/13,EU:C:2015:315),在销售合同发生前采取的相关措施或步骤,可能被视作一种对于版权人在 2001/29 号指令第 4(1)条下享有的权利(即发行权)的侵权行为。尽管如此,当一个人在他经营的零售商店里出售相同的商品时,被存储与别处的带有他人享有版权的图案的商品是否可以被认为是为了出售,仍然是一个问题。在这样的情况下,瑞典最高法院决定终止诉讼并将下列问题提交欧盟法院作初步裁决:

一、当带有受版权保护图案的商品被违法地在商店中销售,关于被销售这些商品的人存储着的、完全相同的货物,是否也基于 Article 4(1) of Directive 2001/29 的规定,构成对版权人独家发行权的侵犯?

二、货物是否存放在商店附近的仓库或其他地点,是否与此问题有关?

| 裁判理由 |

此项对于初步裁定的请求涉及对于欧洲议会《欧盟信息社会版权指令》①和 2001 年 5 月 22 日理事会关于协调信息社会中版权和相关权利的某些方面的第 4(1)条的解释(OJ 2001 L 167,第 10 页)。

欧盟法院认为,申请法院提出的所有问题可以被一起审查,其本质上的问题是第 2001/29 号指令的第 4(1)条是否应当被解释为这种含义:未经权利人许可,在零售商店出售带有受版权保护的图案的商品,并将完全相同的商品储存在成员国领土内,可能构成对于版权所有者专有的发行权的侵犯。申请法院还请求欧盟法院作出相关的具体说明,储存地点和销售地点之间的距离是否与该问题的判断有关。

首先,法院考量了案件相关的法律环境。从国际法的角度而言,根据《世界知识产权版权条约》(本文简称 WCT)第 6 条有关"发行权"("Right of distribution")的规定中的第 1 款:"文学和艺术作品的作者应享有授权通过销售或其他所有权转让形式向公众提供其作品原件和复制品的专有权。"②从欧盟法律而言,第 2001/29 号指令中的第四条同样规定了"发行权",其第 1 款表述为:"成员国应规定作者对其作品原件或复制件享有授权或禁止通过任何销售或其他方式向公众发行的专有权。"③从瑞典法律的角度而言,其《文学和艺术作品版权法》(1960:729)将第 2001/29 号指令转换为瑞典法律。该法第 53 段规定:"任何人故意或过失地对与文学或艺术作品实施构成版权侵权的、与第一章和第二章中一致的行为,或第四十一段第二款和第五十段中规定的

---

① "Directive 2001/29/EC of the European Parliament and of the Council of 22 May 2001 on the Harmonization of Certain Aspects of Copyright and Related Rights in the Information Society", *Official Journal of European Communities*, 167/ 10, June 22, 2001. Hereafter cited as EU Copyright.

② "Authors of literary and artistic works shall enjoy the exclusive right of authorising the making available to the public of the original and copies of their works through sale or other transfer of ownership"; 中华人民共和国国家版权局:《世界知识产权组织版权条约(1996)》, http://www.ncac.gov.cn/chinacopyright/contents/523/20460.html。

③ 'Member States shall provide for authors, in respect of the original of their works or copies thereof, the exclusive right to authorise or prohibit any form of distribution to the public by sale or otherwise.'

侵权行为,应当承担罚款或者被判处 2 年监禁的刑事责任。"根据该法律第 2 段,"这些行为包括,例如,未经权利人同意,将该作品提供给公众,从而使得其可以利用该作品。该段第三款中的第四点规定,作品的复制品被出售、出租或出借或以其他方式分发给公众,都属于向公众提供作品。总计而言,瑞典法律规定了侵犯发行权的刑事责任。"但是,该瑞典法律并没有明确禁止为销售目的储存受版权法保护的货物,欧盟法与 WCT 中亦无明确规定。因此,这项在主要诉讼程序中产生的争议和相关的问题被瑞典最高法院提交到欧盟法院寻求初审裁决。

法院指出,根据国际规则和欧盟判例法,第 2001/29 号指令第 4(1)条的规定源于欧盟对于 WCT 第 6(1)条规定的遵循,因此对于"发行"概念的法律解释必须遵循该条国际条约的规则与内涵。① 据此,该指令第 4(1)条中规定的以销售形式向公众提供(distribution to the public by sale)这一概念与 WCT 第 6(1)中以销售形式使得公众能够接触(making available to the public…through sale)的概念具有相同的含义。②

考虑到这方面的情况,欧盟法院认为,向公众发行作品至少包括从订立销售合同到向公众交付物品以履行销售合同期间的一系列行为。在这种情况下,交易商应该对其或代表其在欧盟成员国向公众分发受版权保护的货物的任何行为承担法律责任。③ 随后,遵循判例法的思路,尤其是欧盟法院使用的"至少"这一单词,它表明并不能完全排除销售合同之前的行为或步骤也可能属于"发行"这一概念且该行为也应为版权所有者所控制的结论。④ 因此,如果在签订了销售和分派合同的情况下,必须认为向公众发行的证明是有效的;那么,附属于要约人买卖合同的其他行为也同样如此,因为就其性质而言,这

---

① Judgment of 13 May 2015, *Dimensione Direct Sales and Labianca*, C-516/13, EU:C:2015:315, paragraph 23 and the case-law cited.

② Judgment of 13 May 2015, *Dimensione Direct Sales and Labianca*, C-516/13, EU:C:2015:315, paragraph 24 and the case-law cited.

③ Judgment of 13 May 2015, *Dimensione Direct Sales and Labianca*, C-516/13, EU:C:2015:315, paragraph 25 and the case-law cited.

④ Judgment of 13 May 2015, *Dimensione Direct Sales and Labianca*, C-516/13, EU:C:2015:315, paragraph 26.

些行为构成买卖行为的前行为。①

欧盟法院也认为,从本质上讲,这样的行为可以构成一种对第 2001/29 号指令第 4(1)条规定的专有发行权的侵权,即便这种行为并非直接导致受版权保护的作品获其复制品的所有权向购买者转移。② 因此,在实际销售受版权保护的作品或其复制品之前,未经权利人同意并以销售为目的实施的其他行为,可能侵犯第 2001/29 号指令第 4(1)条所界定的发行权。③ 虽然实施销售不是构成发行权侵权的一个必要元素,但仍需证明,最终针对受版权保护的货物的买卖前行为,确实是以未经版权人允许以销售的形式向公众发行为目的。④

在本案的主要审理过程中被告将带有受版权保护图案的商品储存起来,且在未经权利人同意的情况下,在其经营的一家商店出售相同的商品。法院必须确定这种储存是否可以被视为销售的前行为,即如指令 2001/29 第 4(1)条所定义的那样,可能构成对专有发行权的侵犯。应该指出的是,关于储存带有受版权保护图案的货物,如果确定这些货物实际上是打算在未经权利人授权的情况下出售给公众的,则可被视为此类行为。从这个角度而言,若一个人在其经营的商店未经授权销售带有受版权保护的图案的商品,那么其在储存设施中存放的完全相同的商品也有相当的可能是将会在其商店内出售的,因此这种存储可能构成一种销售的前行为,行为人应当就此行为承担侵犯版权所有者发行权的责任。

但是,然而,不能仅依据被行为人存储的商品与行为人在其经营的店铺中销售的商品是相同的这一事实,就推断存储行为是以在欧盟成员国的领土内销售这些受版权保护的产品为目的。不能排除行为人储存的全部或部分印有

---

① Judgment of 13 May 2015, *Dimensione Direct Sales and Labianca*, C-516/13, EU：C：2015：315, paragraph 27.

② See, to that effect, judgment of 13 May 2015, *Dimensione Direct Sales and Labianca*, C-516/13, EU：C：2015：315, paragraph 32.

③ See, to that effect, judgment of 13 May 2015, *Dimensione Direct Sales and Labianca*, C-516/13, EU：C：2015：315, paragraph 28.

④ See, by analogy, judgment of 13 May 2015, *Dimensione Direct Sales and Labianca*, C-516/13, EU：C：2015：315, paragraphs 29 and 32 and the case-law cited.

受版权保护的图案的货物,但其并不打算在欧盟成员国的领土内出售的可能性,即使那些货物与其在零售商店内销售的货物是相同的。在这种情况下,如果简单地以这一事实判断行为人是以销售为目的存储这些货品(即瑞典地方法院所作出的判断),这将导致相关货物的实际用途没有得到充分考虑,而对所有储存的货物都采取了同样的处理,尽管它们原则上可能被用于不同的目的。因此,这种做法将导致版权法所给予的专有权保护扩大到欧盟法律所规定的框架之外。

因此,应由申请法院根据其所掌握的证据,判断被告是否打算在该商店销售与所涉商店所售货物完全相同的所有储存货物,或是只意图销售其中一些货物。在这方面,法院认为提供下列指导是有益的:

对于这些被存储的货物之使用目的的判断,必须考虑到所有可能表明这些被存储的货物,将在未经权利人同意的情况下,被用于在该图案受到版权法保护的欧盟成员国境内进行公开销售的因素。

虽然在这些因素中,储存设施与销售地之间的距离可能构成证据,可用于设法确定行为人打算在何地销售相关货物,但这一证据本身不能起决定性作用。还需要将所有可能相关的因素纳入考量,并进行具体的分析,例如,行为人的商店会从储存设施定期补充相同货物的问题,会计要素,销售和订单的体量与存储货物的体量比较,或当前存在的销售合同等。

根据上述的所有考量,关于申请法院针对第 2001/29 号指令的第 4(1)条中的相关定义和规则提出的问题,欧盟法院(第四分庭)作出裁定:若未经权利人许可,在零售商店出售带有受版权保护的图案的商品,并明确地以在欧盟成员国领土内销售为目的前提下,将完全相同的商品储存在欧盟成员国领土内,则该行为可能构成对版权人专有发行权的侵犯。而且,相关货物的储存地点和销售地点之间的距离本身,不能成为判定行为人是否打算在该会员国领土上销售储存货物的决定性因素。

｜案件分析｜

该法律文书系瑞典最高法院针对一起侵犯版权的刑事案件向欧盟法院申请作出的初步裁定,该请求涉及对于欧盟第 2001/29 号指令第 4(1)条的理解,涉及实体法与程序法两方面的问题。该初步裁定一方面在实体法意义上明确了发行权能够控制带有销售目的地存储带有作品图样的商品的行为,另一方面在程序法意义上明确了法院在此类案件中应当根据哪些线索、如何较为准确合理地判定货物存储目的,进而实现相关国际条约与域内法律的真正立法目的。本案所涉问题对如何理解国际知识产权公约中的发行权制度,我国《著作权法》中发行权的含义,以及《刑法》第二百一十七条侵犯著作权罪中的"复制发行"要件都有着积极的作用,具有较强的学理与实践参考价值。

本案的主要争议在于如何理解版权法律制度中的"发行权",争议点主要包括两方面:第一,带有销售目的地存储带有他人受版权保护的作品图样的商品,是否构成对版权所有者发行权的侵犯;第二,通过相关货物的储存地点和销售地点之间的距离,或是被告经常从货物储存地点为商店进货这一事实,能否判定其是以销售为目的储存这些侵犯版权的货物。

最终,欧盟法院裁定,根据欧盟第 2001/29 号指令第 4(1)条,出于商业用途存放的、带有受版权保护图案的货物,若实际上是打算在未经权利人授权的情况下出售给公众的,则可能侵犯版权所有者的专有发行权(exclusive distribution right);但是,相关货物的储存地点和销售地点之间的距离本身,不能独立成为判定行为人是否打算在该会员国领土上销售储存货物的决定性因素,需要综合性地考虑全部可能表明货物储存用途的因素。这一裁定结果及其论证较为充分明确,欧盟法院结合国际条约文本与欧盟判例法进行了详细的论证,具有较强的参考价值。

一、实体法问题:以销售为目的储存侵权商品

在本案被瑞典最高法院提请欧盟法院进行初步裁决之前,瑞典地方法院、上诉法院及最高法院均已认定被告在其零售店中,未经相关版权所有者许可,销售带有摇滚乐主题的服装、旗帜和配饰,这些商品上印有他人享有版权的作品。因此,可以认为如下实体法问题已为瑞典国内法院判决所确认:被告销售的商品上印制的图案,与被告曾接触过的、他人享有版权的公开作品构成实质性相似,可以认定被告未经版权人许可销售侵犯了他人版权的商品,依据瑞典法律构成发行权侵权和版权犯罪。针对这一部分行为,各级法院在定罪量刑

上均不存争议。

而本案最大的争议问题在于，如何对被告的以下行为进行法律评价：除了销售侵权商品之外，被告还将相同的侵权商品储存在该店附近的一个储存设施和斯德哥尔摩郊区班德哈根（瑞典）的另一个储存设施中，而且据证实，被告定期从这些存储设施中为其商店进货。虽然由于被告实际销售侵权商品的行为已达到定罪情节，对此行为的评价不会影响本案的定罪问题，但是否将其存储于商店以外的相同货物同样纳入其侵犯版权的犯罪情节的评价，无疑将影响本案最终的量刑。因此，采取不同态度的地方法院与上诉法院在量刑问题上产生了分歧：前者认为由于被告在其经营的商店中销售了一些印刷有他人享有版权的图形的商品，且还在储存设施中存储了一些其意图销售的相同商品，这种行为仍然属于提供以销售（offering for sale）侵犯他人享有版权的货物；这一法律概念能被适用于那些可在特定的时间点出现在被告商店的货物，也应当被适用于存储于储存设备中的那些相同的货物。后者认为，被告储存这些货物确实是为了出售，但是不能认为这些货物已被出售或提供给公众；应当只有实际实施的销售行为侵犯版权所有者的发行权，在储存设施中储存侵权商品的行为并不触犯法律，否则这将不合理地扩大刑事责任的范围。

可以看出，本案中在实体法层面的最大争议在于以销售为目的储存侵犯版权的商品的行为，是否构成对版权所有者发行权的侵犯。欧盟法院在认定这一问题时，遵循了从法律条文到法理解释的思路，结合欧盟判例法，通过体系解释、目的解释、文义解释等多种方法进行了阐明，逻辑较为清晰明确。

欧盟法院首先分析了本案所涉的版权法律制度及与之相关的法律环境，并结合具体案情将争议问题具体化。法院认为，本案的主要争议在于如何理解欧盟版权法律体系中的发行权（Right of distribution），并对其相关的下位概念进行解释。随后，法院认定瑞典国内的《文学和艺术作品版权法》（1960：729）、欧盟的第 2001/29 号指令以及 WCT 中有关发行权的规定是一脉相承的，三者均有关于"以销售的形式向公众提供"作品属于发行权控制之行为的法律规定，但均未明确禁止为销售目的储存受版权法保护的货物。欧盟法院认为，根据法律和国际条约的规定，向公众发行作品至少包括从订立销售合同到向公众交付物品以履行销售合同期间的一系列行为，但由于法律文本与欧盟判例法中均使用了"至少"这一词汇，因此并不能完全排除销售合同之前的行为或步骤的也可能属于"发行"这一概念，且该行为也应为版权所有者所控制的结论。据此，本案所涉及的实体法问题可以被进一步地细化与具体化，即是为销售目的储存侵犯版权的货物的行为，其作为销售的前行为，是否属于"以销售的形式向公众提供"。

针对这一问题，欧盟法院依据其判例法 Dimensione Direct Sales and Labianca(C-516/13,EU:C:2015:315)，认为那些发生在实际销售之前却以实现实际销售为目的的前行为，即便这种行为并非直接导致受版权保护的作品获其复制品的所有权向购买者转移，也应当被视作发行权控制的行为。其阐述的理由主要在于，既然已签订的销售和分派合同能够作为行为人向公众发行作品的有效证明，那么附属于买卖合同的其他行为，包括以实现销售为目的储存货物这种前行为，应当也能够具有这样法律意义，因此应当被包含于"以销售的形式向公众提供"这一概念之外延范围内。

总体来说，欧盟法院对于该问题的论证过程比较简洁，主要参考其判例法，但解释结论符合发行权制度在版权法体系中的法理。在版权法制度中，版权人的经济权利可以分为复制权、演绎权和传播权三大类。[①] 发行权是传播类权项中的一种，根据 WCT 的定义，其指的是控制以销售或其他所有权转让形式向公众提供其作品原件和复制品的专有权。因此，发行权控制的至少应当是能够使得他人接触并欣赏到作品的行为，而单纯的储存侵权商品的行为并不会使得受版权法保护的作品处于第三人可以接触的状态。但是，一旦储存侵权商品的行为并非出于个人收藏等非传播性质的目的，而是作为意图以销售、出租等手段进行作品传播的事先行为，那么其性质便不再是单纯的储存行为，而应当被视作整个发行行为中的一个环节，作为实际销售的准备行为或是前行为，以最终实现作品传播为目的。而针对具有这种性质的储存行为，即便行为人尚未实际进行到签订销售合同、交付侵权商品的步骤，从整体来看，其销售侵权商品以发行作品的一系列行为已经开始，从刑事法律角度而言其

---

① 参见吴汉东：《知识产权基本问题研究（分论）》（第二版），中国人民大学出版社 2009 年版，第 100—117 页。

也已经开始实行犯罪行为。与之有着相似法理逻辑的,即是我国在解释《刑法》第二百一十七条侵犯著作权罪中的"复制发行"这一概念时,也认定"带有发行目的地复制"能够符合该罪客观阶层的构成要件。这样的法律解释也符合立法的实际需求,因为若非如此,司法与执法实务中大量已经完成侵权复制品制作但因被公安机关或行政执法机关发现而暂未对其进行销售的侵权人将无法构成实行犯,难以受到刑法的合理制裁,这无疑与侵犯著作权罪的立法初衷不符。①

因此,针对本案的问题,在"以销售为目的的储存"这一偏正短语中,"以销售为目的"之限定实为重要。若没有此项限定,储存侵权复制品的行为与作为发行行为之一的销售之间将缺乏实质性的联系,不能够将储存视作发行行为的前行为,进而认定其对发行权这一传播类的权项有所侵犯。这便引出了本案的第二个问题,也是本案在程序法上的问题,即根据本案的证据,法院能否认定被告系以未经许可的销售为目的储存侵权商品。

二、程序法问题：如何判定存储侵权物品是否出于销售目的

在对发行权进行法律解释之后,欧盟法院提出了一个瑞典国内法院有所忽视的、与实体法问题同样重要以至于会直接影响判决结果的程序法问题:依据本案的现有证据,是否足以判断被告系以未经许可在成员国境内销售为目的储存侵权商品? 或者说,能否将被告在本案中存储与其未经许可销售的侵权商品完全相同的商品的行为,视作其销售这类侵权商品的前行为?

欧盟法院指出,虽然关于储存带有受版权保护图案的货物的行为,如果确定这些货物实际上是打算在未经权利人授权的情况下出售给公众的,则可被视为销售侵权商品的前行为,构成对版权所有者发行权的侵犯;但是,不能仅因行为人存储的商品与行为人在其经营的店铺中销售的商品是相同的、储存设施与销售地之间的距离这两项事实,就推断存储行为是以在欧盟成员国的领土内销售的这些受版权保护的产品为目的。因为单从这一事实,不能排除

---

① 参见丛立先、刘乾:《非法提供从互联网采集的影视作品:秦某等侵犯著作权案》,载王志主编:《版权前沿案例评析(2017—2018)》,人民出版社 2018 年版,第 151—162 页。

行为人储存的全部或部分印有受版权保护的图案的货物，但其并不打算在欧盟成员国的领土内出售的可能性，即使那些货物与其在零售商店内销售的货物是相同的。如果仅以这两项事实便得出其存储行为属于销售这类侵权商品的前行为之结论，将导致版权法所给予的专有权保护扩大到欧盟法律所意图规定的框架之外。

欧盟法院的这一判断是非常准确的。结合前述实体法中的问题，确定储存等并非直接传播作品的行为，是否事实上地与销售等传播作品的行为有紧密的、有逻辑层次的关联，是判定这一行为是独立行为或者是传播作品行为中的一个环节的重要因素。因此，在本案中，法院依据现有证据对被告的储存行为进行合理定性，是案件得以正确裁判的核心条件之一。由于本案是刑事案件，一方面在认定案件事实时所采取的证据标准应当是"排除合理怀疑"标准，需要案件没有无法解释的疑问，案内证据形成严密的锁链，足以认定被告人有罪，否则应当"疑罪从无"；另一方面，由于刑事案件采无罪推定原则，即在经过合法有效的证据证明嫌疑人有罪以前，假定其是无罪的，在这一制定设计下，嫌疑人没有自正其罪的义务，举证的责任由控方承担。因此，若检方证据不充分，正如欧盟法院所言，不足以排除行为人储存的全部或部分印有受版权保护的图案的货物，但其并不打算在欧盟成员国的领土内出售的可能性，那么其储存行为不能够被认定为应当承担刑事法律责任的、侵犯版权所有者发行权的销售行为的前行为。

因此，欧盟法院也向瑞典法院提出了相应建议，指出应由申请法院根据其所掌握的证据，综合性地判断被告是否打算在该商店销售与所涉商店所售货物完全相同的所有储存货物，或是只意图销售其中一些货物；在此过程中，必须考虑到所有可能表明这些被存储的货物，将在未经权利人同意的情况下，被用于在该图案受到版权法保护的欧盟成员国境内进行公开销售的因素。

而针对瑞典法院提出的具体问题，即储存设施与销售地之间的距离是否会对案件结果产生影响的疑问，欧盟法院也在此进行了回应。其指出储存设施与销售地之间的距离可能构成证据，可用于设法确定行为人打算在何地销售相关货物，但这一证据本身不能起决定性作用，还需要将所有可能相关的因素纳入考量，并进行具体的分析。这一判断也是十分合理的。因为储存设施与销售地之间的距离同样并不能排除行为人存储侵权物品但不意图用以销售的可能性，但其能够作为证据之一，与其他证据共同构成综合性证据链，用以查明行为人打算在何地销售相关货物，即查明被告行为是否构成销售前行为这一具体事实，进而才可释明法律对于被告的行为的评价，以及被告因此应当承担的法律责任。

综合来说，欧盟法院从实体法与程序法两个层面，结合对法律和国际公约的文义解释、目的解释、体系解释以及欧盟的判例法，解决并论证了本案判决过程中的两项重要的问题，所得出的结论可靠，论证清晰，具有较强的参考价值。其一方面明确了根据欧盟第 2001/29 号指令第 4(1) 条，出于商业用途存放的、带有受版权保护图案的货物，若实际上是打算在未经权利人授权的情况下出售给公众的，则可能侵犯版权所有者的专有发行权；另一方面指出相关货物的储存地点和销售地点之间的距离本身，不能独立成为判定行为人是否打算在该会员国领土上销售储存货物的决定性因素，需要综合性地考虑全部可能表明货物储存用途的因素。

（作者：丛立先　刘乾）

制造并销售不含许可证的盗版软件的刑事责任：

美国公诉机关诉 Clifford Eric Lundgren 侵犯版权案

| 典型意义 |

软件许可证是软件开发商以规定和限制软件用户使用软件（或其源代码）的一种技术措施，目的在于确保只有获得许可才能正常运行软件。本案被告委托他人制作并意图销售不含有许可证的微软 Windows 操作系统软件盗版光盘，被指控贩运假冒商品和侵犯软件版权的犯罪，被告在一审判决后对量刑产生异议，提出上诉。法院认定对于计算机软件程序的复制件，即便不附带许可证、密钥，但若使得知情的购买者认为其与正版光盘在实质上是等同的，即可能构成完全的复制，这从计算机程序代码本身作为版权保护的客体的角度来说具有合理性；且法院结合一般知情消费者的消费目的与购买后的实际效果也进行了论证，准确确定了计算机软件的侵权范围和侵权数额，对解决相关案件具有一定的参考价值。不过，法院并未直接认定计算机程序与许可证、密钥等在版权法上的意义，而是主要从程序法和证据规则的角度，认定了本案中不含许可证的计算机软件盗版光盘与相应的正版光盘是实质性等同的。

| 裁判要旨 |

一、在贩运假冒商品和侵犯版权的案件中，如果案件涉及一件"在合理知情的购买者看来，该物品与被侵权物品完全相同或实质上等同"的侵权物品，法院应根据"被侵权物品的零售价值乘以侵权物品的数量"来计算侵权金额；而如果侵权物品与被侵权物品实质上并不等同，则侵权金额将根据"侵权物品的零售价值"计算。

二、即便载有侵权计算机软件的光盘中没有包含产品密钥或许可证，但若在知情的购买者看来，其与包含相关操作系统软件的合法光盘实质上是等同的，则销售这类侵权光盘的侵权数额可以依据相应正版光盘的售价计算。

｜案情介绍｜

No.17—12466（11th Cir.2018）

原审被告、上诉人：Clifford Eric Lundgren（本文简称"Lundgren"）

原审被告：Robert Wolff（本文简称"Wolff"）

被告在未经微软许可的情况下，委托他人制作了约 2.8 万张为戴尔翻新电脑重新安装微软 Windows 系统的光盘的侵权复制品，即重新安装光盘（Dell reinstallation discs），并意图进行销售。

针对有关这一行为的刑事指控，地方法院认定被告合谋贩运假冒商品，违反了《美国法典》第 18 卷第 2320（a）（1）条，并犯有侵犯版权罪，违反了《美国法典》第 17 卷第 506（a）（1）（a）条和第 18 卷第 2319（a）（b）（1）款；法院认定侵权数额的依据在于，"微软有一个经过认证的计算机翻新程序，可以让计算机翻新者以 25 美元的价格获得真正授权的重新安装光盘"，并将这个数字乘以所生产的 2.8 万张光盘。

被告 Lundgren 承认其行为构成被指控的罪名，但对判决中的量刑依据提出上诉，反对"量刑前社会调查报告"（Pre-Sentence Report，本文简称 PSR）中提出的侵权金额，其认为依据量刑指南，法院应当使用其出售盗版光碟的零售价（4 美元）计算侵权数额；而且，使用 25 美元的零售价是不合适的，因为其制作的重新安装光盘与微软出售给小型注册翻新商的光盘有本质的不同：因为微软出售的光盘带有许可证，而其制作的重新安装光盘需要用户从其他地方获得许可证，而没有许可证的光盘几乎没有价值。他认为，地方法院错误计算了被侵权物品的价值时，这提高了他的量刑范围，因此地方法院的判决实质上是不合理的。

| 裁判理由 |

一、一审法院的判决

共同被告 Robert Wolff 曾联系 Lundgren，询问他是否能为微软 Windows 系统制作未经授权的戴尔重新安装光盘，并与其一同将光盘卖给戴尔电脑的翻新商。Wolff 向 Lundgren 提供了他购买的已授权的（正版）光盘零售件的拷贝件，然后 Lundgren 安排了一家中国制造商复制光盘。这些被拷贝的光盘上有标签，错误地标识出这些光盘包含有受版权保护的软件的授权副本。

2012 年，美国海关和边境保护局官员扣留了 Lundgren 从中国运往 Wolff 的几批光盘。2016 年，Lundgren 和 Wolff 被控合谋买卖假冒商品、贩运假冒商品、侵犯版权罪、贩运非法标签、电信诈骗和邮件诈骗等。Lundgren 签署了一项认罪协议书，承认其犯有合谋贩卖假冒商品和侵犯版权的犯罪。公诉机关放弃了剩余的指控。Lundgren 承认，他向 Wolff 运送了大约 2.8 万张盗版光盘，Wolff 向 Lundgren 曾支付 3400 美元来换取光盘。

一名缓刑监督官拟备了一份"量刑前社会调查报告"（Presentence Investigation Report），计算 Lundgren 的量刑范围为 37—46 个月。这一范围很大程度上是以侵权商品价值 70 万美元为基础计算得出的。PSR 中的这一数据计算依据的是公诉机关提出的证据，即"微软有一个经过认证的计算机翻新程序（refurbisher），可以让计算机翻新者以 25 美元的价格获得真正合法授权的 Windows 操作系统重新安装光盘"，并将这个数字乘以所生产的 2.8 万张光盘。

被告 Lundgren 对 PSR 中计算出的侵权金额提出异议。他辩称，量刑指南（Sentencing Guidelines）要求法院使用每盘 4 美元左右的侵权金额进行计算，而这正是 Lundgren 和 Wolff 出售的盗版光碟的价格。Lundgren 还认为，以 25 美元的零售价为基础认定其犯罪情节是不合适的，因为被其复制的磁盘并没有完全复制原件中的内容（其不包含软件的许可证）。

在宣判时，一审法院听取了专家的证词，确定了适当的侵权金额。公诉机关提供的证据表明，像戴尔这样的原始设备制造商（"OEM"）与微软签订了授权协议,据此戴尔的每台设备都获得了一份微软 Windows 操作系统授权,该授权将永久随设备一起转移。而作为协议的一部分,原始设备制造商会向用户提供重新安装光盘,以便用户可以在该软件由于某种原因从他们的设备中被删除时,重新安装该软件。

翻新者经常从企业购买已被格式化、将数据清理干净的电脑。如果这些电脑来自戴尔(Dell)这样的 OEM 厂商,那么它们将获得微软操作系统的永久许可。不过,由于这些设备中的数据通常都是被清除干净的,而且通常不附带原始的重新安装光盘,所以这些设备不会带有微软操作系统软件的副本。微软向发现自己陷入这种境地的持证翻新者(意味着其已获得授权进行计算机翻新工作)提供打折的微软操作系统软件。公诉机关提出的证据表明,虽然个人需要从零售商店以 299 美元购买 Windows XP Pro,但合法的小型注册翻新商可以以 25 美元购买该软件。公诉机关的专家还证实,即使用户没有合法的许可证,重新安装光盘也可以让用户访问几乎功能完全的微软操作系统软件。

被告 Lundgren 提供了证词,对其制作并出售的重新安装光盘的价值提出了质疑。被告 Lundgren 一方的专家证实,被告出售的重新安装光盘与微软出售给小型注册翻新商的光盘有本质的不同,因为微软出售的光盘带有许可证,而其制作的重新安装光盘需要用户从其他地方获得许可证。经防务专家证实,没有许可证的光盘的价值是“零或接近零”。

一审量刑法官裁定,本案中,认定侵权数额时的依据应当是被侵权光盘对小型注册翻新商的价值,即 25 美元。法庭找到可信的政府专家的证词,证明他能够使用侵权光盘安装运行正常的微软软件。相比之下,法庭认为被告 Lundgren 的证词不可信,即没有许可证,光盘一文不值。法院特别指出,如果被告花费了至少 8 万美元来制作没有价值的光盘,这是不合理的。于是,一审法院使用 25 美元每张光碟的数额来计算被告的侵权金额,因此被告 Lundgren 的量刑指导范围被划定为 37—46 个月的监禁。法庭据此判处被告 Lundgren 15 个月监禁。被告 Lundgren 不服量刑,提出上诉。

二、上诉法院的判决

上诉法院首先依据判例法,提出了自己的职责。第一,上诉法院将检讨区域法院的事实调查结果，以找出是否存在明显的错误，以及是否应当重新适用量刑指引①；上诉法院将特别审查地区法院对相关侵权金额计算是否存在明显错误②。第二，上诉法院在量刑时对地方法院的可信性决定将给予很大的尊重③，但会审查判决是否滥用自由裁量权，以及判决结果是否合理④。

法院依据判例法认为，对于一名被判犯有合谋贩运假冒商品罪的被告，法院是根据涉案"侵权金额"对被告判处刑罚的⑤。如果案件涉及一件"在合理知情的购买者看来，该物品与被侵权物品完全相同或实质上等同"的侵权物品，法院应根据"被侵权物品的零售价值乘以侵权物品的数量"来计算侵权金额⑥。与此相关的是，如果侵权物品与被侵权物品实质上并不等同，则侵权金额将根据"侵权物品的零售价值"计算⑦。

上诉人 Lundgren 辩称，地方法院错误地计算了侵权产品的价值，因为公诉机关提供的金额与实质上相同的项目并不等额。具体来说，上诉人 Lundgren 提出，公诉机关提供的 25 美元的数额是针对有许可证的微软软件安装光盘，而其促成创建的光盘仅包含没有许可证的微软软件。

上诉法院认为，地方法院认定本案的"侵权金额"为 70 万美元无误。

首先，地方法院在这一问题上没有得出明显错误的结论：被告 Lundgren 创建的光盘是，或在一位知情的购买者看来，与包含微软操作系统软件的合法光盘实质上等同的⑧。这一结论得到了量刑听证会证词的支持。在证词中，公诉机关的专家证人作证称，被告 Lundgren 所创建的磁盘上承载的软件，其运行方式与微软所创建的正版软件在很大程度上并无区别。虽然双方的专家可能都发现了光盘在功能上的差异，但地方法院认定它们在实质上是相同的这一结论并没有明显的错误。

---

① United States v.Lozano,490 F.3d 1317,1321(11th Cir.2007).
② United States v.Lozano,490 F.3d 1317,1321(11th Cir.2007),at 1322.
③ United States v.Pham,463 F.3d 1239,1244(11th Cir.2006).
④ United States v.Victor,719 F.3d 1288,1291(11th Cir.2013).
⑤ USSG § 2B5.3(b)(1).
⑥ USSG § 2B5.3 cmt.n.2(A)(i).(emphasis added).
⑦ USSG § 2B5.3 cmt.n.2(B).(emphasis added).
⑧ See United States v.Lozano,490 F.3d 1317,1321(11th Cir.2007),at 1322.

其次,地区法院合理地得出了侵权物品的正确价值是每张光盘 25 美元的结论。公诉机关的专家证实,微软在相关市场向买家(即计算机翻新者)收取的最低价格是每盘 25 美元。虽然防务专家作证指出,在没有产品密钥或许可证的情况下,载有有关微软操作系统软件的光盘几乎没有价值,但地方法院明确表示,该证词是不可信的。上诉法院尊重地方法院的可信度决定,没有证据表明地方法院得出国防专家的评估不值得信任的结论是错误的①。相反,正如地方法院指出的那样,两名被告已经为该版权侵权计划花费了约 8 万美元,而两名被告是意图从中获利的,因此被告 Lundgren 提出这样估价无法与其他事实相匹配。

综上所述,区域法院没有明显地错估被侵权物品的价值为每件 25 美元,并且其得出侵权总额为 70 万美元的结论无误。因此,地方法院在 §2B5.3(b)(1)和 §2B1.1(b)(1)(H)的规定下,正确判定了上诉人 Lundgren 的基本犯罪属于第 14 级,并正确计算了对于上诉人 Lundgren 进行量刑的指导范围。由于上诉人 Lundgren 关于他的判决是不合理的唯一主张是基于这种所谓的误判,法院也得出结论,他认可基于指导原则进行量刑判决在程序上和实质上是合理的②。因此,上诉法院确认了地方法院对上诉人 Lundgren 的全部判决。

|案件分析|

软件许可证是软件开发商以规定和限制软件用户使用软件(或其源代码)的一种技术措施,目的在于确保只有获得许可才能正常运行软件。本案被告委托他人制作并意图销售不含有许可证的微软 Windows 操作系统软件盗版光盘,被指控贩运假冒商品和侵犯软件版权的犯罪,被告在一审判决后对量刑产生异议,提出上诉。法院认定,虽然本案载有侵权计算机软件的光盘中没有包含产品密钥或许可证,但在知情的购买者看来,其与包含相关操作系统软件的合法光盘实质上是等同的。因此,销售这类侵权光盘的侵权数额可以依据相应正版光盘的售价计算。本案法院认定对于计算机软件程序的复制件,

---

① United States v.Pham,463 F.3d 1239,1244(11th Cir.2006),at 1244.

② See Gall v.United States,552 U.S.38,51,128 S.Ct.586,597(2007).

即便不附带许可证、密钥，若可以使得知情的购买者认为其与正版光盘在实质上是等同的，即可能构成完全的复制，这从计算机程序代码本身即作为版权保护的客体的角度来说具有合理性；且法院结合一般知情消费者的消费目的与购买后的实际效果也进行了论证，准确确定了计算机软件侵权的范围和侵权数额，对解决相关案件具有一定的参考价值。

一、本案的定罪问题

在本案中，被告被指控的行为系其在未经微软许可的情况下，委托他人制作了约 2.8 万张为戴尔翻新电脑重新安装微软 Windows 系统的光盘的侵权复制品，即重新安装光盘，并意图进行销售。法院认定，根据《美国法典》第 18 卷第 2320（a）（1）条，该行为属于合谋贩运假冒商品，被告应当承担相应的刑事责任；此外，被告的行为也违反了《美国法典》第 17 卷第 506（a）（1）（a）条和第 18 卷第 2319（a）（b）（1）条，构成侵犯版权的犯罪行为。在此主要讨论侵犯版权罪的定罪问题。

首先，考虑法院所援引的法律依据。《美国法典》第 17 卷第 506（a）（1）（a）条规定了入罪的构成要件，其规定以商业利益或私人获取经济收益为目的，违法地侵犯他人的版权，若达到该条后续条款所规定的入罪情节，则需要根据第 18 卷第 2319 条的规定承担刑事责任。其次，《美国法典》第 18 卷第 2319（a）（b）（1）条则规定了量刑的规则，其规定任何侵犯他人版权的行为若达到第 17 卷第 506（a）（1）（a）条的条件，应当承担何种程度的刑事责任。

其次，考察本案中被告侵犯他人版权的行为。本案中，被告在未经微软许可的情况下，委托他人制作了约 2.8 万张为戴尔翻新电脑重新安装微软 Windows 系统的光盘，即被告人未经版权人许可，在这些光盘中非法复制了微软享有版权的计算机软件程序，并意图销售这些侵权光盘。根据版权法判断复制权侵权的"接触+实质性相似"原则，一方面，本案被侵权的作品系微软的 Windows 操作系统计算机软件程序，其已公开发行在市场中，若无相反证据推翻则可认定被告接触了版权人的作品；另一方面，虽然法院未阐释认定过程，但由于本案被告系委托他人从正版光盘中复制微软操作系统以生产盗版光碟，且本案被告所刻录并意图销售的光盘旨在为其购买者提供与 Windows 操作系统完全相同的计算机软件程序,因此不难认定被告生产的光盘中载有的计算机软件程序与微软公司的正版 Windows 重新安装光盘中载有的计算机软件程序构成实质性相似。因此,从版权法的角度而言,被告制作并意图销售这种光碟的行为,一方面构成对于版权人复制权的侵犯,另一方面由于制作与运输侵权商品是其销售侵权商品的前置行为,据此可以认定其行为也侵犯了版权人的发行权。而由于本罪以犯罪情节为要件之一,在本案中,无论以盗版光盘售价或是正版光盘售价认定被告制作并意图出售的光盘,由于被告制作并意图销售的侵权复制品的数量高达 2.8 万张,不论是以件数或是金额都已达到法律所规定的侵犯版权罪这一情节犯的入罪条件。

综合而言,法院依据这两项法律条款,结合违法所得数额、意图销售侵权商品数量等情节,认定被告的行为满足美国法律中有关版权侵权犯罪的构成要件,这一判断准确无误。在本案中,被告对于定罪问题也并未提出争议。

二、本案量刑的参考依据

本案的量刑问题是本案的争议焦点所在,也是被告之所以提出上诉的缘由。在本案中公诉机关通过专家鉴定人举证证明被告 Lundgren 创建的光盘是,或在一位知情的购买者看来是,与包含微软操作系统软件的合法光盘实质上等同的,进而法院应根据"被侵权物品的零售价值乘以侵权物品的数量"来计算侵权金额。但上诉人 Lundgren 认为,被其复制的磁盘并没有完全复制原件中的内容(其不包含软件的许可证),其价值应当参照量刑指南、以其出售盗版光盘的实际价格计算,并且由防务专家作证指出,在没有产品密钥或许可证的情况下载有有关微软操作系统软件的光盘几乎没有价值。

(一)侵犯版权罪中的侵权数额

法院指出,在本案被告所构成的犯罪中,法院应当依据他的侵权数额判处刑罚①。根据美国判例法,如果案件涉及一件"在合理知情的购买者看来,该物品与被侵权物品完全相同或实质上等同"的侵权物品,法院应根据"被侵权

---

① USSG § 2B5. 3(b)(1).

物品的零售价值乘以侵权物品的数量"来计算侵权金额①。与此相关的是，如果侵权物品与被侵权物品实质上并不等同，则侵权金额将根据"侵权物品的零售价值"计算②。

这样的计算方法具有相当的合理性。要对被告的行为进行刑事制裁，应当综合考虑犯罪的违法所得、非法经营数额、给权利人造成的损失和社会危害性等情况。倘若其所制作的侵权商品在合理知情的购买者看来，该物品与被侵权物品完全相同或实质上等同，则其能够完全替代正版商品在市场中的作用和位置，因此犯罪行为对社会造成的危害不仅仅体现在其销售侵权货物的直接违法所得，而应是其销售的侵权货物的全部市场价值，即可以与其构成实质性相似的正版商品的售价予以确定；而倘若侵权物品与被侵权物品实质上并不等同，那么侵权物品的实际价值与被侵权的物品在市场上的实际价值同样并不等同，其犯罪行为所造成的危害不能以被侵权物品的销售价格为计算依据，而应当通过计算犯罪的违法所得，即以侵权物品的零售价值为基础依据进行计算。

而且，在本案中，被告并未对侵犯版权犯罪中侵权数额的计算方法提出异议，并且上诉人 Lundgren 关于判决是不合理的唯一论据是其认为法院对其光盘与正版光盘构成实质性等同系误判，因此依据判例法，法院可推定其认可基于指导原则进行量刑判决在程序上和实质上是合理的③。

（二）量刑前社会调查报告

在美国刑事诉讼制度中，定罪与量刑程序被设计为彼此分离，而量刑前社会调查报告（Pre-Sentence Report）的初始目的在于在定罪以后服务于量刑决定，时间上是在被告人做有罪答辩或者被确定有罪以后、判处刑罚以前被提交至法庭，是美国联邦刑事司法程序中作为量刑决定和嗣后行刑基本依据的最重要资料④，是刑罚个别化理论、教育刑理论和犯罪人权理论的一种

---

① USSG § 2B5. 3 cmt.n.2(A)(i).(emphasis added).

② USSG § 2B5. 3 cmt.n.2(B).(emphasis added).

③ See Gall v.United States ,552 U.S.38,51,128 S.Ct.586,597(2007).

④ "Proposed Changes in Presentence Investigation Report Procedures" ,*The Journal of Criminal Law and Criminology* ,Vol.66(1975) ,p.56.

重要体现①。报告会由中立的第三方组织或者机构向法庭提供被告展开量刑前社会调查报告。在美国，对被告人的量刑建议由中立的缓刑官员提出，这些缓刑官员与法官、检察官彼此独立。

关于美国量刑前社会调查报告的内容，一般由两大部分组成：一部分为"犯罪人情况报告"，另一部分为"犯罪行为情况报告"。报告的具体内容中包括了可能适用的量刑指南条款、被告人是否能够适应社区生活和量刑建议等，②还会涉及犯罪行为对被害人、第三人及社会的影响的内容，可以作为量刑时的参考。判决前调查报告在量刑程序中具有两项核心功能：其一，因为美国司法实务中大部分被告人做有罪答辩并放弃审判的权利，调查报告会成为一种获取犯罪事实信息的重要替代资料。在这些有罪答辩的案件中，法官通常仅掌握支持其接受有罪答辩的少量必要事实，而调查报告则正好为法官提供了关于犯罪行为及被告人个性的重要信息，调查报告可能是现实中法官获取这些案件信息的唯一来源。其二，调查报告为法官生动地描绘了被告人的广角立体图画，为法官基于具体案件情况处断个别化刑罚提供了必要信息。③

在本案中，一审法院参考量刑前社会调查报告中所认定的量刑建议及其判断思路，对被告的量刑作出了判定，此判决结果引起了被告的上诉。在本案的量刑前社会调查报告中，缓行监督官依据公诉机关提出的一项证据，即"微软有一个经过认证的计算机翻新程序（refurbisher），可以让计算机翻新者以25 美元的价格获得真正合法授权的 Windows 操作系统重新安装光盘"，并将这个数字乘以被告所生产的 2.8 万张光盘，计算得出侵权商品的价值为 70 万美元，由此得出被告 Lundgren 的量刑范围应为 37—46 个月。

不过，从量刑前社会调查报告用以计算被告侵权商品数额的依据来看，这一争议产生的源头并不在于缓刑监督官作出的该报告，因为其判断基础是公诉机关提出的、认定被告生产的不含许可证的侵权商品与相关正版光盘构成

---

① 参见高一飞：《论量刑调查制度》，《中国刑事法杂志》2008 年第 5 期。

② H.Michael, *The Pre-sentence Investigationand Report*（*PSI*）, http://www.hmichaelsteinberg. com/thepresentencereport.htm,2007.

③ 参见杨东亮：《刑罚个别化的正当程序载体：判决前调查报告》，《证据科学》2013 年第3 期。

实质性等同的相关证据。

三、本案核心争议：侵权商品与正版光盘是否实质性等同

基于上述的判断规则与法院的审理情况，可以看出，本案的核心争议点在于：被告所制作的不含有许可证的侵权商品与载有微软公司享有版权的计算机软件程序的正版光盘是否是实质性等同的。

在本案中，公诉机关提出证据证明，即使用户没有合法的许可证，重新安装光盘也可以让用户访问几乎功能完全的微软操作系统软件，而被告Lundgren创建的光盘是，或在一位知情的购买者看来是，与包含微软操作系统软件的合法光盘实质上等同的。相反，被告Lundgren辩称，其复制的磁盘并不是完全复制的原件（因为不包含软件的许可证），并由防务专家提出证据，证明没有许可证的光盘的价值是"零或接近零"。

针对双方提出的证据，法院最终采纳了公诉机关提出的证据，认为本案中侵权商品与正版光盘之间构成实质性等同，应当依据正版光盘的价值判断侵权商品的实际价值，并以此作为计算犯罪数额和进行量刑的裁判依据。关于此问题，法院得出的结论较为准确，但主要是从程序法的角度通过阐释上诉法院的审理责任和对证据的选择取舍作出的判定。

（一）从程序法及证据规则的角度

首先，法院根据判例法，阐释了上诉法院在审理上诉案件时的两项原则。第一，上诉法院将检讨区域法院的事实调查结果，以找出是否存在明显的错误，以及是否应当重新适用量刑指引[1]；上诉法院将会特别审查地区法院对相关侵权金额计算是否存在的明显错误[2]。第二，上诉法院在量刑时对地方法院的可信性决定将给予很大的尊重[3]，但会审查判决是否滥用自由裁量权，以及判决结果是否合理[4]。因此，在本案上诉审的过程中，上诉法院不仅指出了地方法院在依据现有证据判定侵权商品与正版光盘构成实质性等同这一结论

---

[1] United States v.Lozano,490 F.3d 1317,1321(11th Cir.2007).

[2] United States v.Lozano,490 F.3d 1317,1321(11th Cir.2007),at 1322.

[3] United States v.Pham,463 F.3d 1239,1244(11th Cir.2006).

[4] United States v.Victor,719 F.3d 1288,1291(11th Cir.2013).

无误,还提出其尊重地方法院的可信度决定,没有证据表明地方法院得出国防专家的评估不值得信任的结论是错误的①。

其次,关于两审法院对于证据的取舍,主要可以从几个角度进行考察。第一,关于专家证言本身的可信度,虽然本案判决书中并未详细阐明证词来源及内容,但两审法院均未采信被告方防务专家的证词。第二,两审法院结合其他事实情况,通过合理的推测,结合专家证言完善了其证据链,即若本案被告如果花费了至少 8 万美元来制作没有价值的光盘,这是不合常理的,因此综合各项证据的情况,应当认定即使用户没有合法的许可证,重新安装光盘也确实可以让用户访问几乎功能完全的微软操作系统软件,进而判断侵权商品与正版光盘构成实质性等同。

综合来看,法院主要是通过程序法手段以及证据规则来解决本案的这一争议问题,结论较为可靠,论证符合法理,但其并未从实体法角度阐释计算机软件程序的许可证在版权侵权与相关犯罪的认定中具有何种意义。

(二)从实体法的角度

如何认定计算机软件程序的许可证在版权侵权与相关犯罪判定中的意义,是本案的争议问题在实体法层面的体现。虽然在本案中,专家指出用户没有合法的许可证,重新安装光盘也确实可以让用户访问几乎功能完全的微软操作系统软件,但若在没有许可证的情况下完全无法正常使用被未经许可复制的计算机软件程序,其行为是否构成相应的版权侵权呢?

首先,可以从版权法中的财产权项之外延与被告行为的比对着手考察。不论许可证能够起到何种作用,但在诸如本案的情况下,侵权人只是没有复制许可证但已经将几乎所有的计算机程序代码复制到其侵权商品中,且已经或意图进行销售等发行行为。在这样的情况下,侵权计算机软件程序与被侵权计算机程序中的文字部分与程序的组织结构、处理流程、所用的数据结构、所产生的轨出方式等非文字部分,②均能够构成实质性相似,只是若缺乏许可证其未必能够在消费者的计算机上正常运行。那么,对于被告制作并销售此光

---

① United States v.Pham,463 F.3d 1239,1244(11th Cir.2006),at 1244.
② 参见吴汉东:《试论"实质性相似+接触"的侵权认定规则》,《法学》2015 年第 8 期。

盘的行为，应当以未经许可实施了版权法意义上复制与发行计算机软件程序代码的行为本身，还是以能够使得消费者正常运行软件这一结果进行法律评价？对于复制行为而言，或许尚无争议，但由于单纯的复制行为而非带有发行目的的复制不一定能成为侵犯版权罪的入罪要件，仍然需要考量这种行为是否构成发行。这一问题的最大障碍在于，对于发行行为的判断，是否应当以他人能够实际运行计算机软件的功能为要件？

针对这一问题，若从计算机软件程序代码受版权法保护的实质来看，答案应当是否定的。因为根据"思想与表达二分法"（Idea-Expression），对于作品的版权保护是建立在作品中的独创性表达的基础上；而对于作为一种特殊文字作品的计算机软件程序而言，其体现为文字的代码及其编排方式即是这种表达，而其能在机器中运行所产生的功能并不直接体现相关代码受版权法保护的实质。因此，即便未提供许可证且计算机软件程序因此无法正常运行，也应当认为类似本案被告实施的制作复制了他人享有版权的计算机软件程序的盗版光碟并予以销售的行为，构成对于版权人复制权和发行权的侵犯，且在达到一定犯罪情节时应当承担刑事责任。

此外，若考察许可证在版权法上的性质，其应当属于版权所有者施加的、对受版权法保护的技术措施的一种解除方式，且其针对的控制措施属于"接触控制措施"，即权利人阻止他人未经许可接触作品内容的技术措施。这样看来，许可证本身并不构成是否复制、发行或向公众传播计算机软件程序作品的要件，其只是解除附加其上的控制措施的一种方式。但是，值得注意的是，除了表现为代码的文字作品之外，其运行于计算机之中时在电脑荧幕上产生画面与伴音，可能也是受到版权法保护的内容，这一部分内容是否会影响载有计算机程序软件光盘的价值判断，是需要进一步考虑的问题。

综合来看，本案中，法院认定即便被告生产的载有侵权计算机软件的光盘中没有包含产品密钥或许可证，但若在知情的购买者看来，其与包含相关操作系统软件的合法光盘实质上是等同的，则销售这类侵权光盘的侵权数额可以依据相应正版光盘的售价计算的结论是准确的；而在事实认定上，法院通过程序法规则认定被告生成并销售的侵权商品与正版光盘构成实质性等同，并以此计算其犯罪数额，从司法裁判的角度也是无误的。但是，本案并没有从实体法的角度讨论如何认定计算机软件程序的许可证在版权侵权与相关犯罪判定中的意义，这或许是本案中值得进一步探究的一项问题。

（作者：丛立先　刘乾）

责任编辑:李媛媛　李琳娜

版式设计:周方亚

责任校对:陈艳华

图书在版编目(CIP)数据

版权前沿案例评析.2018—2019/蔡玫 主编. —北京:人民出版社,2019.12

ISBN 978－7－01－021738－3

Ⅰ.①版…　Ⅱ.①蔡…　Ⅲ.①版权-案例-中国　Ⅳ.①D923.415

中国版本图书馆 CIP 数据核字(2020)第 012660 号

版权前沿案例评析(2018—2019)

BANQUAN QIANYAN ANLI PINGXI(2018—2019)

蔡　玫　主编

人民出版社 出版发行

(100706　北京市东城区隆福寺街 99 号)

山东鸿君杰文化发展有限公司印刷　新华书店经销

2020 年 1 月第 1 版　2020 年 1 月北京第 1 次印刷

开本:710 毫米×1000 毫米 1/16　印张:22.25

字数:333 千字

ISBN 978－7－01－021738－3　定价:69.00 元

邮购地址 100706　北京市东城区隆福寺街 99 号

人民东方图书销售中心　电话 (010)65250042　65289539